新出圖證(鄂)字 10 號

圖書在版編目(CIP)數據

方志匯編/錢基博著;傅宏星主編;鄭娉校訂.
—武漢:華中師範大學出版社,2013.10
(錢基博集)
ISBN 978-7-5622-6327-2

Ⅰ.①方…　Ⅱ.①錢…②鄭…　Ⅲ.①方志學—文集　Ⅳ.①K290-53
中國版本圖書館 CIP 數據核字(2013)第 240834 號

方志匯編

錢基博著

傅宏星主編　鄭娉校訂

責任編輯:郭志剛　　**責任校對**:劉　峥
封面設計:甘　英　　**封面製作**:胡　燦
出版發行:華中師範大學出版社
社址:湖北省武漢市珞喻路 152 號　　**郵編**:430079
電話:027—67863426(發行部)　027—67861321(郵購)
傳真:027—67863291
網址:http://www.ccnupress.com　　**電子信箱**:hscbs@public.wh.hb.cn
印刷:湖北恒泰印務有限公司　　**督印**:章光瓊
字數:320 千字　　**印張**:20.75　　**插頁**:4
開本:787mm×980mm　1/16
版次:2013 年 10 月第 1 版　　**印次**:2013 年 10 月第 1 次印刷
印數:1—2500　　**定價**:45.00 圓

錢基博先生 1929 年攝於上海光華大學

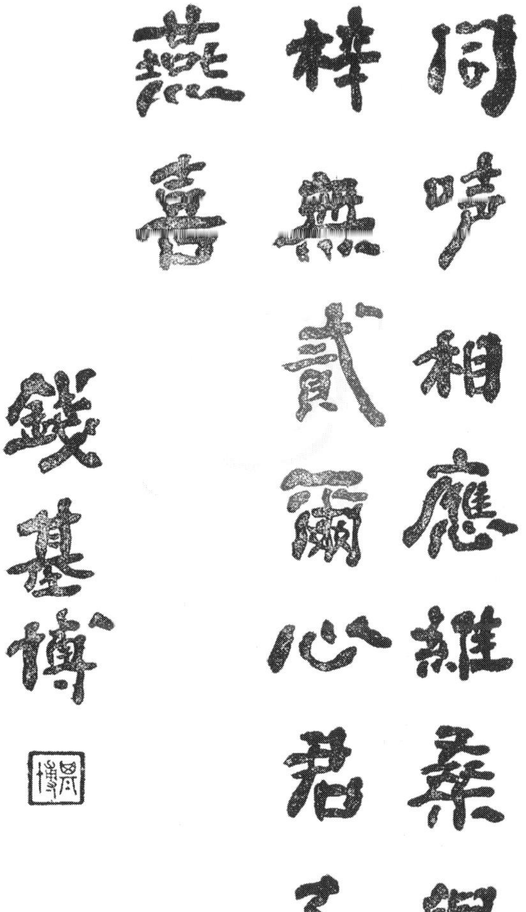

錢基博先生手迹

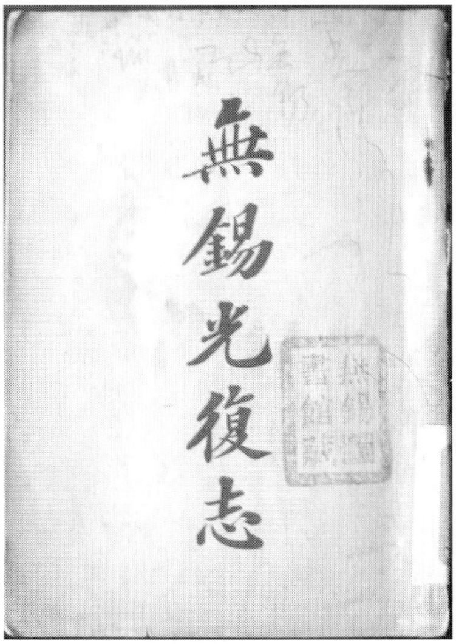

《無錫光復志》書影

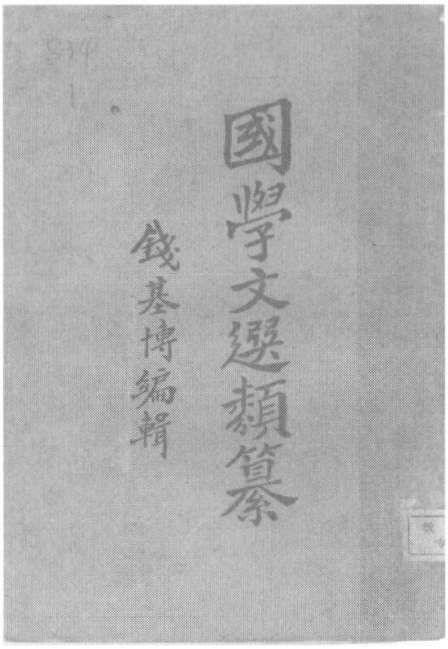

《國學文選類纂》書影

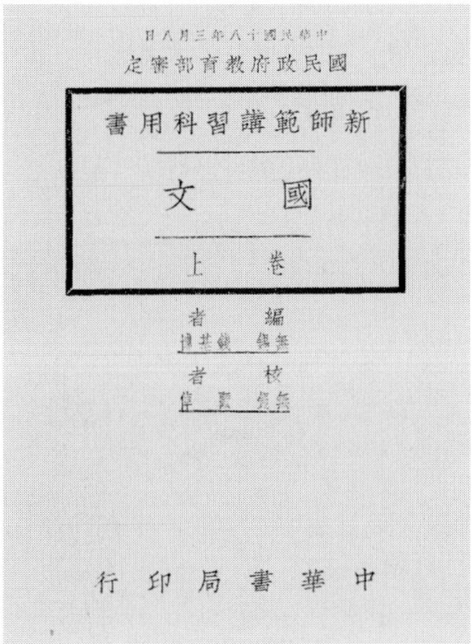

《國文》卷上書影

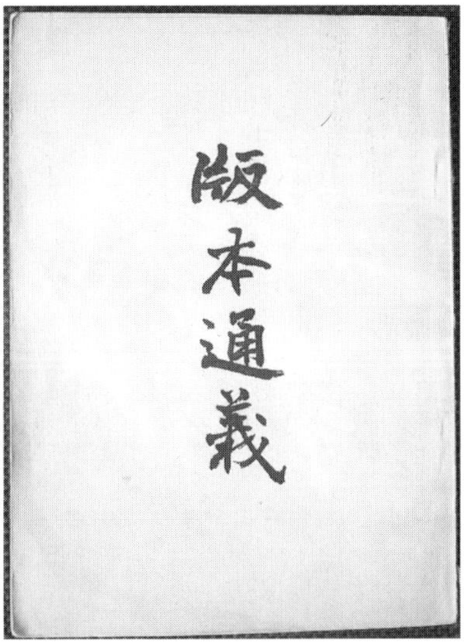

《版本通義》書影

錢繩武堂

錢基博先生無錫故居

（梁溪清攝　無錫市錢鍾書故居管理中心提供）

出版説明

錢基博先生(一八八七——一九五七),字子泉,號潛廬、老泉,江蘇無錫人。現代著名學者、文史專家和教育家。他一生勤奮讀書,博涉古今中西,治學領域極其廣泛,曾自述:“基博論學,務爲浩博無涯涘,詁經譚史,旁涉百家,抉摘利病,發其闔奥。自謂集部之學,海内罕對。子部鈎稽,亦多匡發。而爲文初年學《戰國策》,喜縱横不拘繩墨。既而讀曾文正書,乃澤之以揚馬,字矜句鍊;又久而以爲典重少姿致,叙事學陳壽,議論學蘇軾,務爲抑揚爽朗。所作論説、序跋、碑傳、書牘,頗爲世所誦稱;碑傳雜記,於三十年來民情國故,頗多徵見,足備異日監戒。論説書牘,明融事理,而益以典雅古遒之辭出之,跌宕昭彰。序跋則以生平讀書無一字滑過,故於學術文章得失利病,多抉心發奥之論。”誠爲先生終生治學生涯的實録。可是對於當今一般學人而言,恐怕祇會注意錢老先生“文在桐城陽湖之外,别闢一塗”和“集部之學,海内罕對”兩個方面,殊不知他在史學、經學、子學等方面亦造詣宏深,不僅著作數量多,而且門類齊全,幾乎無人能及。而錢先生生前,雖未能對自己的所有著作進行彙編出版,但從目前僅存的八册綫裝本《潛廬集》鈔稿中,仍可以看出他對於出版文集是有所考慮和規劃的。據説,上世紀五十年代初,江蘇古籍出版社就擬議出版《錢基博全集》,可惜由於歷史的原因未能實現。一九六一年,先生之弟錢基厚亦曾爲之編訂《潛廬家藏遺文集》,可惜現在下落不明。最可歎者,“文化大革命”運動中,先生遺留的五百餘册、綿歷數十寒暑的《日記》,遭到查抄、批判,並被付之一炬。因此,二十多年前,吴忠匡、周振甫、石聲淮等前輩學人就曾呼籲社會和有關學術團體、出版單位趕緊整理出版錢先生遺著,使其人其學不至湮没無聞。

一九八六年,臨近“錢基博先生誕辰百周年”的紀念日子,華中師範大學在章開沅先生的支持下,由錢先生弟子彭祖年、石聲淮、吴忠匡等人牽頭,做了大量富有成效的工作,如一九八七年底,華中師範大學以學報特刊的形式,首次將部分遺著結集面世，爲我們瞭解錢基博提供了極大的方便。同時，湖南嶽麓書社又重新出版了錢先生的《現代中國文學史》、《近百年湖南學風》等著作。十年之後，我校曹毓英先生以此次整理工作爲基礎，精心策劃，於一九九七年十二月編輯出版了《錢基博學術論著選》，此書對推動國内錢基博研究的深入開展可謂功不可没。此後又是一個十年期，我們委托傅宏星先生陸續對錢基博遺著在全國各大圖書館的保藏情況進行了一番細緻的普查，一份相對完善詳備的著作編年目録也隨之形成了。

綜觀錢先生一生，出版各類學術專著二十六部，編撰各類教材十二部，雜著十二部，稿本、油印本等未公開發行的著作二十一部，約計七十一部，目前均分藏於全國各大圖書館、大学和民間私人手中；而他的大量學術論文、碑傳雜記、書信則散見於解放前出版的地方報紙、學術刊物、鄉賢著述、譜牒家乘和私人手中，無人問津，漸致散佚。雖然先生逝世至今，大陸方面，他的一些代表性著作多次再版，甚至影印出版，如《經學通志》、《版本通義》、《〈周易〉解題及其讀法》、《〈四書〉解題及其讀法》、《現代中國文學史》、《（增訂新戰史例）孫子章句訓義》、《近百年湖南學風》等。港臺方面，臺灣商務印書館等出版機構亦有多部錢著多次重印出版。但這些重版的著作還不到錢先生公開出版物總數的五分之一。

華中師範大學是中國真正具有百年以上歷史的少數知名大學之一。在其一百多年的發展過程中，有一批又一批篳路藍縷、披荆斬棘的先驅者，他們嘔心瀝血，殫精竭慮，爲華中師大的奠基與成長作出了無可磨滅的貢獻。

隨着我們對大學學脈與傳承精神的感悟日深，出版社已將把挖掘百年老校豐富的學術資源作爲未來工作的重心之一。整理出版一代國學大師錢基博先生的文集，華中師範大學出版社責無旁貸。可以這麽説，正是在幾代學者的共同關心和努力下，經過二十年的醖釀和籌劃，二〇〇六年六月，我們才正式將《錢基博集》列爲我社在“十一五”期間的重點出版選題，計劃分輯推出。同時，精心組織，合理安排，從資料搜集、點校、專審和圖書設計四個方面加大資金和人員的投入，努力打造好此項精品工程。

華中師範大學出版社

二〇一〇年十二月

凡　例

一、《錢基博集》以公開出版著作爲基礎，增補了目前已發現的未公開發表的手稿本、油印本等，還包括大量散落在《新無錫》、《無錫新報》、《錫報》、《通海新報》、《南通報》、《力行日報》、《江蘇民報》、《武漢日報》等報紙，以及《婦女雜誌》、《小説月報》、《教育雜誌》、《新教育》、《東方雜誌》、《無錫縣教育年刊》、《約翰聲》、《甲寅》、《國學叢刊》、《清華學報》、《清華週刊》、《光華大學半月刊》、《青鶴》、《國立師範學院季刊》、《國立師範學院旬刊》等雜誌上的散文、小説、方志、序跋、書牘、碑傳等佚文。當然還包括目前我們能夠見到的地方教育雜誌、譜牒家乘、鄉賢著述中的序跋文函、碑傳雜記等，亦予以收録。

二、關於底本的選擇和確定。專著方面，有修訂本、增訂本的，以修訂本、增訂本爲底本；如果没有修訂本、增訂本，則需要比較初版、再版，取其較優者爲底本。當然，港臺的重印本、盜印本也在此遴選範圍之內。散篇方面，某一篇文章可能會在多處發表，文字或不盡相同，則酌情取捨，若影響到對句意的理解，則用脚注説明，以利讀者判斷。部分油印本還有複本，則取其較優者爲底本。各卷所據底本，一般無標點或僅用舊式圓點者，均重新標點；底本未分段者，一般不予分段。

三、各册散篇在前，專著在後。卷内各篇（專著和散篇），一般均按成文（成書）時間先後編次。凡有年月可考而日無可考者，列於各月之末；凡有年可考而月、日無可考者，列於各年之末；年份不詳者，列入各卷之末。爲節省篇幅，避免重複，凡已經被收入專著中的篇目，又没有必要單獨歸類或按單篇發表時間分列的，則只收録一次。有改動處，酌加注釋。凡輯入《錢基博集》者，一般仍采用原有標題，個别的酌加改動。新收録的論著亦遵此例，但未經發表的書信短箋則由編者根據内容或收信人另加標題。

四、各册部分專著，注明出版机构名稱、版期。凡輯於報刊之散篇者，注明所據報刊雜誌之名稱、版期。所標時間一律采用西曆。

五、凡收入本文集的作品，均不做删改；作者的原用字、原譯名，習見的異體字、通假字，原則上保持原貌；標點符號用法，多依從作者習慣，未予改動。

六、《錢基博集》除署名主編之外，校訂者不一，亦同署名。各册由校訂者標點、校勘。底本原注用小字或（　）標明；錯别字、脱字、衍字等則用脚注予以説明；缺字用□標出。

論文及信函

專　著

論文及信函 LUNWENJIXINH

復楊畦韭縣長規畫修志辦法書

縣長鈞鑑：日昨奉鈞函，以修無錫縣志總纂見委。祗領之下，無任悚惶。博文質無底，奚足以當大事？惟既承地方長老見推，重以縣長之隆任，敢不勉竭駑鈍以副縣長殷勤委任至意。惟奉頒修志大綱暨概算，於經費一層，在縣長寬爲籌備，俾任事者從容動支，自屬慎重邑獻之道。然博以地方人任地方事，目睹地方財力之艱，可省則省，似宜變通盡利。敢本斯旨爲縣長詳陳之：

一、修縣志無須設局也。凡事期於有成，而機關不必求備。修縣志係徵文考獻之事，書生斗室窮居，何嘗不斐然著述？而一機關之成立，則開辦有費，膳食有費，電燈、茶水……無在不需費。一字未着紙，而費已不貲。且既成立一機關矣，總纂即可不支夫馬？而所謂駐局協纂也，所謂常川辦事員之書記也，會計也，所謂僕役也，勢不能不同時一一延雇到局履事。既履事，勢不能不按月給薪。其實局號修志，舍纂修更辦何事？而志局初成立，徵訪且未着手，更何有於纂修？此時所謂駐局協纂，不過長日坐嘯已耳。所謂常駐辦事員，所謂僕役，不過供應此長日坐嘯之協纂已耳。地方物力幾何，而忍坐靡爲也。據博意，不如以私家著述之法，爲地方纂修公志。先定志例志目，由博約定邑士嫻於縣掌故、富有文筆之同志一二人，與博分認纂修，日積月累，得寸則寸，得尺則尺，期以歲再稔成書。機關不設，則經費無幾，歲月稍寬，則纂修加慎。其宜變通盡利者一也。

一、取消總、協纂名目，概名纂修，計字授薪，成書支給也。照原定概算，總纂夫馬全年六百元，駐局協纂薪水全年一千二百元，分纂修全書約二千元。在縣長從優定薪，本屬優禮名賢之意，不論博輩非其人，而以地方人爲地方辦事，本屬義務之當然，非有欣於厚薪。其人而果名賢，必曉此旨。且全書之修，既以分纂任之意，則所謂駐局協纂者，不過看稿而已；所謂總纂者，不過畫諾而已。今局既不設，當然無駐局協纂。而據博意，不如逕取消總、協纂名目，概名纂修。其中設一主任，裁定體例，以專責成，博則自任之。纂修計字授薪，照書館售稿通例，纂千字給薪至多不得過五元，酌量全書字數多寡，於限内增減。博亦事同一例，不纂一字，即不受一金，所以示餼禀稱事之義也。然必成書而後支給者。蓋計字授薪，致送者既零星不成數目，而在受者亦嫌於爲地方徵文考獻，乃不免以市道交路，受者授者两無取也。或者謂纂修薪給既力從節嗇，曷不併此不受，如世俗所稱盡義務者，豈不更章盛德？而博則謂俗所謂盡義務者，不負責任之謂也。博十年讀書，立身粗有本末，不肯詭隨以徇俗，亦不欲矯世以譁衆。今既身任志事，當然責無旁貸，不照概算支薪，所以示邦士大夫之無所利，而成書後酌受薄薪，期於餼禀之稱事，所以示筆削之責有攸歸。區區愚誠，當爲有識所共諒。其宜變通盡利者二也。

一、徵訪機關附設鈞署三科也。修志之材料，必於徵訪乎取之。惟地方徵訪，最爲委曲煩瑣，決非延請士紳倉皇巡遊能得要領。惟各市鄉董事、學務委員生長當地，耳目既近，聞見自悉。至工商各業，尤非躬親其業者不易均知情形。博思市鄉之文獻所關，一邑之工商業有專長，在該市鄉董事、學務委員及各該業領袖，輿望之所歸仰，當不忍令其湮没無影。所有十七市鄉董事、學務委員，及各業領袖，如商會、農會會長，一律請縣長加函敦延爲名譽徵訪員。徵訪費用，准其實報實銷，於徵訪費下開支；如有特別調查之處，則由纂修主任指定項目，臨時延請熟悉情形之士紳，爲特別徵訪員，酌給夫馬，於徵訪費下開支。然志局不設，而徵訪材料，則不可無滙集之機關，儗①附設鈞署三科，將來全書告成，所有名譽徵訪員，一體題名簡端，既以表章不没其勤勞，亦以示徵訪之責有攸屬。其宜變通盡利者三也。

一、縣立圖書館設修志參考圖籍室也。所有應用之書，自本縣歷修各志鄉賢著述而外，如省府鄰境各志，金石圖書目録，凡縣圖書館所有，可資搜討者，請館主任編齊目録，列置一室，署曰“修志參考圖籍室”。如參考必需而館無有者，即由館置備，於該館經常費增購書籍項下開支，不再動用修志經費，惟以必需而易購者爲限。至鄉賢著述，儗儘圖書館所有，寫目函知天上市及開原鄉大公兩圖書館主任，請其檢各該館所有而縣圖書館無者列目其覆，臨時如須考查，或由纂修親往調閱，或商借來城。總期通力合作，不費而事集，所有各該圖書館主任，一律請縣長加函敦延爲名譽協修。其宜變通盡利者四也。

一、纂修每類脱稿，於地方報先行公布也。邑志徵文考獻，不厭精詳，纂修聞見異辭，失實之處，恐所不免。其中如地理、水道、物産之類，最關重要，尤最易漏誤。每類脱稿，似不可不於地方報先行公布，招人更正以昭詳慎。惟地方報不一，其中以《新無錫》開辦較早，聲譽亦好；而該報社主任楊君楚孫，激揚清議，尤明著作之體，應請縣長加函敦延爲名譽協修。每類脱稿，即以該報先公布之。其宜變通盡利者五也。

一、請鈞署三科，指定書記，繕寫修志文件也。志稿寫定，自應遵照修志大綱臨時雇寫。惟草創伊始，修志體例、徵訪條例之寫布，以及各機關咨商文件，不可無人承繕。惟專雇定一人，則文件又不甚多，應即請三科主任指定一人兼繕修志文件。所有紙張筆墨等費，應如何於修志項下酌量撥給之處，並請縣長核奪辦理。其宜變通盡利者六也。

凡所計畫，務爲地方節省財力，而應設之局不設，應用之人不用，杜絶奔兢，或者不無召鬧取怒，然一念及鄉老顧高諸賢，講學東林，以風氣爲天下倡，見利不先，聞難不後，立懦廉頑，而在邑人習熟聞見，更必有希蹤高風者。況修志一事，本以揚榷風教爲職志，而博德薄能鮮，謬蒙長老嘉推，縣長隆任，宜如何不撓於衆咻，不誘於勢利，而爲地方惜財力，爲邑士杜奔

① “儗”疑爲“擬”之訛字。

競，即所以揚榷風誼，培養廉恥。異特博或以不才避賢路，而區區此心，終不能不爲後來賢人君子所鑒納。博身可去而此辦法不易，應即請縣長準予詳省長備案以便遵行。愚昧之見，是否有當，所有應請縣長加函延請員紳，別紙開陳。祇頌政祉不一。

錢基博謹肅

（原作於 1918 年 6 月，後收入《師範集》）

纂修縣志之函牘

吾邑纂修縣志，經楊知事延聘錢子泉君爲主任等情，已屢誌本報。茲悉錢君自就職後，即從事籌備工作，於昨日將《志目説明書》及《徵訪事項》分送邑中諸彦，其原函略謂：

先生台鑑：無錫人文甲東南，耆年碩德之通知古今者何限，而以博陋劣無文，謬焉承乏，修志非敢必有功也。徒以博年力方新，從諸長者後，不敢不體《論語》“有事服勞”之義，爲地方服務，以奉今承教於縣人君子耳。誠不自揣其德力，言乎辦事，期不費而成書，言乎載筆，期省文而增事。匪曰能之，要不敢以自勉！先生宏識達材，邦人歸仰。茲奉上《新志目説明書》，暨《徵訪事項》合一份塵鑑。先生盡詒匡扶，繩所不知勉其已情逮，豈惟博一人獲免於郥城，地方文獻實攸賴焉。敢布腹心，不盡縷縷。伏惟垂察，敬頌時綏。

邑子錢基博謹肅

（原刊於《新無錫》，1918 年 6 月 29 日）

無錫縣新志目説明書

著述非難，明體爲難。志，史體也。州縣立志，創自前明。當明草創之初，雖義例不甚整齊，文字尚貴真實，剪裁多自己出，非若後來之習套相沿。然其書百無一存，此皆後凌前替，修新志者襲舊志之紀載，而滅作者之姓名。充其義類，將班書既出，《史記》即付祖龍；歐宋成書，《舊唐》遂可覆甕歟？誠竊以爲修志者當續前人之紀載，不當毀前人之成書。無錫光緒《志》，出自鄉老秦澹如都轉之手，而其從孫潛叔先生實佐成之，斟酌前志，義例加密，記載加富，後有作者，豈易駕而上之！今新志擬於秦《志》别出並行，詳略互見：秦《志》之所已詳，而情勢無大更革者，則新志最要舉略，或竟不詳，如建置沿革表、城郭街坊之屬是也。其有秦《志》所無，而於今日爲當務之急者，新志則因時制宜，别爲創制，如地方自治、教育、宗教、選舉之屬是也。然亦有秦《志》有之，而新志文以義起，更竄爲之者，要以徵文考獻，事增文省爲旨。如曰“今之少年，喜謗前輩”，則博豈敢！

一、修志沿革　秦《志》無。

無錫縣志昉於有宋，書佚已久。而元王仁輔《志》四卷，縣圖書館得鈔本邑朱氏藏之。其後明凡三修。迄勝清康熙、乾隆两《志》，均修於庚午；而康熙庚午《志》，爲秦松齡、嚴繩孫所修，最推善本。雍正四年，析無錫境，設金匱縣，華希閔别爲《金匱志》。論者謂金匱所治故無錫境，以志分屬金匱，於例非宜，故乾隆庚午《志》仍統以無錫。至嘉慶壬申而秦瀛修志，則又以爲既析縣而二之矣，存其實而没其名，不可。乃合無錫、金匱而名之，允矣。道光中，未及統修，有侯桐《續志》之刻。光緒壬子，而秦緗業統修之，以至於今。夫邑志之重修，無不因襲前志爲之，而其間體例之有因有革。子目之有增有併，要非好爲更張，而出於因時制宜之不得不然。兹故詳次義例，著其沿革，弁之卷首，亦千古得失之林也。雖若例同創作，無所因仍，而鄉先輩徵文考獻之用心，凡我縣人，容有所不忍没焉。

二、地理

縣之有志，猶國之有史。史之志地理，何也?《王制》稱居民材，必因天地寒煖燥溼，廣谷大川異制，民生其間異俗異宜，修教不易俗，齊政不易宜，以其繫民風政教綦鉅，故不可不志之也。然修史不可不志地理，而志地利非即可以概史。何者？地宅民居，史載民事，喧賓不宜以奪主。會稽章學誠著《文史通義》，稱："縣志非地理專書，山川、都里、表坊、名勝，皆當彙入地理，而不可分占篇目，失賓主之義也。"又曰："今之縣志，多分題目，浩無統攝，如星野、疆①域、沿革、山川，俱地理志中事。"此言非誣，兹故最舊志建置沿革、疆域、山川、城郭、鄉都、街坊、橋梁、古迹九類之要，而括之爲"地理"一志，遵章氏例也。至序山川而及寺觀祠基，其例蓋昉於《水經注》，不獨存舊迹，且以爲山水之表幟也。兹兼采其意，而以舊志冢墓、寺觀附入之。

三、水利

史遷有《河渠書》，班固爲《溝洫志》，蓋以地理爲經，而水道爲緯，地理有定，而水則遷徙無常，此班氏之所以别溝洫於地理也。顧河自天設，而渠則人爲。遷以"河渠"定名，固兼天險人工之義；而固之命名"溝洫"，則《考工》水地之法，井田澮甽，舊志所謂水利是也。兹於《地理志》外别出，遵班氏例也，題目一仍舊志。

四、風俗

縣之志，固將曰"爲縣之人志"也。而爲縣之人志，莫要於志風俗。風

① 疆，原作"彊"，今改正。

俗者，所以表現縣之人之特性，而政教之所因也，言治者莫先焉，志邑故者宜亦莫先焉。而以其本之山川，次於地理、水利之後，凡婚喪、習慣、歲時、景物、方言、里諺、邑謳之屬悉入之。

五、食貨　舊志無。

班固序《食貨志》曰："厥初生民，食貨惟先。"故以次於風俗之後，凡農工商業屬之。

六、賦税　附役。

凡田賦、征榷、貨物税、地方雜捐之屬入之。

七、地方自治　秦《志》無。

無錫地方自治之發達，不自前清宣統二年籌辦自治始也。於時籌辦而已，未及自治也。迨民國元年，無錫籌辦縣市鄉自治號稱完全成立，其實成立者機關而已，於自治事業無與也。迄三年，政府又以自治制，於各地方未能推行盡利，一切罷去。至今論者頗以恢復地方自治爲言，然就無錫論無錫，自治制未頒行，而地方則已自治矣，不以此而加自治也。迨三年政府停辦地方自治，而無錫地方壹仍其自治之習慣自治之，亦未嘗以之不自治也。新會梁啓超爲人論地方自治，至以無錫與南通駢舉爲模範縣。此則邦人君子之勤勞地方有以致之，於制度無與也。兹詳著沿革嬗變之迹，凡我縣人，尚其監觀得失而永保榮譽焉。

八、善舉

九、教育　秦《志》無。

十、宗教　秦《志》無。

釋道因果福利之説，深入人心，雖士夫不免崇信；而歐勢東漸，天主教士挾其雷霆萬鈞之國力以先來播教於無錫，非不盛極一時，然卒以是招邑人疾視；迨耶穌教以柔道行之，施藥講道，士夫樂與周旋，勢力寖淫駕天主而上。然釋老禱祀之風，卒以漸漬者久，盛行而未有已也。斯其繫於風俗人心者非細，而回則微矣，亦以附篇末焉。

十一、選舉

舊志之所謂選舉，乃科舉考試制，而非鄉舉里選之謂也。然魁人傑士，未嘗不拔出於其間，至爲持科舉論者所借資，此以見人物之爲科舉重，而非科舉之能得人也。乃科舉制之極敝，而選舉制起而代之，其選士之功名氣節，果足以與嚮日科舉之秀傑者度長挈短而無所軒輊，或且勝之乎？未可知也。兹標題一仍舊志，以“選舉”二字括之，而首著制度以衡権得失；次著自唐以來歷屆科舉之名卿碩儒尤魁傑者姓氏，特表而出之，而略其無聞者不著，以見人物之足以重科舉，而非科舉之能重人物；又次著自勝清宣統以來歷屆新選舉之選士，其人大率生存，雖不無一二謣謣以昌言著議壇，而其人蓋棺論定之足以重選舉者，果有幾人乎？姑一一著姓氏以覘來日。

十二、警備 即舊志兵防。

凡警察、緝捕隊、水巡隊之屬入之。

十三、歷代兵事

十四、人物

縣志之冗濫陋略者，無過人物。此固以秉筆者地逼勢嫌之有不得已，豈惟無錫爲然。會稽章氏嘗痛言之，其可議者有三：一、分類標題。夫縣志之志人物，猶二十四史之列傳爾！儒林、遊俠，《遷史》首標總目；文苑、道學，《宋史》又畫三科。先儒譏其標幟啓争，然亦止標目不及審慎爾。非若後世縣志志人物，專標色目，如宦望、儒林、文苑數端，本不足以賅古今人物。而今人每好品題，乃不得不多立名目，爲之表識，繁瑣有類米鹽。於是得一逸才，不問其行業如何超卓，而先擬其有何色目可歸；得一全才，不問其學行如何兼至，而先擬其歸何門類爲重。牴牾牽强，以類括之。至於標目所不能賅，義類兼有所附，非以董宣入酷吏，則於周臣闕韓通耳。按《史記》列傳七十，惟循吏、儒林而下九篇標出總目；《漢書》自外戚、佞幸而上七篇標出總目。江都傳列三策，不必列以儒林；東方特好恢諧，不必列入滑稽。傳例既寬，便可載瑰特之行於法律之外。其可議一也。二、叙事。縣志爲國史取裁，則人物當詳於史傳，而不可節録大略。乃今之縣志志人物，既以宦望、儒林、文苑諸目區爲定品，不論何等碩人魁儒，莫不裁節史傳，删略事實，而逐條附注，一以類書摘比之規出之，每人多不過八九行，少或一二行，讀者於其人生平志行既無可考見，而後來國史秉筆，亦無所取材。其可議二也。三、列女。考列女名傳創於劉向，分彙七篇，義近乎子，綴頌述雅，學通乎詩，而比事屬辭，實爲史家之籍。馬班二史，均闕此傳。自范蔚宗《後①漢書》中始載“列女”，後史因之，遂爲定則。然後世史家所謂列女則節烈之謂，而劉向所叙，乃羅列之謂也。劉向傳中，節烈孝義之外，才如妾婧，奇如魯女，無所不載，即下至施旦，亦胥附焉，列之爲義，可謂廣矣。自東漢以後，諸史誤以羅列之列爲殉烈之烈，於是法律之外，可載者少，而蔡文姬之入史，人亦議之。其可議三也。博誠以爲入志人物，一縣之模範人物也。取人不可不嚴，叙事不可不詳，而標目則不可不渾括，擬以循吏、鄉賢、列女、流寓四目賅之，而其人物有已列入國史者，如明以前諸人列入二十四史者是也②。擬搜載居鄉、行誼以補二十四史所未備，如居鄉、行義佚無可采者，則於姓名下注見某史幾卷，不再與二十四史復出以占篇幅。有待收入國史者，如自清初以迄於今諸人是也③，則序列行實，不厭求詳以備國史之采擇，此其體例之可言者也。

十五、藝文

縣志之志藝文者，大率取長吏及邑士夫所爲詩賦、記序、雜文，依類相附。此姑無論其文之是非，即使文俱典則，詩必雅馴，而銓次類録，諸體務臻。此亦選文之例而非縣志之體，會稽章氏嘗痛斥之。而無錫縣志，亦未免沿襲爲故。誠竊以爲藝文志昉於班固《漢書》，既志藝文，自當一遵班例，取縣人士著撰書籍，分其都彙，首標目録，次序顛末，删蕪擷秀，掇取大旨，論其得失，比類成編，乃使後人得所考據，或可爲著録家讎校取材，斯不失爲志體爾。至有關地方利弊論著，土物題咏，則附入地理、水利、風俗、食貨、物産諸志以見得失之由，沿革之故，如班書取齊人延年、賈讓諸疏入《溝洫志》，賈誼、鼂錯諸疏入《食貨志》之例。士夫論著，有可見生平抱負，則全録入《人物志》本事中，如班書録《天人三策》於《董仲舒傳》，《治安》諸疏於《賈誼傳》之例。至墓誌、傳讚之屬，核實無虚，已有定論，則即取爲《人物志》文，如班書仍《史記》自序而爲《司馬遷傳》，仍揚雄《自序》而爲《揚雄傳》之例。

① 後，原作“東”，今改正。

② “如明以前……是也”，單印本無，今據1918年6月手抄本補入。

③ “如自清初……是也”，同上。

十六、金石　秦《志》無。

凡縣中金石碑碣，一切注明年分、行款及所在地，如有關地方掌故者，甄録全文，間亦稍附考證，略如《訪碑録》、《金石萃編》等例，收載入志，分上下两編，以屬賞鑑者入上編，屬文獻者入下編。惟金石專書，例不收載法帖，今既標有鑑賞之目，擬除此禁例，如秦氏《寄暢園帖》等有著録價值者，亦著目附上編之末。

十七、物産

志物産分天然物、人工物两類：天然物分動、植、鑛三品，人工物分農作物、工作物两品，而農作物詳其種植法及形性，工作物詳其製作法。所以前民用者，期於無勿詳，而有以徵縣之地宜焉。

十八、説苑

凡當地勝事，先輩佳話，著之無徵不信，略之珍聞足惜，故附稗野説部之流，著爲《説苑》。《漢志》所謂小説家者流，出於稗官，街談巷議，亦采風所不廢云爾。其有事涉怪誕，義非懲創，或託神鬼，或稱奇夢者，雖有所憑，亦不收録，庶免覓履羊鳴之誚。

右十八門，皆斟酌事項，力求賅備。宋歐陽修、宋祁撰《新唐書》成，自稱"事增於前，文省於舊"，博陋劣無文，豈足希前賢萬一，要不敢以此爲期。重以嚴堯欽、徐薇生两先生之裁成輔相，擬援《隋書》紀傳題魏徵，志題長孫無忌，《新唐書》本紀、志、表題歐陽修，列傳題宋祁之例，每門纂①修自何人，即於卷端署何人姓名。在博既無掠美之嫌，而在两先生則適成其爲博分謗之雅意。惟我縣父老兄弟有以董督之。

民國七年五月修志議起，邑人士以總纂推廷梁。竊以爲自古良史必出於一手，顧廷梁非其人也，因舉吴君稚暉、錢君子泉自代。稚暉辭不就，縣知事楊君錫九雅不喜崇資格，抑英俊，遂改訂子泉如廷梁言。子泉故寒士，年又甚少，以爲宕延歲月、坐領厚禄可恥也，糜地方財力尤可惜，因定按字酌受薄薪之法，舉同志嚴堯欽、徐薇生二君自輔，不設

① 纂，原作"簒"，今改正。

局不支俸，期二年成書；白縣詳省長備案。廷梁聞之歎曰："可以爲天下後世修志法矣！"子泉寄示新志目説明書，遂書其後。無錫裘廷梁。①

（原作於1918年6月；刊於《新無錫》，

1918年7月2日—9日；此後有單印本一薄册；後收入《師範集》）

① 單印本此段缺，今據1918年6月手抄本補入。

無錫縣新志徵訪事項

一、關於風俗事項

有關於吉凶習慣者，如慶壽婚事之會親、回門，生子之有三朝、滿月，喪事之燒回頭香、接回等。有關於歲時景物者，如元旦早睡，三月三上西高山，以及重五角黍，中元茄餅之類。有關於里諺者，舊傳邑諺云“六月出門常帶棉”，又云“饒爾家富，裹衣用布，若是用綿紬，傷風不自由”，此等詞雖鄙俚，却甚可味。有關於邑謳者，俗稱“山歌”。其入選之標準：

(1) 有關地方之人情風俗、政教沿革者；

(2) 寓意深遠，有類格言者；

(3) 征夫野老、遊女怨婦之辭，不涉淫褻而自然成趣者；

(4) 童謡讖語，似解非解，而有天然之神韻者。

二、關於食貨事項

有關於農者，如：

(1) 農事之節序及其設施；

(2) 飼蠶之節序及其飼法；

(3) 一市鄉特殊之農產品，須詳其種植法及形性。

有關於工者，如：

(4) 一市鄉特殊之手工業，須詳其工作法及效用。

有關於商者，如：

(5) 商店之種類。

三、關於善舉事項

(1) 善堂如同仁、育嬰堂等；

(2) 義莊；

(3) 慈善社會，如救火會、卹嫠會等。

三者均須詳列創辦人、創辦年月，以及其管理法與機關所在地，如有創立碑記及管理規程，即希徵訪諸君一併徵集以資考證。

四、關於宗教事項

(1) 釋道寺觀；

(2) 天主、耶穌教堂。

二者均須詳列建立人、建立年月及其所在地，如有建立碑記，即請徵訪諸君録示以資考證。

(3) 一市鄉皈依天主、耶穌教民之數及其首先皈依姓氏。須注明何時人。

五、關於人物事項

鄉賢徐壽、徐建寅、薛福成福保、秦緗業[①]、華蘅芳世芳、李金鏞，流寓江標、趙元益、張祖翼，列女鄧瑜、孫湘貞、鄒佩蘭諸人事迹，不論家傳、行述、墓碑、佚聞均可。

六、關於藝文事項

鄉賢著述以成書者爲限，如係孤本，先將書名、著作人姓名開報。

七、關於金石事項。

(1) 金如寺觀之古銅器即鐘鼎之屬，凡有銘文可考知製作年月在明以前者；

(2) 石即碑謁之屬，一律注明年分、行款及所在地，開報。

八、關於物産事項

(1) 一市鄉特殊之動物，如鵝湖之銀魚，玉圻之玉爪蟹等；

(2) 一市鄉特殊之植物，如惠山之靄荳、桂花栗，鵝湖之芡實等；

---

① 秦緗業，又写作秦湘業。

(3) 一市鄉特殊之礦物，如鴻山之赭石，斗山及管社山之白堊等。
三者均須詳其形性及產地。

附言：凡徵訪得品目，文件務請注明市鄉。

（刊於《新無錫》，1918年7月10日、11日，
又收入單印本《無錫縣新志目説明書》之附録）

師範學校修地方志議

博，無錫縣人也，以省立三師範教職，承乏地方修志。私念國人今日辦事必侈言效法歐美，其實所謂效法者，不過用財若泥沙而已。於歐人所謂經濟不經濟一語，則固未嘗措意也。即如修史一事，在文明如英、美、德、法，何嘗有侈然繁費特設機關如吾國所謂清史館、國史館者？然而英、美、德、法未嘗一日無史，且其近世史之粹美，視吾國且萬萬過之。究其所自，大率成於其大學教授、學生之手焉。夫學校者，一國文化之所自出，而史則發揚文化之記録也。其在大學之教授、學生，既以發揚國家之文化爲己責，而國家亦以此責成之。省特設機關之煩費，是財用之經濟也。而在大學之教授、學生，尤可本平日講肄之所得，搜集材料，實地應用其科學、文學之知識以記載社會事事物物，不蹈空言亡實之弊，則是人才之經濟也。今我中華民國史，亦既以屬之北京大學，成規具在。博在師範言師範，誠竊以爲今日各縣縣志，或以經費無着，放廢不修，而我師範學校教員、學生責無旁貸，不可不力引爲己任也。其理由可得而言者有三：（1）師範生畢業任地方小學教員，爲地方服務者也，修縣志亦地方服務之一。儻得教員本身作則，以督促學生進行，於不識不知中得培養其地方服務之習慣。（2）本教室講肄，爲實地研究，如修縣志不可不志物産，而志物産，必事搜集實物，則博物學之采集製作標本也。又修縣志必訪古迹，而以歷史證之，則歷史科之實地觀察也。至聞見所及而著之文字，則作文之實地記載也，觀感親切而興味愈濃。（3）鄉土史地爲地方小學不可缺之教科，徒以無所取材，此科遂缺。今藉教師指示，得以此爲鄉土史地教材之搜集預備，是在學校得實地研究之教材。而地方省特設機關之煩費，計無便於此者，其着手方法，先由教師指定事項，利用暑假、寒假、春假時間，分期督促本校占籍各縣、各市鄉之學生，就所居之市鄉調查徵訪作記載。分期如：暑假徵訪風俗，寒假調查古迹，春假采集土産。假後始業，交教師分縣分類編製成册。如此作數番徵訪，日積月累，材料不患不豐，以之從事編纂，鈎元提要，成書較易。即不由師範教員主筆，其足以供地方修志機關之采摭而資臂助者，亦必非淺鮮也。愚昧之見，是否有當，願同人有以起予。

（刊於《無錫教育會年刊》，1918 年 11 月；
後又收入《師範集》，爲手鈔本）

無錫縣立圖書館刊刻《錫山先哲叢書》計畫書

本縣侯保三先生、劉書勛先生主圖書館事以來，嘗蒐藏鄉賢著述至六百種之多，其蒐討可謂勤矣。輒以其間刻一二秘笈餉遺我縣人君子，而博隨二先生後，得參末議。竊以爲無錫縣者，江蘇六十縣中之號稱模範縣者也；無錫縣立圖書館者，則尤全國一千八百縣中之最先進者也，一切規制常爲後進諸縣所取則焉。今將蒐刻遺文，表彰幽隱，以詔四方之來觀化者，後進諸縣又將來取法焉，其不可不思所以垂規範示繩墨，理之當然者也。其思所以垂規範示繩墨，奈何曰不可不有一定之程序計畫而已。惟我縣人長者垂聽焉。

（一）正名“錫山先哲叢書”

（二）編定“備刊叢書目録”

就館中現藏鄉賢著述之未刊本及舊刊之孤本，分經史子集編制備刊書目。凡經部十種三十一册，史部十種四十册，子部二十三種四十册，集部二十八種六十五册，都七十種一百七十六册。

經部：

周禮集解　六卷八册，明李黼著，明嘉靖常州府刻本

儀禮集解　六卷八册，同上，明嘉靖常州府刻本
周易孔義　三卷三册，明高攀龍著，本館鈔本
春秋孔義　十二卷四册，同上，本館鈔本
周易象像述　五卷五册，明吴桂森撰，本館鈔本，《明史》著録
周禮集解節要　六卷一册，清高愈著，初刊本
易堂問目　四卷四册，清吴鼎輯，初刊本
易問　三册，清吴鼎輯，舊鈔本
左鑑　十卷二册，清楊潮觀著，初刊本
夏時考　五卷二册，清安吉著，原稿本

史部：

元無錫縣志　四卷三册，元王仁輔著，本館鈔本
學史　十二卷二册，明邵寶撰，本館鈔本，明史著録
戰國人才言行録　十卷四册，明秦瀹輯原藏書，嘉靖刊本
戴東五朝三楚聞見録　十六卷八册，明高世泰著，明刻本
瞻橋小志　四卷一册，清王鑑著，乾隆刊本
明季遺聞　四卷二册，清鄒漪著，日本舊刊本
爝火録　三十一卷，附録一卷十六册，清朱君根撰，本館鈔本

編年紀明宋福王、唐王、桂王事，中多異聞，著者疑一佚老也。

錫金志補　一册，清安吉著，原稿本

多記載安、華二氏事。

錫金志外　五卷二册，清華湛恩著
咸豐郡縣水利志　一册，清唐汝翼著，本館鈔本

子部：

泉齋簡端録　十二卷二册，明邵寶著，雍正壬子劍光閣刊
十閑堂雜著　五種二册，明華淑著，明刻本
葬録　一卷一册，明安希范著，明刻本
筠齋漫録　殘本，三卷二册，明黄學海著，本館鈔本

《明史》著録十卷，今存八、九、十三卷。

正蒙釋　四卷四册，明高攀龍集注，明刻本，《明史》著録
高子筆記　一册，明高攀龍著，高氏家藏手稿本
愚公谷乘　二卷一册，明鄒迪光著，本館鈔本

文府滑稽　十二卷六册，明鄒迪光輯，萬曆刊本

統天易說　一卷一册，清費國瑄著，本館鈔本

讀書隨記　一卷，剩語一卷，續記一卷共一册，清王邦采著，本館鈔本

景行録　二卷一册，清秦震鈞著，本館鈔本

守望新書　四篇一册，清錢泳著，原刊本

金箱薈說　八卷四册，清女子秦楊芸著，本館鈔本

省身格　三卷一册，清孫希禾輯，本館鈔本，《清史・藝文志》著録

讀書劄記　二卷一册，孫希禾著，同上，同上

借著録　二卷二册，清龔禮著，四川刊本

借燭録　二卷二册，同上

天一閣現存書目　五卷四册，清薛福成輯

箕録　四卷四册，清劉繼增輯，本館鈔本

集部：

容春堂集　二十卷四册，明邵寶著，初刊本缺四卷，本館補抄全

容春堂續集　十八卷八册，同上，本館鈔本

容春堂後集　十四卷四册，同上，同上

皇華類統　十卷四册，明華蔡著，舊刊本

巖居稿　八卷二册，同上，舊刊本，《明史》著録

秦端敏公詩集　一卷，明秦金著，盛明百家本

楊通副詩集　一卷，明顧可久著，盛明百家本

莫南沙詩集　一卷，明莫止撰，盛明百家本

遼陽稿　二卷　別稿　一卷一册，明黄正色著，本館鈔本

鄒九峰詩集　一卷，明鄒璧著，盛明百家本

錢山人詩集　一卷，明錢文著，盛明百家本

錢逸人詩集　一卷，明錢百川著，盛明百家本

始青閣稿　二十四卷十册，明鄒迪光著，明刻本

高彙旃先生遺集　六卷二册，明高世泰著，本館編鈔本

十峰詩選　十卷一册，明錢肅潤著，本館鈔本

十峰文集　一卷一册，同上，同上

蒼峴山人詩集　五卷　詞　一卷一册，清秦松齡著，本館鈔本

蒼峴山人文集　六卷一册，同上，嘉慶刻本

秋水文録　二册，清嚴繩蓀著，本館寫定本

安孟公遺稿　二册，清安璿著，原稿本

雲川閣集　十八卷七册，附杜雲川傳誌行述及半樓賸語一册，清杜詔撰，原刻缺四卷，本館補抄

樂阜山堂詩稿　八卷四册，清王會汾著，舊鈔本

拜石山房東刊稿　一册，清顧翰著，本館鈔本

清詞綜補來刊稿　清丁紹儀輯，本館鈔本

心禪詩稿　一册，清余一鼇著，本館鈔本

亦雲詞　一册，同上，同上

半讀齋詩文賸稿　一册，清榮汝輯著，本館鈔本

（三）按目次先後分年遞刻

夫專車之巨編而欲驟刻於一時，不惟財力有所不繼，且本館常駐人員不過二三人，即繕校亦有不給，不如按目次先後分年遞刻，銖積寸累，亦自蔚成大觀，每年至多之經史子集各一種爲限。

（四）劃一板式

板式不必求精好太甚，然不可不雅觀，而板本大小，板式行格，尤宜劃一。庶我縣人君子購藏者，分之則各自成書，合之則成一部大叢書。不致大小參差，便於裝箱庋閣。

（五）籌募基本金以銀元一萬元爲度

本館縣撥常年經費，每年僅敷維持之用。而歷年刻書，皆係零星集股者，惟本館刊刻鄉賢遺書，衹以闡幽光、廣流傳爲主旨，而與書賈營利有殊，故入股者寥寥無幾人。伏念我縣富紳巨賈熱心地方公益者，難以一二數，不如蕙募基本金一萬元，每年動息刊刻之，爲經久計也。如募有成數，當妥定保管支用，監視規程，呈縣立案。

凡右所陳，是否有當，惟縣人長者有以裁正之。

（原刊於《新無錫》，1919 年 3 月 15 日—24 日）

錢秦二董請刊刻《錫山先哲叢書》呈文

（民國八年四月二十三日）

錢基博　秦玉書

爲呈送敝館刊刻《錫山先哲叢書》計畫書，並附陳勸募基本金、榮譽酬報辦法，謹祈鑑核，示遵事。竊無錫爲泰伯端委之區，人文甲於江南，而有明一代，賢哲挺生，獨標學派，著述之風益盛。顧以縣志藝文考之遺編散佚，一二孤集，大抵有目無書，斯文將墜；而網羅放佚，亦敝館之責也。敝館現儲鄉賢遺書六百餘種，而基博、玉書承乏董事，蒐羅精好，得秘笈七十種一百七十六册，别爲經、史、子、集四類，擬刊成《錫山先哲叢書》，既以闡發幽光，表揚文化，亦以模楷後學，勉紹其述。惟《錫山先哲叢書》非刊刻之難，而措置經費之難。敝館額定經費，歲歲支用無餘，既未能挹彼注此。而地方之財用困難，基博、玉書習熟聞見，尤不敢仰勞藎慮。另籌撥用計，惟有出於募集基金之一法。伏念無錫人民素以急公好義著稱，其在《詩》曰："惟桑與梓，必恭敬止。"倘縣長提倡於上，而基博、玉書承流宣化於下。規定金額，竭誠勸募。一届不足，期以再届；今年不足，俟之來年。當必有聞風興起，慷慨投資，而發潛德之幽光，以斯文爲己任者。斯其人無爲而爲，本非希於寵利。而爲社會厲世磨鈍之計，則安可不宏獎風流，爲地方人民矜式乎？據基博、玉書管見所及，此次《錫山先哲叢書》刊刻捐助基本金，凡銀幣千圓以上者，肖其形貌；千圓以下者，著其姓氏。既刊著於館壁，觀化者象君子之威儀；更列登之簡端，開卷者動，懔慕其何極！崇揚宏休，永宣令譽。敝館存在之日，即其人音容如睹之日。斯書流布之地，即其人姓氏傳誦之地。此則有合於古人昭德之旨，而敝館力之所能及者也。其應如何援例，詳請教育部。褒獎之處，斯則出於縣長揚榷風教之至意，非基博、玉書所敢擅請。至基本金保管辦法，應俟募有蒐款之日再行另呈。核奪是否有當，理合備文呈請鑑核，指令遵行，實爲公便。謹呈！

（原刊於《無錫縣立圖書館匯刊》，1920年6月出版）

附一：

縣知事照會錢經董基博任事公文

（民國七年元月十日）

案查無錫圖書館原有經董一人，係侯紳鴻鑑。近該紳奉部派赴邊省考察教育，爲日已久，該館一切，雖有侯紳所延劉主任代爲主持，而對外接洽對内規劃究少總攬全綱之人。玆貴紳因修志事與圖書館接洽至多，相應函訂，貴紳爲無錫圖書館經董。該館一切事宜，在侯紳未經回里以前，并希貴董主政，除另函圖書館知照外，請煩查照。

（原刊於《無錫縣立圖書館匯刊》，1920年6月出版）

附二：

縣知事公署轉省令核准刊刻先哲叢書公函

（民國八年五月）

逕啓者：本年五月二十九日，奉教育廳訓，令開案查前據該縣轉呈縣立圖書館刊刻《錫山先賢哲叢書》計畫書並附陳勸募基金辦法到廳，當經指令並轉呈省長核示在案。茲奉省長公署指令，内開呈暨計畫書，均悉該縣立圖書館經董錢基博等籌募基金刊刻叢書，既以闡發幽光，亦以模範後學，洵屬熱心公益。所擬計畫書亦尚妥洽，准予備案。應俟該館募捐集有成數，册報到縣再行具文，彙請核辦。仰即令縣轉知此令計畫書存，等因奉此。合行令仰該知事轉知此令，等因奉此。查此案前據貴董等具呈前來，除批復外，當經轉呈教育廳，奉指令指所擬計畫書大致妥洽，准予轉呈省長核咨備案，等因在案。茲奉前因，相應函致貴董等，請煩查照。

此致　無錫縣圖書館經董錢紳基博、秦紳玉書。

（原刊於《無錫縣立圖書館匯刊》，1920年6月出版）

附三：

致榮君德生函

德生先生有道：聞高誼之日久矣！祇以人事卒卒，未得盡懷。博德薄能鮮，承侯保三先生之後董本縣圖書館事，大懼勿克負荷，貽邦人君子羞。前保三先生有刻鄉賢著述之議，博擬賡續進行，茲草定計畫書塵教。伏念先生不吝巨萬萬金創建大公圖書館於仁里，是先生之教澤已浹於里巷。去年上海國立高等實業學校圖書館成立，先生又特捐銀幣萬圓爲天下倡，是先生之仁心仁聞又廣於天下，豈獨於本縣縣立圖書館而或遺之？今博有事而不以告，罪也！博聞美國鋼鐵大王卡匿奇氏者，彼都第一富豪也，吾國梁任公先生嘗稱氏所以爲世模範，不在其能聚財，而在其能散財。其散財之道，則以捐助圖書館爲第一，所至各市，無不見有卡氏所立圖書館者。今先生之散財，實即中國之卡氏，豈博等一鄉一邑之人所得私引以爲榮利！然行仁有序，推近及遠，則請自本縣縣立圖書館始。先生生平行事，未嘗以第二流人自居；博亦必欲以第一流人相推。此事如得先生之倡，募有成數，則叢書之刻，博當撰一《榮先生捐金刻書記》冠於簡首，以永揚宏休。博生性懦拘，恐覿面訥於言辭，故先以書進。伏維垂察不一。

（原刊於《無錫縣立圖書館匯刊》，1920年6月出版）

附四：

致薛君南溟函

比博有刻鄉賢著述之意，草計畫書塵教。明知茲事體大，而博德薄能鮮，非所克任。伏惟吾黨老成任事之勇，見道之明，無出長者之右。況博久厠館賓，佩仰尤不一日，而有事不以告，罪也！新會梁任公嘗駢舉南通與吾無錫爲中國模範縣。竊謂公才公望之於無錫，猶南通之張季老也。南通有張季老而百廢俱興。今吾縣有一仁丈，尤何事不可爲！倘得長者提挈，作登高之呼，此事或底于成，則固非博一人之私幸而已，一邑之光也。諸鄉老神靈之所憑依也，惟仁丈實圖利之。

（刊於《無錫縣立圖書館匯刊》，1920年6月出版）

錢子潛函徐縣長研討修志體例

總纂請另聘名公，分纂則不敢逃役
詳陳意見六端，請先訂定開辦大綱

本邑纂修縣志事宜，自參議會第一次大會決議，函縣聘定委員十七人，組織縣志纂修委員會後，關於設局纂修預算，亦已由縣編定，送由參議會第二次大會通過准予追加。至總纂人選，衆咸屬望於錢子潛（基博）先生，前經徐縣長函徵錢氏同意，並請對修志體例籌備進行事宜，詳加指示。昨日徐縣長已接錢氏復函，以華中聘約未滿，並自謙不善應付人事，堅辭總纂。惟對志例，則詳陳所見，極爲精當，茲采録原函如下：

淵若縣長閣下：一別經年，而未以尺素輕黴清聽，非恝也。知公勤勞地方，而不欲以無爲之飾説勞神箋復也。昨奉手教，以參議會諸公提議修志，而不以博爲無似，委以總纂，聞命悚疚。二十年前，敝邑長老曾以此事相委，而以博之無狀，叢尤招詬，未有成功，以負邑人父老之期，博知罪矣。而今參議會諸公，不責其前日之僨事，而課以桑榆之後效，此則諸公便過之意，義若無所逃難。然博自揣當日年少氣鋭，同志有人，如一時賢豪，稍加獎藉，自信尚有把握。今則年老才退，情勢異昔，當年同志，盡化異物，後起英秀，又慚寡聞，敗軍之將，何敢言勇。而揣分審己，粗耽文史，著述尚知體例，以筆墨之驅役，效恭敬於桑梓，發潛闡幽，何容逃命。

知人事而不善應付，總纂之職自知非宜

然而縣志之纂修，人心不同，不難在筆墨供役，而難在人事應付，博則知人事而不善應付人事之一人。昔明太祖問相於劉伯温，遍以廷臣問伯温，皆曰未可，太祖問卿何如？對曰："臣更不堪。"太祖追問何以？對曰："臣疾惡太嚴，見事太明，察及淵魚不祥。臣不容人，人誰容臣？"太祖不信其言，卒爲人所中，而以大義不終，此則所謂"知人事而不善應付人事"也。博則不幸無劉伯温之才與學，而有劉伯温之不堪，所以行年六十，一事無成，追念生平，惟有餘悔。然薑桂性成，老而愈辣，人事糾紛，自什伯從來，與其一誤再誤，以無救前敗，重負知我，不如及早陳情，以另選賢能，樂觀厥成。凡兹所云，莫非由衷，務乞諸公，洞鑑愚誠。而博於華中聘約，尚有二年未滿，博舌耕三十年，聘約既受，期以始終，未嘗見異思遷，而今垂老無成，亦欲葆其一節，以不爲青年口實。如受任志事，未容遥領；而華中之約不終，亦非所以自處也。然總纂之職，自揣不堪，而志事則不敢不竭其愚。如總纂推定有人，以一二門編纂相委，則亦不敢逃役。

舊撰志稿可供采擇，分陳所見藉備參酌

博從前草一志例，裘葆良先生頗許其酌古斟今，爲投登《東方雜志》，博從前之受非難，亦在人事而不在志例，他縣修志，亦多有采其説者，或可備今日之參考。敝處已無存稿，而舊《東方雜志》，不難檢到。博從前藉同志之助，草成《風俗志》憶登縣教育會月刊、《兵事志》、《軍警志》、《財政志》、此志當日頗費心力，田賦雜税，博采《清通考》、《清會典》，及《江南通志》、《常州府志》，詳前人之所略。《藝文志》蒐采諸家文集中序跋文字之涉邑人著述者，每書作一提要。諸稿十餘册，以事既無成，而亦惜心力之徒抛。於民國十六七年，已記不真。檢送縣圖

書館庋存，以備後來之采，經此滄桑之劫，未識遺失否？其他事宜，粗就管見所及，以抒一得。

人物宜附典章，門類應有增改

一、歷來修志，人物之發潛闡幽尚易，而典章制度之徵文考獻則難。然而利病之涉及民生以影響後來者，往往在過去之典章制度，而不在過去之人物。顧所見縣志，往往人物居半，而所敘人物又多空言表德，而少實事實敘，其人之個性絶不見，亦實無當於觀感。其實真正人物，無不於地方之興廢有關，儘可因事以見人，而不必空言人物以長浮僞也。

一、無錫舊志之所無，而新志不可不增者，如教育舊志有學校，而教育不限於學校，舊志之學校，亦非今日之學校、經濟似即工商實業，經濟者所以觀工商實業之通，而明其消長之故，社會之動蕩，民生之休戚，無不繫於經濟。中國史家惟太史公能闚其意，《史記》之《平準書》，即經濟志也。"平準"二字，照現代講即經濟統制，漢代之粃政，而今日之新制，蘇聯以成雄，英美亦欲以救敗。無錫比年工商業繁榮，而放僻邪侈，民生實未見康樂，正須有巨眼英雄，善闚其微，以能把握、氏族新修《江陰志》，有《氏族志》，頗有人詆其修家譜，其實故家大族，一邑興替攸關，而著其遷徙之所自，尤以徵國家之盛衰。章學誠《文史通義》於修志之必列氏族，嘗論之、金石亡友徐薇生言宋而後，金石之學，蔚成巨觀，舊志墓碣，以古迹不該不備，通人所哂，宜增立"金石"一門，分爲上下兩編，以屬賞鑑者入上編，屬文獻者入下編，所録各碑，分注年月行款，所在都圖，概録全文，稍附考證，略如《訪碑録》、《金石萃編》等例，而唐以上碑，邑中極少，則用珂羅版縮印，拓本原文，並影攝全形，屬金石苑等例，庶幾成一家之言，垂後來之法，其論實爲有見、風俗志，皆宜觀之上古，驗之當世，參以人事，另創新例。

藝文體例宜改，略如經籍志例

一、藝文，舊志有向例，不可不改。亡友徐薇生爲博言《漢志》藝文，簿録群籍，辨章甲乙，而睹邑志濫采詩文，薄附著述，固義法蕩然，抑亦名嫌混淆，宜正名曰經籍，旁咨鄉彦，簿次遺著，分經、史、子、集，如《隋書·經籍志》例，然而古籍初廢，經目有幾，可參用朱竹垞《經義考》之例，分注存、佚、闕、示見四目，至於存者則略如華氏《讀書志》、馬氏《經籍考》例義，而醉題則於每人初見録下，宜略考仕履，寧啻以供讀者知人論世之資，抑亦因書著人，可省許多人物傳，《文苑傳》中人物可全網羅。其有著者係聞人，而本書佳話逸事可附見者，并師《唐、宋詩紀事》、厲《詞箋》等之意，酌量蒐載。又可仿《常昭合志》之例，甄録長洲葉昌熾《藏書記事詩注》之涉邑獻者，而旁蒐所未逮，爲藏書家傳，以附《經籍志》之末。其他若例門，恐亦須斟酌增損。

搜集參考圖籍，研討纂修體例

一、修志必須有材料而後可纂述，而材料之蒐集，有書籍之參考，有社會之采訪。縣圖書館從前由侯保三、劉素勳两先生主持，蒐集當地文獻，煞費其心。舊志從元王仁輔《志》，以迄清末秦湘業《志》七家，無不具備鄉賢著述，有見必蒐，無非志料。見當日劉素勳先生另闢一室，爲鄉賢著述展覽室，其他省府隣境各志，金石圖書目録，無不應有盡有，可於圖書館設修①志參考書，藉至以便纂修員隨時翻閲，則書籍之參考，不患無資。至社會之采訪，必列舉事目，以便着手，然其擬定志目，則采訪之事目無從定，可先擬定志目，然後根據志目，以定一采訪條例，徵聘采訪員，或分鄉担任，或分業担任，限期送局。局中專人收掌，據志目以分類歸檔，隨時送纂修員編次，此事關係極大，乃修志先務之急，苟非采訪有辦法，則纂修徒託空言。

一、方志乃專家之學，非一筆能文者即可纂修，章學誠於此論之極詳。博從前嘗有志於大學國文系中，開設方志學程，發凡起例，悉心討論，以增植方志人才，供各地修志之用，而未成事實。鄙意現在纂修諸公，未著筆之先，可先成立一修志討論會，讀章學誠《文史通義》，以籀體例。章氏論方志文字之見《文集》者，多足以補《通義》所未及，最好讀《章氏叢書》，以觀其備。商務有印本，《叢書》中有《湖北通志稿》雖未成書，而例創新。讀《四庫提要》史部地理類以求例證，此事不過輕而易舉。如能就縣圖書館藏各省府縣志卷首例言通讀一過，而斟酌其宜，尤妙。榮巷大公圖書館藏二十一省通志，全府縣志亦不少，未識經此滄桑大劫，能終保其無恙否耶？討論不厭精詳，下筆自知矜慎。

---

① 設修，原作“修設”，今乙正。

一、修志署名，首列總纂，纂修以次，例用二十四史官書例也。二十四史中，惟《新唐書》紀傳署宋祁，表志署歐陽修，分署以明責任。而縣志門目繁多，各有專家，無論何人總纂，不能各門皆通，不妨用《新唐書》之例，分門署名，以明責任。

凡右所陳，或涉籌備事宜，或關著述體例，皆早年與同志討論以後，不敢匿情，以備采納。如爲集思廣益，不妨以博書披露邑報，以引起邑人注意批評，然後委員會諸公，綜合各方意見，草定開辦大綱。開辦有法，著述有例，按部就班，群策群力，不難成書。如諸公諒博之所能，委以一二門編次，博亦不敢不力。至總纂非名公大老，不足以領袖群序，萬非博所堪任。博憂患餘生，重以多病，亟欲得一便地自養。此間亦知博之老邁無能，每週授課七小時之外，不責以職務，同仁亦如鬼神之敬而遠之。杜門自逸，暑假早放，亦嬾行動，風塵趕熱，自知不任，未能趨召，萬乞鑒原爲幸。博即趨召亦不過陳述所見，如上云云也，敢布腹心，順頌政祺。

（原刊於《人報》，1947年7月19日、20日）

附一：

縣志添列體育欄

薛楚材

吾邑舊縣志之編纂，在清季專制時代，對於忠孝節義，既備加贊揚，更特別崇尚科舉功名，足見國家制度、社會風俗，編修志書，無不適應其環境，因時而異。若當今之世，政治風行民主，科學日趨萬能，教育規定，文學與藝術、音樂、體育等，同爲一種科目。社會習尚，視勞工爲神聖，所謂彼一時此一時也。

近代世界列强，莫不極力提倡體育。我國自北伐成功後，當局對於體育，亦大加重視，確爲賢明而合乎潮流之措施也，國家榮譽繫焉。種族之强盛，以及尚武精神等等，皆屬息息相關。政府提倡於上，人民覺悟於下，苟非遭遇戰事影響，成績必更大有可觀矣。

吾邑人傑地靈，優秀英才輩出。巍巍乎！世運代表，則有張嘉夔之膺選。蕩蕩乎！遠東選手，則有張倫、胡維嶽、王季淮、陳晉初等，堪稱濟濟多士，是皆國家之瓌寶，民族之俊英也。至於留名海外，揚威異域者，亦有其人。餘如華東八大學原爲東方六大學中，先後嶄然露頭角者，無論田徑球類，指不勝屈焉。自全國運動會分省分區後，吾邑選手出席，戰無不勝，攻無不克，囊括各項錦標，屢執本區之牛耳，儼然全省之馬首。何其壯也！漪歟盛哉！至於有關歷史性之盛大比賽，在田徑方面首推“白虹梁溪對抗運動會”。是役也，劉長春、程金冠、符保盧、陳寶球、顧彧、冷培根等，全國明星畢集，社橋之畔，車如流水馬如龍，誠全運會外，鮮有之“群英會”也。足球則南華與無錫隊之戰，盛況空前，觀衆達數萬人之多；近年復有龍隊紅與義僑之義賽。籃球比賽，則以譽滿東方之群聲隊與梁溪隊之戰，最爲有聲有色；京滬两埠，頗多專程趕來參觀者。中西各報，均曾特派記者到場采訪。餘如征輪、空軍、傘兵、汕隊、仁餘、甲申、春茂等勁旅，皆曾蒞錫競技，形成舉國矚目，閤邑争光。以上所述，瑰麗之歷史及優異之人才，似乎皆有纂入邑志之價值。夫文獻無徵，聖人所慨；戰迹不彰，壯士所憾。嗟乎！輝煌燦爛之盛況，出類拔萃之人傑，幸而産生於桑梓，不予宣揚，任其湮没，豈不可惜！而於激勵後進方面，意義更爲重大。質之有識之士，亦有爲然否？

（原刊於《錫報》，1947 年 8 月 5 日）

附二：

纂修縣志之商榷

——辛榦馳書錢子泉

辛榦

本邑纂修縣志事宜，已由縣政府聘定地方碩彦担任纂修委員，其總纂一職，各界矚目錢子泉氏出任，惟錢氏執教武漢，且限於精神，不克兼顧，一再謙辭。兹有縣圖書館長辛榦柏森氏，對此修志大業，倍極關切，對錢老纂修綱目，頗多商榷，昨特馳函錢氏，闡發甚詳，本報特探誌如下：

（上略）孟夏曾復蕪緘，想早惠覽。入暑以來，興居何似？甚念。吾邑自修志委員會成立，咸以總纂一席，非先生莫屬。先生復縣長一函，邑報皆披露之。最近委員會常會，子遠先生自京遄返，會中仍一致推請先生暨子遠、溯伊兩先生俱爲總纂，殆渴望斯事之速舉也。邇日想子遠先生必馳函武昌，備述其事，而地方豪長者，於是雅多關懷，因有統修與續修兩大説興焉。幹就地方人士講論所趨，覽考前志序例所述，不自揣量，抒其管窺之見。竊擬《纂修無錫縣志商榷》一文，其大要謂修志者，繼續前人之記載，非毀前人之成書。惟前志所載者，覈其故實，而釐其舛訛，芟其蕪濫，而補其闕佚，爲史家之常例，而折衷至當，是在編者。然邑人士兢兢業業之意，溢於言表，要以輕而舊志，不守先法爲慮，且曰："秦瀛嘉慶《志》，時人諷之曰'秦志'；秦湘業光緒《志》，時人論之曰①'非瞻狥，即顧忌。'前事之轍，後來之鑑，不可不戒。"又謂："吾邑志書闕修，自遜清光緒七年以來，距今六十一年矣，而敵寇侵佔，後經自古未有之劫，官廨簿書，私家記述，可得而取裁者，不知究存幾何？斷代爲史已非易易，若必統修，何易成功！"幹謂父老而論談，其意深婉，而道光志乘，成例可師，敢不服膺其説。今兹所修可分兩大部分：自遜清光緒七年至宣統三年，按照舊志之目②，以續記載，增必要新目，以益其書，此一大部分也。民國以來，政治人事，變舊更新，自應别訂新志之目，編次成書，述而不造，以求賅備無遺，顯幽闡微，力持公允至當，庶幾典章文物，燦然大備，先哲儀型，自足千秋，此又一大部分也。若統合前志，貫穿古今，鎔鑄一書，以待來者。孫先生力主此説，閱斯商榷之稿，亦爲頷首；且曰："續修較易成功，地方庶幾寧静！"幹幼既不學，長益荒蕪，而於方志之學，夙未攻討，濫竽委員之列，彌覺悚惶！惟以志目未定之前，而於續修、統修之説，似爲先決問題，用述邦人君子之論，以前執事鑑定！尊著《無錫縣新志目説明書》，圖書館藏有錫成印刷公司原印本，披卷諷誦，不覺有感！

① 曰，原作"日"，今改正。
② 目，原作"日"，今改正。

其一曰修志沿革：自古纂修方志，於舊志之得失利病，往往置而不論，而覽考君子，欲綜觀地方志乘而不可得。會稽章氏謂作史不論前史之是非得失，何由見有折中考定之所從？欲囊括一世，則前人成轍，豈可忽而置之？故其所爲《湖北通志稿》，有傳前志，幹讀之，憬然有所增悟。而尊著新志之目，首列"修志沿革"一門，覽考君子，庶幾於前志之家數及其得失，展卷瞭如矣！抑按吾邑明代縣志，館中僅藏吳鳳翔、李舜明之弘治本，而秦、梁萬曆《志》義例謹嚴，備載序文，秦松齡、嚴繩孫於康熙《志》序中，盛稱道之，惜乎其書已佚，後生小子，不可得而見矣！遠近藏書家有珍藏其書者乎？

其十四曰人物：方志陋略，無過人物，正不獨我無錫爲然，高論是也。説者以現代刊行之《首都志》，堪爲方志取法，而幹則以爲《首都志》，自有可法，而人物一門，則不無可議。按其編纂之法，照舊志列傳，分標色目，僅志姓氏，而標其編目曰人表，雖示謹嚴之意，不濫著其傳，究嫌簡略，其書而不可爲法人表之稱，雖師班固《古今人表》之意，然亦有可商。蓋人物志之表，所以濟傳之窮困，或以補傳之未書。會稽章氏亦既備論之矣！尊著謂取人不可不嚴，敍事不可不詳，而標目則不可不渾括，是誠名論！而幹則以爲所收人物既嚴，則鉅人硬士，有瑰奇特立之行，自宜上援《漢》、《史》體例，下參會稽成法，各立專傳或合傳，以備國史之采。例如楊範甫先生之興學，爲於舉世不爲之日，謗議叢集，終至焚燬其家而楊先生弗願也；如許静山先生之禁烟，三十年無少懈，可謂終其身努力於斯；厥後又有顧述之先生創辦江蘇省立第三師範學校，學風淳厚，有聲江南北，士林推崇之焉；高踐四先生奉乃翁遺命，創辦私立無錫中學，誠篤不倦，竟至毁其家業而弗惜也。四君子抱負建樹，奚俟贅述，若標色目，其將焉歸？友人朱君夢華論談及此，輒歎方志人物一門，所標色目雖多，而兼該實難是真，當與通論也！故以瑰奇之行，特列專傳，則敍述詳盡，自得體要。至通經服古之士，或有名山著述，而爲恂恂儒者，則羅列其傳，而標以總目曰儒林，餘如循吏、宦迹諸傳書知其法，要如《史記》列傳七十，惟儒林、循吏而下九篇，標出總目，從《書》自外戚、佞倖而上七篇，標出總目。又章學誠《湖北通①志稿》

① 通，原作"道"，今改正。

之人物一門，所謂[①]正史未具，方志詳今而略古；正史既具，方志詳後而略前。蒐羅文獻，記實盡情，備史氏要删焉！尊著謂人物已列國史者，擬蒐羅居鄉行誼，以補二十四史所未備，實與章氏所論，若合符節，抑竊又謂列傳之外，不可不備人名表，以輔其成而濟其困，傳則垂其不可以已，表則求其囊括無遺，經緯相資，自成一方紀載。執事聞之，其以鄙言爲費詞乎？

其十一曰選舉：地方人材消長，與事業興替，攸關至巨，而文化盛衰，亦因以窺見一斑，而方志之列選舉者，亦以見人材之淵源。錫山科第，鳴盛東南，一榜九進士，六科三解元，自昔播爲佳話，後世特樹坊表以供瞻仰。城中河上孫宗伯狀元及弟，五百年來，巍然獨存，升其堂，想見其盛。涇水之上，顧端文理學名儒第，雖古屋凋零，而登其地，心儀其人，勝地舊迹，其爲感發興起，裨益孔多。一方數典，淵源科舉，一地人材崛起，則一邑之山川草木，有以增重焉。而尊著謂科舉制度，魁人傑士，未嘗不拔出於其間者，洵篤論已。又謂科舉制之極敝，而選舉制起而代之。首著制度得失，次著自唐以來歷屆科舉之名[②]卿碩儒，尤魁傑者姓氏，而略其無聞名者不著，又次著自遜清宣統以來，歷屆新選舉之選士，姑一著姓氏以覘來日，閎識偉論，敢不傾倒！而幹謂凡百制度，必具精意，功名氣節，人物所重，著當選人姓氏以顯其名，睹其後來以寓戒微，意美法良，無逾於是。而科舉人姓氏方志成例，著自五貢列表紀之，世世相續，自[③]具系統，覽觀斯表，可以覘一代文化之盛衰，考一方人材之源藪。兹可仍其舊而不變其例，著其氏而不削其籍，完成其書以見一代制度，尊見以爲何如？竊又以爲科舉既廢，學校爲培養人材之所，而地方人材之淵源，皆歸於學校，所謂魁人傑士，殆無不特出於學校也；是故鄙見學校畢業應以何種資格，方志得著其姓氏。當此新舊嬗蛻，各處方志，殆無先例，起例發凡，斷自今日，商榷妥定以訂名目則爲今日方志創例，又爲後世不祧之祖，尊見又以爲何如？

其十五曰[④]藝文：昔者尊著《藝文志稿》，猥蒙賜我覽觀，今圖書館中，未見庋藏斯稿，而所刊於《教育會月刊》之《風俗志》，已由孫卿先生檢交館中珍藏。鄙意吾邑孫氏，蒐羅鄉賢遺著，可謂不遺餘力，且聞著有提要，尚

① 謂，原作“請”，今改正。
② 此處似脱一“名”字，已補。
③ 自，原作“白”，今改正。
④ 曰，原作“日”，今改正。

未刊行，若其稿果屬完美，則志書不妨采用，仍從執事原有主張，照《新唐書》體例，署撰述人姓氏，以示不掠其美，藉省編纂之勞，不識邦人君子，其以鄙言爲何如也？館中所藏鄉賢遺著，於抗戰前，曾破已往成例，以善本書籍，別儲寶藏庫，餘皆編入普通書目中，此宜具告執事者。惟按館中舊刊《鄉賢書目》，正續合計，雖有七百九十四種，而與康熙《縣志》所輯“藝文”目録，相與校讎，則闕目非少，其間殆經洪楊兵事而致放廢散佚者與？今縣志修輯藝文，鄙見以所佚書名統予編録，以待徵訪，或有乾隆禁書，亦予注明，以備覽考，執事以爲然乎？

又方志“氏族”一門，實不可闕，執事復縣長函中，曾備論之。今修訂志目，必列爲一門，自是無疑。

《新志目説明書》，尊處既無存稿，用重録一通，忖郵遞呈。子遠先生處，已抄寄一份。溯伊先生處，未知可免録呈不？尚幸執事郵函子遠、溯伊兩先生商榷一切，重訂新目，而後有所進行。邦人君子，其渴望焉！今圖書館中所藏著志類書籍，計有通志十三種，而府縣、州縣志，亦屬不少，惟舊蘇屬區，有蘇、松、常三府志及太倉州志等四種，獨闕鎮江一府耳，然吾鄉耆舊蒐羅之精神，於是可見一斑矣！讀執事復縣長函，深知垂念及此，藉以附聞，江山修阻，未克趨承，如蒙賜教，跂盼無極！（下略）

（原刊於《江蘇民報》，1947年8月12日）

附三：

辛館長函孫志老對纂修縣志事頗多商榷

辛幹

本邑縣志纂修委員會，經正式聘請耆宿錢子泉、孫志遠、許溯伊三先生爲總纂，孫先生任職交部二十年，亦邑之有名前輩，日内正在修訂志目，本邑圖書館長辛幹氏，提出應增資料，應行商榷事項數端，頗具卓見，堪爲纂修中之一大文獻，兹將原函采録如下：

子遠先生有道：日者幹以事來滬，到滬數天，足疾大發，坐卧一室，未出寓廬半步，苦悶。在錫接奉賜翰，誦悉一一，所致委員會函，隨時轉交，尚幸弗念。縣志總目，執事以科學分類法，使綱舉目張，甚善！幹於志目一事，略有管見。曾寓書子泉先生以求教益，原擬重録一通，以遞几下，嗣以來滬未果，殊爲惘悵！茲承彬哥以邑報所登拙稿剪擲，用敢付郵，敬以呈教。抑幹猶有言者：按子泉先生所訂《新志目説明書》，時在民國七年左右，目録所列，與舊志雖有出入，而其時社會狀況，與今日迥然不同。竊謂地方志書，於社會現實，俱宜記述詳盡，以備通志及國史之采，而後之覽者，可以得見地方事業之概要，而究其得失利病之所在。民國以來，吾邑社會狀況，日趨繁茂，社會組織，日見端倪，而社會事業，亦即日益焕發。自國民革命軍奠都南京，黨社機關，公開設立，吾邑又當京滬之衝，凡事措施，不落人後，而方志資料，於是益以增多，就“社會經濟”言之，則工廠林立於郭外，銀行星羅於市上，工商業勃興，而社會生活爲之一變焉，論“地方集團”，則黨社機關，既如上述。而農工商會、律師公會、記者公會等皆先後組織成立，而昔日之商團公會，尤能努力於捍患之作，裨益桑梓，有口皆碑。至“交通建設”，自京滬鐵路通行，地方環境爲之一變，自錫澄公路、錫宜公路以先後建成，地方環境又爲一變，四鄉交通，則開原鄉車路首先告成，而揚名、新安二大幹綫，次第成功，則吾鄉西南交通，一往迅利，自寶界，建築完成，於是揚西幹綫可以越六里湖而直抵横雲山莊，此皆地方人士，自動舉辦而又不吝輸資，努力以促成之也。邇年各鄉航綫，日益發達，雖東北鄉閉塞之區，類多通以汽輪，郵電之設，亦將日益增新。至若“教育事業”之關於學校，關於社會，建設宏多。其關於學校教育，就民國成立後言之，其演變而擴進者，如縣立高小，城鄉祇有六所，今則縣立完全小學，遍設全縣，私立學校，始有小學，辦中學者，僅有私立競志女學一所，今則私立中學林立於城鄉，抑且繼起無止境。曾憶鄉先輩華海初先生有言：“公立學校爲數無多，渴盼地方人士，多辦私立學校，以補公家之不足。”因名其所辦之初小曰補公，此正先生總董吾邑學務時也。二十年以來，私立中小學，未易僂指，追思先輩名論，曷勝有感！關於社會教育，如圖書館之成立，尚在民國四年，實得蘇省風氣之先；公共體育場，尚爲奉令縣設；而民衆教育館，實爲地方自動開辦；園林之在城市者有公園；而私家建設之最著者，如梅園、蠡園、魚莊、横雲山莊、小箕山莊等，在在可資民衆遊樂。此外“政治方面”，如勝利後之田賦征實，又爲近今創製，而勝利日之田賦豁免，實爲恩遇大典，而營務、司法以及保安隊，攸關地方治安，又淪陷之日，種種政治情形，亦須擇要記述，如租賦併征，即其一也。約舉數端，方志續增資料，正不在少。執事所訂志目，倘已列有門類，鄙見卷目之中，分標名目，如遇困難，則一目之中，不妨再列細目，不識尊見以爲何如？

抑又有商榷者：説者謂方志記載，事事貴實，甘棠留蔭，循迹遺愛，自應按名立傳，而貪官劣迹，雖不必標目叙述，而據事直書，自可以事見人。賢良名節，士林優行，固宜分門列傳，而劣紳土豪，烏可置而不論？竊謂方志記載，與正史不同，正史則善惡俱著，勸懲並用，方志則事貴勸善，不著過惡。然而方志者，一地方之史也，先哲所謂善惡、賢、賤不肖，據實記載，方合史道今之説者，殆未嘗無見，執事以爲何如？從前科舉，方志標目曰“選舉”，清季科舉廢止，各級選舉制頒行之焉，如以科舉與後世選舉併爲一目，則其名雜淆，其事未清，鄙見或以科舉制易名曰“科第”，著其姓氏，列表附後；而以後世選舉制，則名之曰“選政”，如届當選議員，著其姓氏，表列於後，俾見今昔制度不同，而其名不可相混，其事亦自有别；又選舉制度，在清季有咨議局選舉，民元則有縣議事會、省議會以及衆議院、國會等選舉，戰前有國大競選，最近有縣議事會競選，此皆地方所辦理。而民四帝制運動，各地代表，亦皆選舉産生，是否一體著録？而於各市鄉選舉，以及行政情事，應否别立“地方自治”一門，詳細記録，以見其實，執事又以爲何如？方志“藝文”，不録生存著述，竊謂今昔情形不同，蓋先哲等身著作，往往生前不願問世，其人千古，始由裔孫或門人故舊，爲之刊行。今則學術發明，以争先爲上，而著述行世，以先睹爲樂，若無原子彈，焉使敵寇服，此理甚明，例如唐蔚芝先生《十三經》，丁仲祜先生《説文詁林》，錢子泉先生《現代文學史》，蔣錫昌先生《老子哲學》，早爲世所推仰，庸待後世論定？故邑人君子，既有名山著述，無論其人存亡，似可一體著録，藉見地方學術進化，而使後生興起，又舊志標目曰“藝文”，似可易名曰“著述”，執事又以爲何如？舊志“宸翰”，占幅頗多，説者謂今日修志，頗可删削。竊謂帝制时代，天子巡幸，山川增重，御制詩章，自爲至寶，當日所見，殆無足怪，又如齊燮元軍隊過境大掠，辛亥水災，最近清鄉騷擾，俱可各列子目以爲記述，要皆以往大事，不可遺漏，故當酌定其名以標其綱，備後世考鑑焉，執事又以爲何如？方志“文徵”，亦多采録先哲遺著，竊謂先哲遺著，攸關風教，或爲一邑利病得失所在，自不可不録。然近世學術界有論文之制，發前人所未發，論他人所未論，而抒其獨有之識見，以爲學術界所推崇，或以是得學位，或以是得千古不朽之盛名，此種論文，無論其人存亡，一體徵訪著録，不特見地方優異人材，亦足以爲山川增重焉。例如胡明復博士，其學其識，既爲學術界所重，而其千秋之後，中國科學社遂爲社葬於西湖烟霞洞，其遺著論文，想不難蒐羅，方志記録，燦然震爍，執事又以爲何如？要之，人事演變，功業頻繁，地方趨勢，於是日益文明。就人類進化史言之，事固然爾，而方志記載，須予詳盡，囊括無遺，方合史道，以備要删，庶幾得之？幹行能無似，奚解著述，惟述其所聽，以就正有道，想亦先生所樂聞！往者既不揣謭陋，馳函武昌，以請子泉先生教益！今後貢其應增資料，及繼以商榷事項，以備大雅鑑定！附致子老函稿，亦幸賜覽，蓋詳略互見，新舊同軌，如蒙進而教之，則後生小子，其爲幸也多矣！秋暑尚熾，伏惟爲道珍重，晚生辛幹謹上。

（原刊於《人報》，1947年7月19日）

錢基博再度致函縣長願擔任編修經濟賦稅兩目

本縣修志委員會，業於七月間成立。總纂一職，各方初屬意於國學專家錢基博先生，因錢基老華中大學之約未滿，一再謙辭；後經該會第三次會議議決，設總纂三人，公推孫子遠、錢子泉、許溯伊三先生擔任，當由孫子遠先生馳函錢基老，徵得同意。錢基老前曾有一函致徐縣長，對於此次修志志例劃分，提供甚多珍貴之意見，已爲修志會采納。昨日錢基老又有一函寄徐縣長，書中就前函未盡意見，有所補充。茲録原函如次：

淵若縣長左右：奉十八日復教，獎譽過當，不敢承也。前得舍親孫子遠先生書，稱委員會公推許溯伊先生爲總纂，博即復書贊同，以爲溯伊先生望實允孚，又經衆推，當然由貴縣政府會同縣參議會加函敦聘。惟鄉黨莫如齒以年以德，許、孫二公名輩，遠在博前，博不敢不追隨，以相大業，而萬不敢比肩稱總纂。纂不敢辭，而總不敢居。不敢辭纂者，所以敬恭桑梓，不敢逃役也。不欲居總者，人苦不自知，而不敢不度德量力，審所以自處也。如諸公必欲强以總之名，博亦惟自勉於纂之實。子遠任職首都，就近偏勞總持，其勢不得不然。方當籌辦之初，博不敢不就。以前經歷之所得及現在研慮之所及，盡愚者之千慮，以供子遠之采納。及計劃已定，博必免任纂修一二門，以贖前敗，而副邑人君子之望。其實縣志所重在纂，所急尤在纂，其他人事瑣細，皆無關宏旨，而纂修必先定志目。博前草《志目説明書》，已承辛柏森先生録寄一通，云别有一通寄子遠。博覆核一過，今日所見視卅年以前仍无大出入。惟其中五“食貨”一目，不如因時制宜，改稱經濟，不必生今反古以滋世惑。又十四“人物”一目以前，擬增“民族”一目。不知子遠以爲何如？鄙意許、孫二公各抒高見，先亟定一志目，志目定，倘委员会诸公为地方文献發心，各自就興趣之所在，肄業之所及，分認一二门。假如子遠從前辦地方教育、地方自治，關係非淺，即蒐新知以益舊聞。認纂“教育”及“地方自治”兩目。溯伊精研譜學，即抒所心得以認“民族”一目。柏森現任圖書館長，則就館中儲藏之粗備，職業之便利，認“藝文”、“金石”兩目。博則姑認“經濟”、“賦税”兩目。其他委員諸公無不學有專長，各認一門或兩門。分門負責，各自着手。材料可以自搜集，即自搜集。如必廣事采訪，則請貴縣政府及地方社團予以便利。如有其目而委員會諸公無人認，則徵求會外。如會外一時亦無人應，則且置爲緩圖，成一門算一門。衆擎自然易舉，然不能無望於子遠之力，爲其難以總持一切，而後如博者乃有所禀成以從事也。本月十日復子遠一書，當塵鑑察。茲再就研慮所及，以貢一得。

第一，統修續修，不可不先決定。前復子遠曾論及之。從前博本欲因仍舊貫以續前志，以爲其事易竟也，然而一檢舊志，亦正難言。有事以義起而舊志無可續者，如“地方自治”、“教育”之類是也。有名實乖違而舊志必須改者，如以孔廟爲學校，以詩文爲藝文是也。鄙意委員會諸公宜推數人審查舊志，就其事例，酌今之宜，孰爲舊志有其目而可以因仍，孰爲舊志有其目而必須改制，孰爲舊志無其目而必事創制，則宜統宜續，孰統孰續，事實具在，實勝雄辯，憑空議論不得解决也。

第二，地理山水不過百年，似乎未極滄桑，舊志可以襲用。然而就博所見，數十年來，河道之湮没者不少，街坊之改形者尤多，舊志即欲因仍而訛謬不可因仍，縱不能據舊志山水以全縣履勘，至少須得最近實測全縣市鄉地圖，據以檢對舊志，遇有異形，隨地履勘以爲改正，而後可以信今傳後。

第三，經濟可分上下兩篇：上篇仿太史公《平準書》例，敘百年以來農工商經濟之動態，以明其演變，觀其會通；下篇仿太史公《貨殖列傳》例，以描寫其人物，發其成敗得失之故。兩篇相爲經緯，舊例新裁。材料多，不難提綱以挈要；材料少，亦可舉偏以見全。如委員會諸公，有人願任，博此意亦可供參考。

第四，民族可先檢選舉户口册，開列縣中有多少姓，而訪其譜，著其族自何地遷來，何朝遷來，博在湖南，讀湖南人諸家文集中許多譜序，乃知湖南大姓，自江西遷去者幾居十之七，如曾文正之祖先自吉安，彭剛直之祖先自泰和，而稽其朝代多在南宋避金兵入湖南。遷來之後，人物若何，或名在史傳、邑志，或科第、仕宦。每姓敘五六行或十數行，姓標以大字，而敘述則雙行夾注。諸姓排列之先後，則以其遷來朝代之先後爲次；同朝同地遷來者，則並列之，必可於民性民風有不少發見。

第五，藝文可先檢録《四庫提要》，及存目者録邑人之著述。然有邑人極有名之鉅著，而《四庫》未著録者，如顧祖禹《讀史方輿紀要》是也。次則檢録《通考》、《續通考》、《清通考》，所著録邑人之著述，以拾《四庫》之闕。然後廣蒐諸家文集中序跋文字之涉及邑人著述者，删繁舉要以發其指歸，列其得失。然後據邑中各圖書館所藏以注明存佚。至於邑中碑石，間見著録於《金石萃編》，而《吴平齋尺牘》、《金粟香隨筆》，皆有考證無錫金石文字，可備采用。

凡右所見，粗明義例，使博而與於役，固將尊聞行知，即不得與於役而言有據依，亦未始不足以備邑人君子有志文獻者之參考，不妨披露邑報，以公開討論，則委員會諸公，更得據衆意以爲從違。縣志乃全縣之人所當有事而博喋喋，不過以引起邑人君子之注意而已。此後不再抒其狂瞽，惟静候子遠之命，以何門相委，即操管以從事耳。匆布所懷，不覺累紙，諸惟亮察，順頌政祺！弟錢基博手奏，八月二十二日。子遠先生及委員會諸公均此注意，不另。

（原刊於《錫報》，1947 年 9 月 11 日）

附一：

無錫縣第二次（1929 年）修志活動報道

縣政府重要會議

無錫縣長孫祖基，昨日召集財務、公安、教育、建設各局局長，及本署各科科長開縣政會議。孫縣長主席：（一）縣長提議新購槍械如何分配案。議決：手槍五十五枝，發城厢市各公安局備用，同時收回俄造七九步槍五十五枝；手提機關槍六枝，分發警察大隊備用；步槍九十五枝，作爲補充警察大隊及預備擴充公安新分局之用；駁壳槍四十枝，分發南延市及開原、揚名两鄉各四枝；其餘作補充警察大隊及預備擴充公安新分局之用。（一）縣長提議修志局組織大綱，並委員人選案。議决：組織大綱修正通過。委員人選，先推定錢子泉、蔡子平、秦效魯、丁梅軒、俞仲還、嚴堯欽、孫北萱、錢孫卿、蔡松如、蔣仲懷、華書城、唐蔚芝、侯保三等十四人爲委員。（一）組織治蝗會案。議决：由縣政府科長沈雜棟負責組織。（一）議決行政長官及佐治人員，即日起一律改服中山裝。

（原刊於《申報》，1929 年 5 月 5 日）

召集修志會議

無錫縣長孫祖基對於續修縣志一事，已推定纂修等員，組織修志委員會。惟自一度開會以後，總纂尚未推定，而經費及如何着手進行各情，均未議決。昨特通函修志委員錢子泉、蔡子平、秦效魯、丁梅軒等十六人，定八日下午續開會議。

（原刊於《申報》，1929 年 6 月 6 日）

縣志局委員會議記

本邑縣長孫道始爲舉辦修纂縣志問題，業經提出縣政會議議決。茲已函聘邑中名彦爲修志委員，組織委員會着手進行。於八日下午三時，在縣府聞喜堂開第一次委員會議，出席者楊鍾鈺、許國鳳、秦效魯等九人。議決事項：（一）投票選舉，結果許國鳳、錢孫卿、嚴肖蘭、嚴堯欽、蔣仲懷五人爲常務委員，錢子泉爲總纂。（二）唐蔚芝、裘可桴二委員函請辭。議決改聘爲名譽總修，並添聘吴稚暉、孫寒厓、廉惠卿三人爲名譽纂修，補推秦平甫、高踐四爲委員。（三）局所決定附設在圖書館内。（四）名爲無錫縣志局。（五）將組織大綱修正後，提請縣政會議通過。議畢散會。

（原刊於《申報》，1929年6月10日）

纂修縣志局成立

無錫纂修縣志一事，經孫縣長函聘委員纂修，並推定錢子泉爲總纂。昨日在縣圖書館開成立會，到委員十餘人，討論進行各事。議決：（一）總纂錢子泉尚未就職，由本局推舉代表勸駕，請早日就職。常委錢孫卿辭職，議決挽留。（一）常委蔣仲懷出缺，由次多數秦毓鈞遞補。

（原刊於《申報》，1929年7月3日）

無錫縣志總纂修辭職

無錫續修縣志一事，已由孫縣長迭次召集會議，聘定總纂修等籌備進行在案。本届第二區黨部會議時，以纂修縣志關於一邑文獻，總纂、編纂人選，應聘學術思想與時代思潮相稱人才充任。議決將以上意旨，建議縣黨部轉咨縣政府遴選相當人才，分别聘任。昨日總纂秦效魯、纂修錢子泉，以第二區黨部議決原案，確爲至論，而本人一則養疴杜門，一則於役四方，均難勝任，特具函向孫縣長力辭總纂、纂修，未識孫縣長如何辦理也。

（原刊於《申報》，1929年10月3日）

附二：

無錫縣第三次（1948年）修志目録草本[①]

朱夢華

編纂大綱

（一）全部統修，定名爲《無錫縣志》。

（二）前志所載，可因者因之；宜删者删之，亦有散見他書及社會流傳而記載付闕者，則增益之。光緒七年以還，啣接續修而下，庶幾上下會通，前後相因，免斷代割裂之弊。其有時事新出，不能以舊志項目範圍者，另列新目以攝之。

（三）志目分門别條，幾經商討訂定。惟執筆者，因取材及行文關係，可随时併合增減之。

（四）班史《藝文志》，每類先疏學術之大概，及其傳受之源流。馬貴與《文獻通考》亦類置序言，而後分條疏述，振綱挈領，發明宗旨，史家有取焉。本志擬仿此體例，每門首揭小序，而後分目叙述，庶乎眉目清朗，条枝共贯云。

（五）一書出於多人之手，取材不免重複，文字或有扞格，删削整齊，宜歸總纂一手董理。

（六）徵集材料，不厭繁富，秉筆撰述，貴乎簡核。其志中所不能采納者，可自成一書，如《王氏錫山景物略》、《黄氏酌泉録》，與志書並行參考。

---

① 原標題爲“無錫縣志目録説明草本”。

卷首　修志沿革

【説明】

吾邑縣志，始成於元之王仁輔，明朝景泰、宏治、萬曆凡三修，遜清康熙、乾隆、嘉慶、道光、光緒凡五修，歷叙其沿革，以明志之源委，故列諸卷首。

卷一　地理　輿圖　沿革　疆域　山　水　地質

【説明】

輿圖——舊志原載輿圖，已失去時代性，自應揀擇新製、測繪編次另刊。

沿革——本縣自周秦以來，或州或縣，或合或分，變易無常，是宜逐代數述，以明相因。

疆域——四疆幅域，叙述宜明。襟江帶河，形勢屬之；方里廣狹，人口屬之；地位所在，經緯屬之。

山——全邑山脈，分条列叙。高度面積，峰巒岩塢，舊志欠詳，應補闕略。

水——河湖澗泉，水流相貫，有利運轉，有資灌溉，工商發榮，胥源於是。

地質——岩石、礦苗、土質、地層。

卷二　建設　城池　公署　公所　鄉鎮　道路　橋梁　圩埝　園墅　名勝　古迹　祠墓　寺廟　教堂

【説明】

城池——城牆之修建，周圍之廣袤，城門水關之開闢與改建，内外城河之規制與變遷。

公署——各官署與各局所，屬於永久性者著之，屬於臨時性者從略。

公所——各種社團本部及各業公所，但以各該法團自置之房産爲準，若租賃借用，概不列入。

鄉鎮——舊志都圖，即今之鄉鎮。有時而稱塲者、稱市者、稱區者，名異而實同。惟地域之劃分與併合，則隨時變遷，按圖可考云。

道路——路綫有變遷，名稱有更易，以及新闢之馬路，四達之公路，與舊志所載之街坊，頗多差異，應明其相因改闢，重行叙訂。

橋梁——數十年來，橋梁之更變綦多。有傾圮者，有改建者，有新建者，宜分區采訪其建築經過列載之。

圩埝——芙蓉圩、白蕩圩、陽鄱圩等。

園墅——公私園林及别墅。

名勝——有名之勝景可資遊觀者，如惠山、萬頃堂、雪浪山等。

古迹——古賢流傳之名迹，如惠山寺之聽松石、邵文莊之點易台、石塘之伏龍橋等是。

祠墓——名賢之祠宇及名人之墓道，如尊賢祠、楊龜山先生祠、忠烈祠及專設諸墓，馬貞女墓、吴太伯墓等是。

寺觀——佛寺、道觀、尼庵、佛學會、修道院。

教堂——天主教堂、耶穌教堂、回教堂、理教堂。

卷三　賦役　户口　賦税　征役　蠲振

【説明】

户口——民庶財富，賦税所出，稽核户口，邦政之要。

賦税——賦田賦，今城區已改徵地價税。各鄉登記完竣，次第改徵。税指地方自治捐以外之國、省税。

征役——征兵、繇役。

蠲振——免糧振卹。

卷四　財政　歲出入　自治捐項　公産　倉儲

【説明】

歲出入——縣政經費之預算、決算。

自治捐項——民國以地方經費，初無定額，有所興辦，臨時醵錢。迄民元以後，乃有田賦帶征之學款及充警察費之鋪户房捐、修路濬河費之車輛船舶捐等，次第舉辦，勝利以還。遂有五項自治捐——車輛船舶捐、房捐、使用牌照捐、屠宰税、娛樂捐——及清潔捐、洋龍捐以及其他捐項，不一而足云。

公産——縣公産之整理及收入。

倉儲——地方積穀。

卷五　文教　孔廟　書院　學校　社會教育　圖書館　體育場　發明　獎助

【説明】

孔廟——孔廟之狀況及祀典，鄉賢名宦之附祀，以及直屬之地産，保管之機構。

書院——在昔昌明文教，獎掖後進，書院之功不可磨滅。科舉既廢，書院但存其名，如東林書院、安陽書院等，早已改爲學堂，并名亦湮没不章。辨其既往變遷之狀，亦表彰文獻之道也。

學校——晚清以前，設教掌於學官，科舉罷後，改設公私立學校。其制逐漸改革，漸臻完密，可分四級統之——國民教育、中等教育、高等教育、國外留學。

社會教育——如通俗教育館、民衆教育館、巡迴文庫、巡迴演講、露天講座、公衆展覽会、商餘補習、民衆夜校、識字運動、公衆書報社等是。

圖書館——公私立圖書館如——縣圖書館、大公圖書館、胡氏圖書館、鍾瑞圖書館以及現方籌備之稚暉文獻館等。

體育場——如公共體育場、籃球場、游泳池等。

發明——研究有得而發明致用者，如蔣氏日晷。

獎助——因研究學術而獲公家之獎勵及補助者。

卷六　農林　土壤　農作　農場　果木　蠶桑　養蜂　漁畜

【説明】

土壤——《禹貢》數物，先明厥土，地味肥瘠，物産因之，如灘蕩之宜蘆、宜菱、宜蓮，水田之宜芹、宜茭、宜芋，山田之宜果木，平田之宜瓜蔬、宜禾、宜麦，甌婁之宜麻、宜菽是。

農作——農作之物，随鄉而異，随土而别，随時而變，地方富庶，胥因乎是。

農場——公私農場及造林。

果木——西鄉及南鄉之水蜜桃、太湖之楊梅、慧山之桂花栗，均爲著名之産品。

蠶桑——育蠶藝桑之概況，各蠶種場之情形。

養蜂——養蜂之情形及場所。

漁畜——西鄉之魚池，太湖之漁船俱爲著業。而養雞、養兔之場所，各鄉亦頗有著者。

卷七　工業　手藝　工廠　電力　窯業　鑄鐵　釀造

【説明】

手藝——以前紡紗織布，都属手工，近已改用機械，但如惠山之泥人，桑河口之竹工，仍以手藝著稱。

工廠——紗廠、布廠、絲廠、織绸廠、麵粉廠、毛織廠、油廠、翻砂廠、機械製造工廠、農具製造廠、針織廠、石粉廠、碾米廠、紙廠、製革廠等。

電力——無錫電力使用，始于前清之季，動力發自本地。自歸公家經營，乃由戚墅堰總廠通電。除萬姓日用燈亮以外，工廠戽水以及工藝之借電氣爲動源者日繁。近聞在吴橋之北建造發電廠，未竣工。

窯業——磚瓦窯、石灰窯等。

鑄鐵——冶坊、鑄鐵工場。

釀造——釀酒、製酒精、醬園、醬包。

卷八　商務　金融　商市　堆棧

【説明】

金融——銀行錢業合作信託之動態。

商市——商業市情之消長狀況，各項物資之集散情形。

堆棧——無錫爲江南米糧總集散市場，故蓉湖莊一帶，堆棧獨多，然所儲貨物，僅限米麦雜糧。自清季開闢鐵路以來，各種新型儲棧陸續建造。無論絲紗五洋，均可因類存儲，輔佐商業發達，厥功甚偉。儲棧業之繁盛若是，實爲其他各縣所罕覯。

卷九　交通　鐵道　公路　水運　郵政　電信

【説明】

鐵道——京滬鐵道，横貫東西，前清光緒三十三年通車。無錫之繁荣，此其一因。

公路——無錫縣道，在昔僅貫通蘇常之驛道。民國以還，四鄉幹路，因時而闢，既而通達鄰邑之公路，次第告成，向西則錫宜公路，向南則蘇錫公路，向東則錫虞錫澄公路。交通利便，鄰縣莫及焉。

水運——邑中河道，密如罫網，幹支分布，脈絡相貫，運河縱流。蘇常相接，東流達澄虞，西流通宜興，截湖而過，直達湖州。四隣貨物，航舶啣尾。無錫近頃造成京滬一帶貨品集散要埠，此其主因。

郵政——以前通信之法，官方有驛遞，民間有信船，鄉村班頭，朝往夕返，亦稱便速已。遜清季葉，設局遞郵，幾經改革，漸臻完善。若局址之變易，收送之方法，沿革相承，有可數者，是不可以不記。

電信——電報、電話、交通利器，矧在無錫，尤佔重要。辨其因革，明其竟委，亦無錫發達史之一頁也。

卷十　水利　吐纳　疏濬　灌溉

【説明】

吐纳——河泊水量之吐纳，橋洞河閘之改良。

疏濬——河床之道刷，港汊之溝通，便運輸，利疏灌。交通農作，實資利賴焉。

灌溉——溝渠塍洫，灌溉以之。舊時人工戽水，一遇旱涸，往往不繼。自用機械打水，人工既省，力量尤厚，即遇旱澇，可以補救挽回，科學之功，殊不可没。惟在先農，不多開港汊，不多鑿池湟，水量缺乏，雖有機械，何所用之？此水利之所以不可不講也。

卷十一　警衛　警察　水警　缉捕　商團　自衛團　消防

【説明】

警察——警察局所統轄，自清季設置以來，規制因時而更易。防區因需而推廣，名數因宜而增加，核其推展情狀，即可知地方發榮有漸。

水警——水警署所統轄，無錫南臨太湖，北通長江。水警設置，在所必需。以前通湖通江要道，常設汛防，停歇快□數艘，緝查匪徒私販。民國以還，改駐小礮艇。民二十六年以前，且設水警區署云。

緝捕——縣属缉捕隊，亦名偵緝隊。

商團——商人組織之商市警衛。無錫商團發軔極早。初時南北繁盛市區，分段組辦，既而團數日增，鄉鎮間舉辦者，亦有數處，於是設立公會，統一指揮。服裝之整齊，槍械之配備，操練射擊之認真，團員人數之衆多，僅次于上海。后地方有事，如澄錫之役，甲子齊盧之變，商團朝夜出防，保全闤闠原氣，其功殊不可没也。民國二十三年，奉國府令解散，槍械全部繳出。

自衛團——繼商團而起之地方武力，則爲自衛團，由各鎮鄉公所，自行籌款組辦。有事則協同軍警出防，平時則輔助鎮鄉長查擒姦宄，有功於社會不淺。

消防——消防隊由民衆自行組辦，全城分十三餘隊，而統轄於救火聯合會。地方有事，則協同軍警出防。組織之嚴密，亦不亞於自衛團。

卷十二　衛生　衛生院　醫院　醫師　清潔委員會　防疫

【説明】

衛生院——縣屬主辦防疫、衛生、清潔事務。

醫院——公私立醫院。

醫師——中西醫師。

清潔委員會——由縣屬各機關組織，辦理地方清潔糞除、垃圾工作。

防疫——防止疫病工作，如布種痘苗，及防疫打針。

卷十三　社會　政黨　團體　民生　娱樂　信仰　救濟　合作　報社

【説明】

政黨——國民黨、民社黨、青年黨等。

團體——公衆團體之組織，如各業公會、各工會、各種協會及俱樂部等。

民生——人民生計之情形。

娛樂——娛樂場所，如茶館、戲劇影戲館、書場、歌場、棋社、票房、曲社等。

信仰——宗教信仰之趨向。

救濟——救濟組織，如紅十字會、恒善堂、善濟堂、育嬰堂、同仁堂、紅卍字會、溥仁慈堂會等。

合作社——各種福利事業之合作社。

報社——各報館及書報社。

卷十四　職官　行政　司法　自治職

【説明】

行政——縣長及正式行政機關之概述。

司法——司法官吏之概述。

自治職——鎮保甲長及鎮民代表之概述。民國以前，則爲鄉埆董及圖董。旋改區鎮長，皆遴選地方公正士紳充任之。

卷十五　議會　縣市鄉各級議會　參議會

【説明】

縣市鄉各級議會——民國初元，始民選各級議員，通議地方財政及因興因革事務，爲人民自治之芻基。

參議會——民國初元，設有參事會，既而中輟者三十年，勝利以還，更復臨時參議會及參議會。

卷十六　選舉　咨議局議員　資政院議員　臨時省議會議員　臨時參議院議員　省議會議員　衆議院議員　參議院議員　省參議會議員　參政員　立法委員　國民大會代表

【説明】

本卷各節祇需分目分年列表。

卷十七　考試　科目　普考　高考　特種考試　學位

【説明】

科目——前清科考。變法後新科目附。

普考、高考、特種考試——民國舉行。

學位——博士、碩士、學士。

卷十八　風俗　婚喪　慶祝　鄉飲　新生活　褒揚　社交　習俗　風化　方言　諺謡

【説明】

婚喪、慶祝——禮節情形及其遞演改革。

鄉飲——清代舉行，重遊，泮水重宴鹿鳴，後亦間有舉行者。

新生活——民國十八年以來，政府所倡導，影響風俗至鉅。

褒揚——行節堅卓，受政府褒揚者。

社交——社會間之酬酢往還。

習俗——社會間之習慣風俗。

風化——行爲之趨向，民教之程度。

方言——地方特具之字音俗語。

諺謡——相習之俚諺，傳誦之歌謡。

卷十九　藝文志　典籍　金石

【説明】

典籍——鄉賢著述成書，已刻或稿本。

金石——金刻或石刻之有關地方文獻者。

舊志“藝文”一目，多載名賢文篇詩叶，浪費篇幅，有掛一漏萬之譏，主觀不同，起阿私標榜之嫌。且傳誦名作，除載入《梁溪詩文鈔》、《錫山遺響》諸集外，已無多遺軼，與其複贅，不如删削。僉議仿照《四庫總目提要》例，類次列比書名，並附録簡明提要，著者略史，其無可考詢者從闕。

卷二十　人物　傳　表

【説明】

暫不分類，一俟徵集材料再行定目。

傳——舊志分類列傳，多佔篇頁。柳氏《首都志》則僅列姓名，不具事迹，未免過略，均未允當。僉議其人有特殊事功者，宜爲簡傳，藉彰休美。其列入史傳之人，祇須姓名下注明見某史第卷，不必贅叙；其遺聞逸事，流布社會。而無關宏旨者，退入附編或識小，庶幾不失前規，並免冗繁。

表——不列傳者，僅題姓名，分類製表，以俟考徵。

卷二十一　宗教　釋　道　回　教會　其他

【説明】

釋——佛教之興替及其支派。

道——道教之情形。

回——回教之流傳。

教會——天主教及耶穌教傳布之歷史及情形。

其他——如理門、同善社、天心道、一貫道等。

卷二十二　氏族　姓源　移殖　分布

【説明】

姓源——邑中大姓之所自出，同爲一姓，而分出多源；明明異姓，而或自一本，非徵考各姓譜乘，不能明其竟委。

移殖——各族移殖之由來及時期。

分布——土著各姓之分布，有分域可尋，聚族而居之形象，儼然可按，如禮社薛、石塘塆孫、八字稿過、寨門嚴、蕩口東亭華、河埒口蔣、榮巷榮、村前胡。其尤著者，敘其概略，異日稽遡氏族者有資考焉。

卷二十三　災異　水旱　蟲害　疫癘　其他

【説明】

水旱——大水　大旱之災。

蟲害——螟、蝗、桑蛾。

疫癘——春痘、夏疫、秋瘧。

其他——如两歧之麦、地動、地羊毛、烏壳蟲。民廿六年事。

卷二十四　兵事　辛亥光復　澄錫戰事　齊盧之役　民十六年北伐軍蒞錫　無錫淪陷　抗戰勝利

【説明】

以上諸目，俱係新增，舊志原有兵事記數則，一仍其舊。

卷二十五　大事記

【説明】

以前志例，皆分類比叙，於大事之綴記，時務之遞演，殊缺相因會通之觀。大事記以年月爲經，以事實爲緯，分年繫事，粲若列眉，發明於夫子之《春秋》。柳氏《首都志》，因其法作大事記，附卷末。覽志者可以因年考事，因事觀變，猶全書之提要，萬事之總鑰，誠足以補前志之闕略焉。

卷二十六　附編

【説明】

凡有關本邑文獻故實，而正編中無類可列者，皆屬之。

附言——本編目録，由孫子遠先生撰稿，經纂修諸委員聯席研討多次，並與子遠先生書札往返商榷者，垂及一稔。其門類之分合，子目之增删，既多更易。今夏適錢子泉先生由漢皋回錫，復邀請作两度檢討，遂爲定本。在席諸纂修，並囑爲簡略説明，分目發凡，明訂界説，俾分門纂述，不致有混淆重複之失。爰退而就目略述意義，牉爲説明，寡陋之見，差謬實多，勉成草本，以俟賢達削政。

（稿本，今藏無錫市圖書館，原稿作於 1948 年中秋）

專　著 ZHUANZHU

無錫光復志

軍政分府門前

潛夫二十七歲自箴：是卧龍出山之日，抑眉山讀書之年，自謂學已有成而女智勿能沈淵泉；女才勿能捷置郵。孔子曰："未可與權。"李先曰："天下益人神智者，莫如書也。"胡不歸而玩索金板六弢之書，緗袠秘記之篇。

錫金軍政分府職員全體攝影

圖中前行中坐者，無錫軍政分府總司令秦毓鎏字效魯也，坐毓鎏左者，則副司令孫保圻字審懿，總收發秦昌源字叔培及招待員秦巨源三人也；坐毓鎏右者，則副司令吴廷枚字錦如，執法官劉晟字書城及錫軍水師隊官張錦榮字曜齊三人也；立毓鎏後者則庶務員張有誠字孟脩，有誠之左爲間諜科員沈用舟，書記張本立字道生，李鶴皋字伯申，掌印兼庶務員龔宜戊字葆誠及間諜科員秦慶鈞有。誠之右爲間諜科長周公鼎字銘初，會計吴淵，招待員秦翔皋，文牘員王世澄字劍潭及庶務員秦曾源字雲階。都十八人。

錫軍全體攝影

錫軍第二營援淮攝影

錫軍水師全隊槍炮船攝影

民國統一紀念攝影

黄花岡紀念攝影

光復門

圖書館

公園全景

公園之一部

公園之一部

無錫司法部全體職員補祝新年元宵攝影

圖中後行中立者，司法部部長薛翼運字南溟也；立翼運左者，則副部長史濟良字問耕及庶務楊靄士二人也；立翼運右者，則看卷石静山及收發華孟調二人也；坐翼運之前者，左爲審判官王宗瀚字海蕃，右爲檢察官俞錫蕃字進生；坐宗瀚左者，則帮審委員胡樹蘭字子芳也；坐錫蕃右者，則帮審委員王家駿字竹賓。都九人。

中華民國元年無錫臨時縣議事會議員攝影

競志女學

右無錫私立競志女校，蓋吾邑侯君鴻鑑建也。吴江金一嘗言：“侯生熱心辦學，毅力過人，家無中人産，一生而辦五校。而競志一校又有幼稚園，有初等小學，有高等小學，有中學，有師範，其經費不資於官，不資於公，而資於省視學之俸，資於譯書之勞金，資於同志之概助，資於賢夫人之釵釧。不敷，則歲終鬻其家藏之書畫，猶不敷，則鬻其家中之器用。作書呼號四方，四方之君子哀之而不能助之，或笑之侮之。乃破其産，孑身走贛省，復爲省視學，仍以其勞俸所入資競志，而餘校悉閉。復以不習世故，横被謗譏，久乃得直。去歲秋，孑身歸梁溪時，三吴輕之徒方用事。侯生雖少年著書談革命，而不能挾武器，不能論事説劍術，復不能依附大黨，温温無所試。近世革命不革心，非諂媚不能致令聞。侯生心迹高，自甘抑塞，不欲揚己以自顯。”其推獎君可謂至矣！博尤致慨於革命不革心一言，謂世之所謂偉人長德者，陽揭國民福利之幟，陰以揚己自顯爲主旨者，何可勝道！此民國肇造之所以擾攘無已時也。如侯君者可以風矣，志之所以風也。潛夫記。

叙目

右六篇，都二萬餘言，計屬稿二十日卒事，約日得千言有餘裕矣。吾邑秦毓鎏者，蓋吾書之主人翁也。吾書正叙毓鎏莞領軍民隆隆盛時，曾不幾何而毓鎏則已敗矣。鄉日附和景從，岸然以擁戴毓鎏自居者，今已縮首藏頸全軀，保妻子之不暇，而暇囁嚅出一辭爲毓鎏訟冤乎！誠不意毓鎏事已敗壞至此，猶自斷斷力持平情之論者，反在當日面争發赤之錢氏子也，不亦異哉！博嘗謂毓鎏誠有沾禍之道，然當毓鎏柄兵操邑政時，壹以安靖爲務，初無大過惡之可言，惟於地方一二不逞之徒，小加懲創，爲地方謀治安。是則府宵小之怨實甚！武三思謂："我不知世上何者爲善人？何者爲惡人？但與我善者即善人，與我惡者即惡人。"而不自别白是非所在，此又今日蚩蚩者之所謂輿論也。然在毓鎏左右一二帷幄之士，誠不免酣歌色荒，自玷官箴。毓鎏益無堅明約束之才，重滋邦人口實，甚有謂上有好下有甚焉者。博亦嘗引古人"從好不從令"之言爲誡，謂："君苟毋好是，何至所部將佐靡靡成風乎？"毓鎏惟自引咎，初不曒曒自辨明也。惟聞毓鎏嘗於深夜引一私人自貳者於密室而告之曰："君猶自憶去年作無錫市議員時，曾議禁縣官佐冶遊之事乎？今言猶在耳，吾儕已靦然躐尸其位矣！夙昔所用呰敖若輩者，益躬自蹈之，縱不自愧於心，獨何面目見若輩乎？"其人嘿無以應也。此則邑子某君嘗爲博言者。然毓鎏終未嘗自明而諉過於其徒，誠亦有足多焉者。既，毓鎏辭職，丹徒張鵬繼之，此風少衰。後鵬自謝病去，而儀徵嚴偉代焉，遂用邑人裘泰齡爲第二課課長。泰齡夙幕遊於河南者也，家居，失職已久，去年仲冬，博猶親見泰齡日飲崇安寺茶店，口日誦"不得館無飯噉"之言。博時不知其誰某，然私心故已鄙之。誠不意一旦乘時僥倖，猝起柄用，遽自居移氣，養移體，朝笙歌而夜麻雀，一自湔其夙昔寒儉之態也。嗚呼！昔何蕭瑟，今何豪舉，天下士不可輕量故如此哉！博嘗聞之邑中某先輩曰："今日縣知事署，惟第三課端居有方，至第一二兩課，自課長以下，無一人無外嬖焉者，日晌午而署空闃無一人矣！此則不能無歸獄於裘君重揚其焰之過也。"言下喟然。嗚呼！輿人爲誦，曉恩怨而泯是非，當官而行，有聲色而無政事，吏事日習於偷苟，民風益流於滔淫，上下巧僞相遁，莫知紀極，豈獨吾邑也歟哉？此則博之所以爲"潛夫"自氏也。吁！癸丑中秋後三日，晨起，筆之。錢基博。

匡復篇第一

錢基博曰：無錫，古荆蠻地，泰伯來奔，肇建吴城，自號曰"句吴"，於是奄有茲土者遂爲吾族。吾族，世稱漢人，漢人之稱匪朔，然由來已舊。蓋劉季自以嘗封漢王，卒受命爲天子，遂用漢爲有天下之號。傳三世，至孝武帝，中國已大安集，民滋繁庶，於是興師出兵，北征匈奴，絶大漠，破寘顔，襲王庭，窮極其地，追奔逐北，虜名王貴人以伯數。單于怖伏，西闢玉門、康居、龜茲，重譯來享，移師東指，艾朝鮮之旃，拔两越之旗，南吊番禺、交趾、身毒，交修職貢，東夷西僰，莫敢不來王。武帝已歿，中國雖易姓，然餘威猶震，異域殊方，因仍目吾族曰"漢人"，故吾族終以漢人自居，用以自張。然而勢浸衰微，莫克自振奮，光昭漢烈。戎狄之禍，越世滋深，五胡於東晉，回紇於唐，契丹於五代，女真於宋。至元人盜有方夏，臨我漢人，卒爲明太祖所驅逐，傳之子孫，享國二百祀。滿人崛起遼東，字其國曰"清"，實屋明社。两京已下，無錫望風靡，於是居是土者，已睹大勢去，伈俔不敢出聲賈禍，靦顔易胡冠服，爲士民羞者，垂三百年。及黎元洪起義武昌，稱都督，宣言“排滿復漢”，略謂：“堂堂大漢，屈膝東胡。夫復何顔？本都督爲民除害，用特先舉義旗，願我父老伯叔諸姑姊妹兄弟，協心一力，攘夷光復，中興漢室。本都督有厚望焉！”書未抵無錫，秦毓鎏已舉兵應，用湔宿恥。毓鎏者，嘗學於日本，陰圖革命，益創青年會，糾合少年學生之有志者。日本警察曾受中國使臣嗾使，擅逮捕中國學生，毓鎏率衆力争。日本開博覽會，置中國福建品物於臺灣館，幾視之爲領土，毓鎏謂爲辱國，糾其徒衆，堅與日人持，卒移出之。俄羅斯恃强侵佔中國北邊，毓鎏益發奮謀集“義勇隊”東歸拒俄，夙故振振有名字在東瀛三島間者也。已，黄興謀用湘獨立，毓鎏已與焉，勿克。毓鎏東走皖，南走粤，終思發舒己宿意，勿獲，鞅鞅發疾歸，杜門。至是聞武昌兵興，蹶然起，陰招錢鼎奎、孫保圻、吴廷枚輩數十人計事，商團教練許嘉澍，團員竇魯沂、蔡容與焉。謀定，未及發，知無錫縣事孫友萼，夙豪滑，間伺得知之，亦陰爲備，已請得防營兵自固，心猶以爲未足，復增練衛隊，怙恃兵衆，負固不服。毓鎏恐驟發迫友萼太甚，致鋌走險，阻兵接義師，交綏震地方士民，非吊民意，勒兵遲勿發，陰使人説友萼所部兵效順，餌以厚資給，僅得要領。毓鎏曰：“可矣！《傳》有之：先人有奪人之心。薄之也，遲恐變。然吾邑夙號繁富，地四通，椎埋不逞，逋匿者什伯，輒思竊發掠民貨，不可不有以大畏其心。”命倪國樑部所團民兵吴浩、秦元釗，募死士，都四百人，爲“守望隊”，巡行道路，用靖地方不軌。許嘉澍、竇魯沂、蔡容集商團團員，得五十六人，聽命，爲“進行隊”，駐公園。毓鎏誓師舉義旗，頒定軍律若干條，約法三章，曰：戒之哉！毋爲不義；毋或乘機復私仇；毋无辜戮辱官吏，燬官舍及文書。衆諾，无敢違者。華承德嘗卒業日本士官學校，自負知兵，時在側，遂被毓鎏命，持令箭督進行隊，整旅進攻孫友萼於無錫縣署。其衆已陰受毓鎏約束，舍械出迎。友萼已喪師，惶駭无所爲計。已，亦降。承德使人監視，揮嘉澍分兵守獄，防囚變，逸出慢地方。自率兵歸公園反命，毓鎏復命進攻金匱縣署。金匱縣者，夙無，在清世宗雍正四年，始析無錫地成縣。知縣事者故異署，然同城居，不别邑。時則知金匱縣事者，何紹聞也，恇怯匪友萼比，已先易服，變姓名遁去。舊所部門皂丁壯，無人主，俛首迎承德降，勿敢抗。卒搜捕得紹聞，錮之室。毓鎏使召友萼及紹聞，謂曰：“吾無多求於汝曹！汝曹私資自携去，吾不汝奪。民間租税，汝曹勿得持銖黍去，速盡納之無遺。”二人唯唯順承，釋二人，使去。當是時，父老子弟，狃習故常，安於清廷久，驟見更革，逐去清廷官吏，益駭疑莫措，滋毓鎏詬厲。毓鎏曰："民不可與慮始，其必有以曉之。"草示文，眎衆，揭於四衢，謂："滿族竊據中國，逞威肆虐，已二百八十餘年。乃者武昌首義，將欲登斯民於衽席，振大漢之天聲。無錫爲泰伯端委之區，聲名文物，夙爲南國冠，允宜當仁不讓，見義勇爲，用舉義師，匡復茲邑，用仍漢宇之舊。"民於是曉於大義，安堵如故。歲次辛亥，蓋無錫匡復之歲，九月十六日庚辰，其匡復之月之日也。時毓鎏驟任大事，心勿能毋動，錢鼎奎、孫保圻、吳廷枚輩，莫不悉心參畫，言无隱，而鼎奎尤加盡力焉。毓鎏益倚畀之，事不剬己。草創百端，肇建軍政分府，分軍政、民政、財政、司法，都四部。部置長一人，總部事。衆勸毓鎏自綰一部長印，而以其餘三部事分畀其徒。毓鎏謂不可。心知承德才，未可退，卒私謂其所與曰："華君，誠能軍，有功。軍政部長，微華君莫屬。吾儕已无尺寸功，新起驟用事，材又不逮華君，恐不能輯士衆，辜衆望，不如推任縉紳先生負宿望者，屬之三部事，吾儕亟潔身引退，眎人無擅權位自私利之心。"衆皆曰："善！"遂定議推承德爲軍政部長，裘廷良爲民政部長，孫鳴圻爲財政部長，薛翼運爲司法部長，士論翕然！蓋廷良姁姁温恭端厚，人以長者稱之；鳴圻爲人寬容得衆心；翼運明習法令，夙幹練，士民畏服，然嘗因事齟齬毓鎏，毓鎏故怨之甚。或諍於毓鎏曰："翼運甚齮齕君，慎無爲之地，資以事柄。"毓鎏曰："不可。吾禁約人勿私怨是報，吾雖嘗見厄於薛君，然其人才，能斷大事，吾爲地方得人，可以私而害公乎？且吾懷私憾薛君而必復之，是則吾用繩人者而先自壞之也。己之不正，何以令於人？"士大夫益服毓鎏之度。毓鎏已睹四部任有人，挈其徒，避去。卒以四部離立，莫能相上；而事權不一，政益遲滯，責无所歸。群謀有以專責成，統事權於一人，舉毓鎏任總理，總四部。承德辭軍政部長職，遂徹去軍政部；毓鎏益兼任軍政。毓鎏已任事，睹鄰郡邑寡下者，益慨然曰："德不可孤，大義不可以不休明。"傳檄四方。其辭曰：

僞清朝愛新覺羅氏者，靺鞨遺胤，肅慎餘苗。邑殊禮義之鄉，人習貪殘之性。日者皇明建極，帝道遐融。頗亦削左衽而披朝衣，解椎結而昇華冕。而豺狼有性，梟獍難馴，遂敢亂我疆常，變九隆而背誕；負其地險，携七部以滔天。豕突狼奔，蹂郊躪郭。肆沈黎而作孽，雄虺九頭；

驅雜種以挻災，封狐千里。於是武臣血戰，盡瘁以殉封疆；義士捐軀，懷忠以報社稷。神州陷没，生靈延殃。爾乃沐猴而冠，欲仿人家拜跪；登場作戲，妄擬大漢威儀。億千年山河含羞，三百載蠢蠆肆螫。盜我府庫，食我倉廒；朘我黎民，居我宫室；泰岱於焉失色，草木爲之怒號。於是蜀郡五丁，楚人三户，精貫白日，氣擁玄雲。呼吸則林壑沸騰，喑嗚則乾坤摇蕩。横劍鋒而電轉，疑大火之西流；列旗影以雲舒，似長虹之東指。漢家之厄十世，宜光武之中興；至元之祚九傳，識羯運之已至。毓鎏等誼在敵愾，志深同仇。因天下之失望，遂海内之歸心。爰舉義旗，以應漢幟。不敢貽赴義不勇之誚，容忍忘有善欲偕之箴。霜露所均，亦兼容夫異類；衣裳之會，義尤切於殊隣。佇看群醜投降，燕雲肅穆，願與諸君痛飲。幕府流連，毋貽後至之譏，致昧先幾之兆，無任延頸待命之至。此檄。

其文蓋博草也。博無文，然豐於記誦，猝被毓鎏命草檄，焦思不得一字。已，雜録他書傳記文爲之，實匪已出，久益忘其所自。然頗雄麗，能聳人觀聽，毓鎏以爲能。未及布，然而江南郡縣已有下者矣。四境底定，門於城之東北，額曰“光復”，以志功也。述《匡復篇》第一。

軍政篇第二

總　論

錢基博曰：無錫非用武地，然陸路四闢，踞孔道，東通姑蘇，西接常州，太湖在其南。川河午貫，盜舟時出没爲民害，遂稱“江南奥區”。毓鎏已恢復之，思設兵，備寇盜。當是時，清人負嵎南京，不服，睥睨吴會。鎮江首當兵衝，已佔於民軍，然猝起兵，援師未集，衆寡，恐不敵。無錫夙隸常州，爲屬縣，已與隣郡，流言孔亟，民數相驚寇至，率遷徙。毓鎏曰：“是吾責也。防敵東竄，擾茲邑，宜練陸軍。然吾地濱臨太湖，港汊紛岐，藪盜賊，微有水師不可。”咨於衆，無他議。

陸　軍

初無錫之未復也，士大夫恐驟發難，地匪或乘機句外來盜，擾害地方，用團民兵自衛，請顧忠琛募之，纔得三百人。而忠琛規復蘇州去矣，終以餉械絀，无所籌，群議散其衆，毓鎏謂：“不可。”陰留之，命倪國樑團爲“守望隊”，駐於邑廟。知無錫縣事孫友蕚，方謀抗毓鎏不受命，大懼地方人士嗾所團民兵相討伐，任散遣，益增其衛兵，至百數十人，卒降於毓鎏。毓鎏已降友蕚衆，知金匱縣事何紹聞聞風遁，舊所部門皂壯勇，無人主，俛首降毓鎏勿敢抗。至是毓鎏編之，益以秦元釗募死士，四門巡查錢濟香所部巡士。四門巡查者，毓鎏於匡復後猝置，用司巡行四門，稽不軌者也，成一營，都四中隊，名曰“錫軍第一營”，使秦鐸爲管帶。而以顧傑爲第一中隊隊官，侯中柱爲第二中隊隊官，秦元釗爲第三中隊隊官，張國凱爲第四中隊隊官，都屬於鐸。鐸，秦姓，故邑名家子，愛誦小詩，頗精於鑑別，容貌恂恂儒雅；然性跅弛不羈，有力。嘗卒業江南陸師學堂，爲裨將南京，率兵攻清軍于雨花臺，敗歸。自謂已累官至陸軍第九鎮馬隊隊官，故毓鎏使將兵，捕擊土盜，援剿隣邑匪，頗有功。内亂僅戡，遒思外競。時南京纔降，漢陽已陷，清廷益增兵遣將，并力殫鋭，下窺武昌，勢亟，毓鎏益憤慨，謂：“不直進兵取北京，撥其根株，終無以奪滿人之氣，武昌之圍卒不解。萬有一不幸復蹉跌，北軍益得席其戰勝之威，長驅而東，介馬吴越，禍誠不可言。吾邑雖蕞爾，然大勢已去，吾邑寧復有幸？吾不忍再坐視淪胥①，願悉索敝賦蒐邑鋭卒以從。”衆謀僉同。遂命前陸軍三十五標三營前隊隊官顧乃鑄，募丁壯，得五百六十八人，使爲之管帶，名曰“錫軍第二營”。晨夕訓練，軍容整肅，旋由淮北援軍總司令顧忠琛檄調赴臨淮關，爲援軍。至是陸軍部肇建南京，嘗電禁擅募兵衆，略謂：“本部成立，調查民國義師，其已編成軍者衆甚，北伐實有餘裕，業經電知各處不得添募軍隊在案，茲特重行申禁。嗣後呈請招募，概

① 胥，原作“胥”，今改正。

勿准行，其有藉辭故違者，決不寬縱，以肅軍紀。”時民國紀元元年二月二日也。迨乃鑄已將錫軍第二營去，毓鎏復謂：“無錫軍單而匪猶衆，蜂起奪民賄，四鄉請兵者日數至，僅一營，不足敷分撥。”遂于二月九日，眎通衢，募兵。謂：“吾邑光復，曾練兵两營，用鎮衛地方，備北伐。茲奉陸軍部令，調一營赴前敵，爲臨淮北伐軍後援。自應遵令前往，惟吾邑劫盜滋衆，恣行無忌。本軍政分府除暴安良，責無旁貸，亟應補招一營以保治安。”臨時縣議事會會員睹眎文，大譁，謂：“已經部電令禁募兵，毓鎏違令擅增募，意何爲?”群争之毓鎏，不得。疊電請陸軍部、江蘇都督，令毓鎏止，使勿復募。當是時，南北媾和，已成一家，益無需多兵張軍勢，陸軍部、江蘇都督，亟許議會，電告毓鎏曰：“南北一統，兵多餉已絀，毋再募，速設法裁遣。”毓鎏陳辨略如前揭眎文旨，謂：“無信流言。”終不受命，裒卒成軍，名曰“錫軍第三營”，使張國凱爲管帶。毓鎏以秦鐸先將，累有功，使之統率錫軍，爲團長，然制一團，都三營。錫軍第二營，顧乃鑄將抵南京，卒編入江蘇陸軍第二師，不復屬於錫軍，錫軍乃僅餘两營。後毓鎏已自撤去無錫軍政分府，遂以常州兵一營併入之，乃足三營。自此遂改稱曰“常軍”，隸江蘇都督，而不復以錫軍名矣。然錫人士終以毓鎏驟增錫軍第三營，已在軍事大定之後，疑有意挾兵自重者。錢基博曰：“其説枉也!”無錫初匡復，吴浩已募得死士，毓鎏嘗使人爲言於蘇州參謀廳廳長顧忠琛，謂：“其人故多亡命，剽悍易死，實精卒。”遂編“先鋒第一營”，後忠琛卒賴其力，嘗用以克天保城者也。然毓鎏勿留自將，竟用以屬忠琛，使立功。今所募第三營兵，什九市人無賴不得業者鳥獸集耳，其精勁遠匪吴浩兵比，乃謂毓鎏欲挾以自重，是不挾强而挾弱也。然則毓鎏亦勿智矣哉！吾謂毓鎏不必驅市人而戰，致犯兵家所忌，惟此輩當日怏怏勿得食散在民間，實能始禍。故毓鎏益募爲兵，食之餉，俾得所生養；授以羈勒，範我馳驅。期於内蠹不生，外盜自息。雖月費金錢累鉅萬，然較之任彼輩窮走險，外句劇盜，焚掠地方，致貽禍者，孰爲得失，有不待言者。終毓鎏職，地方卒無大擾害，未必非此之由也。夫君子不爲過情之論，其亦有以恕之矣。此則錫軍之大凡也！惟無錫之有軍，蓋始於顧忠琛之團民兵。忠琛未獲出任事，孫友萼初欲以李標勝任之。李標勝者，海州人，嘗官“飛划營”管帶，用捕獲盜。獲罪前知無錫縣事張丙廉，去官者也，然與友萼雅有恩故，故欲任以團民兵。毓鎏謂：“微吾鄉人爲之，必無同恤患難愛護地方之心；且標勝，友蓴私人，恐不我用。其人雖才，不可任。”噉地方縉紳堅與友蓴持，卒任忠琛。忠琛，無錫人，夙將兵於皖，勇而仁，能惠愛士卒，得其懽心。終被罪逮戍，所部懷之甚。至是欲赴皖集舊部，成軍。毓鎏謂：“吾儕團民爲兵，不過暫用捍衛地方耳。誠恐貲用不給，須預爲異日遣散之地。今募皖人來吾邑爲兵，自是壯悍可用，異日猝被散遣，去皖已千里，資裝之歸且不易，流離吾土，甚至殃禍地方，不如募用土著，無後患。”忠琛卒用其言，故錫軍雖有客籍人雜廁其間，卒不多。然而無錫初未嘗無客軍也，當無錫未匡復時，孫友蓴乞兵江湘營，得百人，隊官劉秀寬將以來，駐于城外。毓鎏將舉兵，先誘説秀寬，使率兵效順，嘗餌以厚貲給，秀寬則諾。毓鎏堅邀之。繳槍械爲信，防中變。秀寬僅稍繳安毓鎏心，實未嘗盡繳諸毓鎏。及無錫纔匡復，軍政分府初草創，甚乏于資，秀寬所部兵因毓鎏給不饜心所欲，大怨恨。語聞於毓鎏，毓鎏恐或掠民間爲變，陰使人盛宴秀寬于酒樓，犒其衆，撫以好言，而假爲説辭，用告於江湘營統帶，卒使檄調秀寬所部兵回防江陰，乃得無事。于是無錫遂無客軍矣。

軍制一

無錫軍政分府，初設軍政部，剬制軍政，衆以華承德有功，使長軍政部。署置軍職，得總參謀長一人，參謀長、參謀官各三人，執事官三人，軍需科科長、軍需官、軍需科科員各一人，執法官二人，軍械官、軍械長各一人，軍醫官一人，軍醫長二人，書記官、書記顧問官各一人，書記長二人，電局長、電局員、電報檢查官各一人，衛兵司令長八人，司事生四人，司書生三人，差遣員十六人，都五十八員。而兵不編一卒，械不置一槍，徒紛紛多署軍職自張大，用費無藝，纔三日，去職，費至千金，似若已甚夥者。然而軍府肇建，百事草創，纖悉必購具，所耗貲實不盡過當，惟地方人士更事已寡，驟睹經日不多，而貲用至鉅，已大譁駭，遂撤去軍政部。軍政由總理處主之，總理處設總理一人，毓鎏爲之。下設總務科，科長一人，科員三人；秘書科，科長一人，科員七人；間諜科，科長一人，科員九人；糾察科，科長一人，科員七人；庶務科，科長一人，科員十人；會計、掌印各二人，司書三人。都四十六員，用佐總理治事。毓鎏後以無錫軍政分府總理，任南京臨時總統府秘書，一身而二任焉，大懼不克長駐無錫，貽誤地方，辭己勿獲命。遂增置協理二人，使孫保圻、吴廷枚爲之副總理。時則民國紀元元年正月十日也。總理處，初總四部事，擅有兵柄，剬斷一切，權莫與競，後軍民分治，民政長掌民政，不復稟成于總理處，權始削。及撤去司法部，法院獨立，無可干之者，總理處權益削弱，僅司兵事。設執法科掌軍法，惟財政部于餉糈有關，仍事事關白總理處，勿擅制，他無過問。總理處者，有總理之名，無總理之實，毓鎏謂："名實乖背。"遂于正月二十三日赴蘇，言於都督，撤銷無錫軍政分府總理處名目，改稱曰"無錫軍政分府司令部"，財政部屬之。自爲司令，月給薪百六十元。置副司令二人，人月給薪百二十元，視協理；財政部長一人，月給薪，視司令；總軍需長一人，月給薪六十元；軍需員二人，人月給薪三十元；總務科科長一人，月給薪七十元；科員一人，月給薪四十元；秘書科、執法科，員額，月給薪，略同總務科，惟執法科科長，月僅給薪六十元；庶務科科長一人，月給薪四十元；科員二人，人月給薪三十元；書記三人，人月給薪二十四元；司書生二人，人月給薪十二元。都十九員，纔及總理處員額之半。未幾，南北言懽，天下大定，毓鎏電陳北京大總統、南京留守、蘇州都督，請撤去無錫軍政分府，謂："去年九月，敝邑光復之初，設立軍政分府，本屬一時權宜之計。當是時，金陵未下，地匪伏莽，蜂起如蝟，江蘇悉兵赴前敵，不暇兼顧下邑，遂練錫軍以謀自保，先後練成陸軍一團，水師一隊，復佐以四鄉編練民團。數月之間，鄰郡邑盜賊，仍起不靖，錫軍輒奔命先往，勿敢告勞。四境底定，士民樂業，地方安堵，幸得免于隕隮。迄今民國肇造，軍政亟宜統一，敝軍政分府，何敢挾兵自重？除錫軍第二營已編入第二師外，所有一、三两營，應請派員接統；敝軍政分府自當立行取銷，所有經辦之事，應如何交替之處，即請鈞裁。"卒得請，遂以五月一日，撤無錫軍政分府，編錫軍爲常軍。已如上述，兹不贅。

軍制二

無錫兵制，至改編常軍，都三變。始者毓鎏起儒生，將兵，莫知營制。適秦鐸自雨花臺敗歸，謁毓鎏，毓鎏屬草定營制餉章。凡營餉，日計，不月記，官佐曰"薪"，目兵夫役曰"餉"。都十四人爲一棚，棚有正目，月給餉十二元，副目佐之，月十元；正兵四名，每名月九元，副兵八名，每名月八元。都三棚爲一排，排有排長，月給薪二十五元。都三排爲一中隊，中隊有隊官，乘馬一匹，月給薪三十元，公費二十元。司務長掌鈎稽餉糈，綱紀庶務，月給薪二十元。司書生一員，月十元。號兵二名，每名月給餉十元。護兵二名，每名月八元。司雜役、伙夫七名，每名月六元。馬夫一名，月給餉視伙夫。都四中隊爲一營，營有管帶，乘馬五匹，月給公費三十元，不支薪。下置教練官、督隊官各一員，佐之，各乘馬一匹，月給薪，每員三十元；執事官一員，乘馬一匹，月給薪二十元。護目一名，月給餉十元；護兵六名，每名月給餉八元；馬夫目一名，月給餉視護目；馬夫四名，月給餉視護兵；打掃夫二名，餉亦如之；號目一名，餉月給十二元。都十五名，屬執事官。軍械長一員，月給薪十六元；軍械目一名，月給餉十二元；軍需長二員，每員月給薪十六元；書記長一員，月給薪視軍需長；司書生一員，月十二元。都官佐三十三員，目兵、夫役五百六十八名，乘馬十二匹，爲一營，差遣官無定額。率仿襲清制，無大更張，惟痛減薪餉而已。後雖增爲一聯隊，然兵額減而官薪增，兵之制于是始變也。蓋十一人爲一棚，棚有正目，月給餉十二元；正兵四名，每名月九元；副兵六名，每名月八元。都三棚爲一小隊。小隊有小隊長，月給薪三十二元；伙夫二名，每名月給餉六元，供使令。都三小隊爲一中隊。中隊有中隊長，月給薪五十六元，公費二十元；司務長一員，月給薪二十一元；司書生一員，月給薪十二元；號兵二名，每名月給餉十二元；護兵三名，每名月八元。都四中隊爲一大隊，視營。大隊有大隊長，乘馬一匹，月給薪一百十二元，公費一百元；次隊長一員，佐之，乘馬一匹，月給薪五十六元；軍需長一員，月三十元；書記長、軍醫長各一員，月給薪視軍需長；司書生二員，每員月十二元；號目一名，月給餉十四元；護兵長一名，月十元；護兵四名，每名月八元；匠目一名，月給餉視號目；槍匠四名，每名月十元；皮匠四名，每名月八元；醫兵、駕車兵各四名，每名月給餉視皮匠，駕車馬二匹；喂養夫四名，每名月六元；伙夫二名，每名月給餉視喂養夫。都官佐三十一員，目兵、夫役四百六十九名，乘馬四匹，成一大隊。都三大隊爲一聯隊。聯隊有聯隊長，乘馬二匹，月給薪二百十元，公費一百元；聯隊次長一員，佐之，乘馬一匹，月給薪一百五十四元；三等副官一員，乘馬一匹，月五十六元；執旗長一員，月三十五元；副軍需官一員，月四十元；二等書記官、副軍醫官各一員，月給薪視副軍需官；副軍樂長一員，月二十元；司書生二員，每員月十四元；護兵長一名，月給餉十元；護兵六名，每名月八元；伙夫二名，每名月六元。略同前制，惟排稱小隊，營稱大隊，兵額稍減，官薪益增而已。然官薪雖已加增，仍視清制爲減，是亦秦鐸所更定也已。

臨時陸軍部肇建南京，初頒陸軍編制之法，錫軍遵改聯隊曰“團”，大隊曰“營”，中隊曰“連”，小隊曰“排”，一排三棚，一連三排，一營四連，一團三營。團有團長，階大都尉，乘馬三匹，每月規定薪洋銀三百元，公費一百元，惟薪纔得支什七，不實給，團長以下同之。次團附一員，階左都尉，乘馬二匹，每月規定薪洋二百二十元；團副官一員，階大軍校，乘馬一匹，月八十元；旗官一員，階左軍校，乘馬一匹，月五十元；三等軍需長一員，階同右都尉，月一百六十元；三等軍醫長一員，階、月薪，視三等軍需長；二等司藥一員，階同左軍校，月五十元；二等獸醫一員，階、月薪，視二等司藥；二等書記二員，階同右軍校，每月規定薪洋四十元；一等司書一員，無階，每月規定薪洋十八元，實給；二等司書一員，無階，月十四元，實給；號長一名，比上士，月給餉七元。護兵長一名，比下士，月五元；護兵，比上等兵者三名，每名月給餉四元五角，比一等兵者五名，每名月給餉四元，都八名；馬夫四名，每名月給餉三元；伙夫二名，餉視馬夫；右官佐十一員，目兵、夫役十六名，都任職於團本部者。營有營長，階右都尉，乘馬二匹，每月規定薪洋一百六十元；次營副官一員，階大軍校，乘馬一匹，月八十元；三等軍需一員，階同右軍校，月四十元；軍需軍士一名屬之，比上士，月給餉七元；三等軍醫一員，階、月薪，視三等軍需，看護軍士一名屬之，餉視軍需軍士；三等書記一員，無階，視額外軍官，月三十元；一等司書、二等司書各一員；槍工、縫工、靴工軍士各一名，比中士，每名月給餉六元；號長、護兵長各一名，比下士，月給餉五元；護兵四名，比一等兵，每名月給餉四元；駕車兵四名，比二等兵，每名月給餉三元四角。伙夫二名，右官佐七員，目兵、夫役十七名，都任職於營本部者。連有連長，階大軍校，每月規定薪洋八十元；司務長一員，爲額外軍官，月三十元；二等司書一員，上士一名，選於正目，月給餉七元；護兵三名，比一等兵，每名月給餉四元；伙夫九名，每名月給餉三元。右官佐二員，兵夫十三名，實佐連長，受其指揮，用治一連之事焉。排有排長，階，每連第一排排長，爲左軍校，規定薪洋每月五十元；其第二、三兩排排長，階右軍校，每月規定薪洋四十元；號兵二名，比一等兵，每名月給餉四元。棚有正目，中士，月給餉六元；次副目一名，下士，月五元；上等兵一名，每名月四元五角；一等兵三名，每名月四元；二等兵六名，每名月三元五角，都十二名。然惟餉有多寡，而伙食實無等差，每名月三元，自上士以至於伙夫，一也。官佐僅有薪，不別支伙食。此其大略也！蓋兵之制，至是又一變矣。後改編常軍，卒復稍有更易，今不著。

軍　律

治軍有律，無古今，一也。毓鎏將舉兵，誓師公園，布軍律，誅者六，賞者伍，都十一條，曰："殺戮無辜者，斬；乘機縱火者，斬；奸淫不道者，斬；肆掠民財者，斬；强賒買民貨者，斬；虐殺外國人，焚其教堂者，斬；保護外國人教堂及醫院者，賞；保護商業者，賞；捕獲奸細者，賞；捕獲逃官及逋吏者，賞；捕獲匪盜者，賞。"誓已畢，軍士肅肅螘綴而出，無有違者。然毓鎏倉卒施布軍律，纔犖犖數大端，而軍人品彙不齊，情僞至萬變，疏綱闊目，不足以勝之也。毓鎏嘗議，置糾察科，編憲兵，用整飭軍紀，嚴稽不軌，事卒無成，遇有獄，輒復於先所定者無可比坿，時以意決之。後設執法科，以劉宬爲執法科科長，劉瑋佐之，掌軍法，依大清新刑律分則草案決事，然實不適爲軍律，不過自睞其無意於重輕，免貽人口實耳，誠亦有所不得已也。至民國元年二月二十日，江蘇都督頒江蘇軍政府《陸海軍暫行軍律審判章程》，抵錫，始克有所遵循焉。

軍　械

初華承德之長軍政部也，嘗使王耀梓、蔣飛、趙衍赴蘇州都督府請械乘小汽船，謀得請，徑携載回無錫給兵士，道楓橋。楓橋，在蘇州西，都督已遣軍駐防。日曛，猝睹耀梓等所乘汽船，鼓輪駛絶速，似欲衝橋下過者，疑有異，群用槍注擊，彈下如霰，創者三人，蓋蔣飛、趙衍及舵工也。船已壞，勿克駛，卒赴蘇陳乞械於都督，載飛三人赴醫院，而耀梓隻身，已無船，得械，無以運，徒手歸。後舵工先創重死，飛病創經年，終不救，卒，惟衍得生。吾錫軍職死事者，纔飛耳。飛創，械已得請，毋敢往取者。毓鎏已主軍政，許嘉澍、程品元卒毅然往，用“飛划船”運載以歸，纔得林明敦中針槍百，刺刀百有一，子彈二千，前膛來福槍二百，銅帽一萬，鉛彈十斤，火藥二百磅，都壞敗不可用者。時鉅寇劇盜，方舟聯檣自他郡縣至，所執槍械多精新，白日肆劫，勢張甚。四鄉請軍者日夕至，然吾軍所給械已窳舊，遠匪盜比，毓鎏謂："器械不堅利，無殊空拳，用猝薄寇暴，此之謂予賊，以卒，智者所勿爲。”益不恤輩致重金，資財政部長孫鳴圻，用購械於上海，都俄羅斯一千八百九十年毛瑟槍百九十六桿，刺刀數如之，子四萬枚。毓鎏已得槍械，日益發舒，奮兵四出援剿，旁達鄰郡邑告驚者，蓋無不有錫軍廁其間矣。然吾錫軍日益增，而鳴圻前所購俄羅斯槍纔百九十有六，不敷分授諸軍，其精利尤匪德意志一千八百八十八年毛瑟槍比，毓鎏亟復使鳴圻購諸，得千桿，刺刀數如之，子八萬五千七百枚。毓鎏意猶未足，益購機關槍一，子萬枚，而軍械粗完好矣。此則吾錫軍政分府籌購軍械之大凡也。然吾錫初匡復時，地方群不逞者蜂起，思乘機越奪民家，然徒虛手無所持械，不能威人使盡出其資，竊勾鐵工，鑄刀斧，恣爲暴亂，盜風熾甚，家不能自保。毓鎏謂："亂不可長。”亟眎諭境内鐵工，曰："凡購鑄刀斧軍械等物，匪得本軍政分府許可，勿得擅鑄與之。如違，依軍律嚴懲不貸。”然後私鑄之風稍衰息矣。

軍　事

無錫已匡復之十五日，誅僧霞明。先是霞明謀爲變，聚其徒，私歃①血盟，鑄巨刀，重十八斤，純用鐵爲諸，鋼②傅於刃，背厚半寸許，長三尺，匪有兼人之力者，無能任也。而霞明竟謀於北里鐵工，俾鑄諸，都十五柄，則其徒衆多勇力者可知矣。勢洶洶，未及發，事聞於毓鎏，亟使人掩捕，獲霞明及其黨五人，搜之霞明室，復取得前膛來福槍二桿，所鑄巨刀一柄，并

① 歃，原作“插”，今改正。

② 鋼，原作“綱”，今改正。

携以歸，獻諸。剥霞明衣，衷軍服，遂槍斃諸，餘釋勿誅。吾錫受槍斃之刑者，蓋首自僧霞明始也。

四十九日，盜掠開原鄉之錢橋，燬民居，斃一婦人。毓鋈使管帶秦鐸督執事官嚴恭寅，軍械長周坤元將兵討之，獲盜船二，俘盜五人以歸。蓋錫軍下鄉剿盜始此矣！五十一日，泰伯鄉之大牆門口，有盜，劫質店，盡其蓄，無有遺者。毓鋈使第一中隊隊官顧傑差遣單秋亭，率兵往捕，卒擒獲盜十一人焉。五十三日，使秦鐸討孫二於王莊。王莊在無錫東七十里，隸常熟縣，故二，常熟人，夙佃富室須氏田，歲歉，勿盡納其租，須氏益持之急，二怒，殺雞豕餉衆。衆不悦於須氏者已夙，聚燬其家，擁二，竪幟，稱都督，四出勾結，寖蔓延及江陰。江陰亟遣兵討之，不克，還。二勢益熾，常熟民政長勿能討，使來告急。毓鋈命秦鐸率執事官嚴恭寅、第一中隊隊官顧傑、第一排排長程品元，及第二中隊第二排排長徐翼通往，抵張涇橋，會第二中隊隊官秦元釗、第三排排長尤丙照兵，蓋元釗二人先督所部兵，巡緝東鄉，道此，至是隨鐸赴王莊，討二。二糾衆抗，勿受命，鐸纔鳴槍威之，二衆已震駭鳥獸散，卒縶其黨二十人。二遁，亂遂平。此錫軍越境討賊之始也。

元年正月三日，胡埭莠民潛勾太湖盜，陰爲之間，嗾使白晝攻質店於市。店夙具槍械，至是用禦盜，盜久攻，終勿克入搜刦財物。盜怒，焚鄰室，冀火延質店屋，迫其人使闢門避火出走，得遂乘機進取店資去，然店牆壁高堅，火勿能越，徒燬鄰居多室，戕一人。毓鋈命第四中隊隊官張國凱亟率第二中隊第二排排長徐翼通、第三排排長王長聲督兵往，盜已遁去。毓鋈謂："胡埭地逼太湖，便盜寇。"遂駐兵焉。十三日，東亭突至盜三十餘人，竄居民家，刦人質，迫使出錢贖。毓鋈急使張國凱疾往捕諸，盜他遁，遂獲竄盜者。二十一日，新安鄉民變，毓鋈命秦鐸遣兵剿諸。先是新安鄉張柱石巨室張氏，家世富，有田，都予民佃，使納租，索諸，苛甚，民怨已久。是年歲已歉，張氏猶不肯少貸，索益亟，勿還，錮諸室鞭諸。民益怒，聚鬨張氏家，須臾，至數百人，焚諸，張氏之室燼焉。走告於毓鋈，毓鋈命秦鐸調軍鎮撫諸。鐸適有事南京，使第一中隊隊官程品元督兵往。已，品元還報命，謂："民聚衆抗勿服，我軍嘗槍斃七人，中一婦人也。"然而輿論囂甚，頗有謂品元勿戢兵，縱使掠民居，迫淫民婦致斃者。毓鋈怒，亟還所掠財物予民，係兵士數人於獄，謂："品元約束不嚴，記大過一。惟秦鐸當日因公抵南京，但平日督率無方，於斯可見，應記常過一。”隨飭執法科存記，稍眎懲儆，紓民冤焉。然錫軍卒用是詬厲於地方人士也，故毓鎏頗自引疚。而張氏意則猶未慊，曾不稍自訟，益恨其佃，潛伺軍返，亟糾族衆，奔抵所屬佃民居，縱火燬諸，燼其村。惟村民慴軍威，已先逃散，倖免於傷。毓鎏初恨張氏斂怨始禍，猶不知悛悔，係其人，欲置重典。新安鄉鄉董陸紹雲，夙與張氏有連，極謂："诛之，恐益長頑佃之風。"言於毓鎏，毓鎏謂："其言正。"緩其獄，貰諸，後卒無歸獄張氏者。二月十二日，蘇州光福山，濱湖而處，夙藪盜，潛竄入南延鄉之蕩口、甘露，太伯鄉之大牆門口、后宅等地，勾莠民爲間。勢已亟，毓鎏使聯隊長秦鐸率程品元、第一中隊第二小隊隊長甘子厚、第四中隊第一小隊隊長孫奐、第二小隊隊長謝學源，督兵駐防焉。已，越十有三日，蕩口、甘露有盜舟至，都十餘艘，泊河干，舍舟劫我軍槍械，持不解，鐸亟增兵馳赴援，盜始遁去。二十三日，第二連連長顧建勛率三排排長程振圻，剿盜景雲市之江溪橋，俘十四人以歸。三月十日，江蘇都督電告毓鎏曰："光福盜，已飭水陸師會剿，誠恐竄擾錫境，迅分兵防堵。"毓鎏亟令團長秦鐸分遣團附丁倬、軍械長周坤元、第三營營長張國凱、第三連連長秦元釗、第十連連長竇魯沂、二排排長范迪筠、三排排長萬恒德，督兵，扼蕩口、新安、東港、胡埭濱湖各要地。水師隊官張錦榮率舟師，泊獨山門，防光福盜。盜竄西橋，營副官丁士清、顧建勳奉秦鐸命，往剿之，盜逸，追獲盜舟二艘焉。十二日，盜舟十八艘，竄常州之漕橋鎮，民團禦之，斃盜二人，而民團首領亦戰死，無復能軍者。使告急常州軍政分府，勿能應，亟電乞兵江蘇都督，都督令毓鎏遣兵援之，使秦元釗將以往，盜已逸去。元釗率兵追之，不及，歸。十五日，盜舟七艘竄羊尖。羊尖鄰常熟縣，故常熟縣民政長使乞兵，毓鎏令鐸使程品元率第一排排長錢公武、第三排排長金啓南往剿諸，盜始遁焉。後鐸益命將遣兵四境，剿鄰郡縣盜竄無錫者。於是錫軍足迹，遍抵常熟、吴縣及武進三縣之境，盜亦稍稍畏，勿敢近。是則博所云"鐸將兵，捕擊土盜，援剿鄰邑匪，頗有功"者也。然論者輒因鐸後貴驕，恣情聲色，不事軍政，至欲并其綏靖地方之功而没諸，不著。然鐸初將將兵，頗奮於功名，遇有驚，輒身先士卒，邁往不稍怯。後乃勿克終，豈非所謂智勇怠於宦成者歟？博甚惜焉。惟仁人能好人，能惡人，在鐸故勿自愛惜，致玷清議，然而世之惡而知其美者，何其少也？抑亦與於不仁之甚也已。

偵探隊

初無錫縣例置馬快八人，金匱縣如之。蓋司捕盜之役者也。軍興，寇盜日衆，毓鎏謂："斥候不明，驟興兵討捕，倉卒恐相失。"選於馬快，得十六人。設偵探隊，中置隊長一人，月得薪十六元；次十五人，每月人得餉八元。使吴正榮爲之長，帥其衆，屬間諜科。正榮甚勤於職，頗能捕小盜自效，惟大盜勿能擒，然後陳軍政分府，遣師征剿焉。

水　師

初欲立舟師，莫知戰船形制者，毓鎏嘗使間諜科科長周公鼎考索其形制，製一舟，須貲若干金，費鉅，無所得貲，毓鎏計莫之何。已，浙江駐錫鹽捕右營管帶徐誠檀，因所部中哨兵、舟艘、軍械、餉糈無不貲自鹽商張恒源。值軍興，鹽驟滯銷，商困，無力任餉，有"裁遣弁勇，收回船械"之議，已謀汰去中哨、弁兵、夫役，都七十五人。事未及行，爲毓鎏所聞，謂："此輩客軍被汰，驟不能歸鄉里，留吾地，窮無所得食，恐禍地方。吾設舟師，苦無籌資地，計不如謀之誠檀，私諭商人指，俾自輸船械於我，我因其人而用諸。彼輩已有所歸命，勿至爲禍吾地，吾亦不勞費而得舟師爲我用。"使請誠檀，告之故，俾曉譬張恒源，輸之。卒如毓鎏議，都炮船四艘，大槍船兩艘，小槍船四艘，炮五尊，九響毛瑟槍二十四枝，五響毛瑟槍及前膛來福槍各十二枝，子一千八百枚，火藥十五鎊，累值鉅萬金，然而毓鎏得諸，初不費地方銖黍資也。遂編爲錫軍水師，官弁兵役仍舊，惟稍更其制。置隊官一人，月給薪洋三十元，公費二十元，領炮船一艘，餘以三哨官領之。凡炮船，有隊官或哨官一員。哨官，月給薪洋十八元；下置舵兵一名，月給餉洋六元六角；頭兵、炮兵各一名，每名月六元三角；正兵五名，每名月六元；伙兵一名，月四元八角。都兵九人，惟隊官所領炮船，別設司書生佐之，掌文牘，月給薪洋九元，餘同之。凡大槍船，以隊長一員領之，月給薪洋十二元；下置舵兵一名，正兵四名，伙兵一名，都兵六人。凡小槍船，以隊長一員領之，視大槍船；下置正兵三名，伙兵一名，都兵四人。凡炮船四，大小槍船六，官佐十員，兵六十四名，使張錦榮爲隊官，統諸。錦榮，已見汰，得毓鎏力，編錫軍水師，仍得統衆如故。感刺骨，益勤厥職，率師船匡輔陸軍，巡緝四鄉，捕逐水盜。吾錫嘗賴其力焉！後毓鎏已自撤去無錫軍政分府，錫軍改編常軍，隸江蘇都督。江蘇都督請簡毓鎏爲無錫縣民政長。然錫軍水師，初未歸諸省轄，仍隸毓鎏。毓鎏謂："民政長統軍，匪法。"請編爲水上巡警焉。

軍　醫

當毓鎏規復無錫時，嘗嚴規約起義諸人士，謂："勿得虐遇旅居外國人，致損睦誼。"頒爲軍律，衆已遵毓鎏命，勿違。外國人感焉！先美國人李克樂創建"普仁醫院"於無錫，至是益慕民軍之義，函告軍政分府，謂："凡軍政部、警察局、商團及保衛局各職員，有因公病創，積瘁成疾者，院長勉力施診，一律免費。"吾錫軍人曾仰賴焉，後軍政部長華承德使俞伯銘爲軍醫官。伯銘，無錫人，業醫。在無錫匡復之際，嘗設赤十字社。茲雖授職軍醫官，不支薪，纔給藥資而已。閱二月，伯銘卒因請治者衆，無佐，勿遑視軍人疾，辭於毓鎏，遂擅醫於普仁醫院。雖藥資，勿少給焉。夫李克樂，一羈旅之外國醫士耳，曾不心存畛域，其視吾軍人之疾苦，未嘗取銖黍貲，悉力調治，若已有諸論者以爲難。

民　團

無錫之有商團，由來舊矣！軍械足備，服習已久，蓋商人平昔團以自衛，備寇盜者也。吾錫匡復，商團嘗與有功焉；然而初未嘗有民團也。迨軍興而民團起矣，先創保衛團於邑城，以次天下市、青城市、萬安市、富安鄉、開原鄉、開原北鄉、揚名鄉、開化鄉、新安鄉、泰伯市、南延市、北延下鄉、懷上市、懷下市十四市鄉，紛起治民團。團費資房捐或勸募，團械有已自購具者，然大都請購於無錫軍政分府者半焉。毓鎏與以江蘇都督府所嘗頒給者，曰："是雖窳舊，用備盜足矣。"然民團團員，多者纔四五十人，少僅十餘人，衆寡，力已薄，雖有械，盜勿畏也；況市自爲制，鄉自爲政，團勿聚練，械勿服習，有械益與無械同。然團員多鄉居食力，勿能無自營其生，雖有日聚諸而習械者，然習已畢，都儲械公所，而團員紛紛徒手散矣。故團員與械不相親，平居械自械，團員自團員。卒有盜至，團員勿及取械禦盜，盜輒掩襲公所儲械而有諸，先奪團員所恃。毓鋆謂："械勿足資團員自衛，甚藉寇兵。"嘗邀集各市鄉董團事者，議整一民團章制，而選邑子嘗習爲兵，退伍者分赴諸市鄉，教練團員，用兵法部勒諸。然鄉人子弟，大都伏處閭里，無遠慮，倖旦夕盜勿至，自娛嬉，終勿善毓鋆議。錢基博曰：吾聞之鄉先輩叔耘薛氏，其論民團也，謂："天下事無實意者鮮成效，務虛名者多後患。"博有懼焉。述《軍政篇》第二。

財政篇第三

財政部之略史

錢基博曰："馮唐有言：'趙將李牧之居邊也，軍市之租，皆自用饗士。'秦毓鋆之領無錫軍政分府，蓋視之矣。"無錫初匡復，創建軍政分府，設軍政、民政、財政、司法都四部，部置長一人。而推孫鳴圻爲財政部長，下置簿計、收支、文牘、稅務及庶務四科，每科長一人，科員多者五人，少至二人，佐焉。民間租稅所入，饟軍之糈，都財政部領諸，掌其出納，關白總理處。後軍政、民政及司法三部以次撤去，總理處規模日溢，改名"無錫軍政分府司令部"，惟財政部仍舊，益夷屬於司令部。然領租稅事如故，實侵民政署主計課職。主計課者，設於民政署，用司地方財賦者也。於是臨時縣議事會議員錢基厚，議請撤去財政部，歸併於主計課，謂："日本渡邊廉吉曰：'地方行政，纔內務行政之一部耳。'要其終，即課賦地方租稅，是也，是舍財政且無所謂民政。今民政署已組織完全，則財政部不容不撤消；且財政部所掌，皆民政署主計課之事。夫以一民政長佐治職所管之事，而必別設一部置之長，儼與民政長敵體，不幾鄰於尾大不掉乎？此行政法學上所不容有者也。議員謂誠宜裁撤財政部而歸併於主計科便。"衆善其議，聯署名，疊請於江蘇都督、南京大總統，下其議毓鋆。毓鋆謂其持論甚正，實迂遠於事情。自以勞苦功高，不恤竭蹶經營於艱難締造之中，而基厚儒者拘文義，必欲繩以承平時法，心頗不平，力陳辯，辭致激憤。略謂："無錫光復以來，業經編練陸軍一標、水師一隊呈報在案，邇者伏莽蜂起，地方不靖，幸賴軍隊用資鎮懾，是軍隊已有不能驟撤之勢。惟軍隊既以軍饟爲重，而軍饟尤以糧税爲主，嚮由軍政分府財政部征取，俾受成於司令部，故能相其緩急，源源饟軍。至民政署主計課一職，僅能支配地方行政經費，已無籌措軍饟之責，果一旦撤去財政部，而與以征取糧税之權，則軍饟將何以取貲？是真欲絶軍隊籌饟之源，而陷地方於危地。設有不測，誰執其咎者？且時局未底於承平，必兵力所及之處，乃有民政之可言。敝邑已有軍隊，而四鄉抗租之風益甚。以此類推，可見糧税之征，亦非兵力不爲功也。現財政部會同民政署，辦理銀漕税項，毫無窒礙者，實惟財政一部屬於軍政分府之故，計非暫緩取銷財政部不可。大局攸關，不敢緘默。"其言當日情勢，誠亦有然者，益堅不應議會議，亟督財政部征縣租税，用饟軍，一仿李牧自用軍市租饗士故事。後毓鋆自請撤去無錫軍政分府，已得請，然後財政部隨俱撤焉。

官款田賦及貨物税

無錫地方不過百里，創制萬端，驟用兵千人，月費數萬金，可謂蕭然煩費矣。然地味饒食，厥田已上上，川河溉注，溝通五湖，道路旁達，舟車縮轂，百貨載於塗，租賦所資，其費以億計，未有舉事而匱財，柄兵而憂饟者也。初無錫財賦已徵儲在官者夥甚，毓鋆將舉兵，恐驟發難，猝迫逐官吏，至陰盜其資去，已預使人一一潛伺察，勿予逃。毓鋆謂："能强得官中簿籍，榷算，無俾隱者，必蔣士榮、吴學萊二人任之，其可？"蓋士榮夙僵直自喜，勿可干以私；然學萊老於錢穀，佐之，精鈎稽，益不能隱也。後士榮卒威使縣官獻册籍。然初不必盡出士榮力，惟學萊益督同縣官無錫釐金局諸當事者，及駐錫各官銀行會計，悉力句校，無纖毫隱，都得銀三萬九百六十三兩，洋五萬七千五百八十元。蓋無錫初倚供軍用，資於司法行政之費者，大率都此金也。後毓鋆已領無錫軍政分府，益奮於創作，政日滋繁，財用不繼，不得不别籌理財之方。其道亦至多端，而其廓然與民更始稱樂利者，惟田賦、貨物税二者而已。凡田賦有二：曰“忙”，曰“漕”。忙徵銀，漕徵米，銀以兩計，米以石計。已徵於民，然後給之串票，明載田畝銀米之數，所以眎民信，杜浮收也。無錫先已析金匱爲縣，别置令，徵賦於民，其科則大率重於無錫。已匡復，衆議併金匱入無錫爲一縣，設無錫縣民政署於故金匱縣官舍。惟田賦之則，猝難更張。已得江蘇都督電，略謂：“今年成熟田畝，都減徵什二，無忙漕一也。其忙銀一兩，徵洋一元八角；漕一石，徵五元。坿加税不别徵，徵洋毋徵米。”於是簿計科科長吴學萊言於孫鳴圻，謂：“宜仍襲其舊，勿改。設無錫縣徵收銀漕處，分置兩櫃，而用‘易’、‘貴’字分名之。蓋析取‘錫’、‘匱’兩字左偏體也。凡舊隸無錫縣田畝，其賦納‘易’字櫃，金匱縣田畝，納‘貴’字櫃，則不戾於舊貫而民易曉。”鳴圻可學萊議，蓋勢有勿能無因舊制者。初無錫知縣事者，年選老吏曉漕税事者，使自辟佐，徵銀漕，名曰“漕總”，“銀總”貳焉。“串册”，其屬也。金匱縣如之，縣官但拱手受成而已。然畢事不給薪，其佐初亦不領公府錢，由漕總稍資給焉。然其人大都窟穴於漕，自肥而朘民者也，轉不以自枵腹賠累爲苦而利爲之，甚有争輦重金賄官求得者。官益陰引爲利而視其出金多者任諸，謂：“其身家殷實可信。”至是鳴圻謂：“上下交徵利，勿少給薪，且督使出多金，而重予之事權，是導之剥民以自活也。惟吾能重恤其私，乃可責使不懈於公，然後分俾之事權，勿制於一人而董之成，庶不恣於爲惡。”設掌漕、掌銀、掌册、掌串四員，每員月給薪洋二十四元，人各專其職，毋相侵越。下置司漕、司銀、司册及司串生各若干人，佐所掌者治事，月給薪多者十六元，少至八元，一視其事之繁簡爲多寡焉。初忙徵銀，漕之折色亦徵銀，然而銀匪民間所有，其流行於民間者，纔銀元、銅幣二者而已。於是民間納賦，厥惟銀元及銅幣是賴。漕總輒强抑銀銅兩幣之值，而故高銀價，恣營奸利，縣官陰貪其朋分肥已。民有不服者，輒指爲抗賦，益重懲諸，於是漕總之惡滋甚。至是鳴圻謂：“漕總作奸，縣官實縱諸。吾可坐視而不爲之地乎？”已據都督電稱：“銀一兩，值銀幣一元五角；漕一石，值銀幣五。”遂下令銀幣照市作價，大書高揭於櫃側，日一易，毋得絲毫增損，一湔滌其舊染之污焉。初串册掌諸一人，往往民已完賦，輒私截串票予諸，而不録於底册，仍揑未完。官比差追，隱不報。遇皇室有大典禮，故事輒蠲免宿欠市民惠，而串册侵吞之私，於以遂矣。至是鳴圻分掌册、掌串爲二職，使之自相稽報，用互箝制，俾勿得獨營其私圖。然後侵吞之風，少衰息焉。匪直此也！初無錫縣，“一里”謂之“一圖”，圖有總甲，掌錢糧，凡盈縮完欠，追催比較皆其責也。每開徵，總甲輒擇圖中民户，其家産能自完納者，代爲先完截串票，然後持票勒其人加倍還已。轉輾贏私利，名曰“代票”。然其貧困無可噬利者，初不肯代也。官明知其爲民害，然而利其墊解，卒莫之禁者。至是鳴圻謂：“賦納自民，入諸官府，何必假手總甲，俾代票重增民累。”嚴禁勿得代，令民自書都圖户名斗石細數，携投櫃自納。設串房，立時截給串票持歸。民頗以爲便焉！觀於斯而鳴圻剗除勝朝銀漕之弊，略可睹矣！然大都學萊擘畫之功居多，此無錫田賦之大凡也。

無錫已匡復之三日，毓鋆自以邑子驟居民上，亟欲得民懽心，草示文，揭於四衢，謂：“釐卡爲病商苛政，本軍政分府體恤衆情，自後除鹽、糖、酒、菸等物照舊認捐外，所有釐卡一律裁撤。用特告闔邑紳父老知之。”都撤去黄埠墩、清明橋、南橋、望亭、五河浜、堰橋、觀音墩、大渲、馬口、北栅口、四河口及雪堰橋釐卡十二處，商人大悦。越三十四日，江蘇都督電知各縣民政長，謂：“江蘇省議會議決截釐抵補，宜徵收貨物税。凡本省土産及外省運入之貨，各按值百抽二徵收之。各縣應設徵收貨物税總公所，由民政長慎選專員管理之。”吾錫釐捐局纔撤而貨物税公所代興，其所長應遵都督電令由民政長慎選專員者。惟毓鋆自以所部兵衆，饟虞不繼，已得都督電知徵收貨物税，益欲筦領裕饟源，堅不肯遵江蘇省議會決議予無錫縣民政長選任貨物税總公所所長之權，益屢於財政部長孫鳴圻，設貨物税總公所於北里竹場巷。鳴圻自領所長，月給薪洋百五十元。下置總務兼總賬者正貳，都二人。正，月四十元，貳，月二十元。外賬一人，月給薪，視總務兼總賬者之貳。帮賬一人，月十八元。管票兼造報者一人，月二十四元。批算二人，月給薪，視管票兼造報者。填書護照聯票者，一正二貳，都三人。正，月得薪，無殊批算；貳，月十二元。庶務兼總稽查者，正貳，都二人。正，月給薪視帮賬；貳，月給薪，視填書護照聯票者之貳。催繳認捐者，一正二貳，都三人。正，月給薪十四元；貳，多者十元，少亦八元。紗廠抄數者一人，月十元，都十六員，佐所長駐總公所治事。設貨物税查驗處於火車站、黄埠墩、普濟橋、清明橋、北栅口、冷瀆港、大渲各要地，防漏税也。然纔有查驗之責，已無徵税之權，與勝朝釐卡逈不侔矣，所以杜流弊也。每查驗處，置稽查員，多者三人，少亦二人，月給薪洋二十四元、二十元、十八元、十六元、十四元、十二元及十元不等。凡貨物道無錫者，由查驗處稽查員驗明貨物之數，告於總公所，然後總公所遵百二之稅率徵收。旬一報，財政部轉咨軍政分府，用告於江蘇都督焉。其制大率無錫貨物稅總公所總務兼總賬辛誠所規定也。惟江蘇都督府財政司，謂："無錫貨物稅總公所所長，由無錫軍政分府財政部部長孫鳴圻兼領之，殊與江蘇省議會議案不符。"亟言於江蘇都督，飭毓鎏："應遵照議案速將貨物稅移交無錫民政長分别征收支解。"毓鎏已因無錫軍政分府財政部，違法，侵民政署主計課職，不直於地方人士之口，兹復見斥於江蘇都督，心大怒，陳斥江蘇都督府財政司以私害公，慢上欺民。略謂："財政司巧假議案，舞文弄墨。敝軍政分府寧犯不韙，冒把持財政之惡名，萬不敢取媚上官，致貽餉絀軍潰之禍。"財政司卒無如何。迨無錫軍政分府已撤去，然後由江蘇都督用人代鳴圻爲無錫稅務公所所長焉。然毓鎏數與無錫縣議會争糧稅，與江蘇都督争貨物稅，堅不予無錫縣民政長以徵收二者之權，似若甚利焉者。然而餉軍購械，闢門築橋，興作萬端，都費去洋二十一萬五千二百八十元，而給將士薪餉十一萬八千九百四十元，購辦軍械、軍裝四萬六千一百七十四元，南京、蘇州、江陰等地協餉一萬四千一百四十元，犒軍七百七十三元，及司法部費一萬二千五百三十元，皆與焉。其中田賦纔三萬四千七百七十二元，貨物稅纔二萬五千九百四十二元，不過用款四分之一而已。惟田賦及貨物稅二者，蓋無錫更制之大者，故著其略。述《財政篇》第三。

民政篇第四

民 政 長

錢基博曰：無錫匡復，裘廷梁已被推爲民政部長，俞復副之。廷梁夙負時望，然年老病，頗心畏事，已勿獲固辭民政部長職，無大小事，壹委于復焉。復彊毅，敢任事。益奮于自任，初未嘗有所謙謝退讓諉避，後廷梁卒陳于江蘇都督，謝病去，薦俞復自代，盛謂：“復，才長心細，守爲兼優。孫鳴圻素負知人之鑑，然未嘗不推復才，謂其措施裕如，闔邑蒙庥。”蓋毓鎏已疊得江蘇都督府電飭銀漕貨物稅征收之權，無不屬民政長者；且軍民已分治，民政長專制民政，不復稱民政部長。禀成于己，自以擅兵柄，深恐饟源爲人所扼，陰利鳴圻，長者平易，筦財政。初無所持異，嘗堅屬廷梁以無錫縣民政長薦鳴圻，無錫縣議事會議長胡雨人率衆力争，以爲不可，廷梁重違衆議，卒薦復，亟引鳴圻推復之説謝毓鎏意焉。然復素性木强，勿爲人撓屈，已數見齮齕於人，居頗鞅鞅，勿自得意。然復夙嘗被選舉爲江蘇省議會議員，已應江蘇都督府電召赴會議，例由民政署總務課課長孫靖圻代理復職，然靖圻亦江蘇省議會議員也，故復屬民政長職務於學務課課長孫思贊。思贊復固辭勿肯。於是無錫縣参事員蔣曾燠、楊壽杓突進民政署，嚴詰總務科科員陳作霖、秦銘光、雷啓元、朱錫麒輩，略謂：“復已去，何人代尸職者?”欲奪取無錫縣民政長印去。時靖圻故在署，銘光私請於靖圻曰：“如何?”靖圻夙與曾燠雅有連，謂：“予之可。”錫麟持不可。曾燠、壽杓已勿獲印，大怒，終纂取得官文書一束乃去。復歸，走訴無錫地方法院。無錫軍政分府副司令孫保圻、吴廷枚竭力勸止復毋訴。復心憤，辭職去。論者多惜復才不竟其施，甚有謂靖圻謀篡復位，嗾使二人迫去官者，或曰：保圻嘗與知焉。惟保圻、靖圻從兄，居家故有怨，勿應與靖圻密謀。其事秘，世故莫能明也。然復在官，已勿獲行所志，初未及有施於民。適毓鎏柄兵，奮創作，甚府民怨，民益德復，故復獨能無爲而治，得令名以去，蓋亦毓鎏之力也。時毓鎏已自撤去無錫軍政分府，遂以代復。然毓鎏終以錫麒堅持不予印曾燠勿用也。論者謂毓鎏實詘於保圻、廷枚，蓋二人嘗以去職邀毓鎏勿使用云。

秦毓鎏爲政

初毓鎏之未任無錫縣民政長也，已鋭志於地方更革，謂：“可樂成，難慮始。民情自古已然。”益不惜身府嫌怨，興革百端。無錫，市故萃縣城北，百貨載塗，肩負踵接，行道者滋衆。道廣不盈丈，已崎嶇，陰雨泥濘，民以爲苦。於是乎别闢民廛，除道路，門焉於城之東北，顔其額曰“光復”；橋焉於門之外内，字内橋曰“新民”，外橋字，視於門，利交通也。肇建圖書館於三清殿故址，濬民智也。益擴公園之地，貲給巨萬金，度宏規而大起，邑人士女，遊焉息焉，娱民志也。設孤兒院于同仁堂，禮聘女師，教養孤子，俾厎于成人，卹孤寒也。始築小菜場于聖諭亭、接官亭故址，嚴諭商人，俾自毁去肆壥水櫃，毋得過侵官道，除道路也。毓鎏夙夜勿皇康寧，殫心茲土，治具咸張，終民政長職，端緒粗畢。然被衆怨已夙，詬詆萬方，而毓鎏之志益堅，卒至召鬧取怒，用克厎於有績也，亦僅矣哉！

民政部及民政署之制

無錫民政部，纔無錫軍政分府四部之一。其長，亦無錫軍政分府總理處之屬官耳，初無專斷民政之權。裘廷梁已被舉爲無錫縣民政部長，自謂年老病，勿能任事，衆遂推俞復副廷梁治民政部事。下署總務科科長一人，科員二人；庶務科科長一人，科員四人；文牘科科長一人，科員七人。都十六員。惟民政部初草創，更新百度，復大懼輿情隔閡，至所施乖民意。初勿能無周咨博采，收集思廣益之效，增置民政部部員無定額，用羅致邑士大夫明曉治體，嘗有聲稱者。後廷梁已辭職，遂以復代廷梁，遵依江蘇臨時省議會議決修正江蘇暫行地方制，稱無錫縣民政長，其辦公處名曰“民政署”，不復稱“民政部”，隸屬無錫軍政分府總理處，署置佐治職，例五課。然復任民政長時，僅總務、學務兩課。總務課課長一人，課員五人，兼領警務課事；庶務二人，會計二人，屬總務課。學務課課長一人，課員二人。實業課，因公府絀經費，勿能興舉實業，不置。惟主計課，例掌地方財政，似不可缺。然當是時也，無錫田賦貨物税及各雜税，都筦領於無錫軍政分府財政部，民政署雖置主計課職，亦贅旒耳，無可掌者，故缺不置，纔十三員。然復在職，政簡，事已寡，初未嘗有留牘也已。復去，毓鎏繼焉，其署置民政署佐治職也。凡總務課，課長一人，課員十人；總收發員、招待員各一人，屬總務課。警務課，課長一人，課員三人。學務課，課長一人，課員二人；縣視學一人，屬學務課。實業課，員額視學務課。主計課，課長一人，課員六人；租税局委員一人，屬主計課。都三十三員，五課具備，幾再倍復時之員額焉。

民政長之選舉

初江蘇臨時省議會議決修正江蘇暫行地方制及民政長選舉章程也，縣民政長由縣公民用複選舉法選舉之。複選舉法者，謂縣公民先選出初選當選人，是謂“初選舉”。每一市鄉，爲一初選舉區。執行初選舉事者，惟市董事會或鄉董。已選出初選當選人，然後由初選當選人選定民政長。其執行者，蓋縣參事會也。無錫縣自治籌備公所所長楊道霖，自謂所長縣自治籌備公所，其性質差可當縣參事會，陳於江蘇都督府，請遵臨時省議會議決縣民政長選舉章程，執行選舉民政長事。聯署名者，蓋副所長孫蕃圻、華祖綬二人也。都督謂：“已規定民政長選舉，其初選由市鄉機關執行矣。無錫縣鄉機關，未據報一律成立。”不許，後卒無有選舉者。

警　　察

無錫之有警察，由來舊矣！始僅中、南、西、北四區。已匡復，許嘉澍爲警務長，益推廣爲五區，遂以中區爲第一區。區長，嘉澍自兼領之，不別給薪。下置區員一員，月給薪十四元；一等巡長二員，每員月八元；三等巡長三員，每員月七元。每一巡長帥巡士一排，計第一區巡士都五排，每排十人，每人月給餉，多者六元，以次遞減半元，最少五元，亦有一、二、三等之差。南區爲第二區，設區長一員，月給薪二十元；巡記一員，月十元；一等巡長　員，二等巡長二員，每員月給薪七元半，巡士三排。西區爲第三區，所設官佐、巡士員名視第二區。北區爲第四區，設區長、區員、巡記各一員；一等巡長一員，三等巡長三員，巡士五排。東區爲第五區，官佐員額視第四區，惟巡士僅三排，三等巡長纔一人焉。都官長三十員，巡士百九十人，統屬警察事務所。警察事務所，設警務長，月給薪八十元。下署警務員一員佐之，月三十元；巡記三員，掌治官文書事；一等巡長五員，率巡士五排。直隸警察事務所，別名曰“縣巡警”，綰司遊巡守衛及偵探之役。惟偵探者不服制服，餘無不服制服者，用以巡衛地方，稽不軌，纔足供使令而已，然而初未及施教練於巡長及巡士也。迨毓鎏已任民政長，遂以吴廷枚爲警務課長。

廷枚謂：“警學有專科，微平素服習者不可。”亟建巡警講習所，訓練巡長及巡士，厥爲異日巡警教練所之權輿焉。

無錫已光復之五十日，胡雨人、蔣曾燠倡議糾集無錫十七市鄉公民，選舉代表，遵依江蘇暫行縣制，陳請于無錫縣民政長裘廷梁，請組織無錫臨時縣議會，略謂：“行政代議兩部，必同時具備而後可以言治制，必相輔而行而後可以言治理。江蘇已告獨立，都督首先召集臨時省議會，益徵斯説不誣，舉省例縣，無容兩岐。無錫縣已有民政長主持行政，亟應組織臨時縣議事會，以爲臨時代議機關，實有不可緩者。”廷梁可其言，謂孫靖圻精研法理，使協議於十七市鄉代表，暫定無錫臨時縣議事會議員員額。查照無錫縣所屬地方納税總數九十萬六千二百元核計，應額設議員四十九名，惟十七市鄉，納税多寡，猝不易稽，姑以人口多寡爲標準。無錫闔邑人口，都七十九萬八千二百八十六人，以議員員額四十九人除之，每人口一萬六千二百九十一人，選出議員一名。按十七市鄉分配，得無錫市五名，萬安市、泰伯市各四名，天上市、天下市、青城市、南延市、懷上市、懷下市、景雲市、揚名鄉及開化鄉各三名，富安鄉、開原鄉、新安鄉及北下鄉各二名，北上鄉一名。每一市鄉，厥爲一選舉區，衆無異議者。元年正月十九日，遂召集開會，廷梁使民政部部員孫靖圻撰祝詞。俞復蒞會致於四十九議員之前，略謂：“今日爲吾錫臨時縣議事會開會之第一日，亦即吾錫平民政治發軔之第一日，竊惟縣會之職權，所以指導行政，整理一縣之政務。今民國肇造，國會未經召集，民國地方通制未頒。江蘇暫行縣制，雖經臨時省議會議決，尚未公布施行。然一縣之中，行政機關，無一日可間，即指導行政之機關，亦無一日可間。願自今日起，兩機關相提相挈，戮力同心，圖謀吾錫之幸福。謹抱此主旨以答諸君扶翊共和之盛意。”此肇建無錫臨時縣議事會之大凡也。及毓鎏已任民政長，壹遵江蘇暫行縣制選舉章程，規定無錫縣議事會議員員額，查照無錫縣所屬地方納税總數七十二萬一千八百三十八元計之，應額設議員四十三名。按十七市鄉分配，得無錫市五名，青城市、萬安市、泰伯市、懷上市、南延市、景雲市及富安鄉各三名，天上市、天下市、懷下市、開原鄉、新安鄉、開化鄉、揚名鄉及北上鄉各二名，北下鄉一名。每一市鄉，厥爲一選舉區。諸選舉區分配議員之法，壹以諸選舉區納税之多寡爲準焉。選舉已畢，遂以九月十一日，召集開無錫第一次正式縣議會，毓鎏親致頌辭於四十三議員之前。其辭曰："龍山之陽，大地照明。篳路蓝縷，自周勾萌。周有泰伯，實啓吴城。周有令典，詢於萬詎。僕忝民傭，規于周京。百爾君子，宏我漢聲。無黨無偏，論持於平。下臣司民，敢告使令。"其辭蓋預屬博所撰也。至諸議員之孤懷讜議，蓋具載無錫縣議事會記事録，兹不贅。

祭孔子

毓鎏已長民政之四月有七日，晨，祭孔子。諸校師弟子咸會，首奏軍樂，次歌頌聖之歌。歌曰："羲農荒遠文周微，孔教何巍巍！糟粕付秦灰，日星終古揚光輝。二千餘年道統歸，有教本無類。萬派尋源委，聖之門兮海之水。中外同風會有期，亞澳歐非美。奚分耶釋回？都在我教之範圍。"再致侑神之辭，其辭曰："維中華民國元年十月七日，無錫縣民政長秦毓鎏等，敬以清酌庶羞之奠，致祭先師孔子曰：觵觵夫子，天挺聖質。秉筆六藝，不作而述。夏商無徵，從周志壹。周衰文敝，始皇首出。封于泰山，議禮徵儒。博士七十，曰古是謨。席菹車蒲，皇赫斯怒。坑儒勿祟，六經用錮。項籍一炬，圖史靡遺。賈董鄭馬，炎漢經師。抱殘守缺，文其在兹。周程張朱，五子誕宋。人師之風，誠正自訟。宋深漢博，越元及明。夫子之道，萬古長庚。崇極而屺，今有非孔。余末小子，夙夜自董。《詩》、《書》、《易》、《禮》，《公》、《穀》、《左氏》。蚤歲詁經，拳拳膺服。仰止者五，請陳其目。大道之行，天下爲公。選賢與能，爲億兆宗。貨惡棄地，毋藏於躬。力惡勿出，豈其自封？《禮運》著論，是謂大同。四時之序，成功者去。物窮乃變，吾人不齬。據亂昇平，太平三遷。質文遞嬗，後來益賢。義傳《公羊》，三世代謝。歐儒頌斯，是謂進化。内夏外夷，無墮大坊。夷夏奚分，不以土疆。進於中國，諸夏是議。夷行則夷，《春秋》之義。降夷有杞，不聞遷地。狄入成周，豈曰進之？筆削維嚴，是謂攘夷。夫子訂《易》，炳焉北辰。屯貴下賤，大得斯民。咸男下女，取女用吉。亢龍有悔，尺蠖之屈。君子觀象，是謂抑尊。周誥殷盤，聱牙之文。《易》詭而奇，子咀其芬。繫辭於《易》，无取形似。作爲文章，辭達已矣。《魯論》二十，文無摛藻。不求艱深，是謂明道。綜兹五事，下垂千春。民到於今，雅言宜遵。載瞻祠宇，臨之在上。攄辭侑樽，式告吾黨。尚饗。"是亦博所撰擬者也。辭畢，三鞠躬而退。於是邑人士侯鴻鑑、孫靖圻及錢基厚三人，肅肅以次登壇立，講演孔子微旨，卒奏軍樂，邦之人於是觀禮焉。述《民政篇》第四。

司法篇第五

錢基博曰：無錫光復之前一日，夜，金匱縣獄囚已變，毀獄遁。知金匱縣事何紹聞閉城索，至天明，勿獲一人，纔半日，而無錫匡復矣。華承德已降知無錫縣事孫友萼，亟揮兵守無錫縣獄，防囚乘機得逸去，伺之益謹。越日，囚則譁於獄，群謂："吾儕迫飢寒作惡，今已易世，勿俾更新，何時可脱獄者?"不服，脱械肆詬罵，喧囂聲達牆外，洶洶欲出獄走。守獄兵已寡，無敢止者。軍政部軍械官劉孟堅，居故鄰獄室，已睹事急，獨奮身入曉衆囚。語曰："汝曹速安静無譁，軍政分府非無意貰汝曹前辜，計不過少遲數日耳。汝曹何得亟爲變者? 汝曹果突獄出走，且已嚴兵陣，納彈於槍，伺餉汝曹。汝曹死，得無後悔?"囚疑有備，心慴不敢動。惟孟堅家世仕宦，居鄉，夙豪縱，世所稱劉老錢者也。然是時毓鎏新起用事，未及綏靖地方，囚已鬨於獄，孟堅纔片言倉猝定變，邑人賴焉。已，事聞於毓鎏，毓鎏謂："獄囚脱者已漏網，而必重誅罪於羈獄勿得脱者，於事不爲平。遲日，事大定，當盡貰之。"時薛翼運既被推爲司法部長矣，毓鎏嘗屬以貰囚事，翼運則陳囚於庭，益不恤殫心研鞫，衡其情之誤故，平其罪之重輕，惟罪疑者貰，愚民情可矜憐者貰，不幸過失犯者貰，餘皆勿得貰還繫獄。蓋謂："縱奸長惡，民受其殃，實背民軍吊民伐罪之初衷也。"故其用法聲爲嚴峻。然在當日亂事方興，寇盜横起，白晝掠人市，恣行無忌，實匪任刑明法，無以折奸人不逞之氣，銷逆亂之萌。《周書》有之曰："刑亂國，用重典。"其勢有不得不然者。惟翼運自以鄉居，姻故干謁者已衆，心欲嚴行法，尤嫌絶人太甚，謂："不如外州縣人爲之，俾怨有所歸，勿至集矢於己。"亟言於毓鎏，請江蘇都督速遣法官，駐無錫縣，治獄事。江蘇都督可其請，遂以王宗瀚爲無錫縣審判官，月給薪洋百元。俞錫蕃爲無錫縣檢察官，月給薪如之。下署置庶務、會計、收發各一員，每員月給薪二十四元；書記一員，月二十元；刑事寫生四名，二正二貳，正，月三十元；貳，月二十元；民事寫生，名額及月給薪，無不視刑事寫生者；司法巡警長四人，每人月給餉十二元，領司法巡警四名，每名月六元。都十六名，分屬於四司法巡警長。遇有獄事，日以一司法巡警長率所部四司法巡警，供傳訊拘捕之役，謂之“值日”。四人周而復始，其應役赴四鄉傳訊也。壹視道里遠近，規定旅費之多寡。刑事，領公府費；民事，兩造各給半。誡勿得過索，違者有誅，而清廷差役持票訛索之風絕矣，其制大率翼運所審定也。時宗瀚、錫蕃雖任審檢事，然翼運筦領司法部事如故。蓋宗瀚嘗仕清庭，故官習已甚而不知振作，滋不足道。錫蕃夙攻法家言，然勿曉閭閈情僞，故事無大小，壹稟成於翼運，史濟良副焉。錫蕃嘗欲停止杖笞之刑，壹依新刑律處以自由刑有差，翼運曰：“不可。今細民不軌於法，其爲亡命宿惡者寡甚，大率迫於家人婦子啼飢號寒勿得食者，什人而九耳。吾儕已勿能加哀矜焉，必依律處以自由刑有差。在若人益不獲自營其生，而一家之人斷糧絕炊，需填溝壑矣，則是帑戮之刑也。吾今日坐堂皇擇其尤者，痛懲笞之以儆其餘，已加仗焉，益勉其自新，急釋還寧家以觀其後效，是不亦仁至而義盡矣乎?”錫蕃又欲依律嚴行罰鍰之制，謂：“年可累巨萬金。”翼運曰：“不可。罰鍰故不爲非法，然在人已不幸誤罹於法。吾儕轉陰引爲利，人亦謂我何哉！況吾罰使出金者，其人而爲富不仁者歟？是明教以恃財作惡也；倘窮無所告者歟？彼已不自聊其生，而作奸，而犯科，吾重使之納贖金焉，則是水深火熱，不足以喻其益烈也。吾去，任君爲可耳。”終翼運職，未嘗有罰金者，蓋翼運不主故常便宜行事有如此已。越三月，翼運迺去，而錫蕃卒因陰受賕賣獄，爲地方士夫攻訐去官矣。述《司法篇》第五。

自叙篇第六

錢基博撰次《無錫光復志》，已卒事。私念馬遷自序，讓美先世；孟堅叙傳，首詳家聲。於古有然，今豈異云？遂歸懿美祖德而繫之辭曰：博系出埃山錢氏，其先蓋高陽之後，與蘇、顧、温、董爲同姓，至老彭，商賢大夫。子孚，嘗爲周文王師，仕至泉府上士，因官爲姓焉。至漢而有征東大將軍讓，重瞳美鬚髯，手垂逾膝，能平九江盜，拜爵至富春侯，食邑五千户，用旌其成功。卒，謚曰“哀”，圖像廣陵郡祠，武烈昭千祺矣。然初未嘗不以博學聞當世，傳九世，至興德，世居長興，仕晉，至冠軍府記室參軍。善書札古作，博通天文，世稱爲文璨先生者也。子伯仁，曾仕於宋，蕭梁易姓受命，遂掛冠歸。天監三年，詔舉世家勳德之士，郡守劉渾表稱：“錢氏爲望族，自漢以來，公侯令使之貴，名聯勳册，文獻足徵。今伯仁年齒雖暮而不怠進修，克副勳德之舉。”蓋能世濟其美有如此者。其後至唐太宗之世，有孝璟焉。幼聰慧，書通八體，射穿七札，耽玩典籍，工詩歌。年十六，以門蔭授富春尉，已奕世勳閥稱鼎盛矣！而孝璟放情巖谷，十辭不就。嘗愛臨安縣土厚水清，迺相縣之東南茅山，徙居焉，厥號“茅山祖”。五傳而至沛，生而雄秀，博覽經史，嘗學晋右軍王羲之書，臨池清思，八體超逸，真草俱成。一日，偶題木上，入木三分，遂以達於唐朝，穆宗知其姓名。再傳四世，至唐季而武肅王起兵臨安，奄有吴越，功烈盛稱彪炳矣。惟王家承儒範，幼而岐嶷，工爲詩詞，文章、草隸，縱横自得，皮光業、楊凝式之倫，嘗屢稱焉。武肅王之子，曰文穆王，好攻儒者學，善爲詩，有《錦樓集》傳世。已，王有子曰忠懿王，雅嗜書詩，著《政本集》十卷，翰林學士陶穀序焉。子文僖公，年不十齡，有“高爲天一柱，秀作海三峰”之句，王則大喜，後著《典懿集》三十卷、《擁旌集》五卷、《漢川集》五卷、《伊川集》三卷。當時謝絳、尹洙、歐陽修、梅堯臣之倫，皆在公幕府，唱酬吟咏无虚日，時人咸爲嘆羨。後曾贈冀國公，著《後漢功臣年表》者，蓋公之子也。公八傳而至迪，精天文地理之學，置莊於無錫梅里堠山，喜其泉甘土厚，遂定居焉，是爲堠山錢氏始祖已。傳十一世，至子憲，曾舉明進士，喜作詩，後録於《梁溪詩鈔》者，纔百一耳。再傳四世，至法曾，明亡，嘗隱居北郭，讀書自怡，著文四百篇，自題曰“求是齋文稿”。蓋常州瞿給諫麗江所謂“其行芳志潔，彷彿於稿中見之”者也。法曾之孫曰照，曾著《希天閣文稿》三百篇。給諫謂“讀其文而清矯拔俗之概可想見”焉。照生子奎，能紹前緒，著有《北郭吟稿》、《規世格言文稿》兩種。則昔人所云“布帛菽之文”也，蓋自法曾。而照，而奎，祖父孫曾，代嫿文學，能著書，然年已湮遠，編簡飄零，後選於《畀陵文徵》者，僅存什一於仟伯焉。《畀陵文徵》者，蓋給諫纂録郡賢遺獻之書也。奎生子士鏡，是即武進李兆洛所著傳，稱其少穎悟，能讀書，善賈。貿遷江陰，日致饒裕，因家焉，然不肯自私所有，必以致宗人之在錫者也。年五十，自題小影，有句曰："隔院書聲聽尚樂，芸編親對樂何如?"則其老而好學，彌可知矣。有子曰若浩，於博爲曾祖父。瞿給諫嘗許其能文，少精八法，暇則偶一臨摹大小米，幾亂其真。碎紙遺墨，時零人間，致波磔有姿。嘗數見姓氏於李兆洛、吴縣馮桂芬及無錫秦湘業三君子之文者也。及其歿也，馮桂芬爲之傳。有男子子二人，莫不蜚有聲稱，著弟子籍於李兆洛之門焉。蓋伯子曰維樾，夙習音韻、天算、輿地之學，著有《恒星赤道全圖》及《輿地略》。兆洛亟稱其能，後嘗見推於蘇州陸潤庠，謂"士衡麗製，縟錦成章；安石小文，碎金比價"者。次居季，維楨其名，書法在趙、董之間，著有《含暉閣詩存》，蓋博之祖父也。博年五歲而受經於父，十歲畢九經，十二歲學爲文章於先仲世父。性已顓愚，自以始得姓於三皇，初盛於漢，衰於唐，中興於唐宋之際，下暨齊民於元明，儒於清，繼繼繩繩，卜年三千。雖家之華落不一，績之隱曜無常，而休明著作，百祖无殊，典籍大備，燦然可徵也。博胚胎前光，早承家學，父誥兄誡，不離於典訓，斐然有述作之志。鋭思毫芒，潛神默記，恒十四年，年已二十五，而漢宇重光，無錫匡復矣。當是時，終尸其事而董之成者，蓋秦毓鎏也。惟毓鎏已鄉居用事，勿能无恩怨於人，譽已不虞，備擬於神聖，毁乃求全，窮詬爲盜跖，譽毁過當，功罪莫明。孟子曰："無是非之心，非人也。"心有懼焉。博已交毓鎏有年矣，時進箴誡，初未嘗旅隨多士，有諾諾之和，終何必景附輿人，肆申申之詈，廣咨衆詢，匪有稽於官文書者不録，詳紀其事，僅述不作。竊比皇祖老彭，初未敢稍加論斷也。是耶！非耶！博則烏足以知之。述《自叙篇》第六。

無錫光復志餘

無錫光復門碑記

粤在重光大淵獻之歲，上暨黄帝紀元四千六百有九載，九月既望，無錫秦毓鎏等舉兵攻令丞尉於官舍，降之。當是時，父老狃於故制，驟見更革，駭疑莫措，朋興衆言，以間染毓鎏所爲。毓鎏曰："予以眇眇之身，未有以大信於父老子弟，一旦辱加臨焉，勿順勿令，故其宜也。"於是禮賢士大夫之廬，以勿拂於名望，壹吏軌民，以靖民心。椎埋屠狗，盜連爲群，飛謀構畫，思乘間越奪民貨。毓鎏擢摘良奸，不爲聲章，先事候情，落其機牙，磔其梟狼。以大畏民志，民老幼婦女不驚，市賈不變。毓鎏曰："未也。市有廛，不爽不塏。道路不闢，有司之職也。"市故萃縣城北，貨別隧分，肩負踵接，噓氣成霧，上接乎霄雲。於是乎別闢民廛，除道路，節宣其氣，勿使有所壅閉。於是乎氣不沉滯，而亦不散越，是以心志不爽，無即於慆淫，然後民無夭昏瘥疾之憂。其在《夏令》曰："九月除道，十月成梁。"今其時矣！墮厥職勿修，亦其惟予之辜。鳩工董役，選能於衆。視於塗，平於陂，廛舍於道旁，梁於川，門焉於城之東北，顔其額曰"光復"，以志慶也。有言於毓鎏者曰："無門焉？古者王公設險以守其國，於是乎有城郭溝池之制。然而春秋囊瓦城郢，沈尹戌曰：'子常必亡郢，苟不能衛，城無益也。'況時勢異殊，巨丸流炮，摧堡墮壘，加猛烈焉。於城何有哉？不如毁之斥民居便。"毓鎏曰："唯唯，否否，不然。此古物也！吾聞有王其勤者，字時敏，松滋人，令於無錫。當嘉靖三十二年，東人入寇，蹂躪江南北地幾遍，無錫城久廢，其勤至官之三日，相城舊址，咨於父老，謀築城。時富吝於財，貧惰於力，囂囂然譁也，曰：'孰庀爾財？孰鳩爾徒？城從地湧現乎！'其勤堅持其議不爲動，日討縣之人而訓之，於民之不可與慮始。寇至之無日，晏安之不可以懷。躬執版鍤，以身先之。不三月而城成，而寇已叩城突攻，號叫聲動地矣！濠旁有樓，寇窟其中，發石飛矢，無不中城櫓。時有潘海者，勇士也。縋而下，渡濠，置烈炬，燔城樓，燼焉，始得列戍於城，因告其勤曰：'賊弱可擒也。'諸生苗子白起糾合里中驍勇，得三百人，出西溪，與寇鏖戰，遇於西城之濠，死者三十六人，竟斃寇巨魁，破額塗腦。寇氣奪，我軍乘陴固守，城以獲全，民得相完聚如他日。寇退而後，手額走相慶告曰：'侯生我，侯生我！'城何在？則今之百堵屹立者是也。吾聞遊於羅馬之都者，歸而語曰：'入其國，雖一墮磚，一壞瓦，皆可憑吊英雄，在在攄吾人懷古之念。況其崇墉危垣，其令人俯仰慷慕，不尤大哉！'予是以睪然高望，有舉而莫敢廢也。予生也晚，幸得從諸君子後，振我漢聲，匡復故物。則斯城也，其亦故物之一也歟？"蓋毓鎏之言如此，則信乎城之不可墮也。博嘉毓鎏能持大體，門焉志光復之盛，存焉而不毀諸，留以爲吾民瞻吊先烈之地，道實並行而不相悖者。博聞嘉靖三十二年，寇之至也，在城百雉外白骨矣。民狃於承平久，不見兵，無不目逃而氣懾者。而三十六人者，慷慨蹈難，不旋其踵，豈非高忠憲公所謂“天下有事，匹夫能執干戈，捍寇賊，雖不幸死，其氣自足千古”者哉！博嘗登西城憑眺，環濠如帶，諸老先生猶或太息指眎博曰：“此三十六人殉義之地也。”庶幾於嚮風慕義，如忠憲所云“生有所勸，天下一旦有事，執干戈爲吾民衛者，必相繼而起”也歟？然則城之有係於民者，不綦重耶！三十六人，舊祀於邑西水仙廟東西廡。其姓氏人多知者，故不著。獨其殺敵致果，偉爲國殤，有以立懦夫之志，可記也，因附記之。邑公民錢基博撰文。

無錫民政之碑文

惟黄帝受命四千六百有九載，八月，癸丑，黎元洪起武昌；越一月，庚辰，無錫秦毓鎏等舉兵應之，縣令丞尉以次降。明年，政成，民大以和，辰於國慶，大合樂，雜陳百嬉，同休宣和，士女歡會，填郛溢郭。事已大畢，毓鎏屬於博曰：“今大義休明，實有光於邦人士，宜其永廣譽無窮，著文於石，惟吾子是勤。”博數數辭，弗獲已。横題其上曰“无锡民政之碑”，昭其朔也。其辭曰：

越稽古皇，堯黎舜黑。胼胝手足，作傭萬民。貴下於賤，屯大亨貞。勿規於古，亢龍有悔。高而無民，皇帝已待。臣僕億兆，剸制割宰。蔑古自秦，今二千載。增高繼長，隆極而殆。誕降武人，黎氏元洪。奮起張楚，曰天下公。力摧帝制，四海向風。毓鎏氏秦，天牖其衷。崛興茲邑，於古東楚。今孫友萼，不毓鎏與。刲衆阻兵，負力而强。思鉏吾徒，狙伺百方。毓鎏曰咨，無恣梟狼。壞其角距，令孤無佐。遂糾義勇，薄攻令舍。令衆袒臂，我武莫當。令駭無措，被逐出疆。無禮於民，視此傖荒。金匱縣令，治不别邦。夙居同城，匿走勿遑。威燀旁達，莫抗顔行。順承勿梗，黔首改化。率民自新，負眚肆赦。盗連爲群，怙終作狂。越奪民貨，民用勿康。走告毓鎏，斧斲其吭。剗滅暴强，奮揚武德。哀卒訓兵，徂征勿率。義誅信行，民靡懷慝。男樂其疇，女修婦職。大寧民居，毓鎏之力。毓鎏唯不，曰微予功。予德不孤，孫吴才雄。保圻孫氏，吴名廷①枚。乃相同德，匡予隕隤。琢石垂後，子文瑰魁。博魯無文，弗敢自才。辭不獲命，尚其勗哉！刊辭石表，萬古崔嵬。

無錫圖書館碑記

中華民國元年六月，邑人秦毓鎏已長茲邦民政，自以儒生躐膺民社，不當惟簿書期會之知，慨然益引文化爲己任。於是咨謀於衆，肈建圖書館於故三清殿舊基。仿大塊之大方，踞坤靈之正位；合體宸極，仰模元象；因度材而鳩工，廠千門而列萬户；繚以周閣，巔以鐘樓；十二辰於是乎正，八儒三墨於是乎群聚觀覽焉。當是時，總其事而董之成者，蓋邑人秦玉書也。閱九月，用金萬五千，有書盈萬卷，上自經史百子，旁逮星算、方輿、樹藝之流，金石之刊，西方大秦之書，崖略粗備，潔緻精良，可披可哦，用餉孤陋。此則邑人顧倬之功，不可没也。邑人龔宜戊襄促役，周同愈、吴廷槐佐蒐書，抑亦預有勞焉。是館之落成，將在茲歲之某月，謂博不可無一言。博乃悄然應，睪然起曰："僕何言哉？僕少小好讀書，日卒二三綫裝書，不以爲苦，纔苦無書讀耳。追弱冠，走四方，稍稍購儲，踰兩千卷，往往庋置焉。甚矣！己有之不可恃也。猶憶童年十二三借書讀時，惴惴恐主人索太急，匆遑畢讀。每得一册，輒窮晝夜讀不輟，心猶以爲未足。纂鉤元要，目存而手撮録焉，及得既也，書已爛熟胸中矣。惟藏書之家，邑無二三。有之矣，輒又自私己有，秘不肯假人。人雖欲讀而無如何，宜其常保有是書矣，誠不自意其一旦身死而骨未寒，子孫已不知寶藏祖父手澤，徒喟詩書之無預於潤家，有燒《論語》以爲薪者，有沉水三十六萬卷者。僕嘗謂自私利其書之厄，厄於秦皇之火，則甚矣己有之不可恃也。夫物私之一己，誠不若公之人人之爲愈也，又豈惟詩書爲然？然而世之自私利其書者，當聞僕言而知所反矣！則曷若資儲是館，司以典籍，爲是書計久遠也哉！邑人錢基博記。

（1913年鉛印本）

---

① 廷，原作"延"，今改正。

無錫識小録補

孫平叔之盛德　相傳孫平叔先生未釋褐時，鄉鄰有老嫠婦不戒於火，延燒數十家，嫠婦以無救焚死。家乏餘丁，燼餘之屍，任其暴露矣。其數十家被燒者，旋復營造，將殘磚破瓦悉堆砌於嫠婦遺骸之上。先生見而傷之，獨出緡錢，令匠人移去磚瓦，起出遺骸，買棺斂埋之。又值邑中荒歉，糧價騰湧，餓莩載塗，官方議行平糶，而富户吝於出穀，互相推諉。先生家適中落，將古瓶一對，售得數百緡，於前後門各設一廠平糶。由是殷實之家感愧，競相設廠開糶，藉以存活者無算。先輩盛德，自不可及！

孝鬼草　無錫姚舜賓，忠誠篤實，鄉里目爲長者，家綦貧而孝。母年七十，訓句讀以養，極婉容愉色，不敢懈缺菽水。乾隆五十年，歲大饑，生徒既散，日不給饘粥，焦勞拮据，未幾病死，不能殯，瘞於屋後隙地。次日，見所葬土上，忽生一草，形似山藥，結子纍纍，香甘而糯。妻采食之，終日不饑，遂以供姑。晨采午生，取之不竭。草長四五尺，母撫而哭，即伏地搖搖如拜。邑中播聞，觀者如堵，皆嘉其孝。字之曰“孝鬼草”，各出甘旨以贍其母焉。

右可入《紀異門》。

許長生　無錫有許長生者，家稱小康，早年喪偶，未續。時年六十，親友勸之曰："凡過生日，必略做功德。"許諾。即於生日前數日，將錢三百餘千，分寫錢票若干張，先赴貧窮各親友家散送。即赴鄉間某佃户家避生日，並告以散錢做壽，囑其本年不必完租。佃户懽忻感激。時佃户有女年甫十六，麻而黑胖，在旁咨嗟歎息，謂："此人將來必有好報。"其父誚之曰："痴婢子，如許嘖嘖，豈有意嫁彼耶?"女曰："惟父母之命。"其父即向許述及婚事。許以年老辭不肯，其父述女意，許心異之，允諾。訂婚，諏吉，迎娶，過門後，許連舉五子，有孫三人。年八十親友復爲做壽，公送對聯云："花甲初週，無妻無妾；杖朝八十，有子有孫。"縣令爲之給匾旌奬。後其妻先許而故，許壽至九十有餘。

右可入《補傳門》。

隆慶　嘉[①]慶元年，吾鄉秦蓉莊都轉購得族中舊第，曰寶仁堂。土中掘得小碣，上有六字，曰"得隆慶，失隆慶"，不知所謂。後考此宅實建於前明隆慶初年，其售與都轉，自前歲始行立議，實爲乾隆六十年，今嘉慶元年交割，故前爲得隆慶，後爲失隆慶也。然則第宅之遷轉，豈非各有定數?世之營營謀佔者，亦可以已矣。此吾宗人梅溪先生，嘗爲福州梁芷林中丞言者。

右可入《紀異門》。

錢焜　乾隆間有錢焜者，住居無錫城北門外，以數百金開棉莊换布，以資生理。鄰居有女子，年可十三四，驕艶絶人，常以布來换棉花。焜頗愛憐，常多與之，女子亦微覺，然兩人實無他意也。不二三年，焜本利虧折，遂歇閉。慨然出遊，流落京師者十餘載，貧病相連，狀如乞丐。一日行西直門外，忽見車馬儀從甚盛，有一绿幃朱輪大車，中坐粲者，珠翠盈頭，焜遥望不敢近。粲者見焜遽凝視，呼僕召焜至車前曰："君何一困至此也?"焜已不識認，渾如夢中，唯唯而已。遂命從者率一馬乘之，使隨入。至一朱門大宅，見粲者入内，詢從者，乃知爲某王府邸，而粲者其福晉也。頃之，召焜謂曰："予即鄰女，向與君换棉花，賴君厚德資饔餐，感不忘。"因認爲中表兄妹。藉王力，得充實禄館謄録官，議叙縣尉，旋陞内黄縣，擢直隸河間府同知，權太守篆。此河間紀文達公，嘗爲福州梁芷林中丞言者。

---

① 嘉，原作"喜"，今改正。

右可入《紀異門》。

余善人佚事 余善人早慧，予嘗誌之。頃又得其佚話數十則，頗多布帛菽粟之言。善人生平清齋刻苦，謂古人言學必曰存理遏欲，飲食爲人生大欲，即以此爲遏欲之一端，何不可者？嘗有詩云：“各行志願各修持，於世多違我自知。一樣春花與秋月，持齋何礙太平時。”其命意概可想見。又嘗謂近日訓蒙皆墨守成例，不以講解爲事，讀書二三年，全不與講一點做人道理，致子弟終身蒙蒙，習於下流，此直可謂之數書匠耳，按律定罪，當墮暗啞地獄。家無擔石，喜刻善書，所刻皆俚俗常言，謂：“我鄉里人，只會説家常話。高文典册，性理經義，自有當代大儒主張大局。我何敢贊一辭？”可見善人本色。又謂：“《詩》亡，然後《春秋》作，《春秋》衰，然後閻王之説作。夫《詩》未嘗亡，《詩》而無當於勸懲，則不亡而亡矣。”如此論“《詩》亡”二字，似較直捷。《春秋》尚謂中等人詩法，若下等人不顧流芳百世，不怕遺臭萬年，雖《春秋》口誅筆伐，恐亦無所儆也。曾口占四句云：“《春秋》作本爲《詩》亡，今日《春秋》道又荒。賴有輪廻參筆削，那堪更説没閻王。”又嘗以江蘇多溺女之俗，即仿蘇文忠公、黄鄂救嬰之法，量爲變通，倡行“保嬰善會”。始以三百六十文爲一會，一時風靡，先後集捐田二百餘畝。凡鄉田之貧户生女，力不能留養者，准每月給米一斗、錢二百文，以五個月爲止。謂兒生五月，已能啞啞學語，動人愛憐之心，不忍溺矣。又欲使家喻户曉生女之不可溺，製爲戲曲搬演，自題戲臺楹聯，有云：“演幾回舊舞新歌，試看善勸惡懲，現世洵多真果報；害一命警天動地，若使有男無女，收場那得好團圓？”又有一聯云：“你娘亦是女，你妻亦是女，胡獨你不肯養女？他生也何冤，他死也極冤，只怕他總要伸冤。”嘗於演戲時，衣冠登臺講説溺女果報，大聲疾呼以期感動。有句云：“一日弦歌同振鐸，百年風氣此廻瀾。老我面皮三寸厚，願他聾聵一齊開。”又云：“休嫌海内知音少，從此人間話柄多。”皆不事雕琢，直寫胸臆者。每爲人言，生平有四大願：一復小學；一行鄉約；一毁淫書；一演新戲。自撰聯語有云：“自晉舊頭銜，木鐸老人村學究；群誇新手段，淫書劈板舊翻腔。”若得四願圓成，萬户侯不願封也。鄉民滋事，往往不爲官吏所懾，而帖服於善人之一言。有木工嗜賭，喪其貲業，乃爲盜。一日，聽善人講鄉約，心大感悟，乞善人録爲弟子，善人揮之曰：“吾弟子無博徒也。”木工漸泣歸，刃斷五指，長跪善人門。善人嘉其誠，許焉，後卒有士君子之行。同治七年，江蘇巡撫丁日昌檄其所屬曰："無錫縣人余治，煦仁孑義，迹近不軌，速捕以來!"治，即善人名也。善人得檄，立赴撫轅，投刺請謁。丁壯其胆，見之。善人語侃侃。丁起謝曰："君，仁人也。吾中讒，開罪多矣!"

右可入《稽逸門》。

某武弁　同治壬戌秋，淮軍進攻太平天國無錫時，北鄉長安橋一嫗，取布貿銀幣，易米，米主言其僞，嫗返之布肆，肆主堅言非己物。嫗已不食數日，哀哭於途。適某武弁乘馬過，問之。嫗告之故，且曰："不得食行死耳。"弁心憫之，遂以一銀幣易其僞物，納裹腹布兜中，躍馬去。與太平天國軍戰，一槍子中其腹，而竟無恙。回營解視，不覺悚然。蓋槍適鑽兜入中僞銀幣，爲所格，得不入腹也。噫！弁以一銀幣活嫗，即以僞銀幣自活，不亦異哉！

右可入《稽逸門》。

無錫士大夫詩品　《北江詩話》有仿鍾嶸《詩品》、《畫品》一則，評隲無錫詩人。謂顧進士敏恒詩，如半空鶴唳，清響四流；秦方伯瀛詩，如久旱名山，尚流空翠；楊户部芳燦詩，如金碧池臺，炫人心目；布政揆詩，如滄溟泛舟，忽得奇寶。

右可入《綜考門》。

顧棟高之質直　乾隆十六年，無錫顧棟高舉經學，入都召見，高宗云："汝年衰，好好回籍頤養，將來朕巡幸江南，尚可見汝。"棟高奏云："皇上還要南巡麼?"高宗默然。

右可入《稽逸門》。

京官驢車　相傳王漁洋戲贈南海程駕部可則詩，有"行到前門門未啓，轎中安坐吃檳榔"。時正陽門五更啓鑰，專許轎入，京官無坐車者也。《藤陰雜記》稱："京官向乘肩輿，杜紫綸始乘驢車，嗣後漸有騾車。"堂堂樞相，且日策騾車入東華門内直。

按：紫綸即無錫杜雲川先生詔，是京官二百年驢車之風，實先生開之也。蓋名賢一舉一動，無不爲人所趨效如此。

右可入《稽逸門》。

大秦小秦　無錫秦補念參政鉽及其族孫蒼峴諭德松齡同在翰林，時人呼之爲大秦小秦。大秦性方嚴，同館三十餘人，讀書之暇，或聚而嬉，語涉諧謔，率相戒勿令大秦知。

右可入《稽逸門》。

清世祖識秦鉽書法 順治乙未，會試榜發，世祖方留意文學，命取原卷進御，覽之，稱善數四。比廷試卷進呈，世祖閱至第三人卷，顧爲讀卷官傅聊臣以漸曰："卿知此卷爲誰?"傅謝不知。世祖曰："此會元秦鉽作也，朕於其書法知之。"拆卷果然。世祖大悦，召見南海子，賜袍服，比第一人。

右可入《稽逸門》。

二裳 楊蓉裳員外芳燦與弟荔裳方伯揆，俱有美才，工儷體，人稱"無錫二裳"。彭文勤公爲江蘇學政，以昔主試時失楊氏兄弟也，痛自咎責，遂以兄女妻揆。後蓉裳知甘肅伏羌縣，值回民田五爲亂，蓉裳先期募勇，招降人登陴共守，閲五日夜解圍，具載邑志。擢知靈州，嘗單騎諭散奪米饑民，請借口糧設粥廠以安衆。平日坐堂皇判事罷，即手一編就几讀，人目爲書痴，而臨變敏決若是，故阿文成諸公甚器之。世咸笑文士如珠玉組綉，不適於實用，觀於君何如哉?

右可入《稽逸門》。

吴留村之清操 無錫當南北孔道，苦供億。康熙初吴留村制府興祚知無錫縣事，前官虧帑金罷不得歸者三人，役係獄者三十許人，制府慨然力爲請豁，不許。則以自任，官得歸，役得出獄，僉曰："吴公生我!"人多稱其厚德。尋擢福建按察使，仕至兩廣總督，宦遊四十餘年，階一品。所得禄賜，盡以養戰士，遺親故，而居無一廛，囊無羸金。自兩廣還京師，與無錫秦諭德松齡遇於瓜州，脱粟枯魚，酸寒異甚。松齡曰："公乃一寒至此乎!"明日與別，制府喜見眉宇，告松齡曰："適有饟米數十石者，不憂餒矣。"夫以制府之尊，而憂餒不得食，其清操可知。

右可入《稽逸門》。

嚴蓀友惡僞道學 清聖祖時，魏蔚州、李安溪諸人，皆緣飾外貌，高談性命，渥受主眷。時嚴蓀友在翰林，極厭薄之，嘗於衆中大言曰："吾一生所見真道學，惟睢州湯潛庵一人。"座上莫不咋舌。

右可入《稽逸門》。

高紫超之經學 顧復初先生棟高爲同縣高紫超先生愈弟子。紫超覃精經學，誨誘不倦。復初每歎曰："便便之腹，真五經笥，但不爲孝先之假卧耳。"

右可入《稽逸門》。

顧祖禹不願列名《一統志》　徐東海之修《一統志》也，開局包山，辟四方知名士佐纂。時無錫顧處士祖禹精地理學，名最高，固延之，三聘，乃往。書成，將列其名以上，處士不可，至欲投死階石始已。其自晦如此。或謂處士嘗遊耿精忠幕中，干以策，不用，乃去；或言其客遊嘗主膠山黄守中家云。

右可入《稽逸門》。

嚴藕漁書曝書亭匾　相傳秀水朱彝尊曝書亭，久廢爲桑田。南北坨種桑皆滿，亭址無片甓存，獨嚴藕漁太史所書匾無恙。而荷鋤犯此地者，其人輒病，豈太史墨迹自珍，陰加呵護耶？

右可入《紀異門》。

嵇文恭不爲和珅書楹帖　嵇文恭公與和珅同在政府。一日，珅乞書楹帖，公受其紙歸，乃召翰林甲乙數人者飲於堂。方酣，童子彭壽請曰："研墨已得矣。"公叱之曰："吾方有客，爾何言！"客請其故，乃曰："吾儕正樂觀公之用筆以爲法也。"公遂對客書之，甫半，而彭壽覆其墨，公起，大訴讓之，客爲請乃已。明日，謝珅曰："徒敗公佳紙！"蓋彭壽覆墨，公所教也。甲乙數人，皆珅門下士，使親見之言於珅以爲信也。時公方與珅一堂議政，使相水火，必激而僨事，去之既無其力，怒之何益，而卒能不喪所守。此邑志所爲稱公襮柔中剛，不肯矯激沽名，而内自確然有守者也。

右可入《稽逸門》。

聽松亭　惠山石床，有唐李陽冰篆刻"聽松"二字，本聽松庵物，庵毁，移置今處。道光十五年，知縣曾承顯築亭覆之。平湖王成瑞官縣尉，作書不工而性偏好事，見亭無額，遂分書"聽松亭"三字，榜之。陽湖吴稚暉見而病之，即假要貨店色筆，就其榜大書"江湖老吏，壞我名山"八字。成瑞知之，急撤榜，然已喧傳一邑云。

右可入《前鑑門》。

金娥墩　距邑城東南三十里許，有金娥墩者，祖傳南唐[①]李煜妃墓。或曰"有官金吾者葬此"，或曰"其墩曾産金鵝"，則荒誕不可信也。《梅里志》

---

① 唐，原作"塘"，今改正。

但謂爲古妃子墓耳，不明爲李煜妃也。墩高三仞許，童然拔出平墟，頃被土人日侵削，前塵不可問矣。

右見張選《瘦石偶記》，可入《舊迹門》。

徐蘭畦　咸同間有徐蘭畦者，佚其名，官縣宰，嘗歷任繁劇，所至有政聲，仕至州同。後因粵西軍事急，越職言事，落職歸。而僦屋數椽，聊蔽風雨，日誦《大學》一過，拜之，繼及《中庸》，寒暑無間。壽臻古稀，秦太史賡同贈以聯曰："北闕上書强項吏，東方翫世有心人。"秦孝廉莒風聯曰："吴康齋夢親孔聖，陳希夷肩拍壺公。"人謂徐當之無愧云。

右見張選《瘦石偶記》，可入《補傳門》。

尤慶隆　咸同間，邑有尤慶隆者，名伶也，工演《琵琶記》諸劇，與黄埭湯玉庭等爲曹，結社，稱"萬和樂部"。常熟翁叔平相國封翁誕辰，招萬和往，至則庭中樂部數十，都衣綺羅，盛自容飾，意揚揚，睹萬和諸伶，布衣樸潔似村農，意是草檯（草檯者，世人詬伶部之辭，謂不足登大雅之堂也）耳，率傲不與禮。及登檯樂作，慶隆諸人，探喉發響，堂上客無不廻首聳聽。數十樂部不覺奪氣，音爲之喑。封翁極歡，贈賚有加。於是萬和之名大振。慶隆年六七十，鬚髪皤如，猶鬻伎不休。或見其老，勸少至，曰："吾數日不度曲，喉音輒作癢不可耐。"蓋若其性然者。

右見張選《瘦石偶記》，可入《補傳門》。

人傑地靈　相傳前明吾邑鄒二痴工作書，極雄傑，爲時所重。其父愚公提學建石坊惠麓溪口，命榜書"人傑地靈"四字，二痴則大書題曰"萬鬼含冤"。蓋愚公築室惠麓，毀人墓無算故也，輒命輒書皆然。愚公無如何，知子書不可以强致，乃自設案廳事，握巨毫，張巨紙，日書所命書四字以餂二痴。積一月，廢紙縱横，二痴每出入見之，故已技癢不可耐。一日，興酣，就案揮毫立就，體兼顔柳，瑰偉雄奇，即今石坊榜書也。愚公預戒家人伺其每字書畢，即逐一藏去。二痴書至靈字，覓餘字不得，知爲父紿，猝取靈字裂之，家人急掣以去，已毁下巫字一小角，愚公爲補之。

右見張選《瘦石偶記》，可入《舊迹門》。

鄒二痴佚事　二痴嘗赴江西，江西磁器爲天下最，命家人購擇精瑩可愛者。家人偶失手墮地碎其一，聲清脆，琅然可聽，二痴聆之，大喜，盡擲破所購者於地，如清商迭奏，不絶於耳，益喜。亟命家人再購，隨購隨擲，一時數肆爲空乃已，計值不貲。相傳江西有磁砌街，即二痴所擲破者。一日，居家，值大雪初霽，購金葉值數千金，隨家人輩携登錫山巔施放，隨風飛舞，炤耀空際，如萬片金鱗，下墜雪上，兩相映射，燦然皎然，望之不啻金裝玉琢世界。二痴狂呼起舞，命酒，拉村童牧豎雜飲，極懽而歸。每當春秋佳日，邑人士女作惠山遊者，男子腰繫晶玉爲扇墜，婦女攜中必綾錦，炫煌於道。二癡則繫一破窰壺嘴於腰下鎮扇，命姬妾攜蒲片爲巾，見者莫不譁笑，二痴則大樂焉。蓋其放誕不羈都若此。

右見張選《瘦石偶記》，可入《稽逸門》。

俞海棠　咸豐間，金匱俞芝田大令敦培補江西樂平，居贛州最久，工填詞，有"海棠紅得可人憐"之句，何廉芳太守栻以"俞海棠"呼之。著有《藝雲詞》一卷，中有《摸魚兒・題琵琶美人》詞云："梢東風，楚雲吹散，春愁歷亂如許。十年不到燕南路，塵夢了無憑據。翻畫譜，便寫個嬋娟也算閒情賦。扶肩小步，記茅店燒燈，四條弦上低訴。可憐語，驚鴻影比似哀鴻更苦，憂思都隱眉嫵。行人看得花枝殘，儘把淚絲彈雨。天欲曙，甚草草相逢，又恁匆匆去，餘懽待補，倘金勒重來，小名牢記，有約莫教誤。"

右可入《語雋門》。

唐正隆　明季有唐正隆者，邑人，嘗應童子試不售，會天下大亂，遂棄儒習道士業，能得符籙祛遣之秘，時人未之異也。後以事爲人陷係獄，見獄吏日旁午，怪而訊之，曰："天亢旱不雨，官無日不祈。爾不知耶？"唐曰："惜我身遭不白冤，幽囹圄，使我以術誠求，天心寧不可挽耶！"獄吏異其言，白於官。官方徒步禱赤日中，無應，正無如何，聞獄吏言，雖不之信，而冀其或有一效，姑許唐戴罪出禱。唐乃設壇，置清水一盂，胡桃一盤，手握靈牌登壇，禹步持訣，以墨毫蘸水而風雲起，挈盤一摇而雷電作。時有一犬徑壇過，唐持靈牌擊案喝曰："惡犬當壇，胡不擊？"雷應聲霹靂下，犬震死。又喝曰："壇下貪官污吏，胡不擊？"而官羅跪祈禱者聞之駭絶，乞哀，而雷已轟然下，唐急以靈牌當之，爲震去一角，大雨遂傾注矣。時崇禎丙子歲也。今道家啓檄召將，都誦正隆大法師，相傳即其人云。所居地曰唐家衖，子孫世習其業，土人稱之曰"唐道士"。

右見張選《瘦石偶記》，可入《稽逸門》。

皇甫墩　邑北郭九龍山之麓，有皇甫墩，在芙蓉湖中，上建佛寺，舊以孫平叔宫保爾準所題“燈火春星浮北郭，雲霹朝景攬西神”一聯爲最佳。西神，即九龍山也。咸豐庚申，燬於兵燹，後重建，長白諾穆布題聯曰：“九龍繞郭而來，一顆明珠，宛在芙蓉煙雨；萬馬窺江已去，半規浮玉，依然楊柳樓臺。”亦頗工麗。

右可入《舊迹門》。

米南宫《墨戲圖》 同治間，邑有許某者，其藏有米南宫《墨戲圖》横幅，“烟巒雲岫，蒸蔚萬狀”，神品也。某曾應太平天國試，及太平天國事敗，重應童子試於縣，倖獲前列。闔邑文童大譁，廩保不敢畫押。某乃以圖賄郡守蒙古人札某。札癖嗜書畫，得之，不覺忻喜若狂，許爲力。臨郡試，札點名，唱許某，下無應者，呼廩保曰：“許某前列，何不至?”廩保曰：“許某曾應僞試，爲鄉評所不與，某不敢保也。”札曰：“聖朝中興，咸與維新，子當解白於學使。”命召某至。某遂得青其衿。人謂太守持議甚正，獨許某内熱甚熾，雖以祖父累傳之名賢遺墨，不恤棄之一旦，爲深夜苞苴之媒。聖門干禄之學，可謂别有心傳矣！士論薄之。

又可入《前鑑門》。

吴王墩 縣東皇山有泰伯塚，一名吴王墩。嘉慶時，知金匱縣事齊彦槐，題墓柱聯云：“至德無稱，三讓兩家天下；高山可仰，一坏萬古江南。”

右可入《舊迹門》。

錫山秦氏畫學 江陰金武祥淮生云：“錫山自雲林後，以畫名世者，代有數人。近時則以秦誼亭農部炳文及乃弟逸芬鹺尹祖永昆仲爲巨擘，皆瓣香煙客麓臺者，農部予未及見。鹺尹著有《桐陰論畫》及《畫學心印》兩書，見示《桐陰詩草題畫絶句》云：‘濕翠如煙雨後山，長松落落水潺潺。草堂瀟灑琴書净，只有倪迂合往還。波光雲影樹參差，隔浦漁人理釣絲。池畔荷香新雨過，滿亭蒼翠夕陽時。’又云：‘生面重開筆獨超，右人窠臼已全消。’可想見其自負之不凡。鹺尹有猶子子儀茂才鳳璪，畫法一本家學，嘗爲予臨石谷册頁十二頁，見者以爲酷似大痴也，有題畫詩云：‘築得茆齋夏亦寒，小橋流水竹千竿。幾生修到清閒福，長與琴書結古懽。’亦有清逸之致。”

右可入《補傳門》。

竇素齋詩 江陰金武祥淮生云：“讀無錫鄒鍾泉中丞《鳴鶴竇素齋詩》，和平忠厚，不愧有得之言，惜亡佚者過半矣。《出都留别》云：‘捧檄稍舒慈母望，鳴弦竊慕古人風。'《送丁暢之》云：'過眼雲山供放筆，關心風雨付銜杯。'《過阜城爲先君攝篆地》云：'貧宦能爲兒輩地，遺黎應識宰官賢。'《題侯衛公負新圖》云：'移孝作忠君記取，萬家煙火一肩担。'《界河驛咏古》云：'吾道難行吾説存，今世不治萬世治。'是其學，道經世之志，又嘗於詩發之。"

右可入《稽逸門》。

華學燾　華學燾，字次谷，邑人，不知何如人，著有《賞雨茆屋遺稿》六卷，才華頗勝，七絶風致尤佳。《過徐氏村莊》云："冷雲黯黯隔山家，髠柳瘦藤遶徑斜。流水斷橋人獨立，自披風帽看梅花。"《埭川舟中》云："魚汀鴛溆蕩蓀橈，自拓舲窗鎮寂寥。十里垂楊[1]青不斷，就中横隔小紅橋。"《餞春詞》云："金鶯聲老玉蠶眠，如水韶華劇可憐。榆莢拋殘蓮葉小，天公浪費買春錢。"《署窗雜詩》云："慣携藥裹與茶槍，白袷兜涼曳履行。瓜架豆棚人悄悄，一星螢火照花明。"其他佳句，五言如《曉發》云："海日閃天光，割碎雲藍紙。"《晚泊》云："鴉歸棲暝煙，魚躍破新涑。"《遊椿桂山》云："荒徑落黄葉，出門秋已深。"《秋日晚步》云："四山催暝色，萬古變秋聲。"《夕過望湖門》云："水月孤舟夢，風霜獨夜心。"七言如《春思》云："情絲恨縷同功繭，零粉殘脂薄命花。"《埭川晚歸》云："沽客船依春水渡，寺僧鐘打夕陽山。"《秋懷》云："傲骨不凋霜後菊，凡材真作道旁樗。"《和鰲峰弟》云："琵琶夜月銷魂曲，紈扇秋風感舊心。"《夢亡婦》云："傾情難訴三生恨，永訣猶餘一面緣。"洵爲美不勝收，乃姓氏不載於邑乘，遺詩亦不見著目《藝文志》，知才人湮没者多矣！

右可入《補傳門》。

銀蒜瓊鈎　杜雲川太史在都時，某尚書家一青衣甚艷，集諸名士賦詩，約首選者相贈。太史賦《簾波詩》，有"銀蒜瓊鈎"之句，尚書大加賞歎，竟如約。或《贈太史詩》曰："銀蒜瓊鈎句欲飛，詩成親擁麗人歸。紫雲見惠徒虚語，笑殺君家舊紫微。"

右可入《語雋門》。

杜雋　杜雋，字秀英，邑人，僑寓廣州。咸豐丁巳，海上事起，雋卧聞

① 楊，原作"陽"，疑有誤。

炮聲，啓户出視，猝中炮，碎其首，仆地死，年二十有五。有《小樊川詩稿》兩卷，其友山陰汪芙生刊之，風義之篤，如尤西堂之於湯卿謀也。中有《讀芙生隨山館詩卷書後》末首云："綺麗非本性，小兒炫金碧。騷人李唐後，輾轉傷剽襲。標新諧寸心，造古匯群力。玆理苟不乖，猶當遇真識。"《七夕詞》云："水晶簾碧鮫綃寒，銀雲櫛櫛明星灣。曝衣樓高萬花夕，西南迎出蛾眉月。雲窗霧閣不成影，一葉梧桐落金井。針縷穿斷女紅絲，露濕雲鬟不知冷。羊燈餤碧愁奈何，燕脂倦態頻雙蛾。象床一夜不成夢，明朝乞巧知誰多。"《秋望》云："危樓疏雨外，遠望入新晴。飛鳥如有意，秋山空復情。千巖雲共夕，諸澗水争鳴。愁聽叢祠畔，蕭蕭黄葉聲。"《夜坐》云："夜深苔坐晚風微，引得蟲聲上客衣。秋露乍涼人不寐，一星螢火入簾飛。"《春遊》云："岸曲鶯聲特地尋，麴塵低罨畫廊深。賣花門巷臨春水，二月家家有绿陰。"《春日》云："湖外波平鏡面光，東風垂柳復垂楊。嬉春舊事那堪憶，才到紅樓又夕陽。"其他佳句，《柳花》云："若還飄蕩原如夢，似此纏綿尚戀春。人來客路剛三月，春在天涯又一年。"《無題》云："畫榭有香皆撲蝶，绿波無影不驚鴻。"《聞芙生將還廣州》云："天末涼風懷李白，人間岐路泣楊朱。"如此雋才，問之邦人，罕有知者。

右可入《補傳門》。

丁玉藻　山陰汪芙生云："道光中，無錫丁采之玉藻，才士也。作客嶺南，有《天分遥長歌》，謂明棄安南爲失策，似是書生夸大之辭。迨法越肇興，藩籬盡撤，乃識爲有心人也。歌曰：'龍門江上風凄凄，七十二折何逶迤！日南儋耳地瀕海，一水中劃分東西。駱田隨潮滿規外，時見螺笠秋翻犁。叢祠疊鼓賽蟲落，千畝林下金釵遺。嗚呼交州古都會！秦漢圖籍猶堪稽。尉佗雄才略象群，樓船十萬揚鏈旗。雒民内屬百餘戰，何人倡亂詩索妻。伏波將軍老矍鑠，至今桐柱凌丹梯。永徽既設都護府，入士結綬登王畿。宋元姑息事封建，李陳代嬗史所譏。中華故物不能有，朱鳥旛出空招攜。貪夫伏戎俄噬臍，遺氏莫怨黎季犛。'"

纑塘家法　顧梁汾先生《纑塘集》一卷，衹五言詩二十七篇，蓋先生所自選。王阮亭謂："先生詩入韋公之室。"先生之父庸庵先生名樞，明末舉人，有《侍家大人山行集忍草庵詩》云："山空行迹少，乘興集巖扉。一徑堆黄葉，孤煙出翠微。心皈惠遠社，身著老萊衣。未得從玆住，時聞悔昨非。"又云："選勝不在遠，一峰生衆幽。"罏①塘家法，蓋本於此。

右可入《語雋門》。

《彈指詞》佚篇　顧梁汾先生《彈指詞》三卷，光緒戊寅，其族孫西山名綬珊重刻之。頃聞人言，見《丁采之玉藻評本》，乃先生元孫味澹名茹於道光元年手録於粵之東莞署中，編分四卷，較之西山刻本，多四十四首，蓋足本也。茲摘録數詞於此，《望江南》四首云："江南好，燕子乍來的，屬喚不膺挑笋約，欲成還改畫蘭詩，風日助相思。江南好，清簟助瀟湘，梅雨生憎調黛濕，麥秋遍愛洗頭涼，小立焙茶香。江南好，秋水晚平橋，千頃緑沈菱葉雨，十分香散藕花潮，人倚木蘭橈。江南好，寒掩小窗紗，積雪紅垂天竹子，微泉碧注水仙芽，幽事屬誰家?"《浣溪沙》云："知是他生是此生，藥欄花欄見卿卿。似嫌心眼太分明，料得已難酬宿願。欲拋争奈轉多情，一面私語幾回驚。"

繆小珊《過錫山詞》　江陰繆小珊編修有《齊天樂·過錫山》云："九龍山色空濛裏，亂煙熾成新瞑。湖雨抽絲，嶺雲擘絮，驀地白舖千頃。天公做冷，漸鄉夢催回，酒潮逼醒。隔岸漁家，菰蒲深處。響答箵，滄江驚又歲晚。銜泥同燕子巢幕難穩，一樣清遊。鐙前酒底，换了舊情性。凋年急景，恁轉瞬陰晴也。無憑準，夜半楓橋聽鐘聲猛省。"

右可入《語雋門》。

鄒佩蘭　鄒佩蘭，鄒壯節公鳴鶴女也。適華若汀先生蘅芳，工詩，著有《紉餘小草》。《病起漫賦》云："堆床重理讀殘書，結習從今悔未除。借酒澆愁能幾許，問花解語欲何如？身同楊柳眠還起，心似芭蕉捲未舒。十二碧欄慵倚處，自憐清影照涼蜍。"《丙寅送別》云："日易斜暉月易昏，天灑底事問王孫。請看一碧東風裏，春草春波總斷魂。"《序》謂其善病工愁，哀怨之什居多，皆此類也。然咏古之作，則又豪宕可喜。《金陵懷古》云："龍蟠虎踞鎮金湯，六代銷沈幾戰場。詞賦有人餘感慨，江山終古閲興亡。西州門外空青草，東冶亭邊又夕陽。太息前朝宮寢地，而今瓦礫卧牛羊。"

右可入《補傳門》。

沈湘芝　沈湘芝女史，名英，適鄧。性好吟咏，工醫，有"多病能兼漸

① 罏，原誤作"盧"，今改正。

悟醫”之句。著有《望月軒詩詞稿》，中有《哭居佩徵妹》云：“曇花一現鏡中身，此夜瑶池返玉真。大息明珠沈碧海，不堪老淚哭青春。金蘭苦憶生前契，香火徒參世外音。日暮靈蹤何處是？幾回愁絶斷腸人。”《題采花圖》云：“金鈴無術繫芳華，折向東風暗自嗟。付與奚奴好珍重，須知儂亦可憐花。”《贈吴建之妹》云：“早歲清名跨道蘊，前生慧業證如來。”《送程子千表妹》云：“酒可銷愁拌盡醉，詩緣寫意不求工。”《寄小姑》云：“别後容光窺鏡老，覺來情事對燈昏。”《送三子應京兆試》云：“長風萬里征人志，一日三秋慈母心。”均佳。

右可入《補傳門》。

南湖詩詞　張佩之大令應蘭，志稱其擅才藻，工詩歌駢儷文詞，惟流布者卒鮮。頃得所著《南湖詩詞草》，詩二十餘首，詞五首，頗尚側艷。《汪孟慈太守招集小南海即席次龍眠山人韻》云：“招提積水生微凉，入門但聞荷葉香。蘭干前後夾明鏡，戲魚宛宛波中央。懷州太守東波亞，日夕憂民禱秋稼。平疇既雨新绿盈，乍絜賓朋飲休暇。不煩絲竹羅長筵，碧筩行酒催擊鮮。孤花如雪渺烟際，坐對咫尺生清妍。龍眠丈人發高唱，主人歡然衆賓暢。世途變態任紛紜，吾輩襟期還跌宕。氣誼苔芹只一家，人生良會各天涯。酒闌却憶溪湖道，蕩槳秋風白藕花。”《中州移家》云：“頻年載酒遊河朔，忽傍香臺借屋居。銅雀經秋携寶視，鏡鸞和月卸香車。卧漳孰問劉楨疾，奇鄴徒傭王粲書。賴有清娱能慰藉，明燈擁髻菊花初。”《舊題女郎衫袖》云：“唾碧春廻紺袖長，頽雲三角倚新粧。麝囊花底吹笙坐，試遍迦陵十種香。香南雪北見應稀，光碧玲瓏掩玉扉。聞説麻姑年正少，綵紅蟠字作仙衣。”《金縷曲・乞兒獨醉圖爲寶應王苓塘作》云：“行遍天涯脚，問何如？醉鄉獨住解，衣盤礴。吴市簫聲聽未已，吹得浮雲滿郭。算塵世正同糟粕，一笑壺中明月上。任興酣拔劍王郎斫，恣遊戲，丹青托。臨風却唱病兒樂，溯當年通侯門第，歌姬院落，一例清狂容掉臂。不受嗟來輕薄，更别有枯腸芒角，只乞山中千日酒，便低他畫像凌煙閣。歸去也，揚州鶴。”

右可入《語雋門》。

劉石香先生惠山石床題名跋　惠山石床，爲吾邑一極大骨董，可與焦山《瘞鶴》方駕。題名剥蝕模糊，不易辨識，疊經王篛林、翁覃溪、吴平齋諸人審得九十餘字。近時邑人劉石香先生繼增親往椎拓，又審定十許字，作跋於此石，考證極詳，録之亦有裨邑獻也。《跋》云：“元王仁輔《無錫志》：‘惠山寺大同殿下有聽松石床，唐李陽冰篆‘聽松’二字於上。石床側有大松二。唐寶歷二年飭造競渡牛尾舟，將伐松爲之。是夕松忽哀鳴，遂奏免。’明馮善《錫山志》：‘石床在殿前月臺下，長可五尺，廣可半之，上平可供偃仰，故名石床。’皮日休詩‘松子聲聲打石床’，即此。此見之前代記載者，其於題名皆略而未詳。石在明成化初，二松已亡，嘗一徙寺左廳松庵，邵文莊寶作書，載《容春堂集》。康熙十年，仍還故處。道光十五年，知縣曾承顯撰記，爲亭覆之。咸豐庚申之變，亭與寺俱毁。同治四年，割殿後地，建淮湘照忠祠，今祠門左偏，是也。石賢堅頑，初未礱治，以形似，故名爲床。其面正平，一端翹起若枕，向外斵其角，刻‘聽松’二篆於左方爲一行。篆右並列行楷十行，字參差不齊，文向右讀云：‘松石相望於十步外，不知幾何時，合而相從，理若有符。政和甲午，睢陽張回仲賢得而出之，可以礲礡，可以偃仰，遂爲兹山登臨勝處。至者當自得之，惟勿遷勿伐，俾勿壞。同來者六人，□州李永久中、廣陵俞光祖慶長、汝南何安中得之，□中將之寺僧奉仙，六月丙午。’凡一百有二字，内泐二字，其平面有行書三行，行七字云。嘉熙已亥歲，處暑日，正泓趙希衮携家過此，與謹侍行。按王簃林樹作《竹雲題跋》，自言雍正二年拓‘聽松’二篆，右有行楷，磨滅不可復識。閱六十餘年，翁覃溪方綱《復初齋集》云：‘今拓尚微辨筆勢如黄山谷，不知何人所作。’又閲六十年，道光二十八年，吴平齋氏雲尹金匱日，到惠山，手自椎拓，凡翁氏所闕而未識者，復審出十數字，詳載所著《金石記》中。是其文字，若前晦而後顯，蓋拓有精粗，愈辨愈精耳。吴氏又據《宋史·宗室表》，考得石面題名，趙希衮爲舒國公維忠後師協子，與諱爲冀王維吉後希瓌子，皆燕王德昭裔。謂此題名爲從來著録家所未見。以孫淵如星衍《寰宇訪碑録》卷四載‘聽松’二字，卷八載‘惠山寺張回仲題名’，卷九載‘惠山趙希衮題名’，並不指爲一石爲失據，其説良是。惟‘聽松’二篆爲李陽冰書，出王仁輔志，乃云始自《竹書題跋》所定，則非也。同治四年秋，吴氏重過惠山，訪石床不得見，疑已毁失，乃取曩雙拓本雙鈎作跋刊諸木，而平面字大册隘，不及摹仿，第録其文，稱其筆法類《瘞鶴銘》而已。道光二十年，繼增持所刊鈎本，至石床拓證，字迹較前更加剥蝕，平淺處撫摩滑澤若無字然。然細審之，蝸痕灰綫，隱約可尋。其‘聽松’篆右題名，吴本所闕者，又辨得十字，如

‘張回仲’下‘賢’字，上半尚存，知回是其名，仲賢其字。閱下文諸人名書例皆如此，可正志乘記載牽連稱‘張回仲題名’之誤。‘六月丙午’，‘六’字僅有左半一横及下兩平點，‘月’字則石有凹凸，上半粗淺，下半細隱，非乾墨輕拓不可見。考宋曆日，政和四年六月有丙午，餘於正、四、八、十、十二，此五月亦有丙午，然字形皆不類，定是六月無疑。其平面處署日止四字，以吴本所闕也。昔之不可復識，及一再審辨不能盡得者，今具録如右。而今所不可復識如篆右第二行‘符’字全泐，及他疑似處，則取吴氏本互證得之。語云：‘金石之壽，不如竹簡。’爰詳記之，爲後來考古助云。

又按《赤城志》，張希望，臨海人，舉嘉祐八年進士，終金壇縣主簿。而馬仲甫守台，在皇祐三四年，奕自太平移台，遂爲仲甫從事。其舉進士當在皇祐前，爲推勘，則在嘉祐六年，蔡襄爲三司使後。宋初三司號計省，而英宗謂吕公弼曰：‘蔡襄主計，訴訟不以時決。’則知兼掌刑獄，故誌云：‘京師獄訟之夥，惟天府與三司也。’撰書人惟馬仲甫《宋史》有傳。張芻，鄞人，皓孫，父名牧，見李燾《長編》。吕希道爲文靖之孫，見王珪所撰《吕公綽墓誌銘》，《東坡集》有《贈吕希道知和州詩》，施注載其仕履尤詳。

其地今分隸金匱縣，猶稱景雲鄉恩覃里，與誌同舁而置之恒善堂，計治平丙午至今八百二十有九年。邑多張族而譜牒皆始南宋或元明，不復知君爲誰祖矣。是月二十六日，裘廷梁跋。後裘先生又别泐石納諸墓曰：‘疇墓斯，太常張。奕其名，字源明。宋及清，垂千霜。名久曀，兹人彰。誌出幽，踔遐方。重勒銘，裘廷梁。告億秋，毋毁傷。’”

右可入《舊迹門》。

秦湘臣輓顧振新　邑顧振新先生沐潤，工詩古文詞，以拔貢生廷試報罷扶病歸，没於光緒二十四年八月十八日，年三十有二。秦湘臣先生輓以聯云：“歌斯哭斯！方彈貢禹冠，遽悼顔淵命；今夕何夕？忽投枚乘筆，來作伍胥潮。”深穩雅飭，自是前輩筆墨。

右可入《語雋門》。

古華山樵摹歐陽信本醴泉銘本　唐《九成宫醴泉銘》，爲率更晚年得意書，長安一片石，剥蝕久矣。乾隆間，吾邑秦氏曾將宋拓本鈎摹上石，一時珍貴，號千金帖。兵燹後，賸四百十餘字。雖已殘本，然風行海内，盡人知之，而不知雍正間，先有張家鳳者，字希仲，自號古華山樵，細意鈎摹藏宋本，王篛林澍爲補數字，僧涵虚鐫石，中無斷蝕，頗爲罕覯，惟外間流傳絶鮮。

民國三年甲寅夏五，邑人沈鳳岡乃在南郭華氏牆根掘得六石，其一石深埋不可出，後又得張氏藏石三片，連前掘得者，都九片，九百八十餘字，視千字本稍瘦，論者疑之。然唐人作書，體勢三變：歐虞褚薛，□興唐初，上承隋緒，本之周齊之峻整以肅其體，腴之梁陳之綿麗以雋其體，茂密瘦健，精能不露，而風度端凝，比則開國氣象，淵永渾穆，淳樸未漓之效也。明皇御宇，海内康樂，四十年太平天子，書法極豐肥，實亦運會有以致之，然澆淳散樸，古意寖失。李北海、顔平原之倫，趨尚時主，抑又加肥焉，豈非開元天寶豐亨豫大之餘則然耶！下逮元和，沈傳師、柳公權之徒出，矯肥厚之弊，乃崇清勁，然骨勝病韻，態勝微力，矯偏同蔽，厥失維均，要不如唐初諸人之骨肉停匀，峻整粹美。瘦露故爲晚唐風氣，而肥美二字，殊亦非初唐所貴。此本體峻而秀，以秦本視之，殊嫌筋氣疏緩爾。

右可入《舊迹門》。

（刊於《新無錫》，1914年9月9日—12月3日）

吴江縣兵事志

（五年六月）

吾闻陳龍川之遊吴江，躍馬出北門，彌望沮洳帶，以一水岸行，不容並騎，湖泊隨在而有下騎，泛舟泝松江，波濤洶湧，雖以龍川之豪情壯概，不能無思而登陸焉。立垂虹之上，四顧而歎曰：“此豈戎馬驅馳之所乎？而不知其爲吴越之要害也！”蓋吴江地控三江五湖之險，而吴松江尤爲衝要，襟帶吴越，阻其咽喉。無錫顧祖禹謂蘇松喉吭皆在吴松江。蓋吴松江者，東南爲上海門户，西北爲蘇松藩籬而枕縣治之東門，西南受太湖之水。垂虹當其交，水從橋下東北流過；釣雪灘横絶運河，北過顧野王祠，與龐山湖合而東北流。舟楫四達。吴人得此，可以捷出苕淅而撤之江之門户；越人用之，可以平步胥門而潰吴郡之腰膂。其爲得失，顧不重歟？所謂在我爲要，在敵爲害者也。是以春秋時吴王築魚城，横山之麓以控越來溪，而阻越師之北。今山旁岡勢如城郭，猶隱隱然者是也。然而於越之入吴也，輒岐途旁出而貳其師焉：一軍從越來溪道石湖之南，一軍入笠澤隘吴松江之口，皆吴江縣地也。於是三北吴軍而伐吴於胥門，吴王大思，夜遁，遂以伯越。然則吴江之得失，吴越之興亡殊焉！

亦越有千三百六十有三年，而我吴越武肅王興王臨安，奄有吴越故地，東南底於海，北跨五湖，地方千里，帶甲十萬，鑄山煮海，食海王之饒，國富而兵彊。於是析疆置縣，而城於吴松江之涯，肇建兹邦以筦我北門之鑰。先是唐昭宗乾寧二年，吴楊行密抗顔王師，設砦於此，厥名曰“松江寨”。實惟我突將顧全武秉承王威，將士效命，嘬鋒寨下，踣之用能，啓我疆宇，拓土吴閶，建爲中吴軍，而吴江縣隸焉。縣之南四十五里有鎮曰平望者，厥爲控接嘉湖之要道，亦惟我文穆王北征時之所駐師焉者也。王則武肅王第五子也，幼而岐嶷，善馭衆，臨戎決勝如神。用師北伐吴，次於平望地，苦蚊蚋於暑，夜尤甚，左右請施帷帳，王曰：“三軍在此，吾獨何避?”竟不許。士氣不覺倍憤焉。論者以爲難，宜其將帥三軍，恢張王業，以能宏我丕丕基也。

迨宋之南也，高宗爲金人所逼，徙迹臨安，道吴江而南，以其爲之江之外户也。爰命御營中軍統制張俊、巨師古、陳思恭以兵萬人守吴江，將以障兀术之南下也。然而兀术挾累勝之威，不介而馳掩之，長驅而南，伯城風靡，而何有於彈丸城之吴江，直所謂用靴尖趯倒耳。於是張俊走，師古敗，厘一陳思恭矯然特異，諸師提兵數千，以小舟伏湖中，欲要兀术擒之。扣舷相應，壯士盡起。兀术猝不知所爲，師徒撓敗，而兀术以輕舠遁去。論者至比之韓蘄王黄天蕩之戰，時建炎四年三月也，匪是宋不臘矣。自是延宋祚於一綫，奠都臨安，東南半壁以定，而吴江蕞爾邑，屹爲畿甸雄鎮。德祐元年三月癸酉，元兵入建康，命浙西提刑司準備差遣劉經戍吴江，於平望置砦。甲戌，元兵至無錫，詔發兵戍吴江，將以屏藩臨安也。無何，元帥忽剌出從丞相阿术出師，東略地蘇湖、秀州至長橋，大敗宋軍，而吴江陷。越明年三月，而臨安潰敗，東南半壁傾矣。宋於是乎亡。

元興，逾八十年，實爲順帝至正之十六年正月朔，張士誠次弟士德攻破常熟州，西窺吴江。元帥王與敬將所部與戰而敗，死者過半，殘兵千餘欲走入城，城中閉門不納，退屯嘉興，旋抵松江。士誠纔三四千人已克吴江，長驅而前，遂據有平江路。七月，元浙江行中書省檄苗軍帥楊完者屯嘉興，拒士誠。完者軍合路，士誠軍平望，相距財十里。數月之間，日尋干戈，士誠兵屢敗，而完者不得進尺寸。以攻吴江，則以士誠先城平望，用能憑城爲固，屏蔽邑南境也。越十年九月，吴王朱元璋拜徐達大將軍，常遇春副之，率舟師二十萬人薄湖州。張士誠遣兵援之，屯於舊館。達與遇春分兵營於東阡，以絶其援。士誠壻潘元紹率赤龍船兵屯於平望，復别乘小舟潛至烏镇，欲援舊館。遇春由别港追襲之至平望，縱火焚其赤龍船，軍資器械，一時俱盡。自是舊館援絶，多出降者。十月，遂克吴江。蓋吴江之存亡，實懸於平望之得失，其形勢然也。既達，整旅入城，有一貨食者知達號令嚴肅，凡軍人取民食皆斬，遂誣一軍人强食其麫，意其以財賂己而求免也。無何，聞於帳下，達雖心知其誣，而貨食者力執其事，剖腹視之，果無有，遂殺貨食者，如治軍人之刑。聞者悚然，而士氣亦以不囂。用能佐命興朝，肇造區夏，而字之曰“明”。

無何，明中衰，倭作不靖，而内蝕殘創兩浙。吴江地當兵衝，屢被寇。於是嘉靖三十三年三月，倭由崑山直抵青陽港，雄烏合之勢將窺縣東境，知縣事楊蓝以其漸不可長也，而先發制人，又兵家之所貴，是以有陳湖之師。五月，海寧逋寇九十二人，由烏鎮突入爛溪，趨平望。或曰：“窮寇莫追。”蓝曰：“俾得熟吾道路險易，將生心矣。”是以有張家村之役。六月十一日，賊犯金閶，當事者以勢不格，盛兵以愳之，西走。或曰：“歸師勿遏。”蓝曰：“勿戰，彼且易我矣。”是以有石湖之捷。賊猶不悛，明年正月，破浙之崇德，掠五百餘舟。從南潯經梅堰至平望六里橋，兵備參政任環率兵禦之而敗。國人恟愳曰：“寇乘勝而來，其鋒不可當也。”顧蓝則曰：“以逸待勞，軍之善經也。彼師久暴矣，不一懲創，能無玩乎？”是以有鶯湖之戰。賊敗退，屯柘林。四月二十六日，從嘉興至唐家湖，軍於平望。或曰：“寇怒矣！”顧蓝則曰：“憤兵必敗。”輒令泅水者鑿其舟，而自屯兵截盛墩，斷隄阻賊，而布釘板於水底，於是賊不得引軍而北會。總督張經遣參將盧鏜督保靖兵，俞大猷督永順兵，由泖湖趨平望，以汪克寬由中路擊之，合戰王江涇，斬賊首三千級，焚溺死者甚衆。自軍興來，稱戰功第一，則以盛墩之扼險而拒，使不得北走，逃死無所也，遂更其名曰“勝墩”。先是明興二伯年來，東南承平久，不識兵革，將帥以裘帶爲風流，士卒以勾攝課勤惰，猝聞賊至，莫不震慄。自勝墩之捷，人始知倭寇易破，人人自奮。於是勝墩爲雄鎮，水兵爲勍軍，而邑境不大被兵者，皆蓝之功也。

無何，明亡，説者謂：“邑兵燹之祸，於是乎甚焉！”先是崇禎甲申夏，北都變，聞不軌者洶洶思逞，有駕械船出没江湖者，君子謂禍機兆矣。越二年五月二十有五日，有清廷遣安撫四人來蘇郡，索户口册，出示，稱順治二年縣郡屬邑也。閏六月十二日，郡中下薙髮之令，於是進士吴易以兵部職方主事、史閣部軍前贊畫起兵，諸生沈自炳以薦授中書，與長洲諸生載之俊合衆應之。又有原任撫院坐營中軍吴志葵駐兵白蜆江前句容，令朱議滮駐兵南新湖，其他屯聚自保者不可勝紀。於是易倡城守之議，獨爲諸軍所歸仰。二十二日，清人襲吴江，從北門碑亭闖入，鄉民驚散，易退入大湖，居民不及逃者皆死。七月，易屯水師於簡村，徙軍萬子橋，又徙軍梅家柵。是時，魯王方監國，浙東與清軍相拒於錢塘江，清人增兵往佐攻。出吴江境者，易輒遣兵，邀其零騎殺之，亦以隙捕誅盜魁，除民害，威信大著。於是舉人孫兆奎、諸生趙汝璧邀易合軍，得船數千，卒萬人，進圍郡城。舳艫相銜，軍容甚盛。然衆實烏合不任戰，清巡撫土國寶登瑞光寺浮圖望之，笑曰："此易與耳。"麾騎出，則皆走。自炳移營於爛溪之南，清軍薄之，赴水死之。後軍亦潰。易退軍於長白蕩。八月二十日，總兵吴勝兆奉國寶命，以舟師來侵，易出戰蕩口，獲舟二十。次日，大雨，不設備，爲所襲，殺溺萬計。易乘單舸走，免全家殲焉。兆奎被擒，送至洪承疇所，不屈，死之。易、自炳，皆雅擅文字，有聲譽；而韜略非所嫻，徒以不忍胡服，激而舉事，糜爛其民而無成，君子傷之。自兩軍既潰敗，士民漸歸，城居薙髮如令。九月初一日，孔允祖以國寶命署縣事，時空城已三月矣。未幾，陳湖諸處鄉兵復起。明年正月十五日，有數伯人突入城，取允祖殺之，焚燒縣治而去。十六日，勝兆統兵入城，殺掠甚慘，横尸滿道，數日始休。無何，勝兆用之俊言謀應閩召鄉兵爲援，既而之俊死，勝兆亦爲麾下所縛云。當是時，邑鎮之被兵者三：孔允祖之死也，有言於國寶盜多黎里人者，遂集兵屠黎里。沈胖聚衆掠松江，歸而持其物貨於盛澤，官偵知盜之在是也，遂屠勝澤二鎮，人皆不及覺，死者甚衆。其一則震澤。清軍過鎮爲市人所殲，國寶遣萬卒剿之，死者亦什之六。今其生者，亡慮皆死清之孤也。則清之所以加遺於邑人者，其亦慘慄矣哉！初鄉兵之起也，猶徵糧巨室，不大爲民害，嗣後則望屋而食，往來盜鈔，蜂屯蟻聚，蔓延數百里内，水陸靡有寧居。周瑞、張貴、陳打生其魁傑也，三人有膂力，善用炮，合衆數萬，出没三泖五湖間。易既爲勝兆所擊破，迎入瑞軍爲謀主。國寶遣將來討，爲瑞所敗，八百人皆死，軍聲復振。久之，易飲嘉善孫璋家，爲清軍所襲，執送杭州。總督張存仁甚禮重易，館於署舍。勸以官，不應；勸以薙髮，不許。曰："然則祝髮僧服乎？"乃聽之，然終不屈，戮於杭之草橋門。將戮，易北面再拜曰："臣志畢矣！"易死，瑞三人失所依，爲國賓誘降，斬於都市，而亂少衰息。蓋民生苦兵久矣！於是縣爲清有，海内苟安，以無事號稱康樂者，二百有十載。

陵遲至咸豐初禩，洪秀全起於廣西，以匡復號於天下，偁曰"太平天國"，轉戰千里，奄有江南地。十年四月二十五日，克吴江。明日，遂進軍攻清總兵江長貴於平望，以窺嘉興，敗焉。然鄉兵頗蜂起與爲仇，隨分兵徇所屬地。五月二十八日，克同里。六月八日，克黎里。所過頗不戢兵，縱火焚掠，光燭天。在當日或者有激而然，然論者必許爲義師，則何借譽之甚也。當是時，衹章練塘爲松泖之間一完土耳。蓋壤爲吴江極東境，與青浦、元和分隸。十一年春，有清總兵曾秉忠創立泖塔營水軍，爲淞滬屏蔽。都司曾守忠實奉秉忠命，率炮船防守練塘。是年夏，太平天國軍由嘉興進規泖塔營，秉忠禦之，葉蕩團勇助之。太平天國兵死者衆甚。於是練塘居民月餽泖塔營柴米，資之炮船十，以益其軍。明年二月，太平天國軍又攻練塘，都司李恩彪，秉忠將也，戰死。水師將退，團董登炮船見鉛丸盡，以錢實炮，連斃太平天國將，始退去，屯於小蒸、茅連諸地，復營浮橋，渡水來犯，戰又敗，乃退，相持又四十日始去，猶樹旗幟結草人於屋上爲疑兵云。時則李鴻章奉清廷命爲江蘇巡撫，將兵規復蘇州，與署提督淮揚水師黄翼升遍巡泖湖、澱山湖，察水道形勢，至周莊，距蘇州七十里。因疏言："松江以西與蘇接壤，南與嘉興接壤，湖河泛漲，支流港汊，千百縱横，岸低橋少，水戰最宜，將來夾攻蘇州，必取此徑。"明年五月，又疏言："酌分三路，以剿爲堵。由崑山進蘇州爲一路，程學啓所部陸軍當之；由常熟進江陰、無錫爲一路，李鶴章、劉銘傳所部陸軍當之；由泖澱湖進吴江平望爲一路，李朝斌水師當之。"以上三路皆欲窺取遠勢以剪蘇州枝葉而徐圖其根本也。黄翼升將所部水軍往來調度，相輔並進；戈登常勝軍則移駐崑山，專備各路遊擊援應焉。惟李朝斌方從曾國荃軍攻堅江浦、浦口、草鞋夾、燕子磯等地，力戰多陣亡，待募補，猝未能下，乃以屬程學啓及戈登。六月十一日，學啓以水陸十三營與戈登常勝軍乘船至九里湖，南距同里，西阻吴江之花涇港，道里適中，留二營抗湖口，備同里之太平天國援軍，自督各軍會戈登，取花涇港。十三日，至夾浦。夾浦者，太湖分洩吴淞諸水之口也。太平天國築石壘，守以炮船數十。學啓令水師列陣，陸師登岸，用炮轟敵壘。蘇州之太平天國援軍，自寶帶橋來援，敗之，遂克其壘。劉士奇、王永勝與長勝軍駐兵守焉，用以防太平天國軍之屯吴江者，而學啓回軍取同里。十三日，由九里湖進。太平天國設伏湖口，列大炮以拒。學啓令水師張翼前，陸師登岸，發炸炮，斃其將，敵遂亂。水陸乘之，毁六營七卡，遂克同里。是時，戈登駐花涇港之常勝軍遽逼北門，船出龐山湖，遇同里之太平天國敗軍，盡獲其船，於是城外犄角之敵軍皆盡。而蘇州太平天國軍出水陸萬人，瞰花涇港之兵單也，由尹山橋突攻士奇、永勝營以援吴江。學啓留水師二營守龐山湖，陸師二營守同里鎮，自馳軍還救士奇、永勝，奮出夾擊乃退，而吴江之外援絶矣。十四日，整兵薄城，遂開門降。於是江浙通路斷，而嘉興之太平天國軍以吴江中隔不能援蘇州矣。十六日，太平天國援軍數萬，由嘉興麕至。明日，進攻城東南兩門，不克，退屯平望。二十三日，由平望復犯同里，時李朝斌太湖水師全軍已抵滬，巡撫李鴻章聞敵攻同里，恐吴江餉道絶，即遣朝斌來援。學啓亦會師夾浦口，知同里陸路敵已退，而太湖敵船往來不絶，乃督師船百艘，槍隊八百人剿之。湖濱大缺口，地拒東洞庭山九里，爲蘇嘉敵軍往來津渡處。築浮橋通行，守以兩營，攻竟日不下。學啓謂賊營如鳥翼，宜先破其北岸，令死士五百人越水夜襲之，黎明毁其石墻，并斷其浮橋，敵不得遁南岸，敵軍亦潰。於是蘇嘉聲息不得通，支徑亦絶，而太平天國規復吴江以援蘇州之志益急。八月十三日，榮王廖發受將兵自嘉興合平望軍，壘石七星橋，爲久困計。副將何安泰者，將卒千人屬學啓，以戍吴江者也，輒堅守待援。二十一日，學啓統兵至，大破敵於七星橋，追至平望，盡破沿途敵壘。然而平望不克，吴江非清有也。十一月，遂會朝斌軍攻平望。時鶯脰湖南北岸，太平天國石城二土壘，三憑河爲濠，巨石沈舟填大河，布樁支河以阻清師。學啓軍泅水拔其樁，夜恩爲敵所襲，設伏蘆葦中，刀矛聲四起，敵不敢近。二十三日，水陸三道進攻。嘉興之太平天國軍來援，朝斌抽水師禦之。學啓軍薄敵營，冒矢石，蛇行以前，石城土壘次第皆破，逸出者爲朝斌軍截殺，獲大炮六十，焚敵船五百餘。敵之嘉興援軍氣沮，遁。二十四日，攻三里橋，立破之；黎里之敵亦遁。平望左右皆平，於是太平天國軍削迹。縣境而爲清有者，又再傳四十有八載，而清社以屋。

先是武昌兵變，推協統黎元洪爲鄂軍都督。江蘇巡撫程德全舉兵蘇州應之，稱江蘇都督。縣蓋傳檄而定，未嘗被兵也。亦既一戎衣而天下爲公，謚曰："民國改正朔，易服色，選賢與能，以袁世凱爲第一任大總統。"不意袁世凱怙兵不靖，玩弄元元，以帝制自爲，非難之聲蜂起而不知止。於是義兵起西南，厥名曰"護國軍"，風動全國。黔、粵、浙、蜀、湘、秦諸督師以次舉兵應之。而縣以緊鄰浙疆，地當兵衝，風氣所鼓，相隨波靡，護國軍之幟遂飄拂於城頭矣。蓋縣水巡隊長殷培六者，夙嘗隸護國軍人何嘉禄，爲偏將者也。聞嘉禄謀襲吴江，遂率所部先八日走太湖，問嘉禄所以。越六日，歸，謁請知吴江縣事周燾、省派駐吴江水警廳第四分署長楊玉貴以縣應護國軍，且告之嘉禄。意燾不可，曰："茲事體大，關邑人休戚，非知事所得耑主也。盍咨之邑士焉!"隨函邀城鎮紳董以次日集議，倉卒未得要領。而玉貴娶子婦，蘇州昭武淺水兵輪管帶李標勝以寅僚例謁賀，遂以是日駛泊昭武於東門外之長橋。然吴江向無陸軍防守，祗有省派水警師船十八艘，縣水巡隊船十餘艘，陸警數十人，以鎮宵小，而捕湖盜而已。至是殷培六率水巡隊叛降嘉禄，而又來謁，爲嘉禄遊説，不得要領，去意怏怏。燾思，知嘉禄勢盛，未易敵，夜單舸赴蘇州，謁蘇常鎮守殷告急。而殷木彊敢自負而不恤下，頗以培六、燾屬吏而倒戈以爲民望，斥其不能馭下，譙訶頗急。然燾書生雍容儒雅，實非應變才，至是驟聞長官責言，痡震懾不得盡辭，匆遽歸。而何嘉禄已掩入吴江城，揭護國軍幟矣！時則民國肇造之五年四月十八日時交午也。先是嘉禄之入吴江也，殷浩六率所部先驅抵長橋，猝出不意，睹昭武不覺氣奪，遁去。而嘉禄未之知將後軍掩至，既進則不欲退，叱昭武解除武裝。否，即戰。李標勝怒，欲戰。楊玉貴與爲友，頗相善，謂曰："子無然。天厭袁氏，天下事未可知。子未奉命，無事身犯非難，重樹敵怨也。"標勝意釋，遂索嘉禄名刺，以藉手報上官，曰："降，非余能。余回蘇州請示辦理可耳。"於是嘉禄整旅入城。玉貴初欲擁所部觀望，不拒嘉禄入城，亦不欲受命，曰："水警之職，在靖盜以爲民衛，他非所知也。"繼以所部兵心變，不得已，遂以所部師船十八艘、格林炮四尊介殷培六以降於嘉禄。而燾亦歸，晤嘉禄。詢署存現金幾許，燾曰："四萬有奇。"嘉禄最先亡命爲盜，然爲人頗知書，不愛財貨，能明道理是非所在。與燾約曰："此金余未便擅挪用，君亦無得輒上解，供袁氏以厚其毒。"燾亦諾焉。惟燾之教育掾屬曰王荄者，縣人也，爲人幹練敢任事，愳嘉禄異日或以軍興費絀，盡括地方貲饟軍，曰："萬有一地方辦學經費無着，弦誦歇絶，人將余咎。輸袁氏饟軍不可。今取地方財，以資地方教育子弟，何不可！”隨招致縣立諸校校長、市鄉學務委員具狀，蕞支四五兩月學款，得銀幣萬二千，匀三月用之。曰：“事不久即定，即此届暑假休業已足，供辦無輟業虞矣。”論者多其能斷。無何，燾出城勘隄，即懷印遁走蘇州，謁蘇常鎮守使殷，繳印，乞撤任，付懲誡。殷不可，曰：“汝一日不得代，即一日不得委卸汝職責。官守所在，國有常典。地方印信，豈得私相授受？”義正詞嚴，燾無如何，不得已挾印亡命走海上，而不知殷之以是夕棄職，遁無蹤之，猶之燾而燾之不能奔問其官守也，此則燾之不知盡事上之禮也。夫其日則二十日也。是時，嘉禄方盛募兵於吴江，設司令部於吴江警察署，號爲“江蘇護國軍第一支隊”，自爲總司令。其護國軍募兵處，則置城隍廟。有謝姓自金澤來，將卒百餘人投嘉禄麾下，納之。二十一日，護諜者，則駐蘇陸軍第二師師長朱熙遣偵嘉禄所爲者也。嘉禄不之殺，好言相慰，食之飯，而與以書歸，獻朱，勸舉兵應。略謂：“公柄兵資鎮撫，舉足輕重，如能起義師，爲民誅暴亂。某不憚效命麾下耳！”蓋朱方以駐蘇師長，試職蘇常鎮守使也。二十二日，遂以謝寶華署吴江縣知事。水警第三專署長仇翼南奉朱命爲司令，將水師，以淺水兵艦六艘會陸軍混成團長吴士芬攻何嘉禄於吴江。而士芬以所部陸師步兵兩營，騎兵一隊，炮兵一連，機關槍十四架，攻城炮三尊爲前驅。將至，先馳使致書勸嘉禄走且覘之備，嘉禄不可。然亦自知非敵，隨率衆赴城外三里橋掘濠，出且語城人曰：“余不欲困守，禍城人也。”城人有偲而走徙者，嘉禄遣兵守四門，隻身者予之，行重携貲裝者爲好言語勸歸，曰：“路途不太平，萬有一不幸被盜，此時戎馬倥偬，恐不易保護，尤不如攝緘縢、固扃鐍而藏之家之爲愈也。”既而三里橋之濠成，即汰選所部，留精卒百六十人，其餘倉卒應募，未及給械者人資之銀幣二，遣散之。告曰：“速走，毋少延。蘇軍至，俘汝曹戮於市矣！”其遣散費則取之縣署，以語城人曰：“此曹不任戰，徒亂人意。然其人亡慮皆非類，吾滋不欲禍地方，貽邦人士詬厲也。”乃率所餘精卒，實槍曳炮，散伏所掘濠旁，殷培六與焉。無何，士芬率軍蜂涌至，嘉禄命培六燃炮，培六戰慄不能軍。嘉禄哂，揮之退，手燃炮，轟士芬。軍蜂屯出，不意傷數人，爲稍却，猝不睹嘉禄兵伏處，即亦尋炮丸所自來嚮，還炮攢擊，轟雷震霆，槍珠間發。而嘉禄兵散伏，猝不易擊中，且寂處不之應。士芬意其丸盡，督軍進逼，不意嘉禄伺敵近，度已丸所能及，方發槍還擊。蘇軍又却，如是者再。士芬乃駐軍遠轟擊，不敢復進逼。而培六所部隊長邱某，以嘉禄輜重艦隨培六先遁，嘉禄丸藥不繼，不得已，漸次遣所部先走，期會於平望。至薄暮盡亡，亦走，便道還入城，取資裝，聞監犯洶洶欲變，則親詣監獄，大聲叱諭曰："敢有逸出者，即槍斃，明日自有處分。"隨派警士二名荷槍守獄，從容出城嚮平望。而士芬不知嘉禄軍退，督軍轟擊不稍衰。會仇翼南督水師擬嘉禄陣地後，以謀夾攻，而嘉禄兵久盡走，闃無人。士芬炮火乃益烈，翼南舟師繞道漸進，抵三里橋畔，乃爲士芬炮丸所擊中，所部兵輪一汽鍋燬之。是役也，士芬軍耗槍彈十四萬，炮彈百五十枚，枚重六磅許，所直且無算。而嘉禄軍傷者厪三人，士芬所部乃喪二十三人，居民死者二人，説者謂爲士芬流彈所斃云。無何，士芬知嘉禄軍退，且意其還守城也，猶駐軍不敢進。蓋嘉禄之走也，實留親將三人徹夜遶城鳴空槍，以威士芬軍，使不敢追蹤入，防其一鬨進城，趁夜肆劫爲奸利也。二十三日晨，王葖偕其里人費攬澄、費承禄兄弟、金馥曾輩，謁士芬於軍，請以署知事謝寶華入城安撫，遂以吴江克復聞。而主軍者且嘉士芬之迅奏膚功，士卒亦以殺賊勞苦，犒銀幣六萬五千枚焉。方寶華之入吴江也，署儲現金猶不貲。蓋何嘉禄雖以軍興招募，重遣散，耗用銀幣都七千，然實未嘗私利一金以自肥也。迨其敗走也，亦既以饟絀，沿途醵貲所得，多寡致不一，而震澤爲鉅，都銀幣二千五百。在納貲者，方思貲出之不返也，徒慴於嘉禄兵威，不之誰何？惟經募者心利其然，遂乾没其金之五一而以銀幣二千與嘉禄，且以爲事無左證，無能揭底蘊者。詎意嘉禄不三日走，使返金得償者以數不符，詢使者，既如嘉禄所得金實數，乃群不直經募者之所爲，而益歎嘉禄爲不可能云。經募者伊誰？其人則震澤鎮董某也。先是縣人徐樸人起兵嚴墓，有卒四十人，至是嘉禄事敗，使道出此，遂率所部歸之，後亦爲嘉禄遣散云。

謹記吴越以來，迄唐、宋、金、元、明入勝清所歷兵事沿革，而終之以今兹護國軍戰役始末。備著其形勢要害，軍謀臧否，亦異日監觀得失之林也，俾治邑聞者有考焉。

（选自《潛庐集》，作於 1916 年 6 月）

無錫風俗志

無錫故荆蠻地，厥俗斷髮文身，至泰伯來奔，其民嚮化，遂以立國。是後延陵季子宏覽博物，慕義無窮，去千乘而不顧。蓋《吴都賦》所云“端委之所彰，高節之所興”者。迨吴越相攻，其民好勇輕死，易發怒。是時闔閭已遷姑蘇，而句吴之禮俗衰矣！漢興，高祖王兄子濞於吴，招致天下娱遊子弟。枚乘、鄒陽、嚴夫子之徒，並尚文辭，其失巧而少信，吴俗又一變矣。自是之後，雖時代屢更，升降不一，至於勇或輕發，文或寡信，大抵不離乎二者，而以時上下焉。蓋士人足智好議論，而在宋時多儒者。至明之季世，東林諸君子崇正學，主持名教，遂成風會。當時聲氣大廣，響從景附，或者病之。然明清鼎革之際，布衣韋帶，類能慷慨赴義，亦道南之遺教也。士習之漓也，其桀黠者相與舞刀筆，破律令，表裏胥役，共爲構煽。衣食縣官之庭，而有事持其長短，蜂聚隼擊，上下側目；其次好談新聞，造作謡諑，指斥幽隱，一唱百和，地方囂然以不靖，莫可禁止。至於衣冠之族，袒跣呼盧，濡首決防，雖優倡輿臺不擇。而有司奉公行法，不過單門下里，里胥奸黠者，藉是爲傾陷罔詐之媒而已。至衣冠鉅族，挾侶分曹，肆筵設席，庭宇深嚴，雜坐縱博，百萬一擲，誘引子弟，漸及閨闥，毁家敗名者纍纍，而莫之敢詰也。蓋在康熙之世，縣人秦松齡、嚴繩蓀志縣風俗，已著其無狀如此，而今加甚焉。至於飲博挾娼，父子兄弟不相避以爲通脱，酣淫亡等，盡人稱禮義豈爲我輩設？而酒館、茶坊，在明時，大率在縣治左右，而爲胥役訟蠹鬻獄之場耳。下降而至遜清之康熙，則委巷皆有之。傳聞某處有佳點佳肴，則遠近奔赴。縣人黄印曰："此由遊食之徒，不顧父母妻子，惟圖口腹者衆也。"則甚矣其敝也。端方拘謹之士，足不履茶酒之肆者，蓋康熙以前，多有其人。既而搢紳貴遊之家，有託言放達，厠身此中者矣。迨康熙末，有"遍地清茶室"之謡，蓋昔賣清茶，唯在惠麓第二泉上，至是遍於城市，此以知地方遊手好閒不事事者衆也。嗚呼！縣之人所稱搢紳先生者，民之望也。苟非潔己自愛以爲民先，彼蚩蚩者氓，其何仰焉？夫民飯稻而羹魚，衣食旋給。其市井豪舉遊俠之雄，連交合衆，以飲博相徵逐，遇事則逞其拳勇，呼噏聚散，弱肉而强食，爲閭閻患者，城中爲夥。而居於鄉者，則大率男安耕，女習織。然地薄，寡於積聚，而河流交通，鐵道縱貫，物而多賈，四方輻輳，並至而會，故其民益便巧而習事也。男女服飾，争麗鬭靡，而冠履取具肆中，其式歲變，旬日遍國中矣。袒衣褻紬帛，袴襪傅綾錦，夏被輕縠，冬襲重裘，力所及，皆致之，惟鄉曲老父方領矩步者間布衣耳。然而故老傳説，康熙時，衣服冠履，猶尚古樸，常服多用布。冬月衣裘者，纔百人而二三。夏月長衫多用枲葛，間用黄草縑。既而以布爲恥，綾緞綢紗，争爲新色新樣，北郭尤盛。間有老成不改布素者，則指目訕笑。風氣之轉移，蓋莫之爲而爲。然由儉入奢，不過數十年間事耳。故曰："撓萬物者，莫疾乎風。"然則康熙六十年中，殆吾縣民俗隆污升降之交乎！婦女在康熙以前，所服衣裙，多刺繡盤金，絢奪人目；而康熙以後，則尚雅淡，而服綾緞者繡絶稀，惟年長者尚老色，少者喜嫩色耳。豈所謂絢爛極而歸平淡者耶！夫歲月遷流，今昔殊致，固未有一成而不變者。觀習尚之推移，亦得失之林也。兹著之弁簡首，而以吉凶習慣、歲時景物、方言、里諺及歌謡，析爲五目，條采列左，庶幾縣之人有所鑑觀云。

吉凶習慣

周公作《儀禮》，著吉凶賓嘉之禮綦詳。而韓退之苦其難讀，又歎行於今者蓋寡，而恨不得及時進退揖讓其間，則固矣哉韓子之爲禮也。嗚呼！程子則通矣。其言曰："禮之本，出於民之情，聖人因而導之耳；禮之器，出於民之俗，聖人因而節文之耳。"然則所謂儀禮者，周公蓋因俗便習而爲之節文，如後世國家之承認習慣法耳。使其生於後世，亦因後世之俗尚便習而斟酌損益以爲之節文斯已耳。使其遜於荆蠻，亦如泰伯之斷髮文身，因其俗而修教焉耳。況吾縣人君子之日進於文者耶！述《吉凶習慣》。

冠　笄

遜清之初，男子十歲以上，猶簪髮爲髻，裁綢布兩片，前後合縫，爲帽，露其頂。蓋古未冠時飾如此。至十三四，始去頂髻，垂辮從時服，猶有古冠禮之遺焉。迨雍正而後，則甫三四齡童子，遽辮髮載冠，與成人無别。而女子則十三歲笄，迄今猶然，俗稱之曰“留頭”。蓋女子幼時剃前後髮，猶之遜清男子，至十三歲而留不剃也。屆時，戚好必餽飾物以助妝將意焉。

婚　嫁

婚嫁之著禮經舊矣！吾縣則大率沿襲古者爲多焉，惟納采之禮廢耳。蓋男長而逑匹也，父則遣媒妁至女氏，索女庚帖。庚帖者，將女之生年月辰，書於紅帖，而裹以紅封。封内則媵以桂圓、棗子、蓮實及花生諸品，每品必雙，取“成雙”之意。又太平、福字錢各一枚，太平錢，宋太宗鑄銅幣；而福字錢，則係遜清福建福州局鑄，於錢幕右鑄福字爲記。繫紅緑綫束合，則取“繫赤繩”之意。而封面書“天作之合”字樣，皆以祝二姓之好合也，俗稱曰“請口生”，與古之“問名”相當。反，置帖竈神前。主人則饗媒妁以茶點，而媒妁如爲婢媪，則自啓主人甑釜，撮米粟以食。若曰某氏女食主人食矣，所以兆婚事之成也。然婚事之成，實取决於日者。日者曰“吉”，乃倩媒妁往，請於女之父母，得諾，然後行帖求婚。將以銀錠、銀錢，厥數：錠一，錢二，曰“一定雙全”；錠一，錢十，曰“一定十全”；或不用銀錢而以金銀製如意代者亦有之，則曰“一定如意”。蓋其諧聲取吉，大率類是。而媵之以糕果，俗稱曰“送求允帖”。又曰“定親”，蓋古之所謂“納吉”是矣。女氏諾，則出允帖。若女年及笄，則并“納徵”，俗稱曰“送紅連求允帖”。男氏帖曰“納聘”，而女氏帖則曰“答聘”。將女生年月日時，配以干支字八，書於庚譜，俗稱曰“大口生”，而先所出者則曰“小口生”云。男氏納聘者必將禮金，俗稱曰

“茶禮”，媵以飾品，而數之豐約稱其家。飾品則三金金鐲、金如意、琴簪三珠面珠、胸花珠、鑽條，或兩金金鐲、如意，或琴簪、如意或兩珠珠：鑽條、胸花以及一金如意或約指一珠鑽條或環不等。禮金之數，以銀錢百枚、百二十枚、二百枚及二百四十枚爲度。而送紅時各納其半，納則架長盒，上覆錦幬，中列紙絹八仙，暨茶葉糕菓，曰“高緞盒”，以紅綠紬裹帖置其中。而媒妁冠服肩輿導其前，僕捧盒隨其後，至女氏，禮成而反。答聘之禮，葱一，千年運一，糕點盒或二或四；又有緞匹、冠履、文具、荷包之屬，別置盒，曰“回賀”。而送紅之禮畢，俗亦稱“送紅”，曰“大定”，蓋古納徵之禮。而先之求允，則稱“小定”云。迨婿年長，父母令日者諏吉，屬媒妁通辭，既得請，行請期禮，俗稱曰“送日脚”，又曰“大送”。禮如送紅，納茶禮之半，稱曰“後茶”；而先送紅時所納者，則稱曰“前茶”，飾品亦如之，而加之以衣裳。衣裳之數，以八、十二，或十六爲度，所以盡飾於女也。女氏允期，則使伴娘赴婿家請姑及諸姑如婿世母、叔母之屬履式歸，俗稱曰“請鞋樣”。而女則一一依式製焉，將以爲贄也。女先嫁一二日，祭於祖先，曰“别祖”。厥夕，父母饗之，曰“待嫁”。而婿家先吉期一二日祭祖，則曰“作冷羹飯”，又曰“過年”。迨吉期夙興，則遣僕赴女氏請禮冠，曰“請誥命”。此禮至民國廢。母號者三，女亦泣。既反，行迎鸞禮，曰“送花龍”。媒妁前導，而僕捧新婦禮服俗稱七事衣及羊、酒、魚、肉、羹、果、花爆之屬隨之，赴女氏。及門，門者有賞，曰“司閽”。主人降階揖媒妁入，禮成，退。主人命僕飭裝奩隨媒妁赴女家，行於歸禮，曰“鋪裝”，裝之多寡稱其家。中人之家，則衣櫥二，箱倍之，銅錫器又各倍之，茶盤如銅錫器之數，謂之二櫥、四箱、八銅、八錫、八茶盤。椅六几四，爲外十件。楊妃榻、盥器架、梳妝馬鞍式檯、四仙檯各一，方凳四，小方杌二，爲内十件。裝至婿家，則主人饗媒妁與女氏之僕。既畢，然後命駕介媒妁，往見女父，行相見禮，曰“作觀翁”。主人降階迎，客升堂，無多言。天氣晴明，則曰“天緣甚好”而已。三揖而退，反，日薄暝矣。然後飾彩輿二，而婿則冠服乘其一，一輿隨之行，行“親迎禮”，舊稱曰“奠雁”。而民國以前，則有廢親迎之禮者，厥名曰“迎娶”。今則“親迎”而不“奠雁”也，導以鼓樂，及門，門者閉不納，則犒以金，不足，又犒之，如是者三，然後啓。其犒曰“小開門錢”。婿升堂拜外姑舅，外姑舅饗之，曰“請女婿”。既徹，婿辭外舅姑，降階乘輿，俟於門外。母號泣於室，女則紅兜籠首啼而出，父或兄擁之入輿，若不得已而行者然，俗稱曰“抱上轎”。既入婿門，升堂，厥推齒德尊而夫婦齊眉者之夫人，出揭婦輿，手一荷包，進焉，曰“進寶”。然後夫婦降輿，主婚命司禮者贊之，先正容，次行禮，曰“結親”。北面四揖四拜，曰“拜天”；夫婦東西向再拜，曰“交拜”。主婚者西向立，曳紅箋書“門中三代先遠宗親”八字，二儐左右立，持花燭燃之；又二儐，則一持方斗，斗有小瓦缶二，曰“穩餅”。又秤一，燈一，一捧龍虎篩，篩徑尺許，中粘紅箋，書“龍虎”字，亦左右立。而夫婦東向三拜，畢，衆儐於是導之入洞房。僕人則以兩布袋番傳敷地，而夫婦履以行，是謂“傳代”。既入房，則先進寶之夫人由方斗内取秤，持挑去新婦籠首之紅兜而擲諸床頂，然後夫婦坐床，下帳，飲交杯酒，名曰“坐床塞帳”。既而夫出拜其父母，揖諸賓客，曰“下床禮”，所以告成人也。既，反房，與婦饗合歡晏，俗稱曰“食銀花燭夜飯”。而新婦弱顏難爲食，食時，由伴娘持碗箸食婦，有食必頌，食肉则曰“吃吃肉，玉堂富貴”；土音呼肉如玉。食蛋，則曰“吃吃蛋，代代福禄”；食海参，則曰“吃吃海参，多子多孫”；食魚，則曰“吃吃魚，鯉魚跳龍門”；而食不盡器，則曰“有吃有剩”。其斯之謂“善頌善禱”歟？厥夕，大饗賓客，賓客皆盡樂。入洞房，展新婦而索紅蛋，則以得數多者爲上，百計取謔焉，曰“鬧新房”。須臾樂作，而女之廟見禮至，曰“作三朝”。惟作三朝，本應於結婚之第三日行，而今則於結婚日行者多焉，俗稱曰“當夜三朝”。厥物，先麵與花旛；次舅姑尊長冠、履、鞶、帨，曰“上賀”；又次魚、肉、果、點；又次榛、栗、棗、修烹饌已熟諸物，曰“房裹盤”，皆所以敬舅姑者。箕、帚、縏、衾之屬，則入婦室。至是夫婦冠服出，舅姑率之見於祖廟。無朝者設位於寢，三拜禮畢，舅姑張樂饗婦。婦南向坐，而延諸女賓左右陪焉，所以著代也，俗稱曰“坐三朝”。既畢，夫婦反寢閉房，曰“掌金門”。厥明，夙興，婦盥洗盛服，先拜舅姑。舅姑賜以飾品或銀錢，俗稱曰“見面錢”。以次見尊長、内外男女賓客及戚黨之幼者，皆相拜，曰“行團圓禮”。各以花粉、巾袋、貨幣之屬爲贄。於是翁姑南向，子婦北向坐，男女賓客各東西向坐，同桌而食，曰“食團圓晝飯”。既，子率其婦赴婦家，同見外舅姑及婦之尊屬，奉糖、茶、蓮、桂等物爲贄，俗称曰“回門”。蓋古請覿之禮，而婿之不親迎者行焉。外舅姑與婦尊屬，則各以銀錢賜婿，亦稱曰“見面錢”。既而設筵相饗，婿就外席，女就内席，既徹而反，外舅姑命僕具糕點送焉，曰“送榮歸”。明日，外舅姑及婦之伯叔昆弟謁婿家，主人降階迎，揖然後坐，子婦出拜見，然後設筵饗焉，是曰“會親”。於是婚禮乃成，此其大凡也。

自歐化東漸，吾縣人士，頗有厭棄故常而效西洋婚禮者，所謂“文明結婚”是也。夫西人婚禮，視吾國爲簡易，而號之爲文明者，蓋有以吾國婚禮爲不文明之意焉。雖然，所謂文明結婚者，實亦人自爲制而以意爲焉耳。歐化一語，徒號焉而已。歐西婚禮，新郎一與新婦訂婚，即宜贈一指環。而指環宜擇較高價之品，中人之家，大率以價值一百金磅爲度，蓋此爲新婦日常佩用之物而戚友觀瞻之所繫也。贈指環之後，當時贈以種種禮物，其品類爲香奩中之所需要者，如金練、手鐲之類。結婚前之三星期，即宜遍發婚期預告單於新郎新婦住居之村鎮，俾衆周知。而其被邀觀禮之親友，對於新郎新婦均須致送相當禮物以表慶賀之意。而致送之禮物於婚禮舉行之日，例宜陳列客堂以供衆覽，每項禮物均宜掛有送者之名片，圍以鮮花香草。而行結婚禮者，例須在市政廳或教堂内領取證書，其證書價值在二金磅以上；而牧師行禮之酬金，自一金磅一先令至五金磅五先令不等。新郎於行禮之日，例須預備一結婚指環、一花球以贈新婦；而新婦之伴女所佩花球，亦應由新郎預備，先期送往。富家所辦之花球，往往踵事增華而非盡人所能。大約新婦所佩之花球，其價值約在二金磅左右，而伴女佩者，則自十五先令至二十五先令不等，此最普通也。伴女於行禮後，更當餽以香奩用物，如金針、牙扇，其價值當在五金磅以上；然以五六人計之，爲值亦不貲也。新郎亦延伴者數人，厥職陪新人同進禮堂，於行禮時則立新郎右肩之後，待蕆事，爲新郎整理衣帽，支付結婚費用。而新郎與其伴者宜先新婦戾止禮堂，立講臺之右，以俟新婦之姍姍而來。新婦則與父或母同車赴禮拜堂，新婦之伴女宜先戾止，當新婦戾止則分立兩旁歡迎，而以童男二人爲新婦曳裙。新婦進禮拜堂，宜即攜其老父或長兄最近男親之手而至講臺之前，立於新郎之左。牧師祝讚，新郎加結婚指環於新婦指，行結婚禮。既，新婦宜以右手挽新郎左臂，緩緩同行。牧師前導新婦，伴女及其父母親戚人等隨後，趨進聖堂簽名作誓，其伴女、父母親友亦以次簽名。既，兩家戚友宜一一與新婦握手致賀，然後新婦挽新郎之手趨出聖堂，與來賓作别。出禮拜堂，乘新郎預備之花車先行。而新婦之母，亦即回家以招待賓客之戾止者。新婦伴女，則以新婦之結婚紀念花球贈觀禮之衆賓。衆賓即綴諸胸，赴新婦家享宴。如未及在禮拜堂與新人接見者，則當趨進宴堂之初，即宜與新郎夫婦握手致賀。新婦趨進宴堂，宜扶新郎之左臂同行。酒酣，衆賓宜推大賓起立致辭，爲新郎新婦壽。新郎即應起立致謝，并致辭謝新婦之伴女；而伴新郎之男子則代新婦伴女答辭。既，新郎之父起立爲新婦父母壽，蓋喜筵由女氏備，而以新婦之父母爲主，其請柬亦由女氏出面。而行婚禮時，所需之費用，則由新郎出之。其在行禮以前，女氏先須設筵遍請戚友，介紹其婿，筵席之費自亦不貲。而行禮時，唱歌隊之犒賞，讚美詩之印刷費，及禮堂内之陳設費用，贈客之結婚紀念品，均須由女氏負擔，而新婦之粧具不與焉。用財視吾國侈，而禮節則較簡矣。與吾國舊習異者，惟跪拜之儀既廢而代之以鞠躬。結婚則卜晝而不卜夜，新婦不啼不籠首。而結婚時，則夫婦交贈指環以爲信焉耳。凡所革易僅如此，而不必壹切遵歐禮也。縱使壹切遵歐禮矣，然得失亦正難言。何也？吾國婚禮，什九因襲自古，委曲繁重，不如歐人之簡易，固矣。然推制禮者之用心，豈不曉簡易之易知易從，而好爲繁縟，苦人難行也哉！毋亦曰若是其不苟也者，所以爲敬慎重正婚姻之道焉爾。夫人情得之愈難，則愛護之也愈力。今既敬慎重於先，亦自不輕仳離於後。而一與之齊，終身不改。則雖欲不敬，烏得而不敬？雖欲不慎重，烏得不慎重？周道缺，詩人本之衽席；婚姻之禮衰，而夫婦之道苦，君子有懼焉。然則吾國婚禮遂一成而不可變矣乎？曰："奚爲而不可也？"禮時爲大，因時因地，而與爲消息以變通盡利。孔子所以稱聖之時也，古稱"六禮"；而吾縣則有問名、納吉、納徵、請期、親迎而無納采。然古禮，問名本與納采兼行，自可合而爲一。而納吉則爲告卜兆之吉，事近迷信，删之爲宜。而可易之以納采，惟吾縣送紅連求允帖者往往有之，今既正名曰"納采"，則未宜與納徵合而爲一。蓋納采使媒氏通言，爲訂婚之始，而納徵則以徵婚之成，吉事欲其折折爾，不如於請期時併行之。既告婚期，且以財禮將意，爲新婦助粧之需。《禮記正義》所謂納徵者，納聘財而徵則成也。先納聘財而後成婚，春秋則謂之"納幣"是也。惟現行《民律草案》稱："中國婚姻有納采、問名、納吉、納徵、請期等禮，自古已然，不言財物。《文中子》曰：'婚娶而論財，夷虜之道也。'以財物爲結婚之要件，是夷禮，非古禮可知。雖彼計議財物者，亦自知以婚姻而索財物，實爲可恥，故美其名曰'聘金'。然既以金錢爲目的，則其事同販賣，揆諸婚禮大防，烏容許可。故本律規定婚姻，專認聘娶婚，於財物不置一辭。"所謂聘娶婚者，兩家議婚，只言聘禮，指飾物衣服言。不言聘金；而聘禮之多寡，不可計較，但求備而已足。是吾縣茶禮一事，實爲現行律所不許。第今日細民，生計日艱，而生齒則日繁。男子長，猶可助父工作資事蓄。而女子則職業少，得薪又微，養育既難，備嫁不易，俗稱女曰"賠錢貨"，而溺女之風長。霰集則雨雪，履霜而堅冰，君子懼其漸焉。故爲獎勉父母之育女而男子之鄭重其結婚計，酌古之禮，從今之宜，於納徵時兼備財禮。儻亦所謂律設大法，禮順人情，並行不悖者耶？親迎一禮，於古爲重，然《儀禮·士昏禮》，著婿不親迎，則婦入三月，執贄赴外氏請覲，是古人亦非必親迎也。吾縣則婿家事繁不及親迎者，厥有回門之禮焉，用意亦頗相同。此結婚以前之禮，宜因時地變通者，一也。至結婚之禮，共牢食而合巹酳。古之人既食復飲，而在縣之人，則飲交杯之酒，饗花燭之筵，先飲後食，禮固相當。惟交拜之禮，古本併行於共牢合巹之中，今則飲食無相拜之禮，故别定之而縣人頗重視焉。吾見所謂文明結婚者，亦即交拜之意，惟跪拜之儀既廢不用，則以鞠躬代之而已。此事之當遵時制無可疑者，舊習於交拜時，有儐相誦讚美詩句與新人夫婦交挽紅绿巾等儀，而文明結婚亦有來賓頌辭及新人夫婦交易指環之事。事殊而意無不同！惟共牢合巹之遺，舊所未廢，而文明結婚於此則略不論。然禮不虚行，《記》曰："共牢合巹，所以合體同尊卑以親之也。"廢之，非所以親之也。此結婚之禮，宜因時地變通者，二也。結婚以後，古有婦見舅姑，舅姑饗婦，廟見請覲之禮，今皆行之。惟古禮廟見請覲，在三月以後，爲日過久，嫌於鼎鼎爾小人矣。吾縣則以日易月，於三日廟見請覲，可謂協時中之宜者。自世俗益務苟簡，而於結婚日行廟見，所謂"騷騷爾則野"者非耶？此結婚以後之禮，宜因時地變通者，三也。竊不自揣損益古今之宜，而略陳其固陋，以待縣人君子之裁定焉。

女既嫁之匝月及其生日，女氏餽物以賀，曰"作滿月"，曰"作生日"。而第一歲之端午，則製夏服，具角黍、巾扇、綵勝、朱索、靈符與絨製龍虎之屬餽焉，曰"送夏幛"。春夏秋冬，各以其時餽物，曰"四時八節"。

女生子女，告諸女氏，曰"報生"。使者執雞以將命，男雄女雌，而女氏則以雌配雄，以雄配雌，返焉。越兩日，由女氏製文葆，具飾品，與魚、肉、麵、饅頭食物等屬以賀，曰"作三朝"。彌月如之，曰"作滿月"。期年亦如之，曰"作朞始"。

生　子

子始生，則以火箝向作勢擊焉，曰"鐵棒打不殺"，蓋祝兒之易育也。越一日而飲以三黄湯大黄、黄連、黄芹煎湯使之瀉利，祛腸熱，清胎毒焉。至三日，治麵餉鄰里戚好，曰"三朝麵"。而祭神於産母之室，則曰"齋監生"。惟監生神之繢像，實購諸市。厥像，有鬚而爲男子形者，亦有女而無鬚者。説者謂再産之男女，胥視所得以爲兆焉。既，凡戚好皆致膳羞、胡桃、芝麻之屬問候産母，而以銀器銀鎖、銀鐲及冠履遺兒，厥名曰"送庚"，迄彌月乃已。彌月，乃爲小兒剃頭，而治麵、齋監生、如三朝，迨百日。治麵亦如三朝，惟不齋監生而以麵一盂過橋，遺年老有鬚者食焉，曰“從此小兒過橋無禁忌已”，此則百日所獨也。亡何，兒朞始矣，則治麵、齋監生、如三朝，而男用算盤、文具，女用針綫、刀尺，厠諸玩具間，置兒前，觀所取以驗其品性，厥名曰“晬盤會”是也。凡子生，必擇多子之人，拜之爲寄父，俗稱曰“寄名”。若曰：“此某人子矣。”蓋某人命多子，則子易育也。若不寄名於人，則寄於神，所以祈神祐也。父不命子名者，以俗稱父曰“爺”，命名曰“題名”，而名之父命者，則是爺題也。爺題者，夜啼也，謂兒當夜啼云。凡命名多惑於術者五行之説，故名命之字，多取金、木、水、火、土之偏傍字，蓋兒生，必延術者推算生年月日之支干，而檢五行之全不全，若缺其一，則以所缺者命名矣。

慶　壽

生辰爲壽，自古無之。吾縣故事，獨在歲首，蓋亦亡於禮者之禮也。夫稱百年之觴，於哀哀父母生我劬劳之日，仁人小子之所不忍也。唐文皇嘗垂泣以對群臣，而遜清孙退谷、張篔山諸公，遂欲廢此禮。然廢之，無以遂子孫祈耇保艾之思。今不於其人生辰而於歲首，在人子既有以遂其私，又不傷父母之心，其斯之謂亡於禮者之禮焉。至其人早世不及年死，届時而子孫爲稱壽者，則謂之“陰壽”，以别於陽壽也。論者尤非焉！然人子不匱之孝，罔極之思，得已而不已，所以致其情於無如何者。君子哀其志而衿其遇可也。凡長者壽，少者則範糖成形，或爲錐體，或爲絳桃，盛諸盂而用爲贄，獻焉，是曰“糖茶”，惟陽壽則盂數偶而陰壽奇耳。陰壽之儀，大率與陽壽同，惟陰壽不受賀儀，而饗客則治素筵者爲多云。

喪　葬

將死，子爲之浴，煎芭蕉湯，飲焉。云不若是，則來生嗄已。既，納飯及銀各少許於其口，則以示一生自生至死有吃有用之意，蓋古飯含之禮也。古用米貝，今則飯銀，非食道也，用美焉爾。既死，則徹帳棄屋上，釋者爲誦“起身佛”，道者誦領路受生經，而焚死者之衣履於中庭，焚紙轎於門。轎夫則以紙剪人形而書已死僕夫之姓名焉，所以爲死者乘也。轎前懸佛燈籠一。佛燈籠者，蓋以竹絲糊紙，而彩繢大士像其上，周盈硃點。而硃點，則以記誦佛之數者也，俗謂“冥間道暗，有此則光明徹幽界”云。於是孝子徹冠結，未剪髮易服時，爲散髮。徹冠結，即古人雞斯之意。孝婦去笄纚，持紙陌香燭，造於社廟，俗稱大王廟。稽顙而拜，曰“燒回頭香”。已，則匍伏哭泣以出入者三，然後歸而爲死者冠服。死者左手握胡桃七，繫以絲棉，纍纍如貫珠，而右手則持錫杖。錫杖以天竹莖爲秉，上綴錫鎚，俗謂死者入冥，必道惡狗村，有此始可以自衛。而尸足則履而裹納諸一褲，褲盛箔錠以圍於足，諺云：“脚踏褲，代代富。”蓋所以爲子孫致福也。既，遂納尸於棺而不封焉，是曰“小殮”；三日，大殮，則啓棺視而舉哀，哀親之不復生也。《記》曰：“三日而不生，亦不生矣。”遂闔棺焉。既，設位，而戚族之聞耗者，皆來唁拜。主人則班之麻絰、白帶，曰“成服”。而棺之下則置石磨一，所以鎮煞也。凡人死，術者以其年月日干支推算離魂之日數，而謂死者如其日而來復，是曰“回煞”。少者九日，而多或倍焉。届時，道者則懸煞神像於死者之室，饗以三牲，而爲衣冠如尸卧狀，置死者床上。床前則置舂杵、白衣冠拱侍如孝子狀。鳴鐃吹螺，徹夜不休。而室之釘鈎，則套以紅紙圓，云：“匪是，則煞神繫魂於此也。”是曰“接回”。若即出殯，則戚好皆以是日吊焉。自死之日起，至第七日，曰“頭七”。自是而二七、三七、四七、五七、六七以至七七，每更七日，曰“轉七”。而轉七時，戚族必禮儀致奠焉，曰“作七”。終七七四十九日而畢，是曰“斷七”。而五七之夜，五鼓，孝子持燈登屋，北嚮而號曰“皋某復”者三，俗稱曰“叫五更”。此尤五七所獨也！凡未斷七以前，孝子哀慕未忘，杜門不貳事，茹素，不蚤鬋，不沐浴，寢於柩旁，俗稱曰“伴材”。坐則席地，哀哀哭，於柩前設位，曰“靈位”，蓋亡靈之所依也。靈傍燃燈一，光熒熒晝夜不息，曰“幽明燈”。而燈之前，置一銅磬，時擊之發噌吰聲，俗謂“有幽明燈，則幽界雖冥而明；擊磬則死者心地清澈，不致昏迷”云。至斷七而靈徹已，當其殯也，遂作主而焚靈位於墓焉。《記》曰：“重，主道也。殷主，綴重，不忍棄也；周主，重徹，不敢瀆也。”今之靈位，古之重也。而焚焉，周道也，迨殯其而反也。長孫捧主乘輿，而子則扶輿行焉。今子不扶輿者多。夫主不子捧而孫捧者，蓋孫可以爲王父尸，古之道也。反，將及門，厥推戚族之年德尊而夫婦齊眉者，吉服先進焉，是曰“紅緑進門”，門外燃豆萁，火熊熊。凡送殯者反，胥跨而進焉，是曰“跨火”。既，遂安靈，捧主入家祠。食粉飥。而飥之爲言圓也，取闔家團圓之意，所以致頌禱也。迨週年而斷白，二年又六十日而除服。服色則由白，而黄，而青，而即吉矣，所着孝履無定時，大率以三雙白二雙藍爲定制云。

歲時景物

方志之著歲時景物，昉於梁宗懍《荆楚歲時記》。考陳振孫《書録解題》載懍《自序》，曰：“傳元之朝會，杜篤之上巳，安仁秋興之叙，君道娱蜡之述，其屬辭則已洽，其比事則未宏，率爲小説。録荆楚歲時風物，自元日至除日二十餘事。”纔自比於小道可觀焉耳。然著其風物，稽其俗尚，所以謹節序而察時變者。其亦《豳風》録《七月》一詩之意也歟？惟民國肇造，改正朔，而蚩蚩者氓，以狃用舊曆，不曉推移。《記》曰：“修其教，不易其俗；齊其政，不易其宜。”兹述歲時景物而一以舊曆爲據，儻所謂從俗從宜，協之於義而恊者乎？述《歲時景物》。

正　月

曩時，立春前一日，由縣令率佐貳朝服乘顯轎，列儀仗，出東門，行迎春禮。先時於東郭外之亭子轎，築壇，供紙紮之勾芒神，即俗呼“太歲”者一。又土牛、紙牛各一。土牛之製，以板凳一條，塗以爛泥，裹以蘆席而已；紙牛則依欽天監所頒，以五色紙紮成，空其中，實以五穀，即翌日各官所鞭打者也。官涖壇廟，先祭，一跪三叩首，乃迎神與牛以歸，置縣署大堂。翌日，立春之時既屆，各官又朝服將事，重行祭禮。禮畢，各執絲鞭打牛，既而紮牛之紙碎，五穀紛墮於地，則謂豐登有兆，彼此稱賀，重民食也。相傳明季至清初，吾縣迎春臺扛甚盛，嘗以珍珠結箬笠、穿鐵針爲簑扮漁翁，而覓社日生兒、眉髮俱白者扮東方朔。諸戲畢陳，觀者傾城。迄乾隆時漸降殺，惟縣令及佐貳具儀仗鼓吹數部而已。民國成立，舊曆廢，而迎春之典遂廢。迎春以立春先一日行，其日謂之“春夜”，而立春日則謂之“春朝”，俗云

“春朝大於年朝”。舊時士大夫家子弟必於是日具冠服，嚮尊屬拜賀，而晨起煮食粉飩，亦以供祀祖先焉。

元旦每家晨起開門，即放爆竹二或三，謂之“開門炮”，取“開門大發”之意。晨餐，煮糕絲、粉飩，食之，取“團圓高升”之意，亦以供祀神祈祖先。先一日，除夕，於廳事設神位，懸祖先影像，陳列供品，至是由尊屬率子弟以次展拜。既畢，子弟遂嚮尊屬拜賀如春朝。既，造近親尊屬家賀歲。是日，午餐必食麵，取“長壽”之意。罷炊飯而食隔歲之餘，相戒不可澆湯，謂“年初一吃澆湯飯，出門必遇雨”也。又禁不得掃地，曰“掃則財氣出門”矣！晚早睡，忌點燈，兒童有嬉戲不肯早睡者，其父母語之曰：“兒盍罷戲乎？卧矣，卧矣。吾行喚兒醒，聽鼠婚矣。”鼠婚者，相傳九里橋華氏家有樓，鐍鑰已久，忽聞鼓吹聲，家人駭，伺之，見小人數百，長不盈尺，鼓吹大作，若嫁娶狀，儐禮前導，匳具俱備，旁有觀者，曰：“明日嘉禮當更盛。”明日，鼓吹復作，主人親視之，花光燈影，照耀滿樓，鸞輿中作嗚嗚聲泣，後有老人坐兜子掩涕而送，女從如雲，俱從壁間去。主人大驚！不數日，聞呱呱聲，生子矣。又數日，所生子就塾矣，所延師纖長烏喙，白鬚飄然，向坐兜子老人，手攜童子出拜師。師授以《中庸章句》。家人習見，反以資談笑。一日，有老僧來，曰：“吾見妖氣起汝家，今爲公除之，但須以牲牷酬神。”主人頗不信，家人聳恿之，强諾。僧仗劍作法，噓氣旋繞空際，有金甲朱衣者現，領僧指而退。少頃，空中擲小人數百，僧飛劍叱之，身首皆兩截，盛以草囤，幾盈石。僧曰：“衲遠來，不敢言勞，驚擾諸神，酬之宜速。”言訖而去。主人自念曰：“袪怪，神職也。今因怪而索食以爲利，聰明正直之謂何！是亦怪也。”忽聞樓角揚聲呼曰：“老翁强項如此，吾施術求一飽不可得，吾曹日繁，奈我何！”則所謂老僧者，即向坐兜子送女之老人，而金甲神，即爲師授《中庸》者。回視，草囤所盛數百小人，悉無有矣。自是始出樓來室堂，穴壁胠篋，置穢食器，遺矢淋漓几案間。主人怒，赴江西訴張天師。天師曰：“此群鼠誤食仙草變幻爲祟耳。”乃書符與之，懸樓間，更以小符用桃針針其穴而祟乃已。此明神宗萬曆末年事也。至今遂爲元旦早睡一童話故實矣。臨睡，閉門，放爆竹，數如晨啓，名曰“關門炮”云。

新婿謁外舅姑賀歲，率以年初三爲通例云。

初五日，祀路頭神以祈利達，謂之“接路頭”。每於五鼓起祀，各争先取早，以爲遲則路頭神爲人接去也。今竟多初四晚祀者矣！舊時士大夫家祀於門左地上，蓋古祭行意，而俗以爲“財神”；商家祀之尤隆。其祀也，每注酒酬神必以滿爲貴，諺所謂“滿滿十分財”也。是日晨，食薺菜熯糕，謂之“路頭糕”，麵謂之“路頭麵”。而商店主人必以是日置酒邀群夥飲，謂之“請路頭酒”。飲時，主人獻雞，視雞頭所嚮，其人即自引去職，俗名曰“吃雞頭”。主人不明揚其過也，亦庶幾君子絶交不出惡聲之義乎？清聖祖時，市中店肆以是日祀路頭後方開，而高宗以後，則過元旦即漸開，與平時無異。一由謀利之心急，一由家少儲蓄，求於市者衆，亦民多匱乏之徵也歟？

初七日爲人日，初八日爲穀日，鄉人於是夜看參星過月西則多旱，月東則多水。所謂參星，實指昴宿而言。又有看參星不看紅燈之説，謂是夜晴明，則元宵陰雨；是夜陰雨，則元宵晴朗云。

初九日，俗稱“天生日”，晨食薺菜熯糕。舊時洞虚宫玉皇殿燒香以是日爲最盛，村氓老嫗先一日晚赴廟宿夜。厥明，諸廟神皆來朝。凡祠山、睢陽、行災、延壽司、南水仙、西水仙、府城隍、無錫金匱兩縣城隍九廟，所謂朝皇會是也。民國成立，洞虚宫玉皇殿毁於錫軍，乃已。

十一日，鄉人以是日爲起燈之日。燈，即龍燈也。凡一龍燈分九節，或十三節，每人掌一節，其首節爲龍頭，紮有唇舌，繪有鬚眉，繫以鈴，掉時震動有聲。自第二節以下爲龍身，綴以布，而末爲龍尾，每節燃燭一。而有球形燈一，則龍之珠也。皆以竹絲作骨紮成，而以紅布或紅紙糊之。每於正月望前，必舉行掉演，掉時，作龍喜珠狀，及龍取水狀，或俯或仰，或前或後，擊鑼鼓爲節，且掉且行，所經村落之多寡不等，壹視其與會與否爲準。而與會之村落必至，不至必有責言，以爲不掉，即一村不得太平，故有太平龍燈之稱。而所經之村落，翌日必挨户湊錢，以作油火之費云。

十五日，元宵節，接竈。俗以竈爲一家之主，監察人之善惡而禍福之，去臘上天述職，今乃下降，故接之也。惟懷上市有接十四之説，於先一日接耳。是日晨，食薺菜、熯糕，而家家製粉飥，中實以糖和豬油作餡，名曰“元宵”；又以麵製薄餅，裹薺菜、猪油，作卷，名曰“春卷”，皆油煎食之。至下午，祭祖先畢，遂撤供品而收影像焉。明季元宵夜燈火極盛，清初猶然，正街結彩懸燈，争奇競勝。康熙以後，則絶無之。惟好事者爲魚龍、寶蓋、馬燈、毬燈之屬，鳴鑼鼓，遊行街市而已。相傳康熙初年，吴興祚知縣事，時新爲鋪，輕罪者囚縶於此，四面爲木栅，俗呼爲“百哥籠”。封印後，多釋放歸家，元宵後開印，又多入居者矣。某歲，作燈，有以紙糊鳥籠，燃火其中，而題其上云：“此燈天下無，四面紙來糊。過了正月半，依舊養百哥。”吴出觀燈，見焉，知其諷己，縶其人而責之，鋪亦旋廢。此亦元宵燈火一故實也。舊時，縣人於是夜斷松木爲薪，如其日數，架而燃諸門左，佐以爆竹銀花，曰“火爐”。蓋古粆盆之遺。而遊人多登錫山巔眺城内外宛若火龍。雍正以後漸衰少，燃爐火者十家而三，放銀花火樹者百家而一耳。今則城居者絶無，而鄉農猶以是日薄暮，積柴草田岸焚之，而放爆竹以祝豐年，猶庶幾其遺意。婦女以是夜結隊出遊，舊名曰“走三橋”，今知其名者鮮，而婦女之出遊視前益夥。到處鑼鼓不絶，自元旦始，至是夕則徹曉乃已，名曰“鬧元宵”云。

崇安寺市，自元旦日起，兒童争趨焉。所鬻者皆傀儡戲具，鎔錫爲小杯盤、椅桌、小鋌之屬，削竹木爲戈矛，糊紙爲鬼臉，大都賺騙小兒押歲錢耳，無他有用物也。雖然，楚弓楚得，是亦何傷！而比以輸入日本玩具，甚可觀玩，兒童尤樂購焉。夫人棄其竹頭木屑之餘來易我有用之金錢，而長此以往，涓滴不已，其漏卮寧有算耶！君子於是乎有懼。而星相、拆字、説書、彈唱者亦咸集於是，至元宵而止。

畫神拳，亦鄉民新年遊戲之一。蓋以去臘二十日至新正二十日，冥官封印不理事，諸鬼例得及時相邀爲娱戲。好事者乃於月白風清之夜，集衆爲之。其設備用桌一張，杯箸數事，其餘則刀矛劍戟諸武器。數人者用巾蒙面，各以一人自後扶之行，繞場數匝，鳴鑼焚香，而又一人則書符誦咒。有頃，蒙面者皆身戰頭縮，失其知覺。又有頃，漸開步起舞，或稱關羽，或稱岳飛，皆古英雄，操戈弄戟，擺架子，開門户，或曰“鬼神之所附”也。然吾聞催眠學者云：“此完全爲催眠，絶無神怪之可言。而嚮不絶[①]武技之人，所以忽能武技者，則催眠化身之效也。其書符誦咒者僞耳，蓋非此不足以起人信仰。而蒙之面者，將以收其放心”云爾。知催眠之理者，人人可以行之也。前十餘年，以此爲戲者頗衆，今則賭博之風熾，此罕見矣。

---

① 絶，疑爲“習”之誤。

二　月

初二日，晨，食熯糕，名曰“撑腰糕”。俗傳可已腰疾，故名。而懷上市人，則以是日剪紅紙作圓套梅枝上，曰：“否則梅樹將氣死也。”遂稱是日爲“梅日”云。

初八日，祠山神誕。故事，諸神例賽會赴祝。與於賽會者，凡九廟：睢陽、行災、延壽司、南水仙、西水仙、府城隍及無錫金匱兩縣城隍。至則以秩尊卑設席，而本廟神居主席，連桌四五，祭筵極盛。盤裝高果，至五六尺，惟主席牲不用豕而用犬。相傳神始自長興，自疏聖澤，欲通廣德，化爲豕，役使陰兵，戒家人聞鼓聲始具飯。有鳥集鼓上，啄食，夫人李氏携飯往，得見真形，工遂輟，故不供豕而代以犬。至誕期，恒寒冽，多風雨而微霰雪，俗謂“凍狗肉”。蓋神有四女：雨、雪、風、火，各有攸司。而以掌火者祝父誕，歸途必以火災民，爲神所不許，故惟風、雨、雪三女來祝，黼帷旗幟，彩亭雲車，繽紛絡繹，鼓樂喧填，香霏霧襲。夜結燈棚，則明星燭龍，光耀數里。而大蠟燭高及丈，圍二尺許，尤鉅觀。士女遊集，擁塞街市，他神誕日皆然。惟大蠟燭則爲祠山神誕所獨。翌日，舁神出赴各廟謝，俗名“謝酒會”。夫賽會迎神，他縣皆有之，而以生辰慶賀爲會，則惟吾縣爲然，至民國而此風稍衰。

是月上戊日，縣人祭家祠。厥爲春祭，而家祠在惠麓者多，以故奉祀子姓雲集焉。

十二日，俗名“百花生日”。凡花木皆敷以紅紙，是謂“賞紅”，蓋以祝發榮滋長也。

明時，是月中旬，吾縣北塘香燈極盛。蓋蘇、松兩郡進香武當山者，巨艦百十，咸期會於此。其將泊也，鳴鑼爲號，自南而東而西，且鳴且行，聲震天。邑人士聞聲，遂傾城出。其既泊也，懸燈爲記，貫索檣首，紮燈架，或四方，或八角，空其中而懸於旁。燈燈相綴，連屬而下，如貫珠，如星橋。其燈數以人數爲準，每進香一人，人懸一燈。每舟若干人，即懸若干燈。燈光入水，燈燈倒映。每舟懸若干燈，每舟底即映若干燈。懸燈後，花炮四發，煙花入水亦倒映，枝枝朵朵，上下一色。於是香船百計，看香燈之船千計。

香船之燈懸於檣顛，而看香燈船之燈，懸於船首船舷。香船之燈，紙燈，而看香燈船之燈，間以紗燈、珠燈、水晶明角燈。香燈之船，鑼聲、木魚聲、宣佛號聲，而看香燈船之船，佐以歌聲、笑語聲、簫鼓聲、吹彈絲竹聲，聲聲不一，人烟如沸，水面通紅，爲一時勝觀。及明季，楚中多事，進香者裹足，迄今不可復見也。

十八日，俗傳是日馬和尚過江。馬和尚，凶神也。説者謂北風吹，和尚過江南，則江南災；南風過江北，則江北災。以故是日風向，可占歲之凶稔云。

三　　月

清明節亦有在二月中者，而屬於三月者爲多，俗稱“清明逢三月三”。則婦人之不子者，以是日食南瓜，即宜子。其先一日名“寒食”，俗稱是日宜種蔬果。而懷上市人則以是日爲浪蕩日，蓋亦禁火罷炊不事事之意也。清明日，折楊柳、桃花，束置於竈，家祭。既，則擔荷酒食，奠祖墓，而剪彩紙爲錢，繫柳枝，植於墓上。其不奠墓者，亦必出行郊外，名曰“踏青”。踏青者大率之惠山。舊時，不之惠山者，多上城環繞周行，而以東城多遊女，尤爲衆人之所聚處，託言東林庵看桃花也。今則不赴惠山，即往公園，而繞城周行者寡矣！惟鄉人必以是日懷蠶種登山，蓋育蠶者稱上簇作繭爲上山，故先以是祝豐收也。南延市人則以是日遊鴻山。懷上市人遊香山。而斗山遊人亦盛，舊呼斗山爲清明山，是也。兒童放紙鳶，以是日止，俗稱“放斷鷂”云。

初三日，西高山遊人最盛。諺云：“三月三，螞蟻上高山！”或遂以此語書紅紙，倒貼竈上，曰“可辟蟻”也。而以是日戴薺花，則謂能已睡云。

是月中旬，賽會極盛，俗名“香會”。其中尤以十四、十五兩日，臺杠儀從之盛，爲一歲最。而鄉民十百爲群，手持小木凳，炷香挂磬其上，口誦神號，擊磬爲節。五步一拜，如是數十里，隨會至惠山、堠山、芙蓉山諸廟，俗名“拜香”，又曰“報娘恩”。而其中有手帕裹頭，身穿女衣者，云代母拜也。三日內晝夜不絶。其尤甚者，縷刺臂肉繫銅鑼，裝高蹺扮演故事，意以捨身報父母；而不曉孝子不登高臨危，身體髮膚，不敢毀傷之謂何，其愚固不可及。而觀者肩摩踵接，空巷以出，惠山、堠山、芙蓉山，男婦填塞無隙地。居者皆烹炰待客，而遠近村鎮賽會至山者，每户出紙錢一陌納諸會，會中執事總所納作數十擔，標黄紙爲旗，運至山而焚之，曰“解錢糧”。

二十八日，東嶽神誕，廟在錫山之麓。群廟皆賽會往祝，而鄉民亦有隨會拜香者。

四　月

立夏日，薦三新以祀祖先。三新，或云蠶豆、櫻桃、梅子，或云莧菜、蠶豆、梅子。其説不一，要之薦其時食而已。凡人必以是日權，俗傳可免制夏。而制夏即病暑之意，謂爲夏所制也。然如坐閾，則不能免矣。是日，南延市人和苧頭、荷葉、豆葉、棉莢、花紅爲餅，所謂立夏餅也，食之亦可已制夏云。

初八日，僧寺浴佛作會，謂之“傳經”。厥儀，會婦女分兩行對嚮立，一僧持銅盤，盤置小銅佛，而注水灌其頂，遞傳以遍，婦女隨投錢於盤，既乃取經傳之，亦此第以遍。其首立者，厥名曰“傳首經”，而施舍倍於人人焉。

初十日，厥爲太平軍破無錫之日。當日死者夥甚，縣人歲以是日燒紙陌道旁，所以卹孤魂之無祀者也。

十五日，府城隍誕。舊時燈彩最盛，蓋廟爲北塘米賈所管，出錢易也。今則米業日替，當年之盛不可睹矣。

五　月

初五日，端陽節。家釀角黍，而以時食薦祖先。溶雄黄於酒，遍灑室中。又以筆濡書“王”字兒額，爇蓬艾蒼术以薰於室，而削蒲葉爲劍，插諸門。門貼黄紙朱書之午時符。婦女則剪彩爲人，大如豆，名曰“健人”。刻繭爲虎，絨纏八角符，下垂五色釧而簪於首。又以雜彩爲五毒形，彩絲絡之，繫小兒背，曰“背符”，皆以祓不祥也。蓉湖競渡，自古爲吾縣勝事！龍舟自初一日始，會於北塘，至是日士女傾城出觀，好事者縱鴨於河，視龍舟搶奪以爲笑樂。遊女如雲，畫船簫鼓，停橈中流，而輕薄兒棹小舟，往來穿逐，意固不在龍舟也。迨清世宗雍正以後，漸不如曩日之盛矣。民國三年，龍舟一時稱盛，然不於端五而於六月，可特筆也。蕩口、鵝湖，龍舟亦著。

夏至日，薦新麥。晨煮麥粥，供祖先及五祀。午炊，食餛飩。相傳人畏病暑者，可以狗食盆盛而食焉。俗有“端陽勿吃粽即角黍，死則無人送；重陽勿吃糕，死則無人扛；夏至勿吃餛飩，死則無坟墩”之説。

十三日，關羽神誕。相傳是日雨，民無凶飢、妖孽之疾，謂之“磨刀雨”，云神使刀也。吾縣諸神賽會極盛，惟神不與，不敢褻也。大率醵金私祀。祀畢，即會食，謂之“關帝會”。會以北塘爲盛，不惟牲牢祭祀而已。演戲者數日，大抵皆諸米賈之所爲也。

十八日，行災神誕。神，俗稱“炎聖”，即張士誠也。傳者謂士誠有德於吳，吳人立像祀焉，明太祖聞之怒，下所司，縣人懼，赭像面，諱曰：“此炎聖也！”似是火神。然縣中患痘者乃禱此，或謂是上帝五庚使者，主民間疾厄，或謂是漢張騫，以騫得織女支機石而司蠶桑云。是日故事，諸神例賽會赴祝。

二十八日，無錫縣城隍誕。故事，諸神例賽會赴祝。

六　　月

初四日，祀竈。而縣人食雷尊素者，自是日始，以迄二十四日，凡二十一日。俗傳二十四日爲雷尊誕也。

初六日，天貺節。俗有“六月六，狗洗浴”之説。而鐙檠之屬，亦以是日濯於水。又稱是日曬書，則不蠹蝕云。

十一日，西水仙神誕。故事，諸神例賽會赴祝。

十四日，祀竈。

二十四日，厥爲雷尊素之末日，而神仙素，亦以是日食之。食神仙素者，一日辟穀不舉炊，衹以瓜果充腹而已。是日，祀竈。

我聞在昔，大渲、小渲多荷花，六月花放，邑人士多操舟置酒，往觀荷避暑者。迨雍正後，絶不聞矣。

七　　月

立秋日，薦西瓜以祀祖先。舊俗，是日取西瓜和燒酒食之，謂可以防瘧痢。

初七日，乞巧。先一夕於中庭設桌供時果，銅盆貯井水和河水，名曰“陰陽水”，漬雜花，置盒其上，取蜘蛛藏盒中，至是日晨起，啓視，結網者爲得巧。而酌盆中水映日光，浮細针，視水底影，而影之狀不一，或如筆，或如棒錘，如扁擔，説者謂見筆影者其人巧，而見其他影者則拙，皆小兒女戲爲之而已。相傳是日少鵲，蓋赴銀河作橋以渡牛郎織女云。

十五日，中元節。祀先，祭品以西瓜、茄饼为主。茄饼者，以米粉调水成糊作外衣，而裹茄和肉作醢为餡，油煎成餅者也。俗谓是月十三日，为鬼放監之期，十四日，爲鬼洗衣之期，至是日則爲鬼看會之期。故事，舁城隍神出會，詣壇，焚紙陌，衈孤魂，而民家亦隨處燒紙陌以衈魂之無主者，名曰“化恤孤”。其居於鄉者，則備白紙，名曰“田角紙”，繞於田隅，以祀土神。翌日，十六日，厥爲鬼收監之期，宜雨。不雨則鬼歸途，必陰損苗也。説者謂十六日雨，人之幸；而十四日雨，則鬼之幸也。蓋十四日，鬼洗衣，天雨則溝澮皆盈，既可取飲，又可洗衣。鬼洗衣畢，即曬野茄科稈上，以故相誡慎勿觸，損鬼衣，取怒云。

二十五日，睢陽神誕。故事，諸神例賽會赴祝。縣人事睢陽尤虔，每於初一日始，掃除庭宇，張燈結彩，設祭筵，或迎惠山神像，或爲小像，長尺餘，衮冕如王侯，坐廳事。合數十家輪具香燭，朝夕捧盤水巾帨盥洗上食如事生禮。里中户懸燈，燈書“收災降福”字，竟一月，名曰“大老爺燈”。俗傳明太祖惡無錫民爲張士誠固守，命徐達於平吴後，屠其城。達過望亭驛，將下令，忽夢一金甲神立船頭，曳帆行，船駛如飛。比醒，已至五牧，見岸有古廟，達登謁，祀睢陽，像即夢中見金甲神也。城得不屠，民感之以是報焉。一説。士誠有德於吴，吴民懸燈爲士誠也，懼太祖怒，詭稱爲睢陽神。又一説。非也！當明兵臨縣，將屠城，賴義士張翼以全。見《歷代兵事志》。翼以四月晦卒，民感其德，而哀其逝，乃以五月朔日始，户懸燈。燈，四面爲門，門内有神及護從人役像，門有聯，以五色紙鏤細花糊之，上有寶蓋，燃燈用油不用燭。盡一月乃已，所以報也。閱歲逾久，生民忘厥所自，知睢陽神之爲張姓，而不知有義士。爲神誕七月二十五日，於五月報賽非宜，乃以燃之七月間云。

晦日，地藏神誕。夜則燃燭於地，削竹籤，塗附香屑，以插階除間而爇焉，謂之“燒九恩香”。比户皆然。俗説不如是，則來生無人缘，必多怨家云。

猛將神，俗傳姓劉，名愔，司蝗。至是稻秀，鄉人必定期迎神出巡視田。既，則插小紅旗於田，以示神所祐也，謂如是則蝗蟲不爲害云。

八　月

是月上戊日，縣人祭家祠。厥爲秋祭，而與祭子姓雲集惠麓，與春祭同。

十五日，中秋節。晨，食芋；夜，祀先。其祭品以月餅爲主，而佐以新栗、白果及藕等，亦薦時食之義也。市中香店以是日聯綫香成方斗形，售諸人。歸，實以沉檀香末，插綫香，於夜架高臺中庭，爇焉，謂之“燒香斗”。俗稱天門惟是夕與除夕兩日大開云。

十八日，延壽司神誕。神以清聖祖康熙末年，始與於賽會之列。嘗改爲財帛司，不久仍曰延壽司，以爲南斗中神也。故事，諸神以是日賽會赴祝。

二十四日，竈神誕。以新米磨粉作糰祀之。

九　月

初九日，重陽節。登高多上惠山，否則登城眺覽而已。以米粉或麵和酒蒸之，曰“重陽糕”。市中亦鬻之以薦先。

十九日，金匱縣城隍誕。十餘年前，廟中亭臺池館，爲闔縣神廟冠。先誕期一二日，士女已雲集，肩摩踵接，遊人之盛，諸神誕無與倫比者。民國成立，金匱縣廢，廟亦毀於兵，無復當年勝遊矣。

十　月

初一日，俗名“十月朝”。挈盒掃墓如清明。

十一月

舊時冬至，晨，食粉飥，賀冬，亞於歲首。先一日晚，謂之“冬夜”，祀神，祭先，設家宴，亞於除夕。今祀祭家宴，如舊而賀冬之儀廢矣。

十　二　月

初八日，以棗、栗、菓、蔬及豆腐加鹽酪煮粥食之，名曰“臘八粥”。歲云暮矣，家家束稻草爲帚，縛諸竿，以拂除屋塵，名曰“膽簷塵”。率以十七、十八兩日行之，厥爲“除舊布新”之始事。自是而後，乃屑米和糖蒸年糕，忌生人窺視則難熟，云不熟，則來歲不吉也。比户皆然，惟新遭大故者，則不膽簷塵，不蒸糕云。

二十三、二十四兩日，送竈神。俗有“官三民四”之説，今則非官而官，以二十三日送竈者，夥矣！夫官迷可哂，而不曉民貴之義，尤可閔。其祭品以瑪瑙糰、糖餅爲主，云二物黏異甚，而竈君此行將以人間善惡奏上帝，食此則口膠不得開，無慮多言矣。夫人不能戒儆自修，而爲無忌憚之小人，則亦已耳！徒欲防神之口，使不得請於帝，不亦小人之尤者耶！君子於是覘民情之澆焉。瑪瑙糰者，蓋溶紅糖水調粉，和白粉而成，色如瑪瑙，故云。

晦日，俗稱“除夕”。晚，祀神，祭先，家宴，視冬夜爲盛。惟冬夜不接竈，而除夕接竈，供神必用大吉利市。大吉利市者，大栗、橘子、荔枝及柿餅也。既，尊屬以紅紙裹銀錢，給賜卑幼，謂之“押歲錢”。而人終宵不寐，則謂之“守歲”；燃畫燭於寢，謂之“守歲燭”。中夜煮食南瓜充飢，謂之“交南方運”。鄉之人則以是夕調石灰畫弓矢於門首廣場，近亦有畫槍炮者，蓋禳解兵災厭勝之意。而中堂及寢，隨意畫元寶、飛錢、定勝之屬，則取利市之意，猶供果之用大吉利市也。睡不解衣，將鞋藏床頭，闔門放爆竹三，歲朝啓門亦然，震響達旦。而庖室之水缸，是晚儲水必盈，其竈下之薪，則携取盡焉以防火也，謂之“窮竈倉，富水缸”云。

錢基博曰：鄉民歲時賽會之爲搢紳士大夫詬厲舊矣！推其初，藉祈報之名，而行娱樂之事，於農功告竣之日，家人父子相與鼓腹嬉遊，點綴歲景，意至美也。惟末流所届，寖失本真，争奢鬬靡，舉國若狂。而聚賭[①]酗飲、作奸犯科之事或因焉。所謂搢紳士大夫者，睹此流弊，乃痛心疾首議禁止。

① 賭，原作“睹”，今改正；下同。

夫鄉民之賽會，則既以禁而稍衰息矣。然其聚賭酗飲、作奸犯科者自若，曾不以禁賽會而或衰息也。不知民之不德，蓋教育之不普及，地方行政組織之不完善，有以致之然，而無與於賽會。《記》曰：“一張一弛，文武之道。”人生日夕勤動，不能不及時行樂，泮奐優遊，娱精神，舒肢體，不論居城市與居農村，一也。比年城市娱樂，以物質文明之日進，踵事增華，而所謂搢紳士大夫者，亦既樂其樂，利其利；而蚩蚩者氓，終歲勤動以求一日之娱樂而不可得。夫人情不甚相遠，儻所謂搢紳士大夫者易地以處，一平心思之，當必有蹙然不安者。故博以爲城市之賽會可禁，而農村之賽會不可禁。何也？夫農村爲國富之策源地，此歐美經濟學者之公言。使操之過蹙，俾其人憔悴鬱結，意不得發舒，而精神體力日即於萎靡，則國家將隱受其害，寧祇一鄉一邑之榮悴已耶！其不可一也。抑尤有所甚不可者，農民之厭耕稼之勞而寡獲，而慕城市之繁榮，工商業之利進多，亦已久亦。人民集中於都市生活，歐美政治教育家方引爲大戚。苟不急爲補救，使之得所慰藉，則良民輕棄其鄉里，别營城市之生涯；而愚者日即於畸邪，流爲飲博之徵逐，馴致田野荒蕪，風俗墮壞，非細故也。《記》曰：“人不能無樂，樂不能無形，形而不爲道，不能無亂。”夫所謂道者何也？曰：“宣其和樂之意也。”道之之法，第一，以從俗從宜不害風俗爲主。賽神則當求其有功德於民，嘗爲人民禦災捍患者，隆以祀饗，以伸報功崇德之思。若其地方歷史，無合於此選者，莫若奉一國民崇拜之人物，而淫祠穢祀與夫怪誕不經之神，皆從廢黜。若夫緣賽會而舉行各種之嬉戲，則務以不至誘惑青年墮落品性爲標準。演劇則當取其足資觀感，而淫邪儇薄之戲曲，屏不得演。蓋農民孤陋寡聞見，其感受戲劇之潛化力甚易，觀於豆棚茅舍，鄰里聚談，父詔其子，兄勉其弟，大率舉劇中故實爲談資，與所謂搢紳士大夫者之引經據典無以異。故戲劇之良楛，有繫世道人心不淺，所當加意者也，期足以感動人之善心而不使放心邪氣得接焉。其二，宜力持儉約。農村之財力有限，風氣率淳樸，若賽會過事鋪張以聳觀聽，既以耗其蓋藏，又以長其侈傲。其三，每年賽會，祇宜以一次二次爲度，而於農事蠶事畢後行之。蓋人情數則厭，而勞苦之餘，得所懽娱，尤視平日爲酣適也。此則道之之説也。吾聞子貢觀於蜡，曰：“一國之人皆若狂。”孔子曰：“百日之蜡，一日之澤，非爾所知。”甚矣！聖人之見大也。嗚呼！今之賽會，蓋古蜡祭之遺意也。漢司馬遷不云乎曰：“俗之漸民久矣，雖户説以眇論，終不能化。故善者因之，其次利道之。”宜如何因俗利道以勿拂於民情而納之軌物，豈非所謂搢紳士大夫之責歟？惟邦人君子實圖利之。

方　言

方言，舊志無之。惟今世士夫，輒謂中國方言参互，文語殊途，學不普及，實緣於此。然中國書同文字，雖音讀參差，而源流一貫。蓋有誦讀占畢之聲，既用《唐韻》，俗語猶不違古音者，有通語既用今音，而在無錫猶用《唐韻》者，有數字同從一聲。《唐韻》已來，一字轉變，餘字則猶在本部，而俗語或從之俱變者。在昔姬周之世，設大行人屬象論言語協辭命，屬瞽史諭書命聽聲音，所以謀言文之一致也。世人學歐羅巴語，多尋其語根，溯之希臘、羅甸。今於鄉談顧不知察其聲音條貫，上稽《爾雅》、《方言》、《説文》諸書以推見本始，不亦惑哉！録可考見者著於篇，所不知者，蓋闕如也。其有俚言俗語，因事孳乳，不必有稽於《爾雅》、《方言》、《説文》諸書而可以詁經證史者，併附於篇末焉。述《方言》。

釋　辭

丂　《説文》：“丂，反丂也，讀若呵。”今縣人語如阿，轉入麻部。凡發聲言“阿”字者，即丂字也。縣人小字往往冠阿稱阿某，如吴吕子明蒙，稱阿蒙；魏孟公休康，稱阿九，皆三國時人。於史亦有先例。

丂喔癥　丂見前。尋《説文》，喔，音聲喔喔然。余六切。癥，劇聲也，於賣切，而劇者病甚也。縣人病痛呻吟輒呼曰“丂喔癥”。按《春秋左氏·昭三年傳》：“民人痛疾而或燠休之。”《正義》引服虔曰：“燠休，痛其痛而念之。”若今時小兒痛，父母以口就之曰“燠休”，代其痛也。今人呼痛曰燠休，休或呼如由，或轉呼曰“阿育”，此餘杭章炳麟説也。《北齊儒林傳》：“宗道暉謁任城王湝，湝鞭之，道暉徐呼安偉！”安偉，其音即丂喔癥，俗書“阿呀喂”也，單字還音者。唐人《朝野僉載》郭勝静不被打“阿瘡瘡”亦同。《舊唐書·安録山傳》：“禄山呼李林甫爲十郎。使奏事回，先問：‘十郎何言？’若但言‘大夫須好檢校’，則反手據床曰：‘阿與！我死也。’”阿與，即安偉、阿瘖瘖。《唐書》删“阿與”字，蓋不知爲單字還音語而疑爲冗字也。其還音，《傳燈録》、《德山鑑語》，作“阿唧阿唧”；元曲本多作“阿嚛”，又作“哎噺”，又作“阿燕”，蓋皆非本字云。

唉 唉，烏開切。《説文》：“應也。”《廣韻》：“慢應。”《莊子·知北遊》：“狂屈曰：‘唉！吾知之。’”《音義》：“唉，烏來反，又烏在反。李音熙。”縣人應聲曰“唉”，正作烏開、烏來、烏在三反，音哀不音熙。

侻 《廣雅》：“侻，可也。”侻，從兑聲，自可讀兑，《易》言商兑，正謂商量可否也。”《法言》：“孫卿非數家之書，侻也。”若以縣人語通之侻，即是對矣。

粃 《方言》：“粃，不知也。”粃從比聲。縣人反遮人言，若云不知者，則呼曰粃，音如屁。《廣韻》亦作屁。

咅 《説文》：“咅，相與語，唾而不受也。天口切。”今語如本音，俗作哇，而縣人則音轉如剖，俗作呸。

弗 《公羊·桓十年傳》注：“弗者不之深者也。”縣人相屬以事而拒不肯，則應曰弗。按《韻會》：“弗，不可也，不然也。”《史記·孔子世家》稱：“弗乎！弗乎！”正與縣人深拒痛絶其事連應“弗弗”者同。

若、魌 《論語·憲問》：“君子哉若人！尚德哉若人！”《公羊·莊四年傳》：“有明天子，則襄公得爲若行乎？”若皆訓此，縣人指物示人曰若，音如諾，有時亦含驚駭之義，則魌字之音轉也。《説文》：“魌，見鬼驚詞，從鬼，難省聲。諾何切。”

右發語辭

故、故些 故，猶此也。《莊子·齊物論》：“有成與虧，故昭氏之鼓琴也；無成與虧，故昭氏之不鼓琴也。”故與此同義。今縣人語猶謂此爲故，音轉如個。《禮記·禮運》：“故聖人參於天地，故人也者，其天地之德；故禮義也者，人之大端也。”《正義》皆别標爲一節。今縣人謂此爲故，亦多發端言之，爲下語作凡目，如云某事則曰“故件事”，云現時則云“故些”。《爾雅》：“故，今也；些，此也。”些，息計反，又息賀反。縣人則語如歇。

舍 舍，式夜切，何也。《孟子·滕文公》“舍皆取諸其宫中而用之”，猶言何物皆取諸其宫中而用之也。《晉書·元帝紀》：“帝既至河陽，爲津吏所止。從者宋典後來，以策鞭帝馬笑曰：‘舍！長官禁貴人，女亦被拘耶？’”

“舍”字斷句，猶言“何事”也，俗作“啥”。

難倒　《禮記・大傳》注：“然，如是也。”然字或從草難，作蘸，或體作難。《文選・劇秦美新》稱：“難除仲尼之篇籍。”李善注：“難，古然字，而從難聲。”則“然”古音如難可知，反言遮人，古稱然則。今縣人則言難倒。難即然字，倒有反意。作難道者，音譌無義。

右語助辭

居　《詩・鄭風》：“叔善射忌。”《傳》曰：“忌，辭也。稍侈則言居。”《詩》言“日居月諸”，是也。此在語末，無他意義。縣人言居，轉入如格。

了　縣人語終稱了，猶古人語終稱已。《禮記・檀弓》：“生事畢而鬼事始已。”“已”亦作“里”。《周官・考工記》“里爲式”注：“‘里’讀爲‘已’，聲之誤。”是其證也。今縣人語作了，里、了一聲之轉耳。

右語已辭

釋　名

虹　《爾雅》：“螮蝀謂之雩。螮蝀，虹也。”今縣人呼虹如垢，作呼后切，音在虹、雩之間，虹轉爲垢，若項橐作后橐矣。

風暴　《詩・邶風》：“終風且暴。”《爾雅》：“日出而風爲暴。”《毛傳》：“暴，疾也。”縣人謂疾風時至爲風暴，暴音如報。

曬　《説文》：“曬，暴也。”所賣切。縣人呼暴日音正如字。

零雨　《説文》：“零，雨零也。從雨，各聲，盧各切。”縣人稱降雨曰落雨，落當作零。段玉裁曰：“零，下雨本字。”今則“落”行而“零”廢矣。

濛霥雨　《説文》：“霥，小雨也。從雨，衆聲。”《明堂月令》曰：“霥雨職戎切。”今縣人狀雨不甚，亦曰濛霥雨。濛者，尋《説文・水部》：“微雨貌，從水，蒙聲。”

圓　《説文》：“圓，規也。”規即象天體之圓也。圓，火玄切。縣人稱圓形曰圓圓，亦曰圓子，音去玄切。世皆作圈。圈本養畜之閑，音渠篆切。今人猶言豬圈、牛圈，與圓圓、圓子之圓異。

萌朝　《説文》：“萌，翌也。”翌者異之假借，別於今日之稱也。《尚書》:“五言翌日。”皆訓明日。按萌之古音，爲誤郎切。今縣人謂明日爲門朝，則古今音之轉也。

月半 月半，謂月之十五日也。此語由來舊矣!《儀禮·士喪禮》:“月半不殷奠。”《禮記·祭儀》:“朔月月半，君巡牲。”

右釋天

馬頭 縣人稱水路泊舟之地曰馬頭，始於唐。《資治通鑑》載:“史憲誠據魏博，於黎陽築馬頭，爲渡河之勢。”注:“附岸築土，植木夾之，以便兵馬入船也。”

場許 《説文》:“処，止也。或作處，從虍聲。”則處亦可讀虍。經典相承，多借所爲處，亦借許爲處。《檀弓》:“高四尺所。”《正義》:“所，是不定之辭。”今人則作許矣。許音近虍，所從户聲，亦與虍近，魚模轉麻。今縣人言處言許，音皆如化，如言所在曰場處，或曰場許，則音如場化矣。按古人稱幾何曰幾許。縣人語亦稱幾化，多許亦稱多化。

悝 《説文》:“里，居也。”通語謂此處、彼處曰者里、那里。而縣人音轉，如孔悝之悝。悝，苦回切，或書作塊非也。

裹鄉 《釋名》:“鄉，向也，衆所向也。”《匡謬正俗》曰:“俗呼某人處爲某享，是鄉聲之轉。”今縣人稱内曰裹，享音如向，本鄉字。裹者，尋《説文·衣部》“衣内也”，有内之義焉。

右釋地

渾敦 《春秋左氏·文十八年傳》:“季文子稱昔者帝鴻氏有不才子，掩義隱賊，好行凶德，醜類惡物，頑嚚不友，是與比周，天下之民謂之‘渾敦’。”按:“心不則德義之經爲頑，口不道忠信之言爲嚚。”今縣人駡多行不義曰葷如婚音帳，意即“渾敦”二字之音轉也。

木頭 《論語》:“剛毅木訥近仁。”《集解》引王注:“木，質樸也。”按《漢書·周勃傳》:“勃爲人木强敦厚。”《張周傳贊》:“周昌，木强人也。”《酷吏傳》:“尹齊木强少文。”顔師古以爲强直如木石，而《後漢書·吴漢傳論》引《論語》文。李賢注云:“木，樸愨也。”今縣人以樸愨爲訢，亦曰木頭。頭者，古稱一人爲一頭。《春秋元命包[1]》十紀，其一曰九頭紀，即人皇氏，

① 包，今人亦作“苞”。

人皇兄弟九人故也。

𡟭伯嚭　《説文》："𡟭，不正也。"火鼃切，音華。縣人開口呼之，音如壞，胡怪切。不正之人曰𡟭人，不正之話曰𡟭話。而春秋時，伯州犂之孫嚭爲吴太宰，受越人賂，讒殺伍員，長吴王之侈，以亡吴國。吴人惡之，詬曰𡟭伯嚭，言莫𡟭於是人也。今縣相駡曰𡟭伯嚭，言其人之𡟭比於伯嚭也。

鯫頭　《詩・鄭風》箋："䰢，惡也。"《正義》曰："䰢、醜，古今字，音轉爲鯫。"《漢書・張良傳》載高祖稱"鯫生説我。"服虔曰："鯫，音士垢反。鯫，小人也。"今縣人斥品性陋劣者爲鯫頭。

孱頭　《説文》："孨，謹也。"相承以孱爲之。《漢書・張耳傳》："吾王，孱王也。"孟康曰："冀州人謂懦弱爲孱。"今縣人謂下劣怯弱爲孱頭。孨，本旨兗切，今爲旨銜切。

陸顧　陸顧，吴語也。三國時，陸顧爲吴大姓。吴人問訊誰何曰"陸顧"，若曰"非陸即顧"云爾。今縣人音譌爲陸靳烏切個矣。

僂儸　縣人稱盜黨曰"僂儸"。古作樓羅，亦作婁羅。《唐書・回紇傳》："加册可汗爲登里頡咄登密施含俱録英義建功毗伽可汗。含俱録，華言婁羅也，蓋聰明才敏之意。"《酉陽雜俎》引梁元帝《風人辭》云："城頭網雀樓羅人。"著《南齊書・顧歡論》云："蹲夷之儀，婁羅之辨。"《五代史・劉銖傳》："銖謂李業等曰：'諸君可謂僂羅兒矣！'"《宋史》："張思鈞起行伍，征伐稍有功，質狀小而精悍，太宗嘗稱其樓羅，自是人目爲小樓羅焉。"蓋幹辦能事之稱，非惡謚也。自盜魁襲之誇獎所部，以殺越人財貨爲樓羅，而人遂用爲詬厲焉。

脚色　《通鑑》載："虞世基掌選曹，受納賄賂，多者超越等倫，無者注色而已。"注色者，注其入仕所歷之色也。宋末，參選者必具脚色狀。按《朝野類要》載："脚色者，初入仕，具鄉貫、户頭、三代、名銜、家口、年歲。"若注授轉官，則又加舉主，有無過犯，即今之履歷也。以其於人行履，無所不備。觀脚色，即可知其人生平，故今縣中稱人物亦曰"脚色"云。

黄六　縣人誚無憑信曰"黄六"。其語本之唐人，乃指黄巢兄弟六人，巢次居六而多詐，故云。

司務　顧炎武《日知録》載："木工、金工、石工之屬，皆爲司務。其名起於宋時，不知何據。"今縣人亦有是語，如木工稱木匠司務，縫工稱裁縫司務之屬，是也。若百工之徒，則稱其師曰師父，其聲與司務混。按《説文》："父，矩也。家長率教者，從又，舉杖。"稱師曰師父者，以師道嚴。夏楚收威，比於父矩從又舉杖也。

蔫子 蔫，從草，焉聲。《正韻》："臭草也。"縣人斥逐利坿勢以自炫之人曰"蔫子"，譏其爲逐臭之夫也，若曰"不知香臭"云爾。按"不知香臭"四字，今縣人常語，始見《焦氏易林》，曰："鼻目易處，不知香臭。"則漢人已有之矣。

儔扶、儔扶 儔，衆也，等類也。《楚辭》王逸注："二人爲匹，四人爲儔。儔，直由切，又通作疇。"《漢書·韓信傳》："其儔十三人。"縣人謂一群人曰一儔，謂同類曰儔扶。《説文》："扶，並行也。讀若伴侶之伴。"按伴侶爲借字，扶旅爲正字。儔扶亦稱儔火。儔音如濤。火者，考《司馬法》："人人正正，辭辭火火。"注："言一火與一火，猶人人殊之人人人也，即俗謂火伴。"《古木蘭詩》"出門看火伴"。

倗 《説文》："倗，輔也。步崩切。"此倗友正字，亦爲倗黨，朋聲。今縣人轉入東江，故呼倗如幫。凡工商遊民無不稱幫，又凡相輔助亦曰幫，本倗字也。

底下人 縣俗稱奴僕爲"底下人"，亦有本。《南史·張伯之傳》："褚緭謁范雲，雲不見。緭怒曰：'建武以後，草澤底下都成貴人。'"唐洋州刺史趙臣《議選舉疏》，有曰："授官多底下之人，修業抱後室之歎。"

右釋人

爹 《廣雅》："爹，父也。"《南史·梁始興王憺傳①》："詔徵入朝，人歌曰：'始興王，人之爹；赴人急，如水火。何時復來哺乳我？'"荆楚方言謂父爲爹，故云。爹叶火、我，入哿韻，讀如舵。今縣人呼父曰爹爹，音丁耶切，轉入麻韻。

公公 《前漢書·郊祀志》："天子爲天下父，故曰鉅公。"《廣雅》："公，父也。"今縣人不以稱父而移於祖父，疊稱之曰公公，猶言公之公云爾。

爺、爺爺 爺，古文作爺。《玉篇》："以遮切，音耶。俗呼爲父。"爺字，《古木蘭詩》："軍書三十卷，卷卷有爺名。"今縣人稱父曰"爺"，而祖父則疊

---

① 此處脱一"傳"字，已補。

稱曰爺爺。爺爺云者，猶言爺之爺爾。

娘、親娘　娘，《唐韻》："女良切，同孃。"《廣韻》："孃訓爲母。"《古樂府》："不聞爺孃喚女聲，但聞黄河流水鳴濺濺。"杜甫《兵車行》："耶孃妻子走相送，塵埃不見咸陽橋。"今縣人呼母曰"娘"，呼祖母曰"親娘"。按《禮記·奔喪問喪》注："親，父母也。"親娘云者，猶言父母之娘云爾。

姑姑、姑娘　《爾雅》："父之姊妹曰姑。"《春秋左氏·僖十五年傳》："姪其從姑。"注謂"我姪者我謂之姑"是也。縣人重呼曰"姑姑"，或同父兄稱曰"伯伯"，以姊妹亦女兄弟也。婦謂夫之妹曰"小姑"。唐王建《新婦詩》："未諳姑食性，先遣小姑嘗。"此古稱也。縣人則稱曰"姑娘"。娘者，尋《唐韻》、《集韻》、《韻會》，並少女之號，有小之義焉。

娘舅、舅公、舅婆、阿舅　《爾雅》："母之舅弟爲舅。"《詩·秦風》："我送舅氏，曰至渭陽。"舅氏，指晉文公，則秦康公之母穆姬兄也。縣人呼母之兄弟曰舅而繫之娘，稱"娘舅"，呼母之父母則曰"舅公"、"舅婆"。《廣雅》："公，父也。"《説文》："婆作媻，奢也。"奢訓張，則婆亦女之大稱也。舅公、舅婆云者，猶曰舅之父、舅之母也。妻之兄弟亦稱"舅"，始見《唐書》："楊行密曰：'得舅代我無憂矣。'"謂其妻弟朱延壽也。縣人呼妻兄弟，則曰"阿舅"，加發語辭以别於"娘舅"焉。

姨、内姨　《釋名》："妻之姊妹曰姨。姨，弟也，言與己妻相長弟也。"《詩·碩人》："邢侯之姨。"①《春秋左氏·莊十年傳》："息嬀過蔡，蔡哀侯曰吾姨也。"注："並同母之姊妹曰姨。"亦著《釋名》。今縣人稱母之姊妹曰姨，而妻之姊妹則曰内姨。内者，古稱妻妾曰内。《左氏·僖十七年傳》："齊侯好内。"是也。

姆　姆，女師也，言能以婦道教人者。見《儀禮·士昏禮》、《春秋左氏·襄三十年傳》注。今弟妻稱夫之嫂曰姆，以其年資過我，若將受教之意也。至兄弟之子稱伯母曰姆，則隨其母之稱以爲稱焉爾。姆，《廣韻》、《集韻》，並莫補切。今縣人呼作莫温切，雙聲之轉也。

哥　《説文》："哥，聲也，從二可。古文以爲謌字。"今縣人呼兄爲哥哥，古俄切，實與罤聲相轉。《説文》："周人謂兄曰罤。古魂切。"經典相承，

① 此處有衍文"傳"字，已删。

用昆爲之。昆與兄爲喉腭相轉。稱兄爲哥，始於唐元宗。《與寧王憲書》稱“大哥”，又有《同玉真公主過大哥園池詩》、白居易《祭浮梁大兄文》稱“大哥”，此其證也。然唐時人亦稱父爲哥，《舊唐書·王琚傳》：“元宗泣曰：‘四哥仁孝。’”稱父睿宗行四也。今惟以稱兄耳。

姊 姊，姐本字，子野切。《爾雅》：“男子謂女子先生曰姊。”今縣人仍其稱而書作姐。尋《説文》：“蜀人呼母曰姐。”則姐爲母稱，非姊也。

小㚷 《説文》：“㚷，少女也。坼下切。”今縣人謂處女爲小㚷，讀如姐。以姐爲之，亦非。

姪 女子謂㽔弟之子曰姪，此義最古。宋周煇《清波雜記》引唐碑顔真卿、柳宗元俱以從子稱姪男某，非古也。《左氏》曰：“姪其從姑。”又云：“其姪𪒠聲姬生光。”《爾雅》曰：“謂吾姑者，吾謂之姪。”《漢書·疏廣傳》：“兄弟之子皆稱子，不稱姪也。”然王伯厚引《吕氏春秋》：“黎邱之鬼，善效人家子姪昆弟之狀。”則先秦已有姪稱，未爲非古，其説亦信也。

倪子、女倪 《孟子·梁惠王》：“反其旄倪。”注：“倪，弱小繄倪者也。”倪與兒聲相轉。《説文》：“兒，孩子也。”《韻會》：“兒，倪也。人之始，如木有端倪。”縣人稱子曰“倪子”，稱女亦曰“女倪”。女，奴含切。

親家 《廣韻》：“親，親家也。”《集韻》：“婚姻相謂爲親。”今縣人婚姻相謂亦曰“親家”，家音如固。按家本有姑、固兩音。《詩·豳風》：“曰予未有室家。”叶上据荼音姑，古胡切。《焦氏易林》：“三足孤烏，靈明爲御，司過罰惡，自殘其家。”家叶御音固，古暮切。則“親家”之“家”呼如固，亦有本也。親家之稱，始於漢人：“西都舊有上陵東都之義，百官四姓，親家婦女，皆會陵。”見《後漢書》。注引獨斷，曰“凡與先后有瓜葛者”。《唐書·蕭嵩傳》載：男女兩姻家相呼，男曰“親家翁”，女曰“親家母”，簡稱則曰“親家”。正與今同。

連衿 《爾雅》：“兩婿相謂曰亞。”注云：“今江東人呼爲僚婿。”《嚴助傳》呼“友婿”。《嬾真子録》云：“江北人呼連袂，又呼連衿也。”“連衿”二字見此。今縣人亦稱連衿，固不惟江北人然矣！

右釋親

頭 《説文》：“頭，首也。從頁，豆聲，徒侯切。”《釋名》：“頭，獨也，於體高而獨也。”此頭之本義也。縣人謂時之始亦曰頭，如稱起頭。物之端，亦曰頭；如稱一頭、兩頭，蓋從首義引伸也。至用之語助辭，由來亦久，唐宋人詩多有之，如鼻頭見白居易詩。、舌頭見杜荀鶴詩、缽頭見張祐詩、五更頭見顧況詩、屋山頭見范成大詩。

禿頂　《説文》："禿，無髮也。"凡物落盡皆曰禿。《後漢書·張衡傳》："蘇武以禿節效貞。"謂節毛落盡也。今縣人稱衰老頂髮浩落曰"禿頂"。禿，他谷切。頂，《説文》："顛也。從頁，丁聲。"《易·大過》："過涉滅頂。"

眲　《説文》："眲，目圍也。讀若書卷之卷。"今縣人謂"目圍"曰"眼眲"，音去玄切，以圈爲之，非。總語曰圓，（見前。）别語曰眲。

眼睞毛　《説文》："睞，目旁毛也。"縣人謂目旁毛爲"眼睞毛"。睞，子葉切，今音轉子央切。

耳耽　《説文》："耽，耳大垂也。""聸，垂耳也。""耽，音丁含切。""聸，音都甘切。"今縣人謂耳曰"耳耽"，音轉如朵。耽、聸訓垂，本由雙聲流轉。古音垂如埵，《説文》："垂讀若朵，朵訓樹木垂朵朵也。"故聸得讀如朵，其在韻部，亦猶冉聲之那入歌類矣。

巴掌、下巴　《説文》："酺，頰也。從面，甫聲。"《玉篇》引《春秋左氏·僖二年傳》："酺車相依。"今作輔，而縣人則稱頰曰"巴掌"，頰之下部曰"下巴"，下巴之巴，音近爬。巴，即酺也。讀爲巴者，古無輕脣，輔讀如補，閉口讀。今音據此轉變，魚模生麻，遂爲巴音，若匍之爲爬矣，惟巴下綴掌，未知何義耳！

觜　《廣雅》："觜，口也。"今縣人語多謂口爲觜，相承作觜，俗作嘴。

奓　《説文》："奓，厚脣貌。"《廣韻》："奓，脣下垂貌。陟加切。"今縣人謂撮脣使其突出爲奓起觜，音轉如篤，蓋觜奓則脣加厚也。又言語舌不調便曰"奓舌"，蓋從厚義引伸若曰"厚舌"云爾。

胡鬚、胡嚨　《説文》："胡，牛頷垂也。"《史記·封禪書》："有龍垂胡髯下迎黄帝。"又云："抱其弓與胡髯。"乃稱髯爲胡髯矣。今縣人謂鬚爲胡鬚鬚呼如些，桑何切本此，然實引伸義。縣人謂"喉"曰"胡嚨"，乃近本義。《釋名》："胡，互也。在咽下垂能歛互物也。"《詩》："狼跋其胡。"狼之老老者，頷下垂胡。《漢書·郊祀志》師古注："胡，頸下垂肉也。"《金日磾傳》："捽胡投何羅殿下。"晉灼曰："胡，頸也。"《後漢書》："請爲諸君鼓嚨胡。"古人讀侯爲胡。《息夫躬傳》師古注："咽，喉嚨。"即今言胡嚨耳。

懷　《左氏·成十七年傳》："瓊瑰盈吾懷乎？"又《論語·陽貨》："然後免於父母之懷。"懷皆作胸字解。縣人稱胸前曰懷裏，本此。

佗子　《方言》："凡以驢馬、馲駝載物者，謂之負佗。"佗今作馱，此通語也。負物必曲背，故今縣人稱背屈者爲佗子。《爾雅》："鮐背，壽也。"鮐背即佗背。老人多僂，以此狀之。台它雙聲。《莊子·德充符》："衛有惡人焉，曰哀駘它。"蓋醜惡莫如曲背，故亞訓爲醜，象曲背形。駘它者，即曲背之謂耳。舊説鮐背，背有鮐文，甚誤。

卵　《難經》："足厥陰氣絶即筋縮，引卵與舌卷。"注："外腎曰卵。"按卵，今讀魯果切。然考《唐韻》，盧管切；《集韻》、《韻會》、《正韻》，魯官切，並鸞。今縣人呼外腎音正作鸞，與《唐韻》等合也。

牝　《説文》："牝，畜母也，從牛，匕聲。"《經典釋文》引徐仙民作扶死反。六朝人輕重唇音不分，扶死即匍死，猶之扶服即匍匐，與匕聲正合也。牝，畜母之義，引伸爲陰器。老子曰："谷神不死，是謂玄牝。"今縣人謂"女陰"曰"牝"，正從徐音作平聲呼如毗，凡妃、媲、妣皆從此聲。

臀　《易·困卦》："臀困於株木。"注："最處底下。"《説文》："屍，髀也，或作臋。"今省爲臀，徒渾切。縣人仍之。《釋名》："臀，殿也。高厚有殿遻也。"

脚　脚，《説文》："脛也，訖約切。"《釋名》："却也，以其坐時却在後也。"《山海經》："長股之國，一曰長脚。"按《詩·小雅》："赤芾在股。"《傳》："脛本曰股。"《漢書·趙充國傳》："聞苦脚脛寒泄。"注："脛，膝以下骨也。"正與《釋名》"脚，却，坐時却在後"之説相合。蓋脚者古人僅指膝以下骨而言，今縣人以渾稱足矣。

孤踝　《釋名》："踝，确也。居足兩旁磽确然也。"今縣人謂脛下骨隆起者，爲孤踝，踝之言冎也。《説文》言"冎象隆骨"，則足有隆骨處並稱踝，亦無悮也。踝，音誇，與孤雙聲，孤借爲軱。《莊子·養生主》："而況大軱乎？"《釋文》："軱，音孤。"向郭云："孤，戾大骨也。"縣人稱孤踝之踝，古壞切。

脚番　《説文》："獸足謂之番，從釆，田象其掌，移以言人。"今謂"脚掌"曰"脚番"，番呼如板。

靬毛　《説文》："靬，獸豪也。"《廣雅》："靬謂之豪，則不别人獸矣，曹憲音汗。"今縣人謂豪爲靬毛。靬，讀平聲。

右釋形體

襵　《説文》："革中辨謂之韏。"段玉裁注："辨，駁文也。辨當作辦，謂縐文蹙蹙者，俗字作襵襵。古銜切。"謂裙幅褔疊也。

踊　《春秋左氏·昭三年傳》："踊貴屨賤，踊爲刖者所著，貫脛而下，無跗，踊之言通也。"凡貫脛者皆得此語。今縣人謂鞾韈貫脛處，曰"鞾踊韈踊"，讀如桶。按《釋名》："革索鞾，鞾之缺前壅者。"後人言深雍鞾壅。雍，皆即踊字。

補靪　《説文》："靪，補履下也。從革，丁聲。"今縣人謂衣破處爲補靪云。

爪袖　《釋名》："爪，紹也。"此明古音爪、紹相同。今縣人謂袂端接袖爲"爪袖"，爪即紹也。

皮琗　《説文》："琗，車笭間皮篋。讀與服同。"今縣人稱布囊爲"包伏"。伏，俗加衣旁，而古稱包犧即伏羲，則包伏同聲，一語而二音也。今縣人稱皮篋可提持者爲皮包，則正當作皮琗矣。

褎　《説文》引《書》："鳥獸褎毛。"音而隴反，今書作氄毛。《釋文》引馬融曰："氄，温柔貌。"今縣人稱細毛作之毳布曰褎，俗作絨。

被　《詩·小星》："抱衾與裯。"《傳》："衾，被也。"《疏》："今名曰被，古者曰衾。"《楚辭·招魂》："翡翠珠被。"注："被，衾也。"《釋名》："被，被也。被覆人也。引申爲着衣，亦曰被。"《左傳·襄十四年》"被苫蓋"，是也。被，《唐韻》，皮彼切。《集韻》、《韻會》，部靡切，並音罷。而《韻會》又有攀靡一切，音披。《廣雅》"裮被不帶"，屈原《離騷》"何桀紂之猖被兮"，《前漢書·揚雄傳》"被夫蓉之朱裳"，皆披音也。今縣人語衾如本音而着衣則音如披云。

艸薦　《説文》："荐，薦席也。薦，艸也。"縣人語藁秸之席曰"艸薦"云。

右釋衣服

餈團　《説文》："餈，稻餅也。"《玉篇》："餈，餻也。"《釋名》："餈，漬也。蒸燥屑使相潤漬，餅之也。"而徐鍇則曰："《釋名》之説非也！粉米蒸屑皆餌也，非餈也。”許慎曰：“餈，稻餅。謂炊米爛，乃擣之不爲粉也。粉餈，以豆爲粉糝餈上也。餈，才資切。”而縣人則炊糯稻爛熟擣之作糕餅，而糝以豆粉或松花粉，稱之曰“餈團”。團者，尋《説文·訓圜》，象其形也。

飩子 《方言》：“餌或謂之飩。”《説文》：“餌，粉餅也。”今縣人呼餌之圜者曰“飩子”，則王念孫所謂“飩之言圜”，是也。子呼如子德切，語助辭。按縣人名食品，多綴子字爲語助，如團子、粽子之屬。

餛飩 《衆經音義》引《廣雅》：“餛飩，餅也。”《齊民要術》有“水引餛飩法”，一作“餫飩”，相傳晉石崇造。顔之推曰：“今之餛飩，形如偃月，天下通食者也。‘餛飩’之言‘倱伅’也。”程大昌演《繁露》，謂是虜中渾氏、屯氏爲之，恐非。《正字通》：“今餛飩即餃餌别名，俗屑米麵爲末，空中裹餡，類彈丸形。”今縣人作餛飩，正是屑麵爲末，空中裹餡，特形如偃月而不類彈丸形耳。《食物志》稱“餫飩象其圓形”，非也。

點心 凡餅餌之屬，不以時食者，縣人稱曰“點心”。自唐時已有此語，鄭傪爲江淮留後，家人備夫人晨饌，夫人顧其弟曰：“治妝未畢，我未及餐，爾且可點心。”其弟舉甌已罄。俄而女僕請飯庫鑰匙，備夫人點心，傪詬曰：“適已點心，今何得又請耶!”見《能改齋漫録》。

醃、菹 《釋名》：“菹，阻也。生釀之遂使阻於寒温之間不得爛也。”《廣雅》：“醃，葅也。”今縣人治菜作菹謂之醃，亦謂之將。七羊切。將即菹字，將且雙聲相轉。菹之爲將，猶薀之爲醬也。

蜜瀸 《説文》：“瀸，漬也。子廉切。”今縣人稱蜜漬果實曰“蜜瀸”云。

洗沙 唐虢國夫人厨吏鄧運以豆洗皮作靈沙，見《雲仙雜記》。今縣人稱曰洗沙以和糖作餅餌餡云。

味覃 《説文》：“覃，長味也”。雙聲相轉，侵幽對轉，字變作道。《説文》：“甘，從口含一。一，道也。”覃之爲道，若禫服作導服矣。今縣人通謂“味”爲“味道”，即“味覃”也。味，莫比切。

香竄 《説文》：“歜，盛氣怒也。”引伸爲香氣辛烈。《左傳》：“饗有昌歜。”《釋文》：“歜，音在感反，音譌如竄，作初感反。”明世醫方諸書，初言“辛竄”。今縣人亦言“香竄”矣。

滫 《説文》：“滫，久泔也。息流切。”《内則》注：“秦人溲曰滫。”今縣人謂食久味變作泔水臭曰“潲”云。

一頓　縣人呼一次食曰“一頓”，始於晉人。《晉書》：“謝僕射陶太常詣吴領軍，日已中，客比得一頓食。”《世説》：“羅友伺人祀祠，主人問何爲？答曰：‘欲吃一頓食耳。’”

右釋食

廳　《廣韻》：“廳，屋也。他丁切。”《集韻》：“古者治官處謂之廳事。後語省直曰廳，故加广。”《增韻》：“聽事，言受事察訟於是。漢、晉皆作聽，六朝乃始加广。”今人家會客之所亦稱曰“廳”，以其處受客謁聽言事也。

房　《説文》：“房，室在旁也。”段玉裁注：“凡堂之内，中爲正室，左右爲房，所謂東房西房也。”今縣人單稱房，則指卧房言之，而卧房必在正堂之傍。曰書房，則在廳事之旁；曰門房，則在大門之旁，皆仍“室在旁”之義也。

厢、廊　《説文》：“厢，廊也”。“廊，東西序也。”是廊即厢也。《玉篇》：“厢，東西序也”。“廊，廡下也。”《説文》訓“堂下周屋”爲廡，是廊者堂下周屋，與厢殊也。縣人稱堂下周屋曰廊，東西序曰厢，絶然兩事，與《玉篇》同。然《漢書·竇嬰傳》：“賜金陳廊廡下。”師古注：“廊，堂下周屋也。”則廊之爲堂下周屋舊矣。

天井、明唐、巷唐　《説文》：“廷，朝中也。”古者朝皆露立。廷音轉爲唐。《爾雅》：“廟中路謂之唐。”《文選·西都賦》注引如淳《漢書注》曰：“唐，庭也。庭者，廷之借字。”今縣人謂廷爲天井，即廷之切音也。一稱曰“明唐”者，以唐露處見光明易也。凡小巷亦稱“巷唐”。巷，古音胡貢切，紅去聲，如《詩·鄭風》：“俟我乎巷兮，悔予不送兮。”巷叶送讀紅，今呼作盧貢切，弄云。

亭柱　《釋名》：“楹，亭也，亭亭然孤立旁無所依也。”據此漢音楹本同亭。今縣人謂柱爲亭柱，即楹柱也；或作庭，非也，柱不在庭。

右釋宫室

鑊子　《説文》：“鑊，鐫也。從金，蒦聲，胡郭切。”段玉裁注：“少牢饋食禮，有羊鑊，有豕鑊。鑊，所以煑也。”今縣人所謂“鑊子”，則煮食之鐵器是矣。

盌　《説文》：“盂，飯器也。從皿，于聲。盌，小盂也，從皿，夗聲。”

《方言》："宋、楚、魏之間，盂謂之盌。"縣人謂飯器亦曰盌，與《方言》同。

閜盌　《方言》："閜，桮也。大者謂之閜。"郭璞音呼雅反。今縣人謂大盌爲海盌。海，即閜之音譌也。

䉶盌　《説文》："䉶，小桮也。古送切。"今縣人稱盌之不大者曰"䉶盌"，䉶音如工，䉶盌固非甚小，特較閜盌則爲小耳。

夬　《説文》："箸，飯攲也。"而縣人則稱箸爲夬，讀若快。尋《説文》："夬，分決也。"今人以箸可分決羹肉，故謂之夬，語亦甚古。《易》稱："作書契者取諸夬。"今箸書之箸，即本於箸，故箸亦可稱爲夬焉。

飯盧　《説文》："盧，飯器也。"以柳爲之，而縣人則以竹編盛飯之器曰"飯盧"云。

籔箕　《説文》："籔，炊箅也。""箅，漉米籔也。"籔，音蘇后切。今縣人謂漉米竹器爲籔箕。箕者，《説文》云："簸也。"漉米者必簸揚之，故得箕名。籔轉讀如溞。《爾雅》："溞溞，淅也。"《釋文》："郭，蘇刀反。"虞侯與宵肴豪相轉，若喿聲之操讀如籔矣。籔所以溞，音訓亦相通也。

銚子　《説文》："銚，温器也。從金，兆聲。"今煮水銅器，縣人謂之"銚子"。銚，多嘯切，是也。而朱豐芑則引《説文》："盄，器也。從皿，吊聲。"謂蘇俗煎茶器曰"吊子"，即此盄字。按盄字亦可用，而銚實本字。

篦箕、木梳　《説文·竹部》："篦，導也。從竹，𣬈聲，邊迷切。"《木部》："梳，理髮也。從木，㐬聲，山徂切。"《釋名》："梳，其齒疏也。"縣人以竹制櫛髮之具，曰"篦箕"。而其以木制者，則曰"木梳"。梳之齒視篦箕爲疏，至篦而繫之箕者。按箕，簸箕，揚米去糠之具，言篦之導髮去垢，猶箕之揚米去糠耳。

繖　繖，從糸，散聲。《通俗文》云："張帛避雨謂之繖蓋。"是漢末已稱蓋作繖矣，縣人仍焉。

糞箕、掃帚　《禮記·曲禮》："凡爲長者糞之禮，必加帚於箕上。"吴澄曰："以帚掃地除去塵穢謂之糞。"蓋帚以掃地，縣人稱曰"掃帚"。箕以糞穢，縣人稱曰"糞箕"。《世本》："古者少康作箕帚。"

䯟頭　《説文》："䯟，柯擊也。從斤，良聲。"今縣人謂椎有柯柄可舉擊者曰"䯟頭"。䯟，從良聲，呼如郎。

把柄　《詩·小雅》傳："秉，把也。"古以秉爲柄，故縣人謂柄爲把柄，亦有本也。

簰、簰渡　《方言》:“泭謂之簰，簰謂之筏。”郭璞注:“木曰簰，竹曰筏，小筏曰泭。”簰，《集韻》、《韻會》，並蒲街切，音牌。今縣人不論竹木，通稱簰，音如字。而簰可以渡，渡亦曰簰，猶風吹人，吹人亦曰風。如“春風風人”、“風乎舞雩”等是。今縣人謂渡爲簰渡，音如擺。

帆　《釋名》:“隨風張幔曰帆。”今縣人語帆音如芃，蒲蒙切，覃冬之轉，或書作篷。篷，夆也。見《方言》。

車　《釋名》:“古者曰車，聲如居。言行所以居人也。今曰車。車，舍也，行者所處若居舍也。”而陸德明《經典釋文》引其説，則曰:“古者車音如居，所以居人也。今曰車，音尺遮反，舍也。”蓋陸氏約舉其文，又取文義顯明，增入“音尺遮反”四字耳。然韋昭云:“車，古皆音尺奢反。”後漢以來，始有居音，未詳孰是，然可證縣人呼“車音尺遮切”之爲甚古矣。

手梏　《説文》:“梏，手械也。從木，告聲，古沃切。”今縣人言手梏，從告聲，音如靠。

和頭　《吕氏春秋·開春論》:“欒水齧其墓，見棺之前和。”高誘曰:“棺頭曰和。”今縣謂棺之端曰“和頭”，本此。

右釋器

秕穀　《説文》:“秕，不成粟也。”今縣人謂不成粟者爲秕穀，轉入如畢。

礱糠　《説文》:“礱，磨也。糠，穀之皮也。”今縣人謂磨穀去下之皮曰“礱糠”。

瓤　瓤，從瓜，襄聲。《廣韻》:“瓜實，女良切，音孃。”而《集韻》則云:“奴當切，音囊。”義與《廣韻》同也。縣人呼“瓜實”音如囊，與《集韻》同。

一科　《廣雅》:“科，本也。”縣人不論草木一本皆曰一科。

一根　《説文》:“根，木株也。”縣人稱一株木曰一根。

右釋植物

蟲豸　《爾雅》:“有足謂之蟲，無足謂之豸。”今縣人渾稱“蟲豸”。

抱子　《説文》:“孚，卵孚也。”亦書作抱。《方言》:“北燕朝鮮洌水之間，謂伏雞曰抱。”伏之言抱，猶伏羲之稱庖犧，古無重唇音也。今縣人呼抱音如捕，而稱“雞之伏卵”曰“抱子”。子者，尋《禮·内則》“濡魚卵醬實蓼疏”，卵謂魚子。《史記·龜策列傳》：“梁卵焍黄。”《索隱》：“卵，雞子也。”則卵稱爲子，義亦無所不通也。

毻毛、蜕皮 《方言》：“毻，易也。”郭璞注：“謂解，毻也。”毻，湯臥切，音唾。今縣人謂鳥獸易毛爲毻毛，蛇蟬之屬解皮，則謂之蜕。見《説文》。而蜕，《廣韻》亦有湯臥一切，音唾同毻，故縣人語蛇蟬蜕皮之蜕，與鳥獸毻毛之毻，其音無異。

右釋動物

家帑 《説文》：“帑，金幣所藏也。他郎切。”今縣人稱家財曰“家帑”，帑作當音。

符 《説文》：“符，信也。”今縣人官檄借券皆謂之“符”，音並如票，若餓莩之“莩”，讀摽矣。

塺 《説文》：“塺，塵也。從土，麻聲。”《楚辭》：“愈氣霧其如塺。”引申之則凡物之細如塵者皆可曰塺。縣人謂研物成粉爲“末”，一聲之轉也。按《説文》：“末，木上曰末。”雖亦可引伸訓細，不如塺字於誼切近也。

埲塵 《説文》：“埲，塵也。從土，非聲。”今縣人有合言“埲塵”者，讀如灰，輕唇轉入牙音，俗作灰非。灰訓死火餘盡，不作一切塵埃之稱。

一涿 《説文》：“涿，流下滴也。”今縣人言水凝滴爲“一涿”。涿呼如督。古無舌上知紐，涿音本如督也。

右雜識

釋　言

蹶蹶 《爾雅》：“蹶，嘉也。居月、居衛二切。”郝懿行曰：“東齊里俗，見人有善，必誇美之曰蹶蹶。”今縣人呼如踖踖。資昔切。

蔽、喬 《爾雅》：“上句曰喬，小枝上繚爲喬，句如羽喬。”《毛詩·漢廣》“南有喬木”傳云：“喬，上竦也。”《考工記》：“轂雖敝不蔽。”鄭玄注：“蔽，蔽暴。陰柔後必橈減，幬革暴起也。”今縣人謂物不妥貼頗暴起爲蔽，音如喬。小枝上竦而句曰喬，音如竅。須句如羽，謂之喬胡髭。

下流 縣人斥品行污下曰“下流”，始見《論語·子張》：“子貢曰：‘君子惡居下流，天下之惡皆歸焉。’”

尋常　《春秋左氏·成十二年傳》：“郤至曰：‘争尋常以盡其民。’”注：“八尺曰尋，倍尋曰常，言地狹小無關大計也。”今縣人言無關緊要事曰尋常，本此。

心很　今縣人斥人心思刻毒曰“心很”，本《國語·晉語》：“面很不害，心很敗國。”

蒙茸　《荀子·非相篇》：“仲尼之狀，面如蒙倛。”楊倞曰：“其首蒙茸然。”蒙茸，《説文》作髶，“亂髮也”。蒙茸亦作鬔鬆。《廣韻》：“鬔鬆，髮亂貌。”縣人呼之如蓬鬆。

改制　縣人以反常相譏曰“改制”，本董仲舒《賢良策對三》，曰：“王者有改制之名。蓋人有常度，猶之國制，不可輕變也。”

倜儻　司馬遷《報任少卿書》：“唯倜儻非常之人稱焉。”李善注引《廣雅》云：“倜儻，卓異也。”《説文》：“倜儻，不羈也。”他歷、他朗二切。今縣人稱曠放不拘禮法曰“倜儻”云。

釥　《方言》：“釥，好也。”郭璞：“音錯妙反。”縣人諛人美好曰釥，俗作俏。

一尐尐　《方言》：“尐，小也。”《説文》：“尐，少也。從小，乀聲。讀若輟。”縣人狀物之小及少者曰一尐尐，音轉若屑。

蔫　《説文》：“蔫，菸也。菸，鬱也。”《韻會》：“蔫，物不鮮也。”今縣人謂布帛變色萎黄不鮮明曰蔫。

亮㬎㬎　《説文》：“㬎，衆微杪也。從日中視絲。古文以爲顯字，讀若唫。”縣人形容顯燿曰“亮㬎㬎”，㬎音變作子林切。

巠巠　《説文》：“巠，大也。古回切。”縣人驚物大每稱曰巠巠云。

顓頊頊　《説文》：“顓，頭顓顓謹貌。頊，頭頊頊謹貌。”縣人誚迂謹曰顓頊頊，本此。頊，音許月切。

芬香　《説文》：“芬，草初生，其香分布也。或從草作芬。撫文切。”縣人稱香甚曰芬香，合語也，音變撫奔切。

硈實　《説文》：“硈，石堅也。從石，吉聲。”《爾雅·釋言》：“硈，鞏也。”縣人稱堅曰結實，當從石作硈，不當從糸作結，以結本訓締也。

炫紅　《説文》：“炫，爓燿也。從火，玄聲。”段玉裁注：“爓燿，謂光爛燿明也。"《玉篇》："炫，耀光也。"《廣韻》："炫，明也。"縣人謂明赤曰炫紅，炫呼如暄。

爍亮、閃爍　《説文》："灼，爍光也。爍，書藥切。"縣人謂甚明曰爍亮，光不定曰閃爍。

㦟　《説文》："㦟，忘而息也。於檻切。"縣人謂癡曰㦟，音轉胡開切，俗作憨。

發戇　《説文》："戇，愚也。陟絳①切。"縣人謂婞直曰發戇。

涫水　《説文》："涫，䰛也，古玩切。"縣人謂沸水曰滚水。滚，涫之轉音也。

伏耴、妥耴　《説文》："耴，安也。丁協切。"縣人謂物安穩不掉曰伏耴，讀如帖，凡言妥帖，亦耴字也。

嫭　《説文》："嫭，驕也。"嵇康《幽憤詩》："恃愛肆姐。"嫭，將預切。姐，茲也切。魚模轉麻，故嫭爲姐。縣人謂小兒恃愛而驕爲姐，齒音歸舌，爲丁也切。

甂　《説文》："甂，似小瓿，大口而卑。"引伸：凡體卑平者皆曰甂。卑眠切，音邊。縣人相承作扁。按《説文》："扁，署也。從户册。"户册者，署門户之文也，會意。

黊氣色　《説文》："黊，青黄色也。呼罪切。"今縣人謂人面色雜青黄者曰黊氣色，此與稱不祥爲晦氣相轉，俗亦不殊其字。

重鎮鎮　《廣雅》："鎮，重也。"縣人形容物之重曰重鎮鎮。

醜態　唐祝欽明以經學顯，作八風舞，摇頭睆目，備極醜態。盧藏用曰："五經掃地矣！"見《唐書》本傳。今縣人斥鄙狀曰醜態，本此。

糊塗　宋吕端"小事糊塗，大事不糊塗"。見史。今縣人斥臨事没分曉曰糊塗，本此。

毛病　黄庭堅《刀筆》云："此荆南人毛病，謂習氣也。"實則"毛病"二字出於相馬者言："蓋馬旋毛者，善旋五，惡旋十四，所謂毛病，最爲害。"見徐咸《相馬經》，言其爲毛之病也。今縣人用疵瑕人物，意若曰病雖小而害則大也，亦以此稱疾病焉。

---

① 陟絳，原作"涉絳"，誤，今據《説文》改。

右形容辭

俾、該俾　《爾雅》："俾，使也。"縣人音侈如派，凡使命曰派，正當作俾。又《爾雅》："俾，職也。"今亦音侈如派，謂分所應爲、應有曰該派，正當作該俾。

丁　《爾雅》："丁，當也。"凡以是人充當彼人，縣人謂之丁名。《方言》："侹，代也。"江淮陳楚之間曰侹，則丁之音轉矣，俗作頂。

斯　《爾雅》："斯，離也。"《方言》："廝，散也。"《廣雅》："斯，分也。"《陳風》曰："斧以斯之。"此斫物使分也。縣人稱引裂曰斯。

作　《爾雅》："作，爲也。"作本則洛切，今縣人呼子賀切，音佐，由來亦久。《詩·小雅》："采薇采薇，薇亦作止。曰歸曰歸，歲亦莫仝暮止。"《後漢書·廉范傳》："廉叔度，來何暮？不禁火，民夜作。"作皆叶暮讀佐，俗作做。

偃　《爾雅》："隱，占也。"《廣雅》："隱，度也。"縣人稱以身及手比挈物之長短、高下曰偃。偃、隱古通。《齊語》："隱五刃。"《管子·小匡》作"偃五兵"。《古今人表》"徐隱王"，即徐偃王。

華開　《爾雅》："瓜曰華之。"《禮記·曲禮》："爲天子削瓜者副之，爲國君華之。"注："中裂之不使析也。"華音轉爲撝。《説文》："撝，裂也。許歸切。"華撝相轉，猶華蘤相通也。縣人謂以刀分物爲華開，華音如花。

膾　《禮記·内則》："桃曰'膽之'。"《正義》："拭去毛令色青滑如膽也。"縣人謂拂拭爲膽，本此。

貞　《周禮·天府》："陳玉以貞來歲之媺惡，大卜，凡國大貞。"鄭司農曰："貞，問也。"《説文》："貞，卜問也。"縣人謂詰問窮抵曰貞，音如丁。古無舌上音，貞本讀丁也。凡貞異於常問，以有固必審諦之意，故引伸爲貞實、貞固。今縣人音如丁者，亦有堅實意。《説文》丁訓丁實，義得兩通。

顛倒　《詩》："東方未明，顛倒衣裳。"《疏》："以裳爲衣，令上者在下，是爲顛倒也。"縣人則曰丁倒，由來亦久。宋彭城王詩："鹿轉方相頭，丁倒欺人目。"是也。丁顛雙聲，應從頁作頂。《説文》頂顛互訓。

爽口　《老子》："五味令人口爽。"注："爽，亡也。"言味美，奪口之性使失也。

鏤空　《春秋左氏·哀元年傳》："器不彫鏤。"注："鏤，刻也。"《漢書·司馬相如傳》："鏤靈山。"師古注："鏤，謂疏通之以開道也。"縣人謂以刀剜物中間使空爲鏤空。

嗄　《莊子·庚桑楚篇》："兒子終日嗥而嗌不嗄。"司馬彪曰："楚人謂嘶極無聲曰嗄。"今縣人謂不能言者爲嗄，嘶極無聲亦曰嗄，通借啞字爲之。啞本訓笑，《易》言"笑啞啞"。然《史記·刺客列傳》已云"吞炭爲啞"，其假借久矣。

招贅　淳于髡，《史記》稱"齊贅婿"。司馬貞《索隱》："贅婿，女之夫，比於子如人疣贅，是餘剩物也。"《釋名》："贅，屬也。横生一肉屬着體也。"今子招人家爲婿，縣人猶曰"招贅"，本此。

逮　《史記·秦始皇本紀》："以罪過連逮。"《説文》："逮，及也。"縣人稱以事連及曰逮，携人同行亦曰逮，惟聲變作帶耳。

留神　東方朔上書武帝，勸留神王事，見《漢書》本傳。今縣人屬人注意曰留神，本此。

發迹　縣人稱起家曰"發迹"，其語起於漢人司馬相如作《封禪文》，稱："公劉發迹如西戎，光武詔耿弇：'今將軍攻祝阿以發迹。'"

多謝　道謝而致其鄭重之意，縣人稱曰"多謝"。始見《漢書·趙廣漢傳》，曰："爲我多謝問趙君。"師古注："多，厚也。"若今言千萬問訊矣！

黨　《方言》："黨，知也。"縣人謂了解爲黨，音如董，俗作懂，非也。《廣韻》："懂訓心亂。"

牴章　《方言》："牴，會也。"古人心有預期常言曰"會當"。今縣人語曰"牴章"。章，當之音轉矣。

籑　《方言》："凡取物而逆謂之籑。"郭璞音饌。今縣人謂爲人任用錢物而陰有所侵盜猶曰"籑錢"，俗借用趲，此正逆取之義。

茫　《方言》："茫，遽也。"縣人謂作事怱遽爲茫，俗作忙。

佻　《方言》："佻，縣也。丁小切。"王延壽《王孫賦》作⊥。今縣人謂縣物曰佻，音如吊。

無寫　《方言》："無寫，憐也。相見驩喜有得亡之意也。"今縣人相見，存問猶曰"無寫"，寫呼如含。與古人言無恙同意。

甹命　《方言》："拌，棄也。"拌轉爲甹。《説文》："三輔謂輕財者爲甹，普丁切。"縣人謂棄身爲甹命，而俗有"拌死吃河豚"之諺，甹命又作拌死矣。

攩　《方言》:“凡相推搏或曰攩。”縣人猶謂支格曰攩。

逭、逭遯　《方言》:“逭，轉也。”郭璞:“音换又管。”今縣人謂物轉於地，人在地轉，皆曰逭。由逭音轉如衮，俗作滚。叱人走亦曰滚，或曰滚蛋。滚蛋實逭遯。《説文》:“逭，逃也。遯，逃①。”逭遯之爲滚蛋，猶涫水之爲滚水矣。

潎　《方言》:“潎，清也。匹滅切。”縣人謂挹其清去其濁曰潎。

詇求　《方言》:“鞅侼，强也。”《廣雅》:“詇，告也。”縣人謂所不願而强請之爲詇求，詇之言鞅也。

喊　《方言》:“龕喊，聲也。”今縣人謂大聲呼唤爲喊。喊本音減，今依《廣韻》作呼覽切。

魏　《方言》:“魏，能也。”縣人稱能曰魏，不能曰不魏，聲小變如會。

臺、擡舉　《方言》:“物力同者謂之臺。”又云:“臺，支也。”縣人謂同力舉物曰臺。後世以舉物必藉手，遂加手旁作擡。《廣韻》:“擡，舉也。”縣人亦稱獎拔人曰擡舉，見唐元稹詩:“大都只在人擡舉。”

藩　《説文》:“藩，屏也。”屏爲屏蔽，亦爲屏藏。《地官》“蕃樂”，杜子春讀爲“藩樂”，謂閉藏樂器而不作。今縣人謂逃隱屏藏爲藩，音如畔。古無輕唇音，藩音如盤，盤畔亦相代也。

辵　《説文》:“辵，乍行乍止也。讀若《春秋公羊傳》曰‘辵階而走’，丑略切。”今本《公羊傳》辵作躇。《釋文》:“躇與踱同。”按古音無舌上，丑略切歸舌頭，即作度音。今縣人猶稱散步曰辵徒洛切，以其隨意行止也。

迭　《説文》:“迭，更迭也。”縣人謂新故更代爲替，實即迭字，入轉爲去耳。《匡謬正俗》引《爾雅》“替，廢也”，謂前人既廢，後人代之。説雖可通，然非其本。

徯　《説文》:“徯，待也。胡禮切。”郭璞《爾雅注》曰:“河北人以待爲徯。”今縣人有所觀望留待，亦謂之徯，轉讀爲吾懈切，俗作捱。

待　《説文》:“待，竢也。”今縣人謂竢爲待，音如等。等待皆從寺聲，故音轉呼待如等，宋范成大用入詩云:“父老年年等駕回。”

---

① 《説文》“逃”字下有“也”字。

齦　《説文》："齦，齧也。康很切。"今縣人猶謂噬剛物曰齦。

踶　《説文》："踶，躛也。特計切。"今縣人謂以足擿人爲踶，音如惕，俗作踢。

跌、合仆、遏　《説文》："跌，蹶也。本音迭。"縣人呼如嫡。向前跌爲仆，《説文》："仆，頓也。"縣人謂前跌仆至地者，爲合仆。合音如克，仆音如薄。向後偃爲遏，《漢書·儒林傳》："陽醉遏地。"縣人亦謂失據後偃爲遏倒，遏音如儻。

蹲　《説文》："蹲，居也。徂尊切。"今縣人謂居處音讀若登，古今音轉也。

丙　《説文》："丙，舌貌。從谷省，象形。他念切。"按指事字也，從一，象唇，從口象舌，從八指舌之延於外也。縣人稱以舌延口外啜物曰丙，又啓鎖不用鑰匙而以他物開之者，亦曰丙，蓋引伸義也。

謾　《説文》："謾，欺也。謨官切，音瞞。"縣人謂欺隱爲謾，俗作瞞，古或作滿。《漢書·谷永傳》："滿讕誣天。"滿即謾也。

詯　《説文》："詯，膽氣滿。聲在人上，荒内切。"縣人謂氣滿作聲曰詯，讀渠内切。

䜩慰　《説文》："䜩，尉也。"尉者，上案下也。䜩者，以言案其心也。今縣人謂以甘言勸慰人曰安慰，安當作䜩。䜩，於願切，與安雙聲之轉。安，《説文》訓竫。"竫者，停安也。"義雖可通，然以䜩爲本字。

抵讕　《説文》："讕，抵讕也。"今縣人謂自食前言，自隱前事爲抵讕，本洛干切，今轉如賴。

討　《説文》："討，治也。誅，討也。"縣人謂索取曰討，猶言誅求矣。《藝文類聚》八十五引《秦子》曰："有母病瘥，思食新麥，家無，乃盜鄰孰麥而進之。孔文舉聞之，特賞曰：'無有，來討，無復盜也。'"明漢末已有是語矣！

謑詬　縣人謂以言語譏恥人曰謑落，落當作詬。《説文》："謑，詬恥也。詬，謑詬也。"讀詬曰落，雙聲也。

訬　《説文》："訬，擾也。初交切。"縣人斥兒童不静曰訬。

敦　《説文》："敦，詆也。一曰誰何也。"縣人謂反言訶人爲敦，呼如鈍。

考　《説文》："考，攷也。攷，擊也。"縣人稱擊曰考，俗作拷。

旻　《説文》："旻，舉目使人也。讀若颰，火劣切。"縣人舉目使人曰擠眼，擠颰雙聲。

羼　《説文》："羼，羊相厠也。初限切。"縣人謂糅雜調和爲羼。

饒　《説文》："饒，益也。"縣人買物欲其增益曰饒，音丁要切。

筥　《説文》："筥，𦎫也。從亯，竹聲，讀若篤。"按亯本訓獻，亦爲亯煮，亯變爲烹。反亯爲𦎫，猶言重味耳。故亯𦎫二部之字，多指飲食。筥訓𦎫者，亦謂重味。今縣人以筍笔肉稱爲筍筥肉，乃是本義。汎言筥厚，借篤爲之者，則引伸義也。

𩫖　《説文》："𩫖，用也。從亯，從自。自知臭香所食也，讀若庸。"今縣人相謁而食，吃飯，吃茶，則曰用飯，用茶，用當作𩫖。

𦏧　《説文》："𦏧，孰也。讀如純。"孰亦從𦏧。凡孰曰𦏧，孰之亦曰𦏧。今縣人謂以煴火温肉使極孰爲𦏧，音如頓。𦏧聲之敦，《廣韻》亦有頓音。又《廣韻》云："炖，炖肉。音他衮切。"此亦𦏧之俗字。今縣人謂瀹卵不使甚凝爲炖卵。卵音變如蛋。

困　《説文》："困，故廬也。"《易》言"困於石"，"困於葛藟"。《傳》曰："非所困而困焉。"則困亦有居處之義，故古文困作朱，字從止也。今縣人謂寢曰困，亦取從止之義。

𢊁統、𢊁　《説文》："𢊁，兼有也。讀若聾。"兼有，謂兼併而有之。《周頌》："我龍受之。"謂兼包并有也。今縣人稱兼包一切爲𢊁統，二物合併爲𢊁。

貱　貱，辭之予也。《説文》："貱，迻予也。彼義切。"縣人音轉如伯。

舀　《説文》："舀，抒臼也。"挹彼注此謂之舀。以沼切。今縣人稱挹水亦曰舀。

俄一俄　《説文》："俄，行頃也。"《公羊·桓二年解詁》："俄者謂須臾之間，創得之頃也。"縣人謂少待頃刻曰俄一俄，歌戈轉麻，作吾駕切。

㑚　《説文》："㑚，市也。都隊切。"縣人稱以銀易錢曰㑚，俗作兑。

儦快快　《説文》："儦，行貌。"《詩》曰："行人儦儦。"《釋文》："表驕反。"今縣人謂疾走曰儦快快，音如麃，蒲交切。俗書作跑。

謏在兆裏　《説文》："兆，癰蔽也。從人象左右皆蔽形。讀若瞽。"今縣人言被癰蔽者曰謾在兆裏，猶言在術中墮其調中耳。或云鞔毋官切，以皮張急之，使四周與框相附著者曰鞔。在鼓裏，此即《釋名》以聲爲訓之例也。

覵　《説文》："覵，目有察省見也。從見，票聲，方小切。"段玉裁注："目偶有所見也，伺者有意，覵者無心。"今縣人亦語覵與目部之瞟音義並同。

覘　《説文》："覘，私出頭視也。從見，彤聲，讀若郴。丑林切。"今縣人尚謂竊視爲覘，呼如張，部昜與昜侈聲侵，部旁轉①，若《易》"朋盍臧"或爲"盍簪"，是其例也。

欱　《説文》："欱，歠也。呼合切。"今縣人謂大歠曰欱，呼匣切。

顉　《説文》："顉，低頭也。乎感切。"縣人謂低頭曰顉倒頭，音如歐。

奡　《説文》："奡，嫚也。從百，即首字。從夰，讀若傲。"縣人謂仰首曰奡起頭。

熯　《説文》："熯，乾貌。從火。漢省聲。"今縣人謂以火煎炙糕餅曰熯，音正如漢。

㶼　《説文》："㶼，炮炙也。以微火溫肉。烏痕切。"段玉裁注："以微火溫肉，所謂炰也。"今縣人語曰烏，或曰煾，皆㶼字之雙聲疊韻耳。

煔　《説文》："煔，火行也。"今縣人謂引火然燈爲點火，當爲煔字。《廣韻》煔有他念一切，與點端透二紐相轉。

夾　《説文》："夾，持也。從大夾二人。古狎切。"縣人謂臂脇持物曰夾，音古厭切，此本義也。

竭　《説文》："竭，負舉也。"豕下云："竭其尾，故謂之豕。"《禮記·禮運》："五行之動，迭相竭也。"注："竭，負戴也。"今縣人稱以肩負物亦曰竭，音其鹽切。

悑　《説文》："悑，惶也。或作怖。普故切。"縣人謂惶懼曰怖，轉入禡韻，以憺怕字爲之。唐義净譯佛律，已作怕懼，此當正者。

滲　《説文》："滲，下漉也。所禁切。"縣人謂水下漉爲滲，上浸亦爲滲。

靠　《説文》："靠，相違也。口到切。"今縣人則謂相依爲靠，其義相

---

① "部昜……部旁轉"，疑當作"昜部，侈聲，昜與侵部旁轉"。

反，猶亂之訓治矣。

咠咠錯錯　《説文》："聶，附耳私小語也。咠，聶語也。"《詩》曰："咠咠幡幡。"咠，七入切。段玉裁注："咠咠，今詩作緝緝。"毛云："緝緝，口耳聲。"今縣人狀私小語曰咠咠錯錯。倉谷切。

投　《説文》："投，擿也。度侯[1]切。"縣人呼擲物亦曰投，音丁候切。

挼　《説文》："挼，兩手相切摩也。奴禾切。"歌寒對轉。《廣雅》："攤，按也。曹憲音乃旦反。"縣人謂按摩曰挼，音乃都切。俗誤用挪，非也。

摡　《説文》："摡，滌也。"《詩》曰："摡之釜鬵。"《廣韻》："摡，拭也。"則拭洗之曰摡，縣人呼之音變如揩。《廣雅》："揩，摩也。"曹憲音看皆反。義亦相似，然非本字。

婈　《説文》："婈，不媚前郤婈婈也。失冉切。"縣人稱人來而避曰婈，言隨勢前郤以避人也。俗作閃，非，閃本訓窺頭門中，無避義。

匽　凡逃或謂之匽。《説文》："匽，側逃也。盧候切。"今縣人謂乘隙脱逃曰匽，微弇如溜。

紡　《説文》："紡，網絲也。妃兩切。"紡縛古雙聲，故或以紡爲縛義。《晉語》："獻子執董叔而紡於庭之槐。"縣人仍之，呼重唇爲百網切。

緄　《説文》："緄，織成帶也。古本切。"凡織帶皆可以爲衣服緣邊，故今縣人緶布帛成條以緣衣邊曰緄，俗作衮。

勃　《説文》："勃，排也。"縣人謂推排重物曰勃，角力推排亦曰勃。

斛　《説文》："斛，抒也。"今縣人謂自壺口注酒抒之他器曰"斛酒"，音如賒。

作辥　《説文》："辥，辠也。私列切。"縣人謂作惡爲作辥，音如孽。

黴　《説文》："黴，𪏭生衣也。莫江切。"縣人稱物生白色細毛曰黴，莫悲切，與黴爲雙聲。

作家　縣人謂積蓄以立家業曰作家，本漢人語：靈帝出自侯門，居貧，即位，嘗曰："桓帝不能作家，曾無私蓄。"此即"作家"二字之所由來也。

廢　《廣雅》："廢措置奠，置也。"凡置物曰廢，與措置、奠置同意。《史記·仲尼弟子列傳》曰："廢居。"《貨殖列傳》曰："廢著。"古無輕唇，

---

① 侯，原作"候"，誤，今據《説文》改。

廢讀如拜。今縣人謂置物爲廢，其音由拜轉擺，俗遂用擺字爲之。

絎　《廣雅》：“絎，緣也。”曹憲音下孟反。《玉篇》：“絎，縫紩也。”今縣人謂粗縫曰絎，從行聲，音胡岡切。

莲　《廣雅》：“福即副字。莲，盈也。”《西京賦》：“屬車之莲。”薛綜注：“莲，副也。”曹憲音莲爲楚驟反，莲訓爲盈爲副，故有充數之義。縣人謂充數爲莲數。又凡語副人意者亦云莲他的意，世以湊字代之，譌矣。

經紀　縣人稱料量曰經紀，始見《蜀志·楊戲傳》，曰：“戲經紀振䘏。”至稱善殖産曰經紀，則始唐人高宗賜諸王帛，敕曰：“滕叔蔣兄，自能經紀。”以滕王嬰蔣王惲皆聚斂也。

長進　縣人稱後生有進境曰長進，始晉武帝稱太子近差長進，見《晉書》。宋孝武帝斥子業即前廢帝不長進。見《宋書》。

唱喏　縣人稱揖曰唱喏，見《宋書·恩倖傳》：“前廢帝言：‘奚顯度刻虐，比當除之。’左右因唱喏，即日宣旨殺焉。”是宋時已有此語，蓋古人行禮必發聲，如言伏惟萬福之類，故云。

快活　縣人稱喜樂曰快活，其語北齊已有之：和士開勸武成帝曰：“一日快活勝千年。”

杜撰、杜園笋　《宋稗史》載：“杜默爲詩多不合律。”故世謂事不合格者曰杜撰。此説非也。《湘山野録》稱“盛文肅度撰”，《張文節神道碑》：“石參政中立問：‘誰撰?’文肅率答對曰：‘度撰。’滿堂皆笑。”按文肅在杜默之前，則非起於默明矣。吕藍衍《言鯖》謂：“《道家經懺》，杜光庭所撰，多設虚誕，故云杜撰。”此亦非也。沈作喆《寓簡》謂：“漢田何善《易》，言《易》者本田何，何以齊諸田徙杜陵，號杜田生。今之里語謂白撰無所本者爲杜田，或曰杜園，蓋本此，豈當時譏何之易學無所師承而云然耶”云云。此乃“杜撰”二字所由始，蓋本因杜田，又轉而爲杜園。宋時孔文仲《對策》有“可爲痛哭太息”之語，而人誚之曰“杜園賈誼”，是也。因而俗語相沿，凡文字之無所本者曰杜撰，工作之不經匠師者曰杜做，而縣人并以笋之自家園出者曰杜園笋矣。

懊憦　懊憦，《集韻》：“悔也，烏浩、郎到二切。”今縣人謂事後追悔曰懊憦。

右動辭

笑嘻嘻　《易》："家人婦子嘻嘻。"《釋文》引馬融曰："嘻嘻，笑貌。"今縣人形容笑態猶曰笑嘻嘻云。

忒　忒，差也。《詩・大雅》："昊天不忒。"《鄭箋》："不差忒也。"今縣人謂差曰忒，如過長曰忒長，過短曰忒短。

毗劉暴樂　《爾雅》："毗劉，暴音僕。樂音洛也。"郭璞曰："謂樹木葉缺落陰疏。"今縣人狀木葉果實或他物之墜地皆曰毗呼如別劉呼如立暴樂，本此。

虹　《爾雅》："虹，潰也。"郭璞曰："謂潰敗。"縣人謂創痕潰敗曰虹，去聲。

曼　《詩・魯頌》："孔曼且碩。"《毛傳》："曼，長也。"縣人謂甚長曰曼曼長，本此。

再三再四　縣人語屢屢曰再三再四，亦有由來。《書・多方》："至於再，至於三。"《宋史》："神宗再四慰留。"

天網恢恢　《老子》："天網恢恢，而疏不失。"言爲惡必報也。今縣人呰罪惡事發曰天網恢恢，本此。

利市　縣人稱得利曰利市，本《易・説卦傳》："巽，爲近利市三倍。"

一造　造次雙聲。《論語》："造次必於是。"是連語也。縣人言一次或言一造。音七到切。

荒唐　《莊子・天下篇》："荒唐之言。"《釋文》："荒唐，謂度大無域畔。"而《徐無鬼篇》"其求唐子"，則注"唐，失也"。縣人斥言行謬妄曰荒唐，言謬無比也。

多多益善　韓信謂韓高祖曰："臣之將兵，多多益善。"見《史記》。今縣人語物之不嫌多者曰多多益善，本此。

吹毛求疵　鼂錯建議削七國被誅，議者冤之，數奏暴諸侯王過惡，吹毛求疵。見《漢書》。言必欲得其過惡也。今縣人亦有是語。

談何容易　東方朔《非有先生傳》"談何容易"，意蓋言之易也。今縣人亦有是語。

遇事生風　趙廣漢好用世吏子孫新進少年者，見事風生，無所回避。見《漢書》。師古注："風生，言其定疾不可當也。"今縣人稱好事者曰遇事生風，義當本此。

蔿　《方言》："楚鄭謂獪曰蔿。"郭璞音指撝。按蔿蘤。《廣韻》皆韋委切，古蓋一字。《後漢書・張衡傳》注引《古今字詁》曰："蘤，古花字。"《方言》郭注亦讀訓化之蔿爲花。縣人謂人狡獪弄術曰"起花頭"，乾没人財僞作計簿曰"開花帳"，即《方言》之蔿，是也。

涅造　《方言》："譌涅，化也。"凡變詐者多轉化，是則譌涅皆可引伸得義，故縣人謂造作譌言爲涅造，俗作捏。

閬阬　《漢書・揚雄傳》："閌閬閬其寥廓兮。"注："閬閬，空虛也。"閌是阬之假體。《爾雅・釋詁》："阬，阬虛也。"《説文》："阬，閬也。"閬阬二字有虛而高大之義，故今縣人謂物之高大不適用者曰閬阬阬。客剛切。

鄭重　縣人重其事稱曰"鄭重"，始見《漢書・王莽傳》："非皇天所以鄭重降符命之意。"又唐白居易詩："千里故人心鄭重。"則《廣韻》所謂"鄭重殷勤"之意矣。

絡繹不絶　《釋名》："往來不絶曰絡繹。"《文選・魯靈光殿賦》："縱横絡繹。"吕向注："絡繹，相連不絶貌。"今縣人猶有絡繹不絶之語。

趨　《説文》："趨，行遲也。從曼聲。"縣人謂作事遲鈍曰趨，行遲亦趨，俗作慢。《説文》："慢，惰也。"非本字。

噱噱　《説文》："噱，大笑也。其虐切。"縣人形狀笑聲曰噱噱，俗作哈哈。

一達　《説文》："達字得聲於大，或從大作达。"达下云："或曰迭。"迭下云："一曰达。"是达、迭義本相近，故《鄭風》"挑兮達兮"傳云："挑達，往來相見貌。"往來即更迭義。今凡往返一周，縣人云"來一達去一達"，音如大。

該　該，《説文》："軍中約也。"約成則分定。故縣人謂分所應爲曰該。該，猶當也。

及　及，《唐韻》："其立切。"《説文》："逮也。"《廣韻》："至也。"自後而至曰及，而適當其時亦曰及，後時則曰不及，如《詩・摽有梅》序"男女得以及時"，是也。縣人音轉如忌，如來得及則曰來得忌，來不及則曰來勿忌。忌、及，雙聲。

盭　《説文》："盭，不成遂急戾也。從弦省，曷聲。"今縣人謂事不成而急戾曰盭，呼如竭。

鼓　《説文》："鼓，郭也。春分之音。萬物郭皮甲而出之，故曰鼓。"段玉裁注："城𩫏字，俗作郭。凡外障内曰郭，自内盛滿外出亦曰郭。郭、廓正俗字。"按縣人謂自内盛滿摇動而波出曰郭，音與廓近。

安㬮　《説文》："㬮，安㬮温也。㬮，奴安切。"今縣人謂不寒不冷曰温暾，即安㬮之轉也。然唐人用入詩，已作温暾，王建《宫詞》："新晴草色緑温暾。"暾，他昆切。

竤、竤洞《説文》："竤，屋響也。户萌切。"今縣人謂音有所障不能四達曰竤，音轉如宏；或曰竤洞，洞乃餘音。

僎　《説文》："僎，具也。音撰。"縣人謂遍具爲僎，如皆有曰僎有，皆好曰僎好。

磊㯳　《説文》："磊㯳，重聚也。"磊，魯猥切；㯳，都罪切。今縣人謂物之重事之艱者皆曰磊㯳。

空廓落落　《説文》："廓，空也。"《爾雅・釋詁》注："廓落，宇宙穹隆至極亦爲大也。"《疏》："廓落，大貌。"《駢雅》："廓落，空虚也。"今縣人狀室之大而空，猶曰空廓落落。廓，本苦郭切，今作苦谷切。

熷　《説文》："熷，焦也。從火，曹聲。作曹切。"段玉裁注："今俗謂燒壞曰熷，凡物壞亦曰熷。"按縣人謂事不順適亦曰熷，蓋由壞意引伸也。

熚㸌　《説文》："熚㸌，火貌。㸌，從火，𩙿聲。𩙿，籀文悖字。"今縣人狀火燃爆聲，則曰熚㸌，蓋古語也。㸌音如卜。

尲尬　《説文》："尲，尲尬，行不正也。尲，古咸切。尬，古拜切。"今縣人謂事之多枝節而難措理者曰尲尬，亦古語也。

憩憩叫　《説文》："憩，善自用之意也。從心，銛聲。古活切。"通作聒。"《書・盤庚》："今汝聒聒。"縣人誚善辨而自逞能者，則曰憩憩叫，本此。

滑泰　《説文》："泰，滑也。"臣鉉等曰："本音他達切。"縣人謂滑爲滑泰，移以言人逃去亦曰滑達，俗作滑㒓。

捇刺　《説文》："捇，裂也。呼麥切。"縣人狀破聲曰捇刺。刺，盧達切，不同刺。刺殺之刺，七賜切。

殺　《廣雅》："殺，減也。"縣人謂水漿愈渴曰殺渴。

夠　《文選》左思《魏都賦》注引《廣雅》："夠，多也。古侯切。音遘。"縣人稱足曰夠，蓋從多義引伸也。

登時 縣人語登時，猶言立時也。《宋書》："劉裕知盧循必寇江陵，登時遣援。"《北齊書》："祖珽守北徐州，會有寇，珽忽鼓噪聒天，賊驚，登時退散。"語意並與今同。

弗耐煩 庾炳之爲人强急而不耐煩。見《宋書》。今縣人斥躁急者亦曰弗耐煩。

耳邊風 縣人斥人聽言不注意曰耳邊風。其語本之《南齊書》曰："吾日冀汝美，勿得粉如風過耳，使吾失氣。"唐杜荀鶴用入詩曰："萬般無染耳邊風。"

辛苦 縣人有往來行役之事彼此相慰勞曰辛苦，義見《書·洪範》孔穎達疏："辛苦之味入口，猶困阨之事在身，故謂殃厄勞役事爲辛苦也。""越王爲人能辛苦"，見《史記》。

含胡 顔杲卿爲安禄山所執，極口駡，禄山斷其舌，曰："復能駡否?"杲卿含胡而絶。見《唐書》本傳。故縣人斥語不明白曰含糊也。事不深究亦稱曰含胡，或作含糊，見《舊唐書·陸贄傳論》："西北邊守，朝廷每爲含糊①，未嘗窮究曲直。"

垂頭喪氣 韓全誨等失勢，皆垂頭喪氣。見《唐書》。今縣人狀不得意亦曰垂頭喪氣云。

脚踏實地 "司馬光爲人脚踏着實地。"見《宋史》。今縣人稱實事求是曰脚踏實地，本此。

烈烈轟轟 縣人狀事業之盛曰烈烈轟轟。烈，火猛也。《孟子注》轟，群車聲。《説文》喻言有聲有色也。見文天祥《潮陽縣東山張許雙廟題壁沁園春詞》："好烈烈轟轟做一場。"

過橋拔橋 縣人有過橋拔橋之説，喻言忘恩負德也。元許有壬科目出身，會詔罷科舉，有壬竟署名詔尾，或謂之曰："參政司謂過橋拆橋。"載《續文獻通考》，足證此語由來舊矣。

右狀辭

① 含糊，原作"含胡"，今據《舊唐書》及上文改。

里　諺

舊志於里諺略而不詳，然《傳》載輿人之誦，《詩》美詢於芻蕘。古者聖人在上，道聽塗説，靡所不畢記。《周官》誦訓“掌道方志以詔觀事，道方慝以詔避忌，以知地俗”；而職方氏“掌道四方之政事，與其上下之志，誦四方之傳道而觀衣物”，是也。山木賓禮之相比，傳自《春秋》。子惡苗實之莫知，著稱《大學》。苟可箴戒，君子有取。大抵諺之爲言也，約而達，微而臧，誦者罕譬而喻，聽者相説以解，街談巷議，所以有益於民俗而爲稗官不廢也。今甄采里諺，析類爲四：曰占候；曰農桑，《周官》誦訓所謂“道方志、方慝以詔觀事、避忌，知地俗”者也；曰習慣法；曰格言，職方氏所謂“道四方之政事，與其上下之志”者也。其有諧音赴節成爲謳歌者，别著於篇。述《里諺》。

占　候

星月照爛地，明朝霎勿及音忌。

東虹呼后切日頭西虹雨。

虹高日頭低，明朝必定被音披蓑衣。

日落西山胭脂紅，勿霎雨來定發風。

横山出雲過山笑，過山出雲雨便到。横山在開原鄉，過山在開化鄉。

日早雨淋頭。

東北風，雨太公。

烏頭風，白頭雨。

按：以雲色言。

雨夾雪，没休歇。

上火不霎，下火滴涿。音篤。

按：舊曆記日以金、木、水、火、土五行分配之，故云。

庚不霎，辛滴涿。

按：舊曆記日用支干，故云。

甲寅巳卯晴，四十九日滿天星；甲寅巳卯霋，四十九日雨滴涿。

上看初二三，下看十五六。

按：俗稱舊曆一月中上半月初二、初三兩日，下半月十五、十六兩日，雨必連雨半月，故云。

迷露即霧也裏日頭，晒開石頭。

黄昏上雲五更曉。

丙不藏火。

按：俗稱丙日必見太陽。火，指太陽言。

朝看天頂穿，夜看四團讀如突圞。

春霧日，夏霧熱，秋霧涼風，冬霧雪。

一説："春露謂迷露也太陽夏露雨，秋露涼風冬露雪。"

夏至難逢端午日，百年難逢歲朝春。

按：俗稱舊曆元旦立春，端午日夏至則稔。

兩春夾一冬，無被煖烘烘；兩春兩端陽，斗米换嬌娘。

三月連大，皇帝喊餓。

地動出羊毛，夫妻各自逃。

歲朝烏漉秃，高低田稻一時熟。

按：俗稱舊曆元旦占候風雲，風自東南來，紅雲自西北起，則稔。

元旦天氣好，民安五穀豐。

種田不識法，看正月三個八，三八無雨莫栽秧。

有米無米，看三個十二。

按：俗稱舊曆正月十二、二月十二、三月十二，均須天晴也。

正月二十晴，陰陽百無准。

未蟄先蟄謂未交驚蟄而雷，陰濕一百念日。

三七勿及廿一雨。

按：舊曆正月中初七、十七、念七三日天雨，不如念一日雨也。俗稱念一日雨則稔。

雨打百花心，百樣無收成。

按：俗稱花朝日不可雨。

二月夜雨黄梅根，只怕念九夜裏闢子門。

清明曬到楊柳枯，又有乾音干麵又有麸。

三月初三曬得溝底白，牛毛草兒盡變黄小麥。

三月初三皎皎晴，蒔了黄秧耘不成。

三月西風麥老公謂麥有粉，四月西風麥頭空謂麥無粉。

春寒多雨水。

雨涿春丁卯，石人餓到跌跌倒。

四月初一晴，條條河裏好種菱；四月初一雺，條條河裏乾音干蠹蠹。

四月初三晴蕩蕩，鯢讀如娘魚進竈堂；四月初八雨糢呵，高低田裏種茄科。

按：上句謂兆大水，下句謂兆大有年也。

四月十六雲靆靆音代。靆靆，雲盛貌，高鄉頭上縫袋袋。

言天旱年荒，將流離他徙也。

四月十六清亮，杆棵墩裏摸蚌。

謂兆大水也。

二十分龍念一雨。

按：俗稱四月二十爲小分龍，五月二十爲大分龍，次日雨，則稔也。

立夏東南没小橋。

按：俗稱立夏東南風，兆大水。

黄梅無雨半荒年。

按：俗稱芒種節後交黄梅。

黄梅無大雨，三九少東風。

按：俗稱連冬起九。三九者，冬至後一日至二十七日也。

黄梅寒，井底乾音干；時裏寒，没竹竿。

按：俗稱夏至爲頭時頭日。

高田只怕壬梅雨指黄梅中壬日遇雨言，低田只怕送三時謂三時將終聞雷聲。三時三送，低田白弄。

按：三時者，俗稱夏至後一日至六日爲頭時，又後五日爲二時，又後三日爲三時也。

五月初一晴一説六月初三，長工少條繩；五月初一雺，長工街上辵。徒洛切。見《方言·釋言》。

夏至端午前，坐了種年田；夏至端午後，無車尺遮反。見《方言·釋言》，謂戽水也不動手。

時裏雷，穀疊堆；時裏無雷，秕穀成堆。

按：秕不成粟也。

時裏西南，鯉魚歸深潭。

按：俗稱時裏西南風兆旱。

五月裏迷露，雨勒即在之意半路。

六月初三一個陣，上晝耘稻下晝困。困見《方言·釋言》。

小暑一聲雷，半個月黃梅倒轉來。

小暑温暾温暾即安羼，見《方言·釋言》大暑熱。

六月十二團團，風種田人一場空。

六月無底，黃荳貴如米。

六月勿出汗，秋後必要亂。

按：亂，病也。暑天宜熱，不熱則秋間患病者必多。

六月勿熱，五穀勿結。

人在床上滚角落“滚角落”三字諧聲，即寢不安席之意，稻在田中吹歌彈曲。

星密密讀莫杏切，風狂狂；星稀稀，汗滴滴。

暑夜觀星疏密，足以占明日之熱不熱也。

天河作壩，必欲霫雨。

暑夜觀天河以占翌日之晴雨也。

東霍霍諧聲，謂電光也，西霍霍，明朝起來乾音干𧍪𧍪。

夏雨北風生，無雨亦風涼。

秋蟲預先十日叫，换棉花老老折了腰。

按：俗稱秋蟲先立秋十日叫，爲棉花豐收之兆也。

早起秋，涼修修諧聲；黃昏秋，熱愁愁。

立秋無雨對天求，萬物田中盡歉收。

一説立秋無雨一半收，雷打秋頭，百事無收。

七月七，勿洗車。無雨。八月八，仍舊車。謂戽水。

處暑頭上一個雷，秕穀兩三堆。

處暑勿落澆苗雨，雖然結穀也無収。

處暑難得十日陰，白露難得十日晴。

白露裹雨，到處壞處。

白露坐得車場光，三石一畒穩丁當。諧聲。

俗稱白露不雨而田須戽水，則稔。

重陽無雨一冬晴。

九月十三晴，釘鞋挂斷繩。

九月南風二日半，十月南風隨夜霎。

秋孛鹿，諧聲，謂秋熱也。損萬斛。

風吹佛面，十月十三日南風。有米勿賤；風吹佛背，十月十三日北風。無米勿貴。

小雪勿見莱，到老没莢結。

此指蠶豆言。

冬至前頭七朝霜，有米無礱糠。

冬至遠春四十五，一百念日到清明。

冬甲子雨，白雪飛千里。

雪霎有晴天。

若要麥，見三白。

蓋臘内望雪三次也。

臘雪財，春雪晦。

天之晴雨，歲之凶稔。鄉農以諺占候，頗有驗者。然縣人習俗相沿，事之可占吉凶者實夥甚。如（1）夜中梟鳴，謂其村主有人死亡。俗語稱叫得近，死得遠。（2）人家狗哭，謂其家主有人死亡。（3）夜見移星入北斗者，謂主其人將死。（4）夜見移星入南斗者，謂主永壽。（5）移星白，大而遠者，謂主近村有命案。（6）移星紅，大而近者，謂主遠村有火災。（7）雞登屋，或夜啼，謂主有火災。刺雞冠出血，即解，謂之見紅。（8）鵲噪屋頂，謂主大吉。（9）鴉鳴空中，謂主凶。兩鴉對鳴，謂主口舌。（10）朝見蛛蜘附身，謂主見喜；夜見蛛蜘掛絲，謂占鬼見，不吉。（11）慧星見，謂主有兵燹。（12）大移星，謂主貴官死。（13）夏時夜中四望無雲，而其内或有成一綫之白雲者，謂之白虹精，主傷稻。（14）夜夢看會、看戲、喜事、吃肉、脱齒、笑樂皆不吉，而夢悲啼、見棺、見火則吉，俗語謂夢凶兆吉。夜夢不祥，謂醒後不開口，即揭起便桶蓋，視之，見穢即解，或曰説破者吉。（15）夜結燈花，主有客至。(16) 看賽會不見菩薩，主不利。(17) 看出殯不見棺，不吉。此類不可枚舉。

農　桑

二月二，香瓜茄子齊下地。

立夏見三新。

三新，大麥、蠶豆、櫻桃也。

立夏無乾穀。

謂穀已浸濕而將播種也。

夏至勿要栽秧。

六月田中拔科草，冬至吃一飽。

秋前拔稗，收租放債；秋後拔稗，譬如賣柴。

稻怕秋旱，人怕老苦。

千澆萬澆，不及處暑頭上一澆。處暑勿澆苗，白露勿來覷。

處暑三朝稻有孕。

白露白迷迷，秋分稻秀齊；寒露無青稻，霜降一齊倒。

閏年不種十月麥。

謂早種也。

立冬小雪麥三時。

右農事

寒食熱，只說葉；謂蠶事好而葉將貴。寒食寒，只說蠶。

穀雨三朝蠶白頭。

三月三，雲𩅺𩅺，背了桑葉還轉來。

春蠶不吃小滿葉，夏蠶不吃小暑葉。

小滿三朝絲上街。

右蠶事

習慣法

田低五寸，田岸無分。

上漏下濕，房主理涉。

此言屋有損壞，與賃屋者無涉也。

四至糾葛，賣主理涉。

此言買地四至與鄰界糾葛，須由賣主理涉清楚，與買主不相涉也。

哥東弟西，哥南弟北。

此言兄弟分田宅，其共有者以此爲分配之準。

嫁出女倪潑出水。

父債子得，父債子還。

長房無子，次房不得有子。

嗣出勿嗣進。

此言爲人後者，其本宗或無嗣，不能棄其所後而還後本宗也。

三五不扣，二末幫貼。

里俗遇有緩急，集親友作七賢會。掉數既有多寡，挨收又有前後，故權利不能平均，其中以四會受損最鉅，餘會均貼與會證金若干。惟三、五兩會，雖較四會爲優，然不如二末，若一律酌扣，未得其平。故三五兩會，應扣之會證金，由二會幫貼三會，末會幫貼五會也。

散二不散三。

此言集成之會，或因意外障礙不能繼續舉行，二會可散，至三會即不能散也。會外之款，不得在會内扣算。

贖二勿贖三，贖七勿贖八。

此指佃交佃之灰肥而言，如須回贖，必在舊曆二月、七月方可。

欠租勿欠額。

例如佃人之田應納冬租一石，因年歲歉薄減收八折，實應繳交租米八斗，原佃無力僅繳四斗，其餘須待來年拔還。然一至來年，不能照上年八折計算，仍須實還五斗也。

七辭八聘。

此言人家請師，如明年不留，必於本年七月預辭，一至八月即須下聘而不能辭也。師之於居停，亦然。

烏字落白紙上，有憑據，勿鬬口。

格　言

教婦初來，教兒初胎。

從小看看，到老一半。

三歲定八十。

右三則，皆言子弟雖幼，父兄之教不可緩也。

勢利和尚賤小男。

棒頭上出孝子，夬頭上出逆子。

右二則，言教子不可不嚴也。

你好我好，爛泥糰子好齋竈。

此勉夫妇之和好，亦左氏所谓“苟以至敬，雖以潢汚之水可薦於鬼神”之意。

家和萬事興。

若要好，大做小。

即《易》地山謙“謙，亨”，“謙尊而光”之意。

小心强於魏賴。諧聲。魏，能也。見《方言·釋言》。

作音做到老，學到老；學到老，學不了。

禮多人不怪。

一個喏問到天下。

不吃苦，不上步。吃得苦中苦，方作音佐人上人。

天下無難事，只怕用心人。

將心比心，想自己，度他人。

此即《論語》“己所不欲，勿施於人”之意。

多吃飯，少開口。閉口深藏舌，安身處處牢。

男子勤謹有飯吃，女子勤謹有衣穿。

早起三朝當一工。

求人勿如求己，跌倒扶起勿如自己爬起。

字無百日功。

只要功夫深，鐵棒磨成繡花針。

拳不離手，曲不離口。

人争一口氣，佛争一炷香。

與人方便，自己方便。

逢人只説三分話。

真金勿怕火燒。

日裏勿作音佐虧心事，夜頭勿怕鬼敲門。

若要小兒安，常帶三分飢與寒。

打蛇打勒七寸裏。

言處事之貴得要也。按：俗稱蛇離頭七寸其要害也，擊之必死。

養多不如養少，養少不如養好。

此即近今歐儒盛唱道之人類經濟主義也。瑞典姬愛倫女士曰："劣等人民之多，不如優等之少。婦女者，人民之母也，不可不知此義。"蓋所謂人類經濟者，即節儉人類之量而改良人類之質之意也。俗稱生育曰養。

嫁女兒朱紅板壁，討新婦蘆菲隔壁。

按：此即宋儒胡安定先生所謂："嫁女必須勝吾家者，娶婦必須不若吾家者。"

出門常帶三九衣。

即備豫不虞之意。

來説是非者，即是是非人。

一兩黄金四兩福。

即《中庸》所謂"素貧賤，行乎貧賤"也。

前船便是後船眼。

夜飯少吃口，活到九十九。

打狗看主人面。

三百六十行，行行出狀元。

斧頭吃鑿子，鑿子吃木頭。

按：王充《論衡・効力篇》云："鑿所以入木者，槌叩之也。"可爲此語作注，即事有權限之意。

大富由命，小富由勤。

日久見人心。

十個指頭，齩齩個個痛。

喻父母於子無所不愛也。

惡人自有惡人磨。

宰相肚裏好撑船。

娘有爺有，勿及自有。

勉人自立之意。

家無主，掃帚顛倒豎。

行則春風有夏雨。

言有施而後報也。

菜飯飽，布衣煖。

勸人知足之意。

人人要臉，樹樹要皮。

言養人廉恥也。

君子一言，快馬一鞭。

好男勿吃分家飯，好女勿着嫁時衣，好馬勿齬回頭草。

好男勿當兵，好女勿遊春，好鐵勿打釘。

看風使舵，到舍山，捉舍柴。

言隨機應變，毋固毋必也。

只要自家上進，那怕人家看輕。

日出十里，日没十里。

按：前句是一鼓作氣之意，後句是事急智生之意。

摇船無快慢，勿消停船吃頓飯。

喻功夫不可作輟也。

右訓誥類

三朝新婦婆引刁，月子裏孩童娘引刁。

上梁不正下梁𤄷。讀如花，開口呼。

忤逆勿天打，一代還一代。

年紀活到六十六，笑勿得別人眉頭眼絡。

有錢常想無錢日，莫待無錢想有時。

氣死勿告狀，謂訴訟也。餓死勿做賊。

一字入公門，九牛拔不出。

相打無舍奇，勿損衣衫也損皮。

冤家宜解不宜結。

滿飯好吃，滿話難説。

吃飯防噎，走路防跌。

扒得高，跌得重。

小心天下去得，大膽寸步難移。

得意不可再往。

是非只因多開口，煩惱皆爲强出頭。

强中更有强中手。

籬笆紮得緊，野狗咬不進。

家火不起，野火不來。

不癡不聾，作音佐不得阿家翁。

戒察察爲明也。

家醜不可外揚。

若要家勿和，討個小老婆。

一方兔子吃一方草。

惡龍蟠勿過地頭蛇。

蒼蠅勿叮没縫蛋。

戒毋授人以間也。

人不可貌相，海水不可斗量。

陰地勿如心地好。

此爲迷信堪輿家者戒也。

好事不出門，惡事行千里。

鐘在寺裏，聲在外頭。

雙手祇掩兩口。

坐則等困來，困則等病來。困，寢也。見《方言·釋言》。

坐吃山空水要乾。音干。

貪吃嬾做近討飯。

好漢難當四手。

獨木不成火。

龍生龍，鳳生鳳，賊生兒子掘壁洞。

人怕出名豬怕壯。肥也。

做賊偸葱拔菜，賭錢猜字猜背。

亦履霜堅冰之戒也。

種田錢，萬萬年；經商錢，三十年；衙門錢，一篷烟。

皇子犯法，庶民同罪。

六親無靠，靠山山要倒，靠水水要乾。

戒人不可不自立也。

人爲財死，鳥爲食亡。

好曲三遍厭尿臭。

即“事君數斯辱，事友數斯疏”之意。

右箴戒類

癩團即蟾蜍蹋蹋坐，吃則肥頭胖耳耽音朶。田雞跳則一丈，肚皮餓則癟音畢箱。

刺庸庸者多厚福也。

衙門八字開，有理無錢莫進來。

作音佐了三年清知縣，也有十萬八千雪花銀。

家裏無銀莫作音佐官，朝裏無人莫作官。

上等之人説説開，中等之人寫寫開，下等之人那怕立只碑。

想也勿想想，捉隻豬養養。

譏躁妄也。

想吃天鵝肉。

譏非分妄想也。

姑娘嫌嫂醜，恐作惡冤家。

譏出位也。

人在人情在，人死兩分開。

人無千日好，花無百日紅。

譏非耐久交也。

看人挑擔勿吃力，自上肩頭𥓻也𨇠。

人無廉恥，王法難治。

天下無難事，只怕老面皮。

初出貓兒大如虎。

譏少不更事也。

初學三年，天下去得；再學三年，寸步難行。

説煠郎中俗稱醫生無好藥。

説真方，賣假藥。

藥醫不死病，死病無藥醫。

寧與凶人相罵，勿與没志氣人講話。

今朝有酒今朝醉，明朝吃酒再理會。

譏無遠慮也。

瘌痢頭瘡髮禿也頭倪子自家個好。

譏溺愛也。

又要馬兒走得好，又要馬兒勿吃草。

人望高，流水望低。

江南望見江北好，到了江北喊苦惱。

譏徙業也。

狗相咬，易相好。

譏喜怒無常也。

窮算命，富燒香，落魂失志問陰陽。

小地出公卿，大地葬公卿。

譏迷信風水也。

肩架音如街上擱勿起根燈草。

譏不任也。

聰明反被聰明誤。

聰明一世，懞懂一時。

日度三餐，夜圖一宿。

譏惰不事事也。

朝怕露水晝怕熱，夜怕蚊蟲早點息。

譏惰農也。

煠硬骨頭酥。

關老爺賣豆腐，人硬貨勿硬。

魏讀如會捉老鼠貓勿叫。

身上着了軟被被讀如披，家中没有夜飯米。

閻王好見，小鬼難當。

　　譏小人擅作威福也。

江山好改，本性難移。

敗子回頭金不換。

勿怕凶，只怕窮。

賊出關門。

不記當初娘養我，但看今朝自養兒。

只有憶倪長，没有憶爺娘。

取則經來唐僧得，惹出禍來孫行者。

　　譏人諉過攘功也。

在家似龍，出外似蟲，關上大門凶。

贏則再要贏，輸則想反本。

　　譏嗜賭也。

蜜拌砒霜。

　　譏言甘而心狠也。

聚來吃酒千個弟兄好，落難之時無一人。

閒時勿燒香，急來抱佛脚。

宰相兒子，勿如烏龜俗稱娼家銀子。

　　譏世人識貨不識人也。

有錢好使鬼推磨。

一張紫，兩連皮，識是識非。

海底可量，人心不可量。

家花勿及野花香。

　　譏棄所業而生外慕也。

肚飢糠也好，飯飽肉嫌肥。

　　譏不知足也。

山山有老虎，處處有强人。

狗咬吕洞賓，不識好人心。

無事不登三寶殿。

天高皇帝遠。

譏夜郎自大也。

狗𩒻裏吐不出象牙。

田雞跳在戥盤裏，自稱自。

對牛彈琴。

譏失言也。

情人眼裏出西施。

《莊子》曰：“王嬙、驪妃，人之所愛也。魚見之深入，鳥見之高飛。數者孰知正色?”白香山詩：“天下無正色，悦目即爲姝。”皆可爲此語作注。

只許州官放火，不許百姓點燈。

隔重肚皮隔重山，知人知面不知心。

誰人背後無人説，那個人前不説人。

燒火嫌長，撑門嫌短。

譏無所取材也。

鄉下人吃橄欖，回頭再思量。

勃不倒冬瓜，拿茄子出氣。

譏遷怒也。

不登高山，不得知平地好走。

譏不更事也。

城頭上出棺材，遠兜遠轉。

譏迂闊而遠於事也。

拌死吃河豚。

譏口腹之欲也。

鴨子裏摸毛，象牙夬上尋絲。

譏毛舉細故，無事尋事也。

右諷刺類

歌　謡

歌謡舊志不采，蓋辭匆雅馴，旨近俚俗，搢紳先生難言焉。然吾誦

《詩·國風》十五，大率出於里巷歌謡之作，所謂男女相與咏歌，各言其情者也。周道既衰，風詩不采舊矣！今北京大學涣然大號，有意采風詩，紹絶業，釐爲定程，布之省縣。可得入告，厥有四類：五方異姓，百里殊風，咏其辭，可以覘其俗。一也。匡捄時習，繩愆糾謬，言無罪，聞足戒。二也。征夫野老，遊女怨婦，辭不狎褻，而自然成趣。三也。童謡讖語，似可解，似不可解，而不假琢飾，神韻天籟。四也。不佞準以甄采，一曰觀風，二曰砭俗，三曰表情，四曰童謡，儻善讀者即音律之間以求其意，超言辭之上以會其歸，所謂輕揚和婉，如風之爲物，托物而不着於物者，庶乎得之。述《歌謡》。

觀　風

一月南門閉得堅，南塘荳腐到城難。清貧吃腐廉修撰，浦后嚴應麟。啜粥盤中半掬鹽。北門久閉盡驚惶，多少人家無米藏。只有府丞能料事，尤西村魯。轎夫也得飽粞糠。東門曠地雜尸埋，無主孤魂實可哀。最是施翁積陰德，施心菊教。藥囊費盡捨棺材。一月西門閉不開，西山柴擔不能來。人家器物皆燒盡，燒到尚書柏木臺。顧惠嚴可學。

賦也。明嘉靖中，倭寇圍城一月，城民作四門謡，雖俚鄙未工，然讀此不惟當日圍困情況，歷歷如見。而南門荳腐擔、北門米市之由來已久，亦可於此證之也。故録之以爲徵文考獻之一助云爾。

惠山街，五里長。踏花歸，蹊底香。

賦也。

一枝楊柳間枝桃，紅緑相映五里遥。

賦也。元明之間，惠山綺塍街，喬木古籐，繁英夾路，景物最盛。録兩謡，可以想見當年之麗都矣。三百年來，洊更兵火，成陰桃柳，斬夷如剃。

南門豆腐北門鰕，西門柴擔密如麻。只有東門無甚賣，葫蘆茄子及生瓜。

賦也。此清雍乾時謡，言雖俚，而四門風物可以概見。

正月半，龍燈看；二月半，摇車紡紗織布之具得轆轉；得轆者，狀轉之速也。三月半，鏜鑼旗傘會來看；四月半，鋤頭鐵鈀加田岸；農事忙也。五月半，拔科黄秧種種看；一作龍船看。六月半，水車團圝河裏轉；一作船要起水人要换。蓋船於此時上岸，修葺加油也。七月半，田中早稻秀一半；一作盆子大茄餅鑊裹熯。八月半，糖燒芋頭吃吃看；九月半，新米糰子領親眷；嘗新也。十月半，家家老小老小，孩童也吃到像個玉羅漢；十一月半，前門討債後門藩音畔，見《方言》；十二月半，拔了鑊子，剩個破湯管讓你看。諸債畢集，貧如洗也。

賦也。

歲朝宜黑四邊天，大雪紛紛是旱年。但得立春晴一日，農夫不用力耕田。

賦也。

驚蟄聞雷米似泥，春分有雨病人稀。月中但得逢三卯指二月言，豆麥棉花處處宜。

賦也。

砭　俗

饒爾家富，裹衣用布。若是用綿綢，傷風不自由。

賦也。

善有善報，惡有惡報。若要不報，日子未到。

賦也。

善善善，要你善，若是不善，京中那有大官員。惡惡惡，要你惡，若是不惡，那有犯人坐牢獄。作作作，云音做。要你作，若是不作，田地屋產那裏有。懶懶懶，要你懶，若是不懶，街上那有死討飯。

賦也。

生個兒子勝如我，要錢作什麼。生個兒子不如我，要錢作什麼。

賦也。

村中出了好嫂嫂，滿村姑娘齊學好；村中出了攪家精，弄得長村大巷不太平。

賦也。

夫妻親來弗是親，同床合被兩條心；父子親來弗是親，只生身子弗生心；兄弟親來弗是親，同胞共乳弗同心。

賦也。

臘月八，正月八，鄉下媽媽要去敬菩薩；好大髻，假頭髮，通草花兒滿頭插；好白臉，香粉塌，青布腰裙一狹狹。大紅鞋子绿葉拔，葉拔繫於履跟，用以拔履者也。走一步，拔一拔，青皮石上打滑泰他達切；甘蔗荸薺粜裏嚼，肉饅頭，懷裏塞讀如殺，路上行人看見都笑煞。

賦也。譏婦女之知盡飾而不知盡禮也。

目今時世，浪蕩俗稱無業遊民當道。紡綢長衫，棉綢夾襖。四喜搭連，獨牘當票。走到煙間，老槍揀好。走到飯店，三分爛糊，四分小炒，碗半羹飯，吃得每甚也飽。臨時還帳，押隻氈帽。賣脱田地屋産，差人嗤笑。賣脱家小，譬如爺娘分勿曾二字之急讀音討。無舍念頭，關子房門上吊。

賦也。警浪子也。

雅片本是外國生，一到中原絶了我命根。閻王未出拘魂票，先紮頭邊引魂燈。如何好把洋煙吸，一耗精神二費錢。三餐茶飯常欠缺，四季衣衫不連牽。五更寒冷少被蓋，六親斷絶真可憐。開門七件無來路，只怪八字生來顛倒顛。仔細想想無好處，懸梁高掛一條繩。

賦也。雅片之禍，烈矣！出之作者自怨自艾，如泣如訴，詞哀而意益迫矣。

家花不及野花香，家花香來常常有，野花香來不久長。

比也。

山歌好唱口難開，櫻桃好吃樹難栽，白米飯好吃田難耕，鮮魚湯好飲網難張。

比也。

亮亮月，公公挑水灣背折，婆婆燒飯公公吃；公公吃着一粒穀，打得婆婆脱脱哭；公公吃着一粒豆，打得婆婆東一投四一投。

興也。譏夫權重也。

亮亮高，板板橋！橋又高，脚又小，告我如何跑?

興也。哀纏足女子也。

表　情

作音佐，下同天難作四月天，作人難做半中年。秧要日頭麻要雨，采桑娘子要晴天。

比也。

亮月團圓天上天，荷葉團圓水下面，油絮團圓姊房中，銅錢團圓郎手用。亮月灣灣天上天，菱角灣灣水下面，木梳灣灣姊房中，鏈刀灣灣郎手用。

興也。

豌豆花，蠶豆花，今朝妹子嫁人家！娘哭他是我穿針女，爺哭他是我一枝花，哥哥説他是個賠錢貨，嫂嫂罵他是個惹事精。惹得貓兒不治鼠，惹得狗子不守家，惹得桃花不結果，惹得李樹不開花。

興也。

亮月亮亮，女倪轉來睍讀如張娘。娘説道金荷包轉來了，爺説道牡丹花轉來了，哥哥説道賠錢貨轉來了，嫂嫂説道攪家精轉來了。攪舍家，賠舍錢。勿曾吃着你哥哥分家飯，開爺米囤吃爺飯；勿曾穿着你嫂嫂嫁時衣，開娘箱子穿娘衣。

興也。

鴉鵲窩讀如科，偏羅朵，諧聲。阿娘嫌我姊妹多，哥哥嫌我吃飯多，叫我出去作逃奴。隔則三頭兩年來看看，我珠冠緞襖接哥哥。我請哥哥到勒花廳上去看看看，金銅勺金鑲刀；我請哥哥到勒房裹去看看看，金鑲八寶象牙床；我請哥哥到勒厫間裹去看看看，三十六只大厫間，四十八間小厫間；我請哥哥到勒河裹去看看看，三十六只大划船，四十八只小划船。

興也。

童　謡

梳子，星名。鑿扁擔，星名。扁擔鑿蘆星，蘆星鑿北斗，北斗灣灣七個星。

賦也。

九箭通，出三公。妾身原是龍尾勾，勾得郎心只憶儂。

賦也。城中有九箭河，今可通舟者，第三第六而已。俗稱龍山尾内向，縣人出門者多思家云。

一羅羅，指紋也。巧，二羅拙，三羅拖棒頭，四羅全勿識，五羅富，六羅窮，七羅作長工，八羅擔糞桶，九羅騎白馬，十羅坐官船。

賦也。

亮月白丁當，賊來偷醬缸。喻外侮。醬缸打碎只，壞我金甌。聾子聽見只，嘎子喊出來，折讀如拾脚追出去，支手捉住只。

比也。喻四郊多壘，國無人也。

三歲老小快活多，出門要唱好山歌。手裏拿個金彈子，百花園裏打鸚哥。打則鸚哥惱起來，芙蓉花留我吃三。盆芍藥牡丹相陪坐，金雀花斜書如賒，注酒也酒海棠陪。

興也。

右《風俗志》，博纂。而佐徵訪材料者，則有省立第三師範學校同學嚴浩、程本、須希聖、安國寶、龔達章、王寅生、麋伯和、薛可範、楊蔭瀏九人；而須希聖、嚴浩、程本三人尤詳。又嚴堯欽先生寫里諺八十四條，歌謠五章相示；而龔伯威先生則草《婚嫁志略》相示，俾博得有藉手以成此書，以志感。錢基博記。

（原刊於《無錫縣教育會年刊》，1918 年）

無錫户口志

無錫户口之盛，無逾遜清宣宗之世。而其有籍可考，斷自宋高宗時始，蓋紹興初户二萬三千三百十四，口十萬五千六百二十一。迨高宗南渡，而户驟增萬九百九十六，口三萬二百六，則以河南北避兵來僑居者多也。終宋之世，而户三萬七千九百十六，口二十三萬五百六十八。

至元世祖再籍江南户口，而無錫得户七萬二千一百六十二，口三十五萬五千七百五十四，視宋驟增幾及倍。乃至明初，而所損過半，以洪武十年編審，得户三萬三千三百九十九，口十三萬八千五十六耳。豈非以莫天祐效死淮張，而縣人兵火流離之餘，厪有存者耶？自是以往，而縣人休養生息、老死不見兵革者二百六十餘載。

太祖洪武二年，即定人户以籍爲斷。而十四年正月，詔天下郡縣編賦役黄册，凡人生十六歲，則成丁出幼，編名黄册，入籍當差，有人丁徭里之徵。其册十年一造，編審亦已密矣。然終明之世，無錫户不過五萬八千九百二，而口以二十五萬三千六百九計，猶視元爲殺少焉？竊計洪武兵革之後，户口消耗，亦固其所。而孝宗世號盛治，歷武宗、世宗、穆宗三朝以迄神宗御宇八九十年間，天下太平無事之日也，然稽其户口於無錫，不惟無益且或加損焉！宏治十五年，户五萬七千七百七十一，口二十七萬九千八百一十一。至正德七年，而户減三百十八，口增三千七百十，則是户減而口增也。嘉靖元年視正德七年，户減九十一，口減二萬九千九百十四。自此至隆慶六年，經五十年而户口數目相同。萬曆二十一年，視嘉靖元年户數同，而口增三萬三千五百四十一。以此知隱陋之多也。此何也？緣賦役所從出，而以身爲累耳。

至清初，編審一仍明舊。而始祖順治二年，無錫原額男丁十三萬九千三百八丁，每丁課徵徭銀二分五釐八毫，内除優免人丁一千九百四十四丁，實在當差男丁十三萬三千三百六十四丁。奉文止免紳衿本身一丁，除吏承不免外，止免七百十八丁。初明之編造黄册也，定制以責成於排年内上下兩甲之各該值年者，既而值年田甲，大抵不能親身攢造，而包於户房書手，多端需索，所費不貲。而清既代興，以順治十三年造一次，解至京師。聖祖康熙五年，又應輪造黄册，科臣疏題，奉文停止。自此遂省民間煩費，而一時稱德政焉。是年，無錫男丁十三萬七千二百七十，以視順治二年原額，二十年中所增者僅耳。自是而至五十年，陸續增三千七百三十四男丁；五十二年，詔徵收錢糧。但據五十年丁册定爲常額，續生人丁，永不加賦，名爲盛世滋生户口。世宗雍正四年，析置金匱，分編得六萬八千六百五十六男丁，而無錫縣分存男丁七萬三千八百五十三。六年，奉文丁銀遵照康熙五十年丁册額數，隨田辦納，自是丁不科銀，役隨産辦，民數得盡登於册。雖因此有司或視編審爲具文，籍之非必甚覈，然既不以身自累，無所隱漏，其登之生齒之版者。後之视昔，要日增而無耗。至宣宗道光十年，而無錫縣實在男丁三十三萬九千五百四十九，金匱二十五萬八千九百三十四矣，亦可謂庶矣哉！以太平軍之難，而殺其三之二。穆宗同治四年，奏報無錫男丁七萬二千五十三，而金匱十三萬八千八丁耳，則甚矣兵之爲禍烈也。自是而民生太平無事者五十年，蕃息既庶，而地方殷賑，交通又便利，而客户之僑居者日益衆。

至辛亥光復，而全縣男女七十九萬八千二百八十六人，駸駸乎道光之盛矣。民國五年，都全縣住户十七萬八千七百六十二，口八十一萬五千七百二十九。其中以國籍言之，本國八十一萬五千七百十八人，外國人十一。其中美人九，法人二。以體性言之，男四十五萬六千五百六十六人，女三十五萬九千百六十三人。其中外國男子八人，女子三人。以已未婚嫁言之：男子三十歲以上，已婚者二十五萬一千三百六十六人，未婚者二萬四千三百四十二人；三十以下者，已婚六萬一千七百十八人，未婚十一萬九千一百三十二人。而女子則二十歲以上，已嫁者二十六萬八千七百九十八人，未嫁者二萬三千二百四十六人；二十以下者，已嫁萬四千二百九十人，未嫁五萬二千八百二十六人。以年齡少長言之：則未成年者，男子八萬三千九百五十九人，女子六萬七千百十七人中外國女子一人；已成年者，男子三十七萬二千六百七人，女子二十九萬二千四十七人中外國男子八人，女子二人。而以有無職業言之，則有職業者纔二十七萬千四百七十四人含男女已未成年學生在內耳，而無職業者幾三之二焉。君子觀於住民之蕃庶，既以覘地方之殷賑，而見無職業者之衆，尤不禁嘆民生之日艱也，於是乎志。

（刊於《新無錫》，1918 年 12 月 4 日—7 日）

無錫歷代兵事志

無錫非用武地，然陸路四闢，踞孔道，東通姑蘇，西接毘陵，太湖在其南，川河午貫，而運河綰南北之衝，吴越用兵，此爲必争之地。周敬王六年，伍員相吴王闔閭以代①楚，軍還，築城邑西境之閶江，防越也。江上有山曰“胥山”，傳是子胥屯兵處矣。據《吴地記》增入。胥山南十五里許，有山曰“夫椒”，疑越置戍焉。吴王夫差嘗以敬王二十六年，敗越於斯，《九域志》：“縣西太湖濱有夫椒山，吴王夫差敗越于夫椒，即此山矣。”或以爲今太湖中之包山也。遂入越。越子以甲楯五千保會稽行成。二十八年，越子聞吴王伐齊，使范蠡率師絶太湖，道邑境，築城歷山之西北，《輿地志》：“歷山西北有‘范蠡城’，蠡伐吴時築，亦謂之‘計城’。”而鑿蠡瀆以通舟師。見《寰宇記》。轉襲吴，遂入吴國，獲吴太子友。吴自此不振，越代興而楚滅之。邑屬楚爲東楚地焉。傳者謂秦將王翦伐楚，略地至此，見居民采錫於山，山裂一石，文曰：“有錫兵，天下争；無錫平，天下寧。”始皇故置郡縣，因名縣曰“無錫”，此爲無錫所自始。

厥後晉顯宗咸和二年，蘇峻反。明年，遣將宏徽領甲卒五百鼓行東，徇

---

① 疑“代”爲“伐”字之訛。

三吴，義興太守顧衆命弟護軍參領監晉陵軍事颺率諸軍來屯守。前吴國内史庾冰至，則鎮縣南境之御亭，恐賊從海虞道入。衆自往備之，而賊帥張健、馬流攻無錫，颺軍大敗，奔還御亭，冰相偕退走，健等遂據吴城。

隋煬帝大業九年，楊玄感反，晉陵管崇與吴朱燮起江南兵應之，勢甚盛，有衆十餘萬人。帝遣江都贊治王世充發淮南兵三萬來討，渡江三戰，崇等敗走，乃據縣西北之潘封橋斷路。世充運薪數萬，圍橋，縱火焚，崇等遂潰，死者十四五，餘衆保無錫，世充立進軍攻，拔焉。

唐僖宗乾符六年，黄巢據宣、歙，徙涇原軍節度周寶鎮海軍節度兼南面招討使。時群盜所在盤結，宋可復據無錫，寶不能討，練卒自守而已。

無錫自春秋以來，以僻在南方，非力征經營天下者之所先有事，蓋皆傳檄而定，未甚被兵也。迨唐之衰，吴越與吴連兵蘇常，而無錫地當兵衝，攻戰之禍亟矣！先是吴楊行密之據廬州也，以其將張行周爲常州制置使，而賊帥孫儒自揚州遣劉建鋒攻拔常州，殺行周，乘勝破無錫望亭諸屯，遂取蘇州，時昭宗大順元年也。無何，儒焚掠蘇、常，吴越王钱鏐方爲杭州防禦使，遣兵撫定蘇州；而行密將張訓亦奄取常州，儒爲行密執殺，行密遂引兵與鏐争蘇州。乾寧三年四月，執鏐所署蘇州刺史成及而取其地。明年七月，鏐遣顧全武取蘇州。戊戌，拔無錫而不守。光化元年正月，行密遣將李簡率兵五千人屯無錫，全武擊之，獲吴偏將陳益等，餘衆皆走。九月，遂攻蘇州。甲申，行密所署蘇州刺史臺濛棄城走，援兵亦遁，全武克蘇州，追敗周本等於望亭。吴越於是乎遂有蘇州而與吴争常州地矣！梁均王乾化三年九月，吴越王鏐遣其子傳瓘、傳璙及大同節度使傳瑛，攻吴常州營於潘葑。徐温方柄吴政，謂諸將曰："浙人輕而怯。"帥諸將倍道赴之。至無錫，黑雲都將陳祐言於温曰："彼謂吾遠來罷倦，未能決戰，請以所部乘其無備擊之。"乃自他道出敵後，温以大軍當其前，夾攻之，傳瓘等大敗退走。明年九月，傳瓘又進兵攻無錫，丁未，克之，獲吴將朱超等五百餘人。貞明五年七月，鏐遣傳瓘將兵三萬攻吴常州，徐温率諸將拒之。壬申，戰於無錫，會温熱病不能軍，吴越攻中軍急，飛矢雨集，鎮海節度判官陳彦謙遷中軍旗鼓於左，取貌類温者，擐甲胄，號令軍事，温得少息。俄頃，疾稍間，出拒之。時久旱草枯，吴人乘風縱火，吴越兵亂，遂大敗，殺其將何逢、吴健，斬首萬級，傳瓘遁去。追至惠山之南，復敗之。傳瓘奔，騎逼高岸，不得上，將爲吴軍及，呼曰："天助我!"

馬廑得躍登脱走。而温養子知誥請以步卒二千易吴越旗幟、鎧仗躡傳瓘而東，襲取蘇州，温曰："爾策固善，然吾且求息兵，未暇如汝言也。"諸將皆以爲吴越所恃者舟楫，今大旱水道涸，此天亡之時也，宜盡步騎之勢，一舉滅之。温歎曰："天下離亂久矣，民困已甚，錢公亦未易可輕，若連兵不解，方爲諸君之憂。今戰勝以懼之，戢兵以懷之，使兩地之民各安其業，君臣高枕，不亦樂哉！多殺何爲？"遂收兵。而吴越軍還，吴越王鏐見何逢馬，悲不自勝，將士益親附，樂爲之用焉。八月，温遣使以吴王書歸無錫之俘於吴越，吴越王鏐亦遣使請和於吴，自是兩國休兵而無錫偃然不見兵革者三百年。

宋高宗建炎元年八月，杭州軍亂，詔遣辛道宗討之。軍行至鎮江府，守臣趙子崧犒師甚厚，道宗掩有之。行次嘉興，始給軍士人五百錢，衆怒，逐道宗，擁高勝爲將，反兵北首，聲假道於吴以如金陵。志實利寇，道松江，襲陷其城。一夕煨燼，將以次及無錫。李綱時方寓居，出家財以屬弟綸，使言於知縣郗漸曰："願以犒。"漸亦告給罄私所蓄器用悉索帑藏得白金二千，曰："某固有以待之。"綸聞，嘅然曰："公憂如此，願前五十里迎賊諭道公意。"漸諾。綸則不及省告家人，即衣褐單騎從數人暮行，夜宿於界亭以俟。明日，叛軍至，綸見其帥，曉以知縣之愛民恤物如此，帥屈首無毅色，曰："好爲我語郗公無憂。"綸即間遺漸書且道賊所以狀，漸爲之喜且懼，謂："凶人奸險，雖首肯而心或違，則敗矣。"又明日，叛軍將抵縣南門，漸則單騎造大言曰："聖駕幸東南，先驅且至，知之乎？"皆言不知。漸曰："若等無他，宜於此時轉禍爲福。"叛軍瞿然相視，而其帥即以所以語於綸者語漸。漸正色曰："若所謂李公言不謬，百姓得賜更生，雖殺戮以償所志無憾，不腆金幣以賞從者。不然，某請先死，不忍百姓之罹兇毒也。"其帥乃大感動，謂漸曰："公與李公實邑之父母，敢不如所言？"釋甲受犒以行。至常州，守臣何衮恬不爲備，賊入城，大掠二日，而無錫乃廑免於難。縣人益以德漸，至號所居爲"遺愛坊"云。此事據畢沅《續通鑑》、孫覿《郗公墓誌》、陳篆《縣宰郗公德化記》，參合增纂。

帝㬎德祐元年三月甲戌，元兵陷無錫，知縣阮應得率兵巷戰，一軍皆没。應得抱印赴西濠溺死，其子從焉。十月壬戌，元中書右丞相巴延至鎮江，分軍三道，期會臨安，而伯顔自將中軍趣常州。癸亥，常州告急，詔遣統制張全將淮兵二千救之，而知平江府文天祥亦遣部將尹玉將廣軍五千，麻士龍、朱華將贛軍三千，會師五牧。士龍隨全往橫林設伏於虞橋，元兵奄至，士龍死之，全不救，走還五牧。時朱華駐軍五牧，請掘溝塹，設鹿角，全皆不許。既而元兵薄華，華與之戰，自辰至未，勝負未決。逮晚，元兵繞出山後，薄贛軍，尹玉力戰，殺千人。全提軍隔岸，不發一矢，玉遂敗。諸敗軍爭渡水，挽全軍船，全令其軍斬挽者指，於是溺死者甚衆。玉收殘卒五百人復鏖戰，自夕達旦，殺元軍人馬委積田間。玉復手殺數十人，力屈被執。元人恨之，橫四槍於其項，以棍擊殺之。其部下皆死，無一人降者。援兵既敗，巴延遂破常州，而遣蒙古軍都元帥闊里帖木兒、萬户懷都據無錫，萬户忙古歹晏徹兒巡太湖。無何，宋亡。

元順帝至正十五年十二月，盜起無錫州，江浙行省議以重兵殲之，平章政事慶圖曰："赤子無知，迫於有司，故弄兵耳。苟諭以禍福，彼無不降之理?"盜聞之，果投戈解甲，請爲良民。此亦據《續通鑑》纂入。

初，張士誠起兵高郵，至是由通州渡江。十六年二月，陷平江、常州諸路。有莫天祐者，無錫州人也，聚衆保守。士誠招之，不從，以兵攻之，亦不克。是時明太祖在建康，建國號曰"吴"，别於士誠爲"西吴"。以至正十七年七月，使徐達率兵攻常熟，遂徇下望亭、甘露無錫諸寨。天祐不能禦，而士誠方受元官爲太尉，天祐乃降士誠。士誠累表爲同僉樞密院事，使守無錫爲北藩以禦西吴。會徐達克常州，以湯和守之。天祐屯兵州西北之安陽山以拒塞和宜興東出之道。和與天祐接境，天祐間諜更出，和防禦嚴密，再擊却之，俘斬千計。十九年十月，張士誠遣兵攻江陰，而西吴守將吴良遣萬户聶貴、蔡顯率衆間道出無錫三山，絶其後，士誠兵遁去。二十三年，湯和破安陽山，莫天祐退保無錫。二十四年，和又破陽山水軍，進攻無錫州，大破天祐兵於錫山。二十六年十月，徐達圍蘇州。有楊茂者，天祐部將也，善没水，天祐潛令入蘇州，與士誠相聞。邏卒獲之於閶門水柵旁，縛送達，達釋而用之。時蘇州城堅不可破，天祐又阻兵無錫，爲士誠聲援。達因縱茂出入往來，因得其彼此所遣蠟丸書，悉知士誠、天祐虚實，而攻圍之計益備。二十七年九月，辛巳，遂克蘇州，擒士誠送建康。癸未，吴王聞蘇州破，命中書平章政事胡廷瑞取無錫州。先是達遣使諭降，天祐俱殺之。達怒，檄廷瑞曰："即不下，屠其城。"州人張翼、徐績、徐續知事急，往見天祐曰："西吴兵亟矣，將軍計安出?"天祐曰："吾受張王厚恩，誓以死報。"翼曰："誠知將軍義不可辭説，然將軍固守，爲張王也。今張王事已敗矣，將軍又誰爲守？胡平章舉十萬衆壓州境，吾儕小人，不敢逃死，儻將軍垂閔元元之厄，翻然改圖，則上不失名位，而下可免闔境數十萬生靈於屠戮，是則將軍之惠也。將軍豈有意乎？”天祐沈思久之，擲帽於地曰：“誠如若言，吾則奚恤屈己哉！若能保彼人不我詐乎？”翼請縋城下見廷瑞，謂曰：“敝邑畏將軍威，服矣！自知抗大兵，獲罪下執事者已夙，將軍若不赦之辜，敝邑無所逃罪。殺降不武，惟將軍圖利之！”廷瑞喜曰：“城不受兵，皆汝力也。”翼還告，天祐自縛詣軍門，而廷瑞入城不戮一人。居民安堵如故，感翼等乃刺骨。

翼字飛卿，績字伯凝，續字仲祥，三人既以説降天祐有名於時。洪武三年，並舉經明行修，將召用，而續故嘗爲僧，至是竟逃去，不知所終；翼亦以老辭不起；惟績應命爲武岡知州，進順德知府。初張士誠聞績賢，欲用之，不往。入明，乃委贄焉。

時又有火丹赤者，縣人周思文養子也。思文以先世爲哈蔴火契丹達魯花赤俘其家，故名子以識。及翼等之説天祐也，思文將率父老從之。丹赤進曰：“周氏宗祀，惟大人在。大人不可往，請代大人行。”天祐既降，其麾下兵猶不即出。丹赤促之，則怒曰：“爾欲誘我出，陷之死乎？”遂殺之。天祐至建康，太祖以其多傷我兵，磔焉。此事據《續通鑑》、《明史》、《常州府志》、舊縣志《張翼傳》、黄子澄《張義士墓誌》參合纂修。按：陳汝霖《安陽莫寇平詩》云：“梁溪水北家何在？建業城西骨未收。”是天祐實邑人。舊志據《隆平紀事》謂《明史》誤者，非也。王逢《往揚名開化掩骼詩》云：“二鄉虔劉禍，慘甚長平厄。”則此役二鄉被禍最甚矣。

明世宗嘉靖三十三年，倭寇犯江南。四月，及無錫。時兵備副使任環檄廣軍千人來禦寇，既至，駐縣城之崇安寺次，且不肯出軍，終莫有攖寇鋒者。寇勢熾，大掠四郊，遂圍城。知縣王其勤倉卒徙城外民入保，未及，火民居。爲寇窟，踞樓架炮飛矢，嚮城發。民負户汲，而廣軍袖手視敵人，其勤心憂危，無所爲計。有潘海者，勇士也，走獻計其勤曰：“寇深矣！不炬樓奪寇恃，城無以保。”其勤曰：“然。顧誰則能炬者？”海曰：“我能之。”遂縋城下烈炬燔樓，樓者燼焉。歸，周城而呼曰：“寇皆雛耳！始大懼寇糜予，今寇爲予燔，勢挫，少相持，遁矣。急擊毋失之！”然廣軍坐困，氣已茶，無能誰何？時則又有義士曰張守經者，翼族孫也。富有資産，居恒爲人任俠，聞寇至，憤曰：“城陷，吾爲虜矣，何以家爲？”傾家貲募里少年三百，號曰“義兵”，俾武師何五路將焉。諸生苗子白，守經謀主也，聞海言，爲守經謀出師。有潘凱者，本奴子也，勇有力，請以隻身爲先驅，當敵拔其幟。其勤壯之曰："爾果能，當以五十金相賞。"凱曰："不須賞，但得蕭氏爲妻足矣。"夜半，泅水入倭營，舉三炮，拔幟擲水，脱走歸。惟蕭氏，殺夫問磔者，例不可與。凱大恨竟不取金，無何醉死。倭既逐凱不得，氣大沮。守經乃以五月八日晨載舟自水西門出兵，擐甲荷戈而以身先焉。登岸抵西郊，倭匿不見。天微雨，衣甲沾濕，衆欲引退。忽一倭自西定橋下距躍而出，舞刀大呼，伏倭齊出。一卒持矛戰，勇甚，惜佚其姓名，乃連馘四倭，倭勢大絀。廣軍在城上望見，讙呼大聲作勢，若欲出軍佐擊。而雨餘路滑，卒踴躍奮戰，不覺步挫，驟脱頭盔飛擲地，倭刃中其首，仆不起。衆大震欲走，守經麾令下舟，自帥弟守約居後殿，戰倭。倭魁逕率衆躡上舟，卒錢從韋銃擊，碎額，立墜水。群倭大驚，號曰："四大王創矣!"倉皇救護，不敢迫我軍。乃得徐退入城，而廣軍卒不出。是役也，我軍死者，何五路、胡章、葉長春、陳受、倪松、張世富、朱雲、徐鳳、陸盛、高貴、查文璲、沈龍、陸華、過問、翁耀、金鸞、夏林、陳世芳、吴文禄、秦世芳、吴功、顧信、沈鳳、丁瑾、宋教、閔進慶、裴雲鵬、黄啓元、劉守禮、楊效、陳惠、周召、戈金、沈名、趙爵及守經從子鸞，都三十六人。勝負略相當，而倭失一巨魁，氣奪，遂解去。無何，自滸墅過望亭，將趨縣城，聞新安有土兵，以爲苗子白兵也，遂轉而南。三十四年，倭三十餘艘，北掠滸墅，南掠横塘，延蔓常熟、江陰、無錫之境，出入太湖。副總兵俞大猷偕副使任環大破之於陸涇壩，焚倭舟三十餘。是年九月，新倭至益多，由溧水流劫溧陽、宜興，聞官兵自太湖出，遂越武進，抵無錫，駐惠山，一晝夜奔百八十里。抵滸墅，爲官軍所圍，追及於楊林橋，殲焉。此據《明史》、舊志《錫山景物略》、《錫金識小録》、明人俞誠《倭寇紀事》參合纂入。

福王宏光元年五月，清兵克南京。武進劉光斗先以御史家居，至是遣迎降，遂奉命安撫常鎮士民。而縣貢生王玉汝故與光斗善，至是光斗移劄曰："師至而抗者屠，棄城而乏供應者火，當爲桑梓圖萬全。"玉汝乃與縣人具牛酒以逆。已而諸生顧杲起義兵於延祥鄉，玉汝自以與杲同社友善，單舸往説，抵鵝湖。而杲則白衣冠横劍行岸上，遥睨見，目眥盡裂，大呼躍登舟，捽玉汝頸曰："吾劍索汝首。"遂刃焉。杲，字子方，善書，工爲詩文；而好擊劍，使酒，負奇氣，憲成從孫也。已而清兵圍江陰急，杲誓師赴難，行至砂山，土人以爲盜也，猝起不意，噪而攻焉。諸客高明招、張君寬等死者六十餘輩，而杲亦身中十餘創，仰謂土人曰："我顧子方也，念汝城久困，欲入與計事。我何負此土，乃殺我?"衆始大驚曰："誤矣!"然已不可救。杲曰："飲我酒。"衆飲之酒，及數升而絶。子點、庶、蒸皆死。此七月事也。此據計六奇《明季南略》、邵儒槃《顧子方先生傳》、《顧氏子方公家傳》纂入。

先是六月二十三日，黄蜚兵入城，蜚，宏光朝所設水師總鎮也。方屯軍太湖，聞縣人近降清兵，遂遣兵攻縣南門，與清兵戰。而銅仁吴以幻者，明故參將何以培客也。適以事過，倉猝無所得兵器，乃入民居得切麵刀及扳扉各一。左手持扉作盾捍刀矢，而右手舞刀大呼突陣助蜚兵，横戳清軍馬足，馬仆截人。清軍辟易，而蜚兵遂排闞入，焚東林書院而去。城中居民於黑夜擾攘出避，擁擠，多死者。於是地方恶少蜂起稱義兵，與蜚爲聲勢矣！無錫遂以多盜。而膠山胡鮑三爲之魁，乘八人肩輿，具儀從，至富室索貲，稍不遂，則立遭焚劫，被屠戮者甚衆。官不能制，鄉民乃自相團結，請於官。人出入者給腰牌，無者即盜，格殺勿論；盜乃無所容而黨漸散。鮑三走江陰，爲官兵得，斃於獄。而辛七、嚴五者，亦鮑三黨也。方據斗山，而前金華知府徐調元居於山北，設晏延款，醉以酒而盜其兵，預伏力士擒殺焉。於是陸盜既戢，而湖濱不逞之徒，久猶未靖。赤脚張三尤横，劫掠四出，開化、新安最被害。楊維寧居管社山，值昏夜，群盜突至，維寧有膂力，格殺盜首數人，投之湖。天下之勢漸定，而盜亦衰息。

是時明清易代，而無錫望風服，未受兵也。惟華應鶴者，實廷祥鄉農民也，以宏光元年七月二十九日晨起赴田耕，會清兵自蘇州趨常熟者間道出鵝湖，應鶴從田間望見，即偕其曹耦數十輩，持耰鋤大呼作勢欲攻擊。清兵怒，逐而縛之，應鶴遂力格傷清兵數人，死焉，同死者二人曰華碩敏、楊冠世；而冠世則應鶴婦兄也。先是薙髮令下，冠世意怏怏不欲，一日，巾幘詣兄嫂長揖，嫂問故，冠世捫頭顱曰："是尚無恙否？他日恐不復巾幘矣!"嫂怪之。未幾，偕應鶴赴鬥死。此據縣人陸楣《鐵莊文集》纂入。

方是時，吾縣人能以武力與清兵抗不屈死者，惟此三人及顧杲耳。嗚呼！彼其人不猶愈於當日士大夫閉户涕泣自引裁而莫之知者耶！可特筆也。

清文宗咸豐三年二月，太平天王洪秀全克江寧省城，建爲都。未幾，鎮江亦爲所克，無錫當鎮江下流數百里，人心恟懼。是月二十七日，清明，士女方登城踏青，或訛言曰："長毛至矣。"長毛者，民間稱太平軍之辭也，以其蓄髮不剃，故云。民猝聞太平軍至，争出城走，門擁塞不得出，自相蹂踐，死者二十七人。北門外長安橋有丐者，聞太平軍已來，棄篋盎，將自沈於河；既知非太平軍，反求篋盎，已失，乃大悔不已。於是知無錫縣事王汝霖、知金匱縣事高鳳清，睹居民騷動，亟會銜請於兩江總督怡良，遣常州營遊擊富統兵兩營，營於北塘以固民志而壯聲勢，而不知兵心恇怯爲已甚矣。三月十二日夜二鼓，有鬻湯圓者過營，敲竹筒爲招，兵驟聞，駭，以爲寇至，或尋聲放槍，或倉皇竄伏。鬻湯圓者亦驚，棄擔遁，而營兵竟夜惶遽。

四年四月，巢湖劉正裕謀起兵無錫以應太平軍，不克，死之。先是在籍吏部侍郎侯桐奉清廷詔督辦團練，至是設盤查局於泉橋，旋移北塘牛星殿。惟桐以年老，事權旁落，勇丁頗擾民。八月，盤查局紳舉人孫勳烈殺無爲教民張葆、陳湯圓，以其謀起兵應太平軍也。六年，鎮江高資告急，江蘇巡撫吉爾杭阿往援，大敗，自刎死。縣人惶駭，多出奔。先是欽差大臣湖北提督向榮營江寧城北之鍾山，號"江南大營"，至是退守丹陽。無何，張國樑奉榮命，克復溧水、居容，榮復進營鍾山。縣人乃稍安集。既榮卒於軍，怡良權代之，旋以江南提督和春爲欽差大臣。七年，怡良引疾，以何桂清爲兩江總督，和春爲江寧將軍，三品京堂許乃釗、江南提督張國樑幫辦軍務。國樑始與和春不相能，桂清居間調護之，江南大營勢復振。八年冬，張國樑克復鎮江府城。十年二月，太平天國忠王李秀成克杭州外城，杭州將軍瑞昌乞援和春。和春乃檄廣西提督張玉良統勁旅七千以行，玉良時扼溧水，爲江南大營後路，及至杭州，秀成棄城走。然溧水空虚，三月太平軍遂破溧水、溧陽，分兵圍金壇，逕趨常州。常州雖兩江總督駐所，然僅衛兵五十名，徒飾觀，不習戰，於是無錫戒嚴。閏三月朔日，無錫城守營守備蔣志善始行團練，而富安奉江蘇巡撫徐有壬檄，分兵駐惠山。十六日，江南大營兵潰，和春、許乃釗走常州。時張國樑在江北，聞信，回丹陽收潰兵。適太平軍追和春、许乃钊急，國樑逆戰，腰膂中刃，策馬渡河，溺死。太平軍乘勝益進，和春檄張玉良回援。四月朔日，何桂清先棄常州走，日晡，至無錫，泊舟皇甫墩。知縣事丁廷鸞、暢和會出謁，請留駐，桂清勿許。初，江南大營潰兵至常州，桂清遣文武員弁各一人，持令箭馳馬出，號於衆曰："報名者給貲歸伍，入城及掠民一物者，斬！"軍士無敢違者。至是潰兵掠北塘，知縣亟請桂清遣巡捕官如前宣令，潰兵乃大詬，巡捕官急走得脱。桂清亦無如何。是日，富安遣人告盤查局紳曰：“何宫太保泊此，今日夜不舉火傳口號，懼干嚴詰，願得燭五十斤與貴局爲聲援。”稱爲宫太保者，蓋桂清以太子太保總督兩江也。局紳如其言，終夜火光燭天。迨二日黎明，富安營鼓聲不絶而斷續無節，居民異而覘焉，蓋縛狗於鼓架也。富安遁而營空矣，於是桂清走蘇州。巡撫徐有壬閉門不納，遂回望亭，檄總兵曾秉忠駐無錫。是日，和春、許乃釗輕舟潛遁過縣境，而知縣事丁廷鸞、暢和會乃會銜示禁居民勿許徙避，封民間倉粟，徙者粟入官，於是民不敢徙。次日，廷鸞則陰自乘馬出城走甚急，蔣志善追之，及於石塘灣，掖以入守，而暢和會已脱冠服潛行出南門遁矣。民聞令走益惶駭，欲走又犯禁，奸人乃乘間肆掠，志善輒格殺之，血染衣盡赤而掠不止。七日，張玉良至，駐軍崇安寺。十日，太平軍自江陰來攻，玉良與蔣志善迎戰高橋，獲勝。而宜興之太平軍，已越惠山，趨西門。廩生温榮培，西門團董也，方以玉良命赴榮巷運糧，見太平軍蜂擁至，即以數十人與戰，不敵，被擒，大罵不屈死。太平軍遂斬關入，守兵奔潰。有廖長生者，團勇也，守南門，見太平軍自水關入，長生投河奮博，却数人。太平军擁矛争入，不能當，躍登岸，會潰兵數十自北來，長生呼之共禦敵，皆反走。有舊家子朱姓等，倉皇欲出城，長生其鄰也，乃護送之東門外曰：“君等自此去，吾還視老母。”還，遇敵鬭死於嚴家池畔。及城破，而丁廷鸞、暢和會二人先時封存民間粟三百萬石，至是悉爲太平軍有矣！

太平軍既入城，濟天福太平天國官名黄和錦即示諭各鄉，言吊民伐罪，秋毫無犯。越日而分兵四出，恣爲淫掠，稱曰打先鋒，而歸女被强暴死者尤衆。於是人民憤怒，群起集團抗之，用白布裹頭以别於太平軍之紅黄巾，遂號白頭。既，和錦知民不已服，令舉鄉人爲鄉官治之，分軍師旅師。凡有所欲，悉令鄉官取之民，户給門牌，或所求不遂，鄉官即嗾令打先鋒滅之，以故民啣怨鄉官尤刺骨。厲雙福者，開原鄉人，嘗應童子試，而和錦入城，迎拜馬首，授爲軍師，遂肆虐於西鄉，其最著者也！惟揚名鄉有金阿狗名玉山者，先以事繫獄，至是和錦釋之，爲鄉官，頗能右民。久之，與和錦忤，遂集槍船數十，專劫太平軍之往來於太湖者，謂之“剥貓皮”。以俗稱太平軍爲“長毛”。貓，毛音譌也。同時又有樊玉田者，新安鄉人，乳名毛大，嘗以土著充太平軍四百三十四丞相鄉導官，至是尤爲和錦親幸用事。

十三日，增貢生顧爽以白頭敗太平軍於芙蓉山，斬其安樂使以徇。念四日，太平軍大至，戰不敵，爽被執，大駡不屈死。敵怒，焚其屍。婦王守其屍，不去，亦被焚焉。五月朔日，黄和錦上表於太平天王洪秀全，略曰："狗官叨天父、天兄、天王恩庇，打破無錫、金匱，通計城厢内外離城五里之地，共殺男婦老幼妖民十九萬七千八百餘口，而妖民心畏大兵天威，自經自沈自焚死者，不在此數。請天恩，降勅封刀。"六日，和錦出軍於張涇橋。有山東鄆城人梁國泰者，楊宗濂僕也，饒勇敢戰，遂以爲鄉團長。至是率壯士十餘輩，操兵由側徑掩入，伏之敗堵間，而國泰登屋顛瞭敵，見敵至，即飛躍下斬一級，持首大呼從者出殺敵。太平軍猝出不意，倉皇退。宗濂[1]乘勢揮衆進，大敗之，擒斬無算。餘退入城。和錦怒，自將出戰，宗濂與國泰選饒健迎擊於鴨城橋。和锦隔橋而陣，密布旗幟，以數十人守水，躍躍作勢而陰分兵爲兩翼，繞道襲宗濂後。宗濂覺，令於衆曰："急前，毋反顧。"國泰則以身先，過橋衝和錦陣，連刃數人，拔其旆。和錦走馬遁，別將聞之氣餒，分道踉蹌折回，勢大沮。時國泰駐陡山，而江陰祝塘團長王元昌將其衆駐毘山，相爲犄角。十九日，太平軍自江陰以偏師出毘山，牽掣元昌，陰遣精兵由蕭歧、璜塘突犯祝塘，幾不守。宗濂、國泰以二千人自陡山馳援，至則兩岸敵幟林立，國泰登高而望曰："南岸皆疑幟，急擊其北。"太平軍不戰而走，遺衣械遍野。宗濂曰："此誑我也！宜勿顧，必盡殺而後取之。"乃悉力進搏。太平軍計窮，死戰不得脱。有饒將匿卧居民屋脊上，國泰瞥見，躍登手刃之，餘皆伏地不敢動，國泰一一斬訖。是役也，太平軍死者四千有奇，被擒數百人，而脅擄居民得脱者亦以千計。一時人皆多國泰力戰之功，呼之曰"梁將軍"而不名以國泰。國泰[2]短軀黑袴，人争效之。太平軍見黑褲隊即却。江陰有業箍桶者，太平軍間也，至是告於王元昌曰："賊走城空矣！願爲導。"元昌信之，馳書約國泰攻江陰。國泰不可，元昌獨以祝塘人往。六月朔日，薄東門，入之，將半，太平軍自西出，繞左右，杜其後。先入者盡殪，元昌僅以身免。自是一蹶不振，而國泰勢亦孤。國泰救祝塘、不肯攻江陰事，參據《江陰縣志》第二十九卷附《寇變紀略》及縣人周同愈《記守備梁君事》。《秦志》稱國泰以元昌言攻江陰覆，似不如江陰人記江陰事之審。先是國泰以功奬六品銜戴藍翎，至是團練

---

① 此處脱一"濂"字，今已補。

② 此處脱"國泰"二字，今據文義補。

大臣内閣學士龐鍾璐方駐常熟，聞國泰名，與書宗濂，邀之往，予官守備，戴花翎。鍾璐與國泰握手交懽，款以盛筵，國泰恃能而驕，醉大言曰："假我二千人，克江陰、無錫，易事耳!"鍾璐漸悟其輕躁，非大器，姑令率所部守顧山。未幾，常熟爲太平軍所破，國泰走甘露索餉，甘露故華翼綸控制，其人不識國泰，見所部多魁桀，疑通太平軍，爲前導。夜半圍其舟，列刃相向，國泰投水，衆以長矛鉤出，碎其屍，從者殲焉。然國泰既死，宗濂軍遂不振，衆亦瓦解；宗濂間行之上海。

七月朔日，黄和錦出兵揚名大橋，攻浦錦堂、朱貞柏。二人皆開化鄉武生，先是城陷，力抗太平軍不屈；而錦堂尤善射，多智略，製子母炮，殺太平軍甚夥。至是太平軍大至，奮戰，自晨至午，錦堂恃勇登橋巔，發矢連殪敵。敵飛炮中之，墮橋下，大呼貞柏曰："我已矣，君勉之!"貞柏戰逾時而死，太平軍亦引去。六日，遂攻薛華平、成平於禮社。二人兄弟也，皆篤行能文。成平嘗刲肱療父疾，及城陷，集團禦太平軍，至是率衆戰，不敵，死之。成平妻華，挈一女，投水死。同時又有國子生蔣鎰者，字仲衡，開原鄉人也。約鄉人行分防團練法，太平軍至，則鳴金爲號，有至者，輒殺之。和錦怒，以是月十一日，遣兵攻之；先執其弟鉽，脅降，鎰謂鉽曰："此吾兄弟致命之日也。"大罵不絶聲，皆遇害。八月，厲雙福打先鋒於白兔辛巷，而樊玉田則以太平軍攻青浦、南匯二縣，克之，大掠於寶山之大場、江灣等鎮而還。初，玉田以與王拙耕説降縣人勇文珊、廉九皋諸團授天侯①，至是論功升城天豫，洊升城天福而爲主將。

是時楊宗濂既走上海，縣境諸白頭局皆不支，而黄和錦聲勢益張。常州縣人張漢槎先納款，永昌徐佩瑗勢孤，繼之，且寓書華翼綸勸降。翼綸慨然曰："吾何恤自屈全鄉里!"復書許和。進土物和錦而陰備之。和錦大喜過望，欲官翼綸，且责翼綸不蓄髮。翼綸辭曰："某雖不才，嘗忝食清禄为宰官，義不忍遽背之，待天朝一統而後蓄髮致身未晚也。"和錦亦心憚翼綸，聽之。以故縣境諸鄉皆蓄髮，惟蕩口、甘露獨否。然兩地自議和後，民力亦疲供億，惟差免殺戮耳！十一年四月，厲雙福打先鋒於新瀆橋。五月，黄和錦以功升濟天義，置局，任鄉官，徵錢糧，名曰"征賦局"。無錫由監軍華二主之，局

① 侯，原作"候"，今改正。

設堰橋；金匱由監軍黄順元主之，局設東亭，凡刑民錢穀事皆理焉。七月，和錦舉行縣試，令曰："士子有不試者，斫其手。"鄉官遂按圖造册，以貲饒遣之。是月，華翼綸走上海，會楊宗濂議，偕蘇、松、常、太紳士往安慶，乞師於兩江總督曾國藩。

既宗濂以穆宗同治元年三月，隨按察使銜前福建延建邵遺缺道李鴻章，率湘淮各軍，由安慶抵上海，宗濂乃自募一旅，號"濂字營"，爲鴻章嚮導。鴻章旋奉命署江蘇巡撫，遂有真焉。十二月，厲雙福以太平軍由無錫進攻常熟，忠王李秀成嘉焉，乃以功升芥天豫。二年三月，黄和錦奉太平天王命渡江攻揚州，旋以潮王黄子澭來代之。子澭凶殘甚於和錦，號"潮白地"，言所過無孑遺也。既，遂以兵會王宗某、王相某由無錫進攻常熟，不利。四月，知州李鶴章奉李鴻章命督諸軍進屯常熟西三十里之王莊，蓋金匱東北隅也。是月二十三日，總兵劉銘傳攻克江陰縣屬之楊庫汛城，於是太平天國忠王李秀成以兵會璋王林紹璋、護王陳坤書、普王某、潮王黄子澭、侍王李世賢諸軍，衆數十萬冀援江陰攻常熟。北自江陰之北漍，南至縣境之張涇橋，東自江陰之陳墅，西至長壽，縱横六七十里，堡壘百數，皆憑運河之險，盡毁橋梁備炮船，遊弋河中，水陸策應，勢甚張。初南禪寺僧曰道德者，精武藝，城破，避居萬安鄉之祠山殿，與鄉人計聚金集團，而聚金亦有勇力，累創太平軍以保鄉里。至是各路太平軍麕至，二人知勢不敵，亟麾衆散曰："吾兩人以死當之，君等宜自爲計。"乃扼敵匡橋，格鬭逾時，擊殺數十人而後死，衆人因得脱走。事定，爲位於祠山殿側並祀焉！

至五月二十日，李鶴章乃大會諸將議分路進兵：劉銘傳督"銘"字七營併紮行營三座攻北漍，爲左路；總兵滕嗣武、知府張樹聲、遊擊周盛波，各帶所部八營併紮行營三座攻麥市橋，爲中路；總兵郭松林、副將吴建瀛、黄中元，各帶所部八營併紮行營三座攻南漍，爲右路；江南提督黄翼升、督同總兵王東華、賴榮光、參將孫善成，以水師三營隨中、右兩路陸軍進爲掩護；鶴章自將大軍陳顧山以策應諸路。而慮黄子澭自無錫進兵繞襲王莊老營也，則令周壽昌、黄金志由嚴家橋進張涇橋以偏師綴焉。

是時離蘇州十八里蠡口，有太平軍甚衆，將由吴塔、羊尖水道來援。黄翼升檄副將鄧長里帶淮揚親兵左營，參將張學仕帶淮揚新中營，以是日先進攻，破太平軍壘二，擒斬數百，即駐防羊尖、湖橋各隘。截之二十一日，黄翼升以水師助郭松林破太平軍於陳墅，遂走之。松林乃督吴建瀛、黄中元諸將憑河爲三壘。二十二日，劉銘傳、滕嗣武各以所部兵焚太平軍炮船於北漍麥市橋，濠壘亦就，鶴章遂登顧山發號揮旗，趣诸軍分路進攻。戰未決，會黄子瀊以兵萬人由張涇橋、堠山、羊尖數道來襲，鶴章望見，愳周壽昌、黄金志軍不敵，亟檄苗順清、孫善成、駱金榮以騎兵赴救，戰於嚴家橋。子瀊敗走長涇，鶴章遂傳令中、右兩路兵順河排伏，若將泅渡。而王東華、賴榮光奉黄翼升命，督水師由南漍衝進，焚太平軍炮船十餘，太平軍悉死抵擊。郭松林乃乘間越南漍，逕趨襲長涇。長涇之太平軍猝出不意，則大驚，疑從天降，然猶不退。参將張林錦、遊擊李長樂攻其東壘，克之，斃太平軍數百，餘走入西壘，合力死守。郭松林乃率林錦奮攻太平軍，炮石雨墜，林錦中炮死，松林憤退。於長樂頂方卓門版復揮刀督衆進，斬級百餘，血淋漓沾衣；而長樂腿受矛傷，猶復力戰。太平軍乃大潰，棄壘狂奔。郭松林進之，至祝塘，見大隊隔遠，策馬回戈，詎太平軍自北漍奔命救長涇，至是斷松林歸路。會吴建瀛、黄中元督軍應援，與松林前後夾攻，太平軍敗走。時酷暑，將士渴且飢，乃罷戰。至夜，鶴章與黄翼升同赴陳墅，督銘傳諸軍携板曳柴設浮橋，發槍炮攻敵，而伏兵諸路隘口防敵竄截殺。太平軍驚亂，水陸軍譟而進，連破太平軍營壘八十五，斬首七千。二十三日晨，江陰、無錫之太平軍出跨塘橋、長涇、西陳家橋分道至，與敗卒合，尚十餘萬衆。鶴章乃傳令諸軍以小隊衝其中堅，而以大隊裹圍之。太平軍數喪敗内怯，旋走。諸軍分路追殺至八字尖、祝塘、長壽、三垻橋等處，斃太平軍八九千人，毁其壘數十，擒王宗、朝將、主將以下及天義、天安、天福、天燕、天豫各官百餘員，獲馬五百匹，船三十艘，印二百顆，軍械無算。自顧山以西太平軍皆盡，而鶴章還軍王莊，劉銘傳還楊庫汛，黄翼升則以水師扼運河焉。

當是時，記名提督程學啓進兵峴子山、大小唯亭以直抵外跨塘，扼蘇州之吭，而李鶴章則以兵進常熟規攻無錫，所以拊蘇州之背而斷其右臂也。清軍用意在此；太平天國所必要争者亦在此。而楊庫汛居蘇、常之交，屏蔽常熟、無錫、江陰三縣，距縣城各五六十里，沿江有城，向設都司，而太平軍則以精兵二千人駐守。至是爲劉銘傳所克而軍其地。常州太平天國護王陳坤書乃率兵會丹陽董王某、江陰廣王李愷順謀合攻銘傳，軍於江陰之后塍。三十日，陳坤書以兵萬人，回據華墅。六月一日，遂徇沙山、龜山，而李愷順攻泗港，分道進逼楊庫。三日，劉銘傳設伏迎戰，敗之沙山，擒其貔天義。四日，黄子瀊由無錫出兵徇顧山、北漍、西塘市。五日晨，遂經撲楊庫西門，而陳坤書以兵萬人由龜山撲楊庫之南，李愷順以兵萬人出泗港，助子瀊軍，撲楊庫之西。先是楊宗濂於所募“濂”字營選沙團三百人將之以佐劉銘傳守楊庫。沙團者，世居江岸沙上，少習技勇，獷悍蹻捷。而宗濂先辦鄉團時，曾勒以兵法，得其死力者也。至是激勵殺敵爲軍鋒，亡不以一抵十。太平軍憚焉，乃敗走。陳坤書既數戰不利，欲回常州，而李愷順以楊庫爲劉銘傳據，於江陰勢尤不利，留協攻，許餽糧萬石，期七日必破走銘傳。銘傳①聞之懼，乞援李鶴章。而鶴章以李愷順方别出軍長涇，窺王莊相綴制，會諸將謀進兵，先破②走之，然後赴援。八日夜，唐殿魁以死士百人由楊庫襲陳坤書於沙山，坤書軍驚走，逐之，至黄塘。楊庫解嚴，惟李愷順軍猶據長涇與鶴章相持九日，王冬華奉黄翼升命以水師襲之，毁十餘壘。先是李鶴章以初七日令郭松林、黄中元、何映文將兵與愷順軍戰於顧山、陳墅、嚴家橋一帶。愷順軍敗走，過羊尖五里，堅伏不動。如是者兩日，乃於七里橋築堅壘死守。至是郭松林、黄中元會王東華水師夾擊，炮毁其壘，蹙之河，愷順軍溺者無算，走黄土塘。會劉銘傳將以兵進攻江陰，李愷順掣軍回顧，無錫戰事少休。

七月二十六日，太平天國納王部雲官以兵二萬人自蘇州來攻蕩口鎮，華翼綸告急於李鴻章。鴻章檄滕嗣武、黄中元、張樹聲、吴建瀛等陸師十一營，王東華等水師四營赴援。二十八日，戰於謝家橋，部③雲官敗走，回蘇州。八月一日，劉銘傳克江陰，李鴻章得報，奏曰：“今江陰既克，臣與黄翼升、劉銘傳、李鶴章等悉心籌議，如兵力足用，須分三路：一進常州；一進無錫；一進蘇州之閶門，使各城之賊，首尾難顧。無如臣部陸師不過四萬，東自金山衛，西至江陰，横亘四五百里，面面贼巢，處處吃重。其蘇州四圍皆水，賴有淮揚、太湖兩枝水師分段扼紮，以補陸軍所不逮。若更遠略常州，斷難自相照攝。爲今之計，以規取蘇州爲要。而蘇州陸路有三：一由胥門、葑門以達吴仁、平望；一由婁門以達崑山；一由閶門、滸關以達無錫。須將無錫攻克，始能由此路進。是故吴江爲南路咽喉，無錫爲北路咽喉，欲披其腹心，

① 此處脱“銘傳”二字，今已補。

② 此處脱“先破”二字，今已補。

③ 此處有空格，顯係脱一“部”字，今已補。

須先搤其咽喉，庶可漸逼漸緊。現踞守常州之僞護王陳坤書，有衆十餘萬，素稱强盛，雖經擊敗，難保不圖再逞。而踞守無錫之僞潮王黄擺子，有衆五六萬，堅守不出。當飭諸軍乘勢蹙之，擬令劉銘傳帶所部九營，進紮江陰、常州、無錫三處交界之青暘鎮，兼防護逆繞襲我後；周盛波帶五六營進紮無錫之芙蓉山；郭松林帶六營進紮無錫之堠山；張樹聲、滕嗣武帶十營進紮張涇橋爲郭松林、周盛波後路援應；黄中元帶三營進紮蕩口前之大橋角以堵蘇賊竄常熟之路。凡此數路，均須黄翼升舟師依護以固糧路而助攻剿。李鶴章自督小隊往來調度，總期進可制賊，止可自立。”奏入，詔俞其議。十一日，郭松林由王莊進兵堠山。十二日，攻新塘橋。黄子澄遣兵二千人憑橋爲壘，牆高於城，門盡裹鉄以拒松林。松林命吴建瀛繞道過河，襲其後；而自率諸將王平西、易用剛、李長樂等頭頂門板身裹重絮禦矢石，踰濠乘牆而入，立刃黄衣敵將數人。敵首尾不顧，棄壘走。追之，至亭子橋。會黄[①]子澄將兵三萬來救戰，復敗。追之，子澄繞城走。松林不舍，至南門吊橋，刃及其肩。而子澄亦矛傷松林左股，乃徐退入城。於是縣城東南兩門之太平軍壘胥平。

二十日，周盛波築壘芙蓉山，而張樹聲、張樹珊、滕嗣武嚴陳防子澄軍來襲。子澄乃以鋭卒八千自惠山西北塘頭嚴埭進攻，戰敗，退入嚴埭。王東華以水師入大圩，與樹聲等夾擊，子澄又走，追之至塘頭，毁其壘，乘勝直抵城下，而縣城西、北兩門之太平軍壘亦盡。念二日，郭松林、滕嗣武敗太平軍於東門；王東華、周盛波又敗之城西之張村寺頭，毁其浮橋；而張樹珊、董鳳高逐太平軍於三里街，過北門大橋，會王東華水師，焚其船廠。二十七日，太平天國侍王李世賢、璋王林紹璋乃以兵五萬自金陵來救無錫，出兵南門以進屯坊前、梅村，而以一軍出高橋，至西膠山，抄芙蓉山後。黄子澄則分兵出東、北兩門，攻東亭塘頭。二十八日，李鶴章遂登堠山督周盛波、王東華進高橋、塘頭、西膠山，張樹聲進東亭；而張樹珊、滕嗣武進興隆橋，抄梅村、坊前之後；郭松林由堠山東進。吴建瀛先以兵繞渡河伏，而松林率李長樂、易用剛、苗順清馳赴張弓橋誘敵。伏從中起，太平軍亂，走坊前。會張樹珊、滕嗣武軍至，前後夾擊，太平軍死者千人。而張樹聲由東亭進，抵大骨橋，遇太平軍憑河旅拒，樹聲擊之走，追之，抵街東，樹林叢密，突

① 黄，原作“王”，今改正。

出太平軍萬人，輔以舟師，遊弋河上，水陸抄樹聲軍後。會张樹珊、滕嗣武追敵近南門，聞後路炮聲，飛馳回擊，太平軍敗走，失去炮船十余號，餘駛奔楊石大橋口停泊。而郭松林方自里空渡河追敵至此，盡獲太平軍炮船四五百號，擒其主將盛中連。西路則周盛波令楊長有、周盛朝進屯姑亭廟，扼堵西膠山之太平軍。胡金元、劉啓福攻太平軍於高橋北門，太平軍敗走。而盛波躬督大隊逐太平軍於塘頭，循河抵城下，太平軍濟河逆戰。盛波乘其未既濟也，擊之，掩殺太平軍無算。

二十九日，太平天國忠王李秀成率納王部雲官、來王陸順得、趨王黄章桂、祥王黄隆芸、紀王黄金愛由蘇州會軍大橋角，水陸十萬人；美國人白齊文以火輪船一，長龍開花炮二，爲製大小炸炮助之。黄中元告急，李鶴章遂赴張涇橋，調兵十二營馳援。三十日，李秀成督師進攻黄中元於大橋角。白齊文以所部火輪船逼北岸，連發三十二磅炸炮，丸墜中元營，所觸糜碎，軍士死枕藉。副將周壽昌見事急，乃率死士持連珠噴筒、火器膝行伏河干猝發，中輪船火藥艙，聲大震而裂，尺木片肉，如雨四飛；又發，燬其長龍開花炮船。太平軍舟師驟失恃，驚，乃移泊南岸。而其隔岸陸軍仍嚴陳，用浮橋渡河，實土草填濠，而以門板方桌護首禦清軍炮矢鋭進，清軍幾不支。而鶴章率兵馳四十里來援，太平軍乃退振旅。鶴章稍息，兵分軍西、南兩路攻之。西路則張樹珊攻其前而張樹聲、滕嗣武領所部兵從兩旁抄擊，太平軍潰，争渡河，溺者蔽流。意鶴章將不及措，而不虞其復挫也，則痛哭去，然謀救無錫益急。初三日，乃以兵八萬人、炮船千艘泊運河口而分兵趨望亭、后宅，步步爲營，番休迭進。初四日，郭松林迎擊太平軍於茅塘橋，守備楊人傑戰死。松林怒，督衆奮鬬，太平軍走，松林逐之。至后宅西，林中伏起，阻絶松林歸路，松林力戰得脱，把總但成秀死焉。是日，滕嗣武、張樹珊逐太平軍於鴻山，戰亦不利。於是李鶴章會諸將議曰："敵步步爲營，方將用逸待勞，我亦不可浪戰。"遣滕嗣武、張樹珊赴大橋角，爲五壘。初八日，李鶴章督軍至后宅。李秀成出戰，而鶴章不與戰，直前逕趨其壘。秀成率衆回救，滕嗣武横出擊，逐之，秀成走入營，攻之不克。鶴章曰："賊致死於我，其鋒不可當也。不如蓄鋭待之。"留滕嗣武駐大橋角，而遣張樹珊回張涇橋，張左右翼爲犄角。初九日，郭松林敗敵鴻山。十一日，又敗之坊前、梅村，追奔至下田橋。

先是太平天國護王陳坤書，由常州出兵徇江陰西南之焦墊，蔓延及縣境芙蓉圩。劉銘傳以是月二日①從青暘進攻芙蓉圩，斬一天將，捕虜五百人；陳坤書鳧水逸。十二日，復以兵會周盛波軍敗李世賢於西膠山。世賢退屯高橋，與劉銘傳隔河相望。十三日，李秀成進兵安鎮，郭松林擊走之，退守后宅、西倉、茅塘橋。而李世賢則北據高橋、惠山，南及坊前、梅村，兩人連營五六十里相應援。十六日，李世賢進兵芙蓉山，與周盛波戰，敗走。盛波逐之，連破其嚴埭、塘頭二壘。二十四日，李秀成遣兵襲堠山。郭松林先設伏安鎮及興隆橋，及秀成兵圍攻，伏自後發，駭而奔。秀成既不得逞志於東，欲西合世賢復攻大橋角。黃中元擊走之，躡蹤追奔，斬首六百，毀其后宅、南塘諸壘。秀成移軍茅塘橋，而世賢軍於東亭。二十七日，秀成會世賢出兵，衆十餘萬，列陳，西起東亭，東延至坊前、梅村、鴻山，亘二十里，欲攻堠山。鶴章堅壁不應。秀成、世賢撤軍退，鶴章謂諸將曰："賊雖衆，然屢敗，中實餒，可走也。"遂令周盛波進興隆橋合劉銘傳炮隊，攻坊前；張樹聲進中安橋合郭松林炮隊，攻梅村、茅塘橋；而鶴章自率洋槍隊遊擊策應諸路。二十八日，周盛波逐敵興隆橋，追奔至東亭，繞鴨城橋，遇太平軍自坊前來，又擊斬百餘人，遂駐軍焉。二十九日，李世賢攻周盛波於鴨城橋。盛波出禦，而遣告郭松林進兵梅村。是時，李秀成遣所屬將武王汪有爲攻堠山，郭松林擊走有爲，追奔赴嵩山。會張樹聲亦以是日進中安橋，遇太平軍戰未決，張樹珊繞太平橋抄擊，擒其主將韋成高，亦追奔至嵩山，與嵩林軍合。松林乘勝進梅村、西倉，先毀梅村太平軍壘十數，追奔抵至德橋，擒其護國軍師户部尚書李生香，而航王唐政才亦戰死。李秀成由茅塘橋馳來救，松林乃令吴建瀛分兵攻西倉，而自督隊敗秀成，追奔抵茅塘橋。秀成走入壘守。吴建瀛已破西倉敵壘來會軍，復克其三壘，然秀成據壘督衆戰，意氣益壯。松林中槍創，乃返軍。而李世賢攻周盛波不利，亦退軍東亭。十月初二日，世賢又攻鴨城橋。周盛波閉壘守，潛出兵襲其後，世賢軍驚潰。盛波追之，方逾橋，而世賢援兵大至。會李鶴章馳至督戰，乃令郭松林進坊前，攻其中權；張樹聲進嵩山，攻其左翼；而盛波迎擊世賢，與松林策應，敗之，追奔抵坊前。李秀成由茅塘橋來救，周盛波、張樹聲分兵禦之，秀成亦敗走。於是李鶴章

① 日，原作"月"，今改正。

謂諸將曰："忠、侍二逆，此擊彼應，非滚營進逼阻截之使不得應援，未易得志。"滚營者，且戰且壘，更休番戰之謂也。遂令各分所部兵爲二軍，日以一軍築壘，一軍嚴陳侍敵。伺敵退，即隨進築壘，而先築壘之軍，則代之前列陳爲掩護，步步爲營以進逼世賢。至初十日，劉銘傳、郭松林遂與世賢隔河而壘。世賢閉壘不出，而秀成出兵陳嵩、奚兩山。張樹珊方滚營進，遇之，即戰。符信、余思樞横擊之，秀成敗之。樹珊等逐之至西倉，炮墮其壘二十，追奔至茅塘橋，秀成亦閉壘不敢出。十一日，黄子澄自城中出兵援世賢，李鶴章令周盛波、李正珮分兵迎擊，余思樞、劉啓福繞道擬子澄後，而自以兵會劉銘傳攻世賢壘，不克，子澄尋亦退入城。會李鴻章遣程學啓以是月九日克滸墅關，李秀成聞之氣奪。十二日，滕嗣武、黄中元遂由大橋角乘霧進攻嘯傲涇，墮其四壘。是日，陳坤書以兵自常州來會黄子澄軍，軍於南門，連營繞東門，抵新塘橋，亘二十里，欲救李世賢。李鶴章令張樹聲築壘擬世賢後，而郭松林設伏世賢壘畔，王東華以舟師列河干發炮攻世賢，綴無與坤書、子澄合。而坤書、子澄分三路來攻，李鶴章亦分兵迎戰，坤書、子澄敗走。十三日，鶴章乃扼坤書、子澄來路爲壘隔絶世賢通道。世賢懼，劉銘傳等乃三面環攻世賢，夜三鼓，破其壘，世賢軍散走，而世賢猶扼浮橋以殿。會童邦喜、余拔群敗陳坤書、黄子澄軍於新塘，追奔至，與劉銘傳夾擊，世賢乃走入城。追之，至南門，猶未曙。鶴章疾檄符信、余思樞以十四日晨自安鎮襲李秀成於茅塘橋，秀成猝無所措，軍潰。秀成遁歸蘇州，而陳坤書亦遁歸常州，李世賢遁宜興、溧陽，於是黄子澄之援始絶而成坐困之勢矣！

十六日，張樹聲、周盛波遂由鴨城橋進兵扼無錫之東門。初劉銘傳駐青暘，黄子澄遣軍扼萬壽橋，防之。及銘傳東援李鶴章，留縣丞丁祖蘅駐防青暘。祖蘅乃以是月十五日乘霧出疑兵，走萬壽橋，敵軍據其地營之，爲進兵高橋地。十七日，劉銘傳西歸，軍於堰橋。十八日，逐子澄軍於陡門、秦巷，子澄軍退高橋。高橋西通常州，南扼宜興，子澄築十餘壘扼守，而以炮船二十輔之。二十日，劉銘傳檄王東華水師會攻，鏖乃克之。二十一日，子澄遣兵争高橋，亦爲東華擊走。陳坤書自常州來援，見銘傳、東華水陸師阻高橋，不得進，折往西陡門，憑河而壘。二十三日，遣兵攻萬壽橋、青暘等地，而自出前洲渡河攻石幢。劉銘傳檄徐得勝堅守萬壽橋，而躬督諸軍迎擊陳坤書，敗之。二十五日，又逐之西萬壽橋，時李秀成已失蘇州，乘輪舟西。二十六日，抵無錫，毀西門橋以出，過高橋衝散王東華舟師而抵萬壽橋，乘霧發炸炮猛擊，若將致死。劉銘傳躬率死士，膝行河埂，發槍，斃秀成舟駕者，秀成乃鼓輪駛走常州。郭松林、黄中元亦以是日逐黄子瀿兵於望亭、新安，盡平其壘，遂進扼無錫之南門；周盛波移軍扼北門，而滕嗣武屯高橋，阻絶常州、宜興之太平軍來援，然後合圍。黄子瀿率七萬人矢志死守。李鶴章督張樹聲、郭松林、周盛波等環攻三晝夜不息，至十月初二日，乃盡平城外敵壘。鶴章見城上守兵漸移動，即督郭松林、吴建瀛等攀城而入。子瀿知不能禦，率親卒五千突出北門，周盛波邀擊，不得脱；轉戰向西門走，周壽昌擒之；餘衆走常州，中途，出萬壽橋，爲劉銘傳所截，殲焉。於是李鶴章既入城，而劉銘傳後至，與鶴章争館舍不得，怒，遣所部縱火焚鶴章鈐關防所封房屋。鶴章亦怒，毀銘傳封者，報焉。於是城中房屋略盡，惟東城駁岸上屋僅存，則以黄子瀿先占侯桐室爲王府，而鶴章入居之故也。

是時，楊宗濂隨銘傳入城，則趨至黄子瀿府收闔縣魚鱗圖册爲後日請糧計，論者以比漢蕭何入秦咸陽之收丞相府圖籍焉。無何，黄子瀿爲李鶴章磔死。十二月，無錫善後局董内閣中書王言鑄執樊玉田，送常州府知府札克丹行館，被斬；而厲雙福亡命走上海。先是李鶴章既克無錫，即與劉銘傳攻常州，周盛波、張樹聲等薄城而壘，陳坤書懼，遂以三年二月潛軍由西道繞襲江陰、常熟蕩延及無錫境之張涇橋，冀清軍回顧而弛攻。十三日晨，突至鴨城橋，李鶴章先一日聞驚馳回無錫登陴守，余思樞出城迎戰，不利。會黄中元來救，坤書引軍走。既，大掠於張涇橋、八字橋，遂駐王莊。十六日，郭松林擊之走。十八日，黄翼升以水師自羊尖來會軍，乃大奔回常州，無錫自是無烽火警者四十有五年。記太平軍事，參據咸豐、同治兩朝《東華録》、《李文忠公全書》、《秦志》及《江陰縣志》二十九年卷附《寇變紀略》、縣人施建烈《紀縣城失守克復本末》、周同愈《删亭文集》纂入。

迨宣統三年八月十九日，湖北武昌兵變，逐總督瑞澂，而推協統黎元洪爲鄂軍都督，宣言“排滿復漢”。

九月十六日，縣人秦毓鎏舉城應。毓鎏者，嘗學於日本，陰圖革命覆清廷，益創“青年會”，糾合少年學生之有志者。日本警察曾受清廷使臣蔡鈞嗾使擅逮捕中國學生，毓鎏率衆力争。日本開博覽會，置中國福建品物於臺灣館，幾儕視爲領土，毓鎏謂大辱國，糾其徒侃侃與日人持，卒移出。俄羅斯恃强侵佔中國北邊，毓鎏則發憤謀集“義勇隊”東歸拒俄，夙故振振有名字在東瀛三島間者也已。黄興謀用湘獨立，毓鑾實與焉，勿克，毓鑾東走皖，南走粤，終思發舒宿意，勿獲，怏怏發疾歸，杜門。至是聞武昌兵興，蹶然起，陰招其徒錢鼎奎、孫保圻、吴廷枚輩數十人計事，商團教練許嘉樹，團員竇魯沂、蔡容與焉。謀定，未及發，知無錫縣事孫友萼，夙豪猾，間伺得知之，亦陰爲備，請江湘營兵自固，心猶以爲未足，益增練衛隊。毓鑾恐驟發迫友萼甚，致鋌走險，阻兵交綏，震地方士民，非吊民意，勒兵遲勿發；陰使人説友萼所部兵效順，餌以厚資給，僅得要領。毓鑾曰："可矣！《傳》有之：'先人有奪人之心'，薄之也，遲恐變。然吾邑夙號繁富，地四通，椎埋不逞，逋匿者什伯，輒思竊發掠民貨，不可不有以大畏其心。"命倪國樑部所團民兵，吴浩、秦元釗募死士，都四百人，爲"守望隊"，巡行道路，用靖地方不軌①。許嘉澍、竇魯沂、蔡容集商團團員，得五十六人聽命，爲"進行隊"，駐公園。毓鑾誓師舉義旗，頒定軍律若干條，約法三章曰："戒之哉！毋爲不義；毋或乘機復私仇；毋無辜戮辱官吏，燬官舍及文書。"衆諾，無敢違者。華承德嘗卒業日本士官學校，自負知兵，時在側，遂被毓鑾命持令箭督進行隊，整旅進攻孫友萼於無錫縣署。其衆已陰受毓鑾約束，舍械出迎。友萼既喪師，惶駭無所爲計，已亦降。承德使人監視，揮嘉澍分兵守獄，防囚變，逸出擾地方，自率兵歸公園反命。毓鑾復命進攻金匱縣署。知金匱縣事何紹聞恇怯非友萼比，已先易服變姓名遁去。舊所部門皂丁壯，無人主，俛首迎承德降，勿敢抗，卒搜捕得紹聞，錮之室。毓鑾使召友萼及紹聞，謂曰："吾無多求於汝曹，汝曹私資自携去，吾不汝奪。民間租税，汝曹勿得持銖黍去，速盡納之無遺。"二人唯唯順承，釋二人使去。當是時，父老子弟，狃習故常，安於清廷久，驟見更革，逐去清廷官吏，益駭疑莫措，滋毓鑾詬厲。毓鑾曰："民不可與慮始，其必有以曉之。"草示文，眎衆，揭於四衢曰："滿族竊據中國，逞威肆虐，已二百八十餘年。乃者武昌首義，將欲登斯民於衽席，振大漢之天聲！無錫爲泰伯端委之區，聲名文物，夙爲南國冠。允宜當仁不讓，見義勇爲，用舉義師，匡復兹邑，用仍漢宇之舊。"民於是曉然於毓鑾所爲，安堵如故。惟毓鑾驟任大事，心弗能無動，事必咨衆而不剬己。創建軍政分府，中分軍政、民政、財政、司法四部，部置長一人，總部事。

① 原文作"軏"，今改正。

衆勸毓鎏自綰軍政部長印，而以其餘三部事分畀其徒。毓鎏謂“不可”，心知華承德才，私謂所與曰：“華君誠能軍，有功，軍政部長，微華君莫屬！吾儕既無尺寸功，新起驟用事，才又不逮華君，恐不能輯士衆，辜衆望。不如推任搢紳先生負宿望者，屬之三部事，吾儕亟潔身引退，眎人無擅權位自私利之心。”衆皆曰：“善！”遂定議推承德爲軍政部長，裘廷梁爲民政部長，孫鳴圻爲財政部長，薛翼運爲司法部長，士論翕然。蓋廷梁姁姁温恭端厚，人稱長者；鳴圻爲人寬容得衆心；而翼運明習法令，尤幹練，爲士民畏服。然嘗以事齟齬毓鎏，毓鎏故怨之甚。或諍於毓鎏曰：“翼運甚齮齕君，甚無爲之地，資以事柄。”毓鎏曰：“不可！吾禁約人勿私怨是報，吾雖嘗見厄於薛君，然其人才，能斷大事，吾爲地方得人，可以私而害公乎？且吾懷私憾薛君而必復之，是則吾用繩人者而先自壞之也。己之不正，何以令於人？”士大夫益以是服毓鎏之度。毓鎏已睹四部任有人，挈其徒避去。卒以四部雖①立，莫能相上，而事權不一，政益遲滯，責無所歸。群謀有以專責成，統事權於一人，舉毓鎏任總理，總四部。既，華承德辭軍政部長職，遂撤軍政部，毓鎏益兼綰軍政。

當是時，張勳守南京，爲清廷效死。睥睨吴會，鎮江首當兵衝，已佔於民軍，然猝起兵，援師未集，衆寡，恐不敵。

無錫舊隸常州爲屬縣，既與隣郡，流言孔亟，民數相驚寇至，率遷徙。毓鎏曰：“是吾責也！防敵東竄擾茲邑，宜練陸軍。然吾地濱臨太湖，港汊紛岐，藪盜賊，微有水師不可。”遂招募成軍曰“錫軍”，語詳《警備志》。初毓鎏之未舉事也，孫友蕚乞兵江湘營，得百人，隊官劉秀寬將以來，駐於城外。毓鎏將起兵，先誘説秀寬使率兵效順，嘗餌以厚資給，秀寬則諾。毓鎏堅要之繳槍械爲信，防中變。秀寬乃稍繳慰毓鎏意。及無錫纔匡復，軍政分府初草創，甚乏於資，秀寬所部兵因毓鎏給不厭心所欲，大怨恨。語聞，毓鎏恐或掠民間爲變，則陰使人盛筵宴秀寬於酒樓，犒其衆，撫以好言。而假爲説辭，用告於江湘營統帶，卒使檄調秀寬，帥其衆，回防江陰。無錫廑以無事。

迨無錫已匡復之十五日，誅僧霞明。先是霞明謀爲變，聚其徒私歃②血

---

① 雖，原作“離”，今改正。
② 歃，原作“插”，今改正。

盟，屬北里鐵工鑄大刀十五柄，每柄重十八斤，用純鋼爲之，背厚半寸許，長三尺，非有兼人之力者，無能任也。則其徒衆多勇力者可知矣！勢洶洶，未及發，事聞於毓鎏，亟使人掩捕，獲霞明及其黨五人；搜霞明室，得前膛來福槍二，所鑄巨刀一，并携以歸，讞之。褫霞明衣，衷軍服，遂槍斃焉，餘釋勿誅。吾錫受槍斃之刑者，蓋自僧霞明始也。當是時，地方群不逞者蜂起，思乘亂越奪民家。然徒虚手無持械，不能威人使出資，則勾鐵工鑄刀斧，恣爲暴亂。盗風熾甚，家不能自保。毓鎏謂："亂不可長！"亟示諭境内鐵工曰："凡購鑄刀斧軍械等物，非得本軍政分府許可，勿得擅鑄與之。如違，依軍律嚴懲不貸！"然後私鑄之風稍衰息焉。

四十九日，盗掠開原鄉之錢橋，燬民居，斃一婦人。毓鎏使管帶秦鐸督執事官嚴恭寅、軍械長周坤元將兵討之，獲盗船二，俘盗五人以歸。蓋錫軍下鄉剿盗始此矣。五十一日，泰伯鄉之大牆門口有盗，劫質店盡其蓄，無有遺者。毓鎏使第一中隊隊官顧傑差遣單秋亭率兵追捕，卒擒獲盗十一人焉。五十三日，使秦鐸討孫二於王莊。王莊在無錫東北五十里，隸常熟縣，故二常熟人，佃富室須氏田，歲歉，勿盡納其租，須氏持之急，二怒，殺雞豕餉衆。衆不悦於須氏者已夙，遂聚燬其家，擁二豎幟，稱都督，四出句結，寖蔓延及江陰。江陰亟遣兵討之，不克還，二勢益熾。常熟民政長勿能討，使來告急。毓鎏命秦鐸率執事官嚴恭寅、第一中隊隊官顧傑、第一排排長程品元及第二中隊第二排排長徐翼通往，抵張涇橋，會第二中隊隊官秦元釗、第三排排長尤丙照兵。蓋元釗二人先督所部兵巡緝東鄉，道此，至是隨鐸赴王莊，討二。二糾衆抗，勿受命，鐸纔鳴槍威之。二衆已震駭鳥獸散，卒縶其黨二十人。二遁，亂遂平。此錫軍越境討賊之始也。

中華民國元年正月三日，胡埭莠民潛勾太湖盗而爲之間，嗾使白晝攻質店於市。店夙誡備，至是閉門拒，盗攻勿能入。盗怒，焚鄰室，冀火延質店屋，迫其人使闢門避火出走，得遂乘機進取店資去。然店牆壁高堅，火勿能越，徒燬鄰居多室，戕一人。毓鎏命第四中隊隊官張國凱亟率第二中隊第二排排長徐翼通、第三排排長王長聲督兵往，盗已遁去。毓鎏謂："胡埭地逼太湖，便盗寇。"遂駐兵焉。十三日，東亭突至盗三十餘人，窩居民家，劫人質，迫使出錢贖。毓鎏亟使張國凱疾往捕，盗他遁，遂縶其窩盗者。二十一日，新安鄉民變，毓鎏命秦鐸遣兵剿之。先是新安鄉張柱石巨室張氏，有田予民佃，索租，苛已甚，民怨久。是年，歲已歉，張氏猶不肯少貸，索益亟，勿還，錮之室，鞭之。民益怒，聚鬨張氏家，須臾，至數百人，焚之，張氏之室燼焉。走告於毓鎏，毓鎏命秦鐸調軍鎮撫，鐸適有事南京，使第一中隊隊官程品元督兵往已。品元還報命，謂民聚衆抗勿服，我軍嘗槍斃七人，中一婦人也。然而輿論囂甚，頗有品元勿戢兵，縱使掠民居，迫淫民婦致斃者。毓鎏怒，亟還所掠財物與民，繫兵士數人於獄，謂品元約束不嚴，記大過一；惟秦鐸當日因公抵南京，但平日督率無方，於斯可見，應記常過一，隨飭軍法科存記，稍睎懲儆，紓民怨焉。然錫軍卒用是詬厲於地方人士也，故毓鎏頗自引疚，而張氏意則猶未慊，曾不稍自訟，益恨其佃，潛伺軍返，亟糾族衆，奔抵所屬佃民居，縱火燼其村。惟村民懾軍威，已先逃散，倖免於傷。毓鎏初恨張氏斂怨始禍，猶不知悛悔，繫其人，欲置重典。新安鄉鄉董陸紹雲則謂誅之恐益長頑佃之風，爲請於毓鎏。毓鎏謂其言正，緩其獄，貰焉，後卒無歸獄張氏者。

二月十二日，蘇州光福山濱湖而處，夙藪盜，潛竄入縣境南延鄉之蕩口、甘露、泰伯鄉之大牆、門口、后宅等地，勾莠民爲間。勢已亟，毓鎏使聯隊長秦鐸率程品元、第一中隊第二小隊隊長甘子厚、第四中隊第一小隊隊長孫奐、第二小隊隊長謝學源督兵駐防焉。既，越十有三日，蕩口、甘露有盜舟至，都十餘艘，泊河干，舍舟劫我軍槍械，持不解，鐸亟增兵馳赴援，盜始遁去。二十三日，第二連連長顧建勛率三排排長程振圻剿盜景雲市之江溪橋，俘十四人以歸。三月十日，江蘇都督莊蘊寬電告毓鎏曰："光福盜，已飭水陸會剿，誠恐竄擾錫境，迅分兵防堵。"毓鎏亟令團長秦鐸分遣團附丁倬、軍械長周坤元、第三營營長張國凱、第三連連長秦元釗、第十連連長竇魯沂、二排排長范迪筠、三排排長萬恒德督兵扼蕩口、新安、東港、胡埭濱湖各要地，水師隊官張錦榮率舟師泊獨山門，防光福盜。盜竄西橋，營副官丁士清、顧建勛奉秦鐸命往剿之。盜逸，追獲盜舟二艘焉。十二日，盜舟十八艘竄常州之漕橋鎮，民團禦之，斃盜二人，而民團首領亦戰死，無復能軍者，使告急常州軍政分府，勿能應，亟電乞兵江蘇都督。都督令毓鎏遣兵援之。使秦元釗將以往，盜已逸去。元釗率兵追之，不及歸。十五日，盜舟七艘竄羊尖。羊尖鄰常熟縣，故常熟縣民政長使乞兵。毓鎏令鐸使程品元率第一排排長錢公武、第三排排長金啓南往剿，盜始遁焉。後鐸益命將遣兵四境，剿郡縣盜竄無錫者，於是錫軍足迹遍抵常熟、吴縣及武進三縣之境。盜稍稍畏，勿敢近。

而南北言懽，天下亦已大定，毓鎏電陳北京大總統袁世凱、南京留守黄興、蘇州都督程德全，請撤去無錫軍政分府，略曰："去年九月，敝邑光復之初，設立軍政分府，本屬一時權宜之計。當是時，南京未下，地匪伏莽，蜂起如蝟，江蘇悉兵赴前敵，不暇兼顧下邑，遂練錫軍以謀自保，先後練成陸軍一團、水師一隊，復佐以四鄉編練民團。數月之間，鄰郡邑盜賊仍起不靖，錫軍輒奔命先往，勿敢告勞。四境底定，士民樂業，地方安堵，幸得免於隕隤。迄今民國肇建，軍政亟宜統一，敝軍政分府何敢挾兵自重？除錫軍第二營已編入第二師外，所有一、三兩營，應請派員接統。敝軍政分府自當立行取銷，所有經辦之事，應如何交替之處，即請鈞裁。"卒得請，遂撤無錫軍政分府，編錫軍爲常軍，時元年五月一日也。

亦既一戎衣而天下爲公，謚曰"民國"。改正朔，易服色，選賢與能，以孫文爲臨時大總統。而孫文自以功不如袁世凱，退位讓焉。然而孫文、黄興之徒，以袁世凱親清臣而性又雄猜，終不善所爲。二年七月十四日夜，黄興入南京，奪江蘇都督程德全軍，自稱江蘇討袁軍總司令，遂飭知各屬縣知事，善靖地方，毋擅離職。而無錫縣知事嚴偉會以事與縣議事會忤，棄官去。事聞於省，代省長蔡寅以江蘇省公署顧問秦毓鎏，無錫人，曾累任無錫軍政分府、無錫縣民政長，必能諧輯士衆，委來代。無何，黄興戰敗，以二十七日宵遁抵上海。二十八日，飛划第四營管帶湯飛遂奉江蘇水警總廳廳長盧世儀命，以計紿秦毓鎏赴謁，執之赴蘇州，已則罪以内亂犯而錮之獄。是役也，無錫實未嘗被兵，而地方人士之爲鄉評所不與者，乃嗾江蘇都督張勳，藉是以修怨於吾縣。而名捕高汝琳、陶啓鳳、秦玉書及吴廷枚、學萊五人，籍封秦毓鎏、玉書及吴廷枚、學萊之室。已而封錫報館，名捕記者顧大奎、吴驥德咸以爲犯内亂罪也。此數人者，倖皆間行得脱。然士大夫人自危，動色相戒，勿問地方事矣。

方是時也，袁世凱聲威丕振，遂以十月一日當選爲第一任大總統。不意袁世凱怙兵不靖，玩弄元元以帝制自爲，非難之聲，蜂起而不知止，於是義兵起西南，厥名曰"護國軍"。凡舉兵應者，皆以是號，風動全國。而縣以地當孔道，用兵得形便，而財貨之所委積也。凡號稱"護國軍"之徒，胥屬目，而無錫先駐防軍警，陸軍則有蘇軍一營，禁衛軍憲兵、江蘇憲兵各一連，陸軍警察一中隊及縣警察警衛警備隊；而水警則有駐錫水警第二專署轄船二百艘及縣水巡隊船十艘云。

四年十二月六日夜，孫文遣其徒以肇和兵艦襲上海製造局，事聞，縣人大震。十日下午二時，知縣事丁方穀遂邀駐錫水警第二專署長師景山、江蘇陸軍第二師第六團第一營營長張鵬翥、禁衛軍憲兵第二連連長展恩慶、江蘇憲兵第十一連連長王斌吉及陸軍警察第五中隊隊長王永慶會議於縣署，凡訂臨時戒嚴辦法十有一：（一）凡異地來之舟車所載乘客及貨物，加意檢查，以防夾帶軍火也；車站由陸軍警察會同縣警察第五分所任之；其南門旗站，江蘇憲兵協同縣警察第二分所任之；至洛社小火車站及下船碼頭，則由水警第二專署隨時派船警巡視焉。（二）凡城廂旅館及剪髮店、浴堂，責成縣警察隨時偵視，而妓院則由警局發給門牌，釘掛門首。如異人形迹可疑，應報明就近警區派警拘究，而違者罰不貸焉；至惠山祠堂廟宇，隨時由軍警稽之，此所以杜奸人之窩藏也。（三）夜間由水警第二專署頒發口號，而在十二時以後，城廂内外，即派軍警巡邏。凡行人非有口號者，毋與通行焉。（四）四城水關，每日晚六時下鍵，而城門則限十一時，下鍵後，毋得任意開放。凡官中人出入，亦須問明口號及事由。（五）凡傳單貼布，應由警局禁止之。（六）電報局、電話公司所在地，每夜由第一、第五兩警察分所派警梭巡保護，防奸人襲取，斷絶軍警機關交通也。（七）電燈公司所在地，原有崗警一名，由第五警察分所加派雙崗，而陸軍警察則派隊常川梭巡保護，防奸人襲取，息全城燈火以謀變亂也。（八）中國交通銀行江蘇銀行所在地，每夜由第四警察分所派警梭巡，如有變亂，應責成就近警區切實保護之。（九）夜間如有變亂，無論何項機關，一聞警報，即行通知水警第二專署改换特别口號，由電話通知各機關。（十）凡教堂及外國商店，如遇地方變亂，應責成就近軍警協力保護之。（十一）地方火警，應由警區通知救火會馳往撲救。若發生盜匪，無論何項軍警，皆有協緝保衛之責焉。既，夜十時，蘇軍營長張鵬翥奉蘇州師司令部電，稱有匪來錫滋事，匪者所以稱“護國軍”之徒也。凡“護國軍”之徒，固自號曰“起義聲討”，而官中人則以爲滋事云。遂通知軍警一體戒備，凡城廂市街，莫不嚴密徼循，而禁衛軍憲兵徼循城内，江蘇憲兵徼循西門及南門，陸軍警察徼循東門、北門、光復門以至車站，分隊分段，所以專責成也。惟蘇軍及縣警察，則不分地段，遊徼周巡，將以彌縫其闕；而水道之徼循，則任之駐錫水警第二專署及縣水巡隊。水陸嚴防，終夜有聲。而電燈嚮以夜一時熄，至是則光明達旦，而宵小無所遁形焉。如是者十日乃已。

十二日，縣警察所特參照戒嚴辦法而申禁者，凡四：（一）禁燃鞭爆；（二）禁賣夜點；（三）夜行以燈；（四）禁夜賭。違者罪。而用冬防條件名義公布焉，所以安靖人心也。既久無事，戒備稍稍馳。而蔡鍔、唐繼堯以是月二十五日舉"護國軍"於雲南，聲討袁世凱稱帝，背叛民國。風聲所播，地方群不逞者得資以爲號，思蠢動。而馮國璋實以宣武上將軍，奉袁世凱命鎮南京，以無錫地當兵衝，乃於洪憲元年一月十日，遣陸軍警察大隊長王世傑率第二中隊來督防，駐於車站。二月十二日，河南人曾傑自稱中華民國軍政府河南司令長官代大元帥先鋒，起兵於縣之揚名鄉、南橋鎮，而鄉人李金龍、沈仲甫、張錫之、王金寶諸人附焉。遂任張錫之爲無錫師長，安徽人梁治爲右路司令，設司令部於南橋鎮商會，宣布獨立。樹紅地藍邊白色十二牙之旗，揭中華革命軍大元帥孫文檄，檄指斥袁世凱背誓竊國阻兵安忍！辭爽亮可誦，疑若非苟然者。惟曾傑率其徒，持勃朗林手槍，使王金寶爲導，威索得居民備盜槍械，都二十八，云厚戎備以致討也。然而衣服銀物，率亦掠取無厭。此何爲者？既則分軍二隊進取縣城，其一繞東門入襲蘇軍營部於新廟；而其一則由南橋逕趨掩駐南水仙廟之蘇軍支隊，奪其槍械，然後排南關進而與東道爲聲援焉。懼不克，則使梁治設伏東門外以止追者。李金龍則以曾傑命，遂具舟於太湖之萬步港，進則因利乘便，退則揚帆入湖。部署定，未及發，而蘇軍以鄉人告警，已拔隊馳來討，而陸軍警察、憲兵、縣警備隊及駐錫水警，水陸濟師以耀兵於揚名鄉焉。曾傑等逃遁，而梁治及其與范得標、何二寶、周自升被縶。已而憲兵司令陳調元、蘇州鎮守使兼南京宣武上將軍署軍政執法處長殷鴻壽、水警第二廳廳長趙會鵬以馮國璋命來視獄，梁治、范得標、周自升死，而何二寶囚焉。事定，國璋入告，奉袁世凱令，由南京財政廳頒犒駐錫軍警銀幣三千，以爲勘亂有功也。

亡何，袁世凱以四方起兵聲罪者瘉衆，勢漸絀，遂以三月二十日申令撤銷帝位。二十三日，告令廢止洪憲年號，厥爲民國復活之日。

民國五年四月七日，江蘇憲兵第九連連長張百順率兵來換防，以原駐王斌吉所部第十一連憲兵調蘇州也。十二日，浙人逐將軍朱瑞，宣布獨立。事聞而縣之伏莽又造作言語相恐動，於是縣署知事王用先特示禁造謡，略曰："奸人信口謡諑，意圖煽惑，近更陰謀詭計，愈出愈奇。或函索巨金，或大肆恫愒，甚且謂某處獨立及某軍不穩。究其所極，無非欲使人民自相驚擾，彼遂可以乘隙搶掠，逖其所欲。此亦可見假託名義、生心好亂者之不必爲嚮風慕義也!"地方人士誦者謂其言信云。十四日，陸軍警察大隊長王世傑以駐錫防軍司令，召集水警專署長師景山、蘇軍營長張鵬翥、禁衛軍憲兵連長展恩慶、江蘇憲兵連長張百順、陸軍警察中隊隊長方冠英、王永慶及署知事王用先、警佐吴桂森會議，自即日起，特别戒嚴，提前關閉城門。凡東、西、南三門，限下午十時；而北門及光復門，則以十一時爲度。凡警察一體武裝，而北門、光復門站崗警察加派雙崗，其各駐軍所在地及軍警機關，於晚間設置步哨，凡道過者皆加盤詰，乃得放行云。十六日，江陰兵變，逐旅長方更生，宣布獨立，舉參謀蕭光禮爲司令。而縣以壤地緊鄰，居民多徙避者。署知事王用先[①]告警於馮國璋。十七日，禁衛軍混成營營長郗裕厚奉國璋命，由南京移軍來協防，駐於車站，尋移駐惠山。十八日，江蘇陸軍第二師第四旅旅長蘇謙以國璋命，將步兵一營來督防，駐司令部於洋藥公所，尋移駐城内八兒巷之遷善局。十九日，水警專署長師景山躬督保蘇兵艦及巡船十艘防太湖之獨山門，以吴江獨立也；禁衛軍營長郗裕厚則派所部機關槍一排扼高橋以防蕭光禮。二十二日，蕭光禮以步兵兩營隨帶野戰炮四，機關槍二，進屯青暘以窺吾縣，而縣中閒散軍警，頗多與通聲氣者。署知事王用先請將無錫郵局加入檢查區域，以防通信勾結也。禁衛軍營長郗裕厚隨奉馮國璋命，率所部隨帶機關槍四支，乘民船雇輪拖載，進攻蕭光禮於青暘。而國璋懼師單，旋又檄調陸軍第十師炮兵第四十團第二營營長楊辛林以步兵三連，機關槍、騎兵各一連，組混成營隨帶野戰炮二、機關槍四，由上海來濟師，駐於車站。遂以二十三日晨，向青暘進，屯高隊於胡家渡，步隊、機關槍於白湯圩，爲郗裕厚後援。而郗裕厚則以禁衛軍鼓輪徐進，嚮晨，抵石幢。遇蕭光禮兵，而禁衛軍擁擠舟中，猝不及施械，爲所薄，覆一舟，頗有死傷者，餘棄船登岸狂奔二十五里，抵顧橋，方駐師。遺機關槍，爲光禮兵得。光禮兵乘勝直進，逼楊辛林於胡家渡。辛林以胡家渡地平坦，無險可扼，按兵徐退，

① 王用先，原作"王先用"，今改正。

至梨花莊。莊在城東北五里，地勢墳高，有坎可隱，辛林據之爲炮兵陣地，以步兵散伏。而蕭光禮亦率兵追至，遂交綏。惟光禮以孤軍自青暘推鋒進，追奔三十里抵此，厥勢已成弩末，至是子彈不給，遂退却。辛林進軍迫之，獲野戰炮二，俘虜七。其中軍服者四人，而餘三人則有辮髮者焉，或曰“途人連逮者也”，或則曰“是鄉民受金爲敵間者”。是役也，大同醫院院長華景奭實組織臨時紅十字社，而救護戰士之創痍者。然戰士創痍者，惟楊辛林一部卒乃以所握槍管臨陣灼熱而炸，傷其腕耳，匪傷於敵彈也。罷戰，則由社員赴戰地尋覓死屍掩埋焉，厪得一布客玄色褂途行斃於流彈者。蓋兩軍炮火射擊，起下午五時至夜一時乃已，爲時匪不久，而兩軍無一傷且死者，可謂罕聞也。然居民之中流彈者，則死五人而傷八人焉。方事之殷也，署知事王用先亟電請援，而江北陸軍第十九師師長楊春普，率所部步兵第七十五團團長張辛朔，以步兵兩營，奉馮國璋命來視師。二十四日至，遂會同署知事王用先訊斬俘虜五人，其一人死者頭面碎割，陳尸車站，所以警衆也。上海《字林西報》則譏之曰：“中國人同國操兵，而殘殺不仁若此，可謂全不知人道者也。”然而車站居民則曰：“是實其人死後而軍士戲以槍刺劃其面致然耳!”蓋不盡如《字林西報》所譏云。二十六日，江北陸軍團長張辛朔以師長楊春普命，會方更生攻江陰，克焉。於是吾縣人心漸定。

六月六日，袁世凱以僭帝不克，慙懼發病死。七日，副總統黎元洪就任爲中華民國大總統，天下解甲歸命，而奸人無所盜名字，地方人民乃大寧謐矣。論者謂：“匪黎總統之仁心仁聞，浹洽於人心不克臻此。”於是前代知事秦毓鎏乃以十月十二日釋出獄。

錢基博曰：無錫壤地褊小，然當寧滬之襟喉，而商旅委輸之所集也。東南有事，未嘗不喋血争此。謹記春秋吴越以來縣所歷兵革以諗治縣聞者，惟縣用兵夥矣。無用兵而不戒嚴者，皆不詳；而於民國獨詳。何也？蓋閉城門，稽異人，昔之戒嚴之所同；而如查車站軍火，保護電報局、電話電燈公司及教會，與警察武裝諸事，則民國以後戒嚴之所獨也，此亦可以覘世變云。

（刊於《新無錫》，1918年12月8日—31日，
1919年1月1日—27日，2月5日—29日，3月3日—27日）

無錫警備志上 寇備

無錫當南北之衝，無險阻可恃，非用武之國。然其境四達，而民五方處，多任俠爲奸利者，天下有事，則肘腋被衝突之憂，而具區之竊發先之，以故地方警備爲尤亟也。惟志地方警備，有形勢阨塞焉，有經制焉。

夷論無錫形勢阨塞之要，實自秦松齡、嚴繩孫於遜清康熙時之志縣兵防始也，既而華希閔、顧棟高之倫以乾隆庚午重有纂，遂仍而爲之説曰："古今形勢無常，有天下之形勢，有全省之形勢，有一邑之形勢。而邑有阻隘，則其備專而力全。四達之區，其備多而力分，則守愈難，而備益重。邑有衝有要，或要而非衝，未有衝而非要者也。"無錫襟江帶湖，上接常，下達蘇，旁走常熟、宜興、江陰，而西南濱太湖，首尾肘腋，無不虞寇。稽之於昔，晉立柵於御亭，南唐設守於軍帳，楊吴駐鎮於甘露，淮張置戍於安陽，皆所以設險守國。故東北之要，爲高橋、五丫浜、四河口、斗山、顧山，又南爲伯瀆、宛山、蕩口；西北之要，爲雙河、西定橋、陽山、陽湖、間江、五牧；又西，爲小渲、獨山、白茆、吴塘；又南，爲新安、望亭。蓋蘇常之所必争，而於江海之險爲内地，於太湖之險爲外圍，其形勢若此。而錫民氣力柔脆，框愞怯鬭，文事優而武不競，自昔已然。夫以柔脆之民，而處衝要之地，地方又饒樂，足以啓戎心。然則地方警備，顧可忽乎哉？何其言之深切著明也。

迨嘉慶十八年，秦瀛重有纂而志縣兵防，於形勢阨塞，縷析言之尤詳。其言曰：“邑中險要，統言之，爲五牧、陽湖、陽山、閶江、吴塘門、白茅山、獨山、小渲港、雙河口、西定橋、望亭、新安、高橋、五丫浜、四河口、斗山、顧山、宛山、蕩口、伯瀆，而其間地之内外亦有别焉。自昔言兵防者，以爲邑之東北臨江海，與江陰、常熟二路連界。其内高橋跨五瀉河口，地通武進、江陰，五丫浜在邑北，至張塘門，越興寧鄉而通江陰；外有四河口，而斗山西通牛塘山、顧山，占三縣境。此江陰、常熟二路宜防也！轉而東南，内有伯瀆口，東通蠡湖以達於濠湖，外爲宛山、蕩口。此蘇郡一路宜防也！其邑之西北，臨官塘，有雙河口，爲四達之境，東脅江陰，北控武進，西闞宜興。舊設石碇以斷往還，而西定橋跨梁溪，北接運河，南連太湖，時有盜患。嘉靖間，縣令鄭普建石橋，爲門者五，閉以木柵，一方賴之。其外有陽山，山有三十六洞，洞可藏兵。五牧爲尹麻兵敗處，其地兩水夾合，如羊舌尖。閶江與太湖合流，江上有甾十數爲最險，宜防武進、宜興及湖洲諸路。轉而西南爲小渲，通五里湖，其東爲大渲，外有獨山，與充山對峙，中滙爲門，溪流自門入太湖、白茅山。南嶺通五浪諸山，吴塘門流入太湖。新安舊有栅基以斷太湖之後。望亭與蘇郡分界，東爲蠡湖，西爲太湖，出没浩渺，當有隘束。”雖今昔異勢，然在縣言縣，而其形勢可得而論者，略具是矣。爰著之以諗治縣聞者。

若以經制言之，則其可得而考見者，斷自宋始。宋太祖建隆三年，詔諸縣以户口數定弓兵額多寡，滿萬户者五十人，而於無錫設營，營無定所，額管弓兵百二十人。元設萬户，其兵額自順帝至正十六年張士誠陷常州，燬其籍，不可考。《元史・百官志》：“上萬户營軍七千以上，中萬户五千以上，下萬户三千以上。”其本州鎮守管軍官，治無定所，署事於譙樓，設巡檢司四，以掌巡邏、稽[①]察之事。甘露司在延祥鄉，華藏司在布政鄉，新安司在新安鄉，膠山司在膠山鄉，其兵額無考。

初元制，郡邑設弓手，屬於巡檢司，以防盜也。明太祖起而因焉，以洪武二十六年定制，凡天下衝要之地，皆設巡檢司。其屬曰“弓兵”，於丁糧相

① 稽，原作“譏”，今改正。

應人户内僉點應役，一年更替。凡往來奸細、逃軍逃囚、私鹽犯法、無引可疑之人，皆得捕執。官軍禦盗，亦與協力。而無錫設巡檢司二：曰高橋巡檢司，弓兵三十名，後增十二名，爲四十二名；曰望亭巡檢司，弓兵額同。《續文獻通考》：於洪武二十六年，定設巡檢司弓兵，係下載臣等謹按："弓兵，元時有此制，此蓋仿而行之也。據《會典》，則洪武時已肇此制，兵制直至弘治時始類叙及之耳"云云。無錫舊志叙："巡檢司制於弘治間，僉①民壯後。"而云明初撤守禦，不知巡檢司制，即明初州縣之守禦也，似失考。英宗正統二年，始募所在軍餘民壯願自效者分隸操練。孝宗弘治二年，立僉民壯法，凡州縣七八百里以上，里僉點殷實者二人；五百里者三人；三百里者四人；百里以下者五人，編爲民壯。而無錫額千三百餘人，其職守城扞禦，司門鑰庫役之防，有司訓練，遇警調發，給以行糧。十年一代，而禁役占買放之弊，富民不願，則上直於官，官自爲募，或稱機兵。後承平日久，積漸減汰，至三百名。

世宗嘉靖二年，巡撫吴廷舉議大縣五百名，以丁田上者爲正户，次者爲貼户，每名出銀七兩二錢。雇諳習武藝者以備操守，後因田去差存，民不勝擾；又包役者衆，率不任驅使。三十二年，知縣王其勤，因倭變僉兵民間，皆以一時權宜僉點。其目有八：一、陶户，曰窰兵；二、擔夫，曰脚兵；三、獵户，曰弩兵；四、遊僧，曰僧兵；五、負薪者，曰柴兵；六、遊手少年，曰子弟兵；七、壯健敢鬭者，曰義勇兵；八、場師圃人，曰園兵。而巡按維持亦以倭亂於三十三年，編兵於各里總名下出一名；又在城坊廂人户，家有三人，抽一爲兵，徵銀，召募給之。於是有水陸營兵之設。陸營無定所，初駐鼓樓，後居射圃，或崇安寺東公館，其額二百三十二名，内哨長二十四名日支銀二分五釐，民壯二百八名日支銀二分二釐二毫。水營亦無定所，後居西館驛，其額官兵百二十員名，内總巡官一員日支廩銀一錢，又歲給紙劄銀十二兩，各色哨官二名日支銀二分五釐，隊長三名日支銀三分，捕盗一名日支銀四分，水兵七十四名日支銀二分五釐，民壯三十九名日支銀二分二釐二毫。其汛地西自五牧鎮、洛社鎮、石塘灣、潘葑舖、高橋鎮、黄埠墩、西定橋、伯瀆口、新安鎮，南至放生池，共設哨船二十有七，以司巡邏。

穆宗隆慶二年，巡撫海瑞以僉民壯法經吴廷舉更制久，又玩疲不可用，而徒擾民，乃裁革力差，編入均徭徵收，官募勇健以充之。而無錫高橋巡檢

---

① 僉，原作"簽"，今據下文改正。

司弓兵至是年編定巡捕二十七名，巡鹽十五名；望亭巡檢司亦如之。神宗萬曆十年，裁定兩巡檢司弓兵額各三十五名，内巡捕二十五名，巡鹽十名。而知縣張守朴以是年税市屋得銀八百兩，凡雇夫百五十七名，以看守各衙門及監庫城門、馬頭等處，謂之火兵。三十一年，知府歐陽東鳳革其冒濫，存者六十五名，名曰夜夫，内大夜夫五十五名歲給工食銀五兩四錢，小夜夫十名歲給工食銀四兩六錢；又有栅夫百三十九名，内大栅夫四十九名歲給工食銀三兩六錢，小栅夫九十名歲給工食銀二兩六錢。給帖，於排門人户名下對支。初縣水陸兵壯，屬巡捕縣丞將焉，至萬曆十九年，設千户一員，號練兵官；又内河總巡官一員，專管水營，或兼攝陸事，無常員；而南太湖哨官一員日支銀五分，將水兵七十七名日支銀二分，則萬曆十九年增設以巡守武進、無錫、宜興三縣沿湖一帶地方者，而在無錫以閶江、獨山爲汛地。

統觀有明一代警備之制，於無錫可得而言者有七：曰明太祖之設巡檢司弓兵；曰英宗之募軍餘民壯；曰孝宗之僉民壯，皆朝廷經制，達之天下者也；曰知縣王其勤之僉民兵；曰巡按尚維持之編水陸營兵；曰知縣張守樸、歐陽東鳳先後經制之火兵，皆因時因地，限於無錫一隅者也，然王其勤民兵之僉，纔一時便宜之計，而不爲永制，則又與水陸營兵、火兵等異耳；曰南太湖水兵，則又因地制防而無錫與武進、宜興共焉者也。此其大凡也。

迨遜清代興，三百年間，其警備可言者：曰無錫營；曰巡察司；曰太湖水師；曰民壯；曰團練；曰裹河水師；曰警察。無錫營以世祖順治二年設，爲常州營左營。《續文獻通考》："順治二年，定江南官兵經制，設金山、常州等營。"設守備一員，署舊在東城第八箭河上養廉銀二百兩，自備坐馬四匹，月支俸薪乾銀一十一兩五錢五分八釐八毫；千總一員，駐清寧汛，舊名關王汛養廉銀一百二十兩，自備坐馬二匹，月支銀六兩；把總一員，駐黄埠墩養廉銀九十兩，自備坐馬二匹，月支銀六兩；馬、步戰守兵二百十八名。此據《續文獻通考》。秦松齡、嚴繩孫《康熙志》載戰守兵二百名；華希閔《乾隆志》載馬戰兵二十名，步戰兵四十名，守兵一百三十二名，則有一百九十二名；秦瀛《嘉慶志》載馬、步戰兵共一百七十二名。今一以《續文獻通考》爲據。其後屢有增裁。聖祖康熙三十四年，裁步戰兵七名。《續文獻通考》："是年，裁常州營兵二十六名。"五十四年，撥守兵二名於洲沙、吴淞兩營。《續文獻通考》："是年，常州營撥提九名。"世宗雍正三年，撥步兵一名，守兵二名於浙江太湖營。《續文獻通考》："二年，撥常州營兵十名。"五年，撥守兵二名於蘇州城守營。《續文獻通考》：

“是年，撥常州營兵六名。”七年，添設外委千總一員，駐新安汎；外委把總一員，駐洛社汎皆養廉銀十八兩，於馬兵内拔補。高宗乾隆元年，添設火器，外委把總一員，不久裁。三十三年，增戰守兵四十一名，自楊舍、靖江兩營提撥。三十七年，增馬兵五兵，自提標右營提撥。乾隆三十三年、三十七年兩次增兵。《嘉慶志》所載，皆與《續文獻通考》符合，而《光緒志》以爲不盡可信者，似失考也。四十六年，撥守兵一名於壽春營。四十七年，裁改各官養廉、名糧、公糧三十二分，添補戰兵十三名，守兵六名，共實額兵二百六十八名，在馬兵内添拔存城額外外委一員。不給養廉，止食兵餉。不知何時又裁兵，至仁宗嘉慶初年，祇存實額二百四名。十一年，裁馬、步戰兵各一名，守兵四名。十八年，裁戰兵一名，守兵二名。二十一年，裁兵三名。宣宗道光三年，裁戰兵、守兵各一名。十二年，裁兵四名，共存額一百八十六名。至文宗咸豐十年，太平軍克無錫，而額兵潰逃一空。自穆宗同治四年以後，先後招募得馬兵三名每名月支銀二兩，步戰兵六名每名月支銀一兩五錢，守兵七十一名每名月支銀一兩，共兵八十名，空額一百六名。十一年，於空額内裁歸狼山太湖營五十六名，空額五十名。其汎地南北各五，曰清寧，曰十里亭，曰新安，曰望亭，曰西亭，是謂南塘五汎，千總主之；曰黄埠墩，曰潘葑，曰洛社，曰五牧，曰雙河，是謂北塘五汎，把總主之。每汎舊各有防兵五名，至德宗光緒初年，惟清寧、黄埠防兵各十名，新安、洛社防兵各三名，餘皆曠廢，共撥出各汎防兵二十六名，實存城兵五十四名。每汎舊各有巡船一隻，惟雙河無巡船，共計巡船九隻，接遞往來公文。馬撥新安、三里橋、洛社各馬兵二名，馬二匹；步撥新安、清寧、三里橋、洛社各步兵二名，而至清季，廢弛盡矣。

巡檢司之制，壹仍明舊。高橋巡檢司，舊駐五瀉河口，後移無錫縣署西。而望亭巡檢司，舊駐望亭，以乾隆三年移蕩口鎮，舊領弓兵各二十二名，後各增至三十五名。而無錫營及巡檢司，尋皆於宣統時裁撤云。

太湖水師自順治二年設江南太湖協副將，駐吴縣東山，兼轄浙江太湖營遊擊以下官兵。而無錫有閶江營、獨山營、吴塘營、湖西埭營、沙墩營五營，皆隸管轄；其官兵員額，以經太平軍亂，籍燬，不可考。此據《續文獻通考》及《康熙志》纂入。而《光緒志》於太湖水師自同治時叙起，一若同治以前無太湖水師者，似失考。已而總督曾國藩以同治元年奏設太湖水師，助剿太平軍，始募練於湖南，立爲十營。暨平江南七年，裁存六營，分布各縣鼇卡湖蕩，號留防太湖水師；

而駐無錫者其左營也。初駐吴江、常熟等縣，十一年，移駐無錫獨山門，後改移迎龍橋。設營官一員，帶長龍船一號月領薪水銀五十兩，辦公銀一百五十兩。光緒元年減支辦公銀爲一百二十兩；哨官二十一員，各帶舢板船一號。每員月領薪水銀十二兩。其同治九年前所放哨官，而官階或守備以上者，例得加。凡舢板船二十一號，以一號隨駐，一號巡湖，一號巡官塘，餘分護無錫、金匱、陽湖、江陰、常熟、昭文等釐卡十八處。而在無錫、金匱者爲黄埠墩、五丫浜、大渲、清名橋、望亭、馬口、四河口、雪雁橋八卡，每卡一號，勇丁共三百十九名，内長龍船舶長一名月領餉銀四兩二錢，舵工一名月領餉銀三兩九錢，頭工一名，炮手三名每名月領餉銀三兩六錢，槳手十九名。每名月領餉銀三兩。舢板船，每號舵工一名月領餉銀三兩九錢，頭工一名，炮手二名每名月領餉銀三兩六錢，槳手十名。每名月領餉銀三兩。长龍船列炮四尊，自備旗幟五面；舢舨船每號列炮四尊，洋槍九桿，自備旗幟七面。民壯，自雍正二年始奉文，團練民壯鳥槍手二十名，弓箭手二十名，長槍手一十名。四年，復設馬快八名，與民壯合爲一役，馬快、民壯①司防護緝捕之役。八年，將民壯派撥本府海防廳八名，縣主簿衙三名，典史衙四名，存縣三十五名。十年，奉文省會大縣存留民壯五十名，别府極衝存留四十名，次衝存留三十五名，僻縣存留三十名，以民壯不習捕盗，仍與馬快各爲一班。自是無錫、金匱民壯各四十名。每名歲工食銀六兩，器械銀二兩。乾隆元年，水利通判移駐洞庭東山，於四府屬合撥民壯二十名，工食、器械仍在縣支給；而無錫撥存民壯三十八名，金匱撥存三十三名焉。

團練自咸豐二年正月初八日，文宗以太平軍發難，詔稱逆匪滋擾以來，所過地方多被蹂躪，生靈慘遭屠戮，因思嘉慶年間，川、楚教匪蔓延，嗣行“堅壁清野”之法，令民團練保衛，漸就蕩平，着各該督撫分飭所屬，各就地方情形，妥籌辦理。初本責成地方官籌辦者也，既而三十日詔又稱民間守望相助，保衛鄉里，此團練之用意。惟專責守土之員，不免胥吏假手，流弊滋多。各省公正紳耆既於地方情形熟悉，而人望所繫，呼應尤靈，着無錫在籍吏部侍郎侯桐會同地方官，邀集衆紳士，酌辦團練事宜。該紳士身受厚恩，應如何自固閭里，爲敵愾同仇之計，所有勸諭損貲、濬濠築塞各事，總宜就地方情形妥爲布置。一切經費，不得令官吏經手。此據咸豐《東華録》録入。所

① 此處原脱“馬”、“民”二字，今補足。

以依畀之者甚重！然桐年老，徒以儒臣負清望，將略非所長，於濠塞濬築、勇丁訓練，一不措意，而招勇丁于北塘及清明橋，置盤查局等事，俱以委諸人，而桐則雍容坐鎮而已。已而太平軍至走死。然而四鄉之團，頗有奮起與太平軍抗者語詳《兵事志》，徒以舊志略不著，其規制無得稱焉，然久亦不支。而國家有警，朝臣疆吏謀國之經，猶相率責地方官曰團練。

光緒十一年三月，奉文以法人肇畔，圖擾沿海各省，着知縣督同紳士舉辦鄉團。已而總督曾國荃委員持檄來，旋巡四鄉，傳董保督催甚亟。而中法議和，於是南延鄉扇董華翼綸致書於知縣曰："日前照會來，緣奉上憲令舉辦團練。竊維此舉，原防法國入寇，故欲借此壯聲威，並令辦保甲以安善良而防寇盜，二者同時並舉，可謂當今要務。某審度時勢，法國越海爭利，勢必不可持久，終必求和。而我先辦團練，耗費財力，暫或可支，久亦必蹶。故令各圖先將户口造册，聯爲保甲，然後徐圖團練。而委員來鎮嚴催，彼豈知機變，故踰垣避之，蓋别有打算也。昨接上海信，言法國已和，兵費兩不相賠。在法亦自知不能持久，聊以解嘲；在我則意在安民，得已且已。法國既和，則團練不必辦，而上司必不來催，委員可以不用，可省此一項無益之費矣！凡團練，名曰守望相助，實則人自己喫飯，安肯爲人防守？即曰爲人防即爲己防也。彼則曰我一身之外無長物，何用防爲？且田間將播穀矣，日間作工，夜間助守，人非金石，誰能堪此？則民力不能用，勢必招募，民豈能廢田務而爲勇？則所招者無非遊食之徒，一招即千百成群，皆來應募。然無論其多寡也，聚之易，散之難，不能散，反聚而爲匪，此招勇之難也，亦姑勿論招之散之之難也！而勇必爲之謀口糧，上不能發一錢，下亦不敢請。空言曰團練，官説官話而事不能行也，紳學説官話而錢不能有也，則計必出於捐。捐有兩途焉，曰捐富，曰捐店。富則鄉間必以田爲業，而近年工貴米賤，故業佃交困。官不知也，錢糧必不能少，田已報熟必不準荒，而田實有荒者，官不準荒，業户不能也，以其耳聞而目見也。不得已，以熟田之入，挪辦荒田之税，而業户乃愈困矣。此何也？曰官要錢也，此富不能捐之説也。至於店，近來倒閉紛紛，市用現錢，故生意清淡，關歇甚多，而欲捐其團練之錢，情必難説，必至用勢押令出錢，然亦可暫而不可久。此又店不可捐之説也。兩者俱不能捐，董事即自己出錢，亦不過供數日之用而已，況有借此以斂錢者乎？即曰有錢以團練矣，而計日耗費以養遊惰之勇，一有盜警，群勇先逃。

蓋日之所得百餘文耳，夜間禦盜而畢其命焉，在忠義勃發之士，容或能之，不能責諸中人也。此人情也，王道不外乎人情也！且盜非日日有也，以無窮之歲月，不易措之銀錢，養無用之遊食，以待不可知之盜賊，而聽其一逃而付諸一笑焉。雖天下之至愚，必不出此。某昔曾團練以禦髮逆矣，始亦遇小寇而小勝，沾沾自喜，以爲可恃。及經年後，忠逆大隊冲來，至狄澤壩，群勇不戰潰，而自相擠於壩上，赴水逃命。是勇也！養之已年餘，用財無算，而臨陣[①]乃如此。此親歷之事，非紙上空談者比也。又姚巡司辦冬防，而盜刦錢店，群勇皆盜，此蕩鎮近事，又可爲殷監者也。故此次僅豎旗數面，虛應故事，不捐一錢，不勞一民，實已早洞悉乎法敵之情，熟識乎地方之勢，故能鎮定如是也。不敢妄語，謹以實聞。”知縣得書不能答，而事亦漸罷。實則當日虛應故事□，□南延一鄉爲然，而華翼綸尤明言之洞中竅要。讀其書，可以覘地方辦團得失之大凡焉！

無何，二十年十月，以日人之難，無錫縣知縣吴觀樂、金匱縣知縣吴其芳奉文舉辦團練，遂照會在籍直隸通永道楊宗濂爲總董。而宗濂以附貢生劉繼增爲文案，在籍總兵銜留閩補用副將顧金魁爲管帶，赴江陰楊庫長陰沙，募勇百三十人，分中、左、右三哨。左右兩哨，每哨五隊，每隊十人，中什長一日給錢百八十文，練勇八每人日給錢百六十文，伙勇一日給錢百四十文。惟中哨三隊，其中一隊十人，凡什長兼傳號一日給錢二百十文，藍旗一日給錢二百十文，教習一日給錢二百十文，宣令二日給錢百八十文，護勇四日給錢百七十文，伕勇一；而第二、三兩隊，每隊十人，則什長一，護勇八，伙勇一。其上置管帶一月薪二十八元，幫帶一月薪二十元，以嘗任武職者充之；教練二人或三人月薪十元，以武備學堂畢業學生充之。規制綦備，然不團土著而募客勇，蓋團練之名而招募之實焉。既，募以歸，駐於且園。時江蘇駐防陸軍，皆用前膛槍，習英操。而宗濂從軍久，稔知後膛之勝前膛，德操之勝英操，頗欲以練勇爲江南倡。於是教練徐壽金、吴殿英、王者化獻議曰：“誠欲爲改習德操計，莫急於訓練弁目，可於練勇内挑選年歲較輕壯佼聰穎者二三十人，另在一處教練德國操。俟其精熟，將來應蘇省各軍弁目之招，不難藉開風氣。現在規模雖小，所關却大，此練勇不如練將之説也。”宗濂頗用其議。惟所募卒率遊勇，又以

① “陣”，原作“陳”，今改正。

管帶屢易人，頗出擾民，爲閭閻害，卒以二十一年閏五月責成管帶押回本籍遣散焉。已而二十四年六月，又奉文以外洋立國，盡人爲兵，中國一時尚難及此，惟團練猶是遵行我法，飭於城中設總局，以本城公正紳士二三人主之；城外東西南北四鄉適中之地，各設分局，以本鄉公正紳士二三人主之。就本鄉之都圖里中，挑選精壯，編爲一團，不准招募外人。每團設正團長一人，副團長二人，皆受約束於本鄉分局及城内總局紳士。平日各練丁自行就地操演，每月本團合操一次，每季本鄉合操一次。每年應否四鄉合操或輪流抽調來城看操，由該錫金兩令會同總局紳士酌辦，隨經縣照會紳士舉辦，然不過文書往①復而已。蓋至是而盡知團練之無實用矣！

裏河水師，自同治十一年奏定改設五營，每營前後左右哨。其在縣境者有二：一爲淞北營右哨，駐金匱五丫浜，領哨千把總一員，哨官三員，船四號，兼轄江陰地界；一爲太湖右營右哨，駐無錫獨山門，領哨千把總一員，哨官三員，船四號，兼轄陽湖地界。每哨兩船留駐，兩船出巡，五日一更番，十日一合操，以官塘幹河爲專責，支河汊港爲兼巡，大率以近岸一里與陸營分界。其鎮市設有陸營汛弁，在官塘幹河一里以内者，水陸分任其責云。

警察，自光緒二十八年，縣人蔡文傑創辦於北塘，以次推行至西門西吊橋、城中大市橋及南門伯瀆港一帶。西門以光緒二十九年舉辦，城中及南門至宣統元年始舉辦。分中南西北四區，北區局設北塘之晏公堂，西區局設西門街，南區局設上牌樓，而中區局則附設錫金巡警總局，始駐城中八兒巷之遷善局，以宣統二年移真應道巷之舊清寧尼庵。各區局不裁判事，有事移總局。總局置總董一不支薪，由縣官推任，坐辦一月支夫馬費銀幣十六元，總巡官一月薪三十元，教練官一月薪二十元，書記兼會計一月薪十元，坐辦以下由總董推任；而裁判官一員，由總董延金匱縣典史任之月支夫馬費十元；行杖役二名，所以笞宵小違警者，嚮縣署借用每名年犒制錢六千文。小事即決，而大事則移縣辦焉。北區、南區有經董，有巡官，而西區則有经董而無巡官。巡官支薪，經董不支薪。而經董，所以監督巡官者也。凡四區警察，都一百三十四名，有巡長，有巡士巡士每名每月餉五元。巡長有一等月餉八元、二等月餉七元、三等月餉六元之别，厥職晝站崗，夜巡街。而經費無的款，則資之店鋪捐月捐無定額，視店之大小而定、

① 此處有衍文“人”，已删。

妓船捐月捐無定額，視船之大小而定、戲館捐日捐每日錢二千文、及知縣捐廉等錫金兩縣每月各三十元。壹切事柄，皆操諸城廂士紳之手，而於地方官無與焉。蓋遜清一代之警備，於是大略可睹矣！

迄乎民國成立，所以警備地方者，有市鄉警備，有縣警備，有省警備。而市鄉警備有二：曰商團；曰民團。

商團，無錫萬安、天上、懷上各市皆有之；而無錫市人數衆，規制備，成效尤著。北門先有商餘體操會、錢業體育會，以遜清光緒三十二年成立，而錢業體育會以成立後，財用裕，規制綦備，蓋錢莊單毓德等之所以經營也。厥制，徵集學徒，年十五以上，三十以下者，遵照軍隊編制，凡百二十六人爲一隊，稱曰“會友”。其會員，率錢商之能自樹立有聲稱者也。設會長一，副會長二，監察員六，幹事員、書記員及會計各一，皆會員之所選舉者也；而教習一人，則會長延聘以訓練會友者也。會友四十二人爲一排，每排置正、副目各一，則教習之所選任者也。每休沐逢二、四、五三日，晨七時半赴操，迄十時止。而監察員隨同監視，程其勤惰焉。此其大凡也。已而米業體操會踵起，規制大率準是。迨辛亥秋八月，武昌兵起，而伏莽潛滋，商會總理華文川乃以二十六日邀集各業商董議組商團，爲保衛地方治安計，除由商餘體操會、錢業體育會及米業體操會擔任改組，各成一排外，並由綢業及南區、西區諸董擔任各組一排，共成六排。議定，遂公推王汝崇草擬總章，分段防衛，錢業商團爲第一排，米業商團爲第二排，綢業商團爲第三排，北區各業商團爲第四排，協任北區、中區防務，南區商團爲第五排，專任南區防務，西區商團爲第六排，專任西區防務，皆城廂鬧市也。其東區防務，則由復成商團擔任。每團團員四十二人，舉華文川爲總司令，自九月十日起，實行出任防務。每晚九時起，由排長指揮出巡，出巡之編制有三：曰全隊；曰半隊；曰分組。全隊每夜出巡兩次；而半隊則二分全隊，上下半夜輪值出巡；分組則區分全隊爲數小組，分道出巡。時當變故迭乘之際，而城市無匕鬯之驚者，實商團之力也。迄民國二年而散焉！至許嘉澍、蔡容以錢業商團團員與竇魯沂等邀致商餘體操會會員，共組“進行隊”，光復無錫有功，見《兵事志》，茲不贅。

民團，無錫既光復，先創保衛團於縣城，以次天下市、青城市、萬安市、富安鄉、開原鄉、開原北鄉、揚名鄉、開化鄉、新安鄉、泰伯市、南延市、北延下鄉、懷上市、懷下市十四市鄉，紛起治民團。團費資房捐或勸募，團械有自赴滬購具者，有嚮無錫軍政分府領購者。然民團團員，多者纔四五十人，少僅十餘人；衆寡，力已薄，雖有槍，盜勿畏也。況市自爲制，鄉自爲政，團勿聚練，槍勿服習，有槍益與無槍同。然團員多鄉居食力，勿能無自營其生，雖有日聚而習槍者，然習已畢，都儲械公所，而團員紛紛徒手散矣。故團員與械不相親，平居槍自槍，團員自團員，猝有盜至，團員勿及取械禦盜，盜輒掩襲械公所儲械而有之，先奪團員所恃，則泰伯市是矣。惟懷上市民團之槍，由團員認領，人自保管散儲而不聚公所。盜嘗質刦一人以槍市，然償其欲，不過得一槍而已，卒亦不得志以去，而無所爲計。可法也！已而天下大定，四鄉民團亦散。民國三年五月奉頒《地方保衛團條例》，内稱：“縣屬未設警察地方，得因人民之請求，及縣知事認爲需要時，得報明本省長官，設保衛團。”然地方人民既不認爲需要而加請求，地方官雖認爲需要而無如何。六年八月，縣知事楊夢齡嘗以四鄉盜劫頻仍而致書十七市鄉紳董，勸辦保衛團，曰：“國家設軍警以衛民，而勢不能遍乎國中，此保衛團之設，所以濟軍警之不足也。諸君既知之矣！而卒遲廻審顧，不能有所事者，良以諸君操心危，慮患深。然天下事兩害相權取其輕，兩利相權取其重，不佞竊爲諸君計之。諸君之所慮，要不外籌款爲難、防患未然二者而已。所謂籌款爲難者，何也？方今地方財用奇絀，固有事業，尚恐不能維持，設再添辦保衛團，無論不能無米爲炊，即使竭澤而漁，亦恐所得無多，此其一也。所謂防患未然者，何也？語曰：‘工欲善其事，必先利其器。’團丁不能徒手，必持器械。然其人倉猝成募，未嘗訓練，萬一不虞，其所操持，或爲盜匪所得，是藉寇兵而資盜糧耳！雖噬臍無及矣。此其二也。凡諸君之所慮，如此而已，不佞不敢以爲非也，而要亦非無説以處此。籌款之説，《保衛團條例》第二十五條定之矣，其文云：‘保衛團經費，由各該處就地籌款，呈請各該總監督即縣知事核定。’是保衛團得就地籌款，明令已有規定。雖今日民生日困，不免有所爲難，然身家之念，人情所同。苟能曉以利害，人之欲善，誰不如我？或如城市救火會辦法，按户勸認，或貧者出力，富者出錢，分擔義務，或查團内有《保衛團條例》第六條所列各情事。一、未成年者；二、家無次丁者；三、老弱殘廢者；四、因事故不能服務者。不能入團服務者，亦可勸其自認經費以示同甘共苦之意。如此則籌款之説決矣！防患之説，團丁亦須時加訓練，非可不教而使。《保衛團條例》第十五條規定：‘各團丁壯由董保督率教練，農時停止。’古者三時務農，一時講武，即是此意。苟能勤加教練，槍械由各人嚴爲保管，亦何至爲人所乘。從前城鄉所辦商團，保衛地方，頗著成效。今之保衛團，亦即仿其意而推廣之，成規具在，其辦法仍可參照。如此則防患之説決矣！且欲防外盜，先清内奸，保衛團以清户口爲入手，即從前保甲遺意。原條例第十一條、第十二條規定之：‘今日城鄉各盜案，多由本地人引綫，設能將户口早爲清查，外匪無從托足，内奸何敢生心。’故不佞以爲今日各市鄉能仿從前商團辦法，將保衛團即日舉行，上也；即或不能，亦當略參從前保甲辦法，將各處户口，責或所在圖董、地保，先爲清查，使外匪有所警懾，不敢因緣而入，或亦正本清源之道也。”事雖不行，然其言有足資地方人士鑑觀者，故著焉。

縣警備有三：曰錫軍；曰警察；曰水巡隊。錫軍方無錫之未光復也，士大夫恐驟發難，地匪或乘機勾外來盜擾害地方，用團民兵自衛，請顧忠琛募之，纔得三百人。而忠琛規復蘇州去矣，終以餉械絀，無所籌，群議散其衆。秦毓鎏不可，命倪國樑團爲“守望隊”，駐於無錫城隍廟。無錫縣知縣孫友萼方謀與毓鎏抗，益增其衛兵至百數十人，卒降於毓鎏。毓鎏已降友萼衆，金匱縣知縣何紹聞聞風遁，舊所部門皂壯勇無人主，俛首降毓鎏，勿敢抗。既毓鎏爲無錫軍政分府，遂編所得降衆，益以秦元釗募死士、四門巡查錢濟香所部巡士。四門巡查者，毓鎏於匡復後便宜置而用之巡行四門、稽不軌者也，成一營，名曰“錫軍第一營”。凡一營四中隊，一中隊三排，一排三棚，一棚十四人。棚有正目月餉十二元、副目月餉十元各一，正兵四名每名月餉九元，副兵八名每名月餉八元；排有排長月薪二十五元；中隊有隊官乘馬一匹，月薪三十元，公費二十元、司務長掌鈎稽、餉糈、綱紀、庶務，月薪二十元、司書生月薪十元各一員，號兵月餉十元、護兵月餉八元各二名，伙夫七名每名月餉六元，馬夫一名月餉六元；營有管帶乘馬五匹、月支公費三十元、無薪、教練官乘馬一匹、月薪三十元、督隊官乘馬一匹、月薪三十元、執事官乘馬一匹，月薪二十元、軍械長、書記長月薪皆十六元、司書生月薪十二元各一員，軍需長月薪十六元二員，護目一名月餉十元，護兵六名每名月餉八元，馬夫目一名月餉十元，馬夫四名每名月餉八元，打掃夫二名每名月餉八元，號目一名月餉十二元。凡目兵、夫役十五名，屬執事官。軍械目一名月餉十二元，屬軍械長。都官佐三十三員，目兵、夫役五百六十八名爲一營，而秦鐸實爲之管帶焉。已而顧乃鑄奉軍政分府秦毓鎏命，募錫軍第二營，而爲之管帶，旋由淮北援軍總司令顧忠琛檄調赴臨淮關爲援軍。毓鎏謂："無錫兵單而匪日衆，鋒起奪民賄，四鄉請兵者日數至，僅一營不足敷分撥。"遂以錫軍第一營第四中隊隊官張國凱爲"錫軍第三營"管帶，使募兵。而秦鐸以先將得總統錫軍，遂改軍制。以十一人爲一棚，三棚爲一小隊，三小隊爲一中隊，而四中隊則成一大隊。都官佐三十一員大隊長一，月薪百二十元，公費百元；次隊長一，中隊長四，月薪各五十六元；小隊長十二，月薪各三十二元；軍需長、軍醫長、書記長各一，月薪各三十元；司務長四，月薪二十一元；司書生六，月薪十二元，目兵、夫役四百六十九名，成一大隊。都三大隊爲一聯隊，而自爲聯隊隊長。月薪二百十元，公費百元。時民國元年二月也，制實與前無大異，惟排稱小隊，營稱大隊，兵額稍減，官薪益增而已。既臨時陸軍部肇建南京，初頒陸軍編制之法，錫軍遵改聯隊曰團，大隊曰營，中隊曰連，小隊曰排。一排三棚棚十二人，一連三排，一營四連，一團三營，而秦鐸遂爲錫軍團長。然錫軍第二營，顧乃鑄將抵南京，卒編入江蘇陸軍第二師，不復屬錫軍。而錫軍乃僅兩營，不足一團三營之數，後無錫撤去軍政分府，遂以常州兵一營併入之，乃足三營。自此遂改稱曰常軍，隸江蘇都督，而不復以錫軍名矣；後以民國二年遣撤云。

警察，始行之於城廂内外，分中、南、西、北四區，如前述。迨光復後，許嘉澍爲總巡官，益推廣爲五區，中區隸無錫市巡警總局；而東、南、西、北四區，則置分局，分局長稱巡官，統屬於總局。而總局之長，曰總巡官，直隸於縣民政長。而總局冠以無錫市巡警字樣者，蓋以經費資之，無錫市而明其爲市有，非縣有也。已而青城、泰伯、南延三市，以民國二年一月，開始試辦警察，而經費則責成市董籌焉。於時，率都督頒《江蘇縣市鄉警務暫行章程》，而無錫以是年三月，遵改無錫市巡警總局爲無錫縣警察事務所，總巡官爲警務長，而東、南、西、北四分局巡官爲無錫市第一區、第二區、第三區、第四區區長，惟中區不設區長。其長警爲縣有巡警，直隸無錫縣警察事務所，以警務長爲之長；而下置區員一員月薪十四元，一等巡長七名每名月餉八元，三等巡長三名每名月餉七元。每一巡長，帥巡士一排。計中區巡士都十排，每排十名每名月餉多者六，以次遞減，最少五元，亦有一二三等之差，半以站崗，而半以司守衛拘人偵探之役焉。此縣巡警也！無錫市第一區設區長月薪十二元、區員、巡記月薪十元各一員，三等巡長一名，巡士三排；第二區設區長、巡記各一員，一等巡長一名，二等巡長二名每名月餉七元半，巡士三排；第三區所設官佐長、警員名視第二區；第四區設區長、區員、巡記各一員，一等巡長一名，三等巡長三名，巡士五排。南延市區，設區長、巡記各一員，一等巡長一名，巡士兩排；青城、泰伯兩市區，各設區長一員，巡長一名泰伯二等，青城三等，巡士一排，都官佐十五員，長警三百五名，統屬警察事務所。而警察事務所，設縣公署，中置警務長月薪八十元。警務員月薪三十元各一員，巡記三員，此第一次更制也。已而青城、泰伯兩市警察以三年四月市董呈准停辦，蓋以警政不良而警款亦無着也。是年八月三十日，大總統公布縣警察所官制，而無錫以九月遵改縣警察事務所爲縣警察所。所長由縣知事兼任，而下置一等警佐月薪六十元、二等警佐、三等警佐月薪三十元同各一員，承所長之命，管理警察事務；審判員一員月薪三十元，掌違警裁判事務；教練員一員月薪二十元，掌長警教練事務。此縣警察所官佐也！然縣警察所僅爲統轄機關，其服務長警皆分配於各分所，各分駐所。惟附設一縣警察分駐所，轄警衛警備兩隊長警九十名。其中巡長七名，内一等一名月餉十元，二等五名每名月餉八元，三等一名月餉七元；隊士八十三名，内一等十一名每名月餉七元，二等六十二名每名月餉五元，三等十名每名月餉三元。其上置一等巡官月薪二十元、二等巡官月薪十六元、偵探長月薪十六元各一員，統屬於警備隊長以三等警佐兼任，不另支薪。而縣警察分駐所有派出所一，駐城内税務前，定制。縣區域内之繁盛地方，得設警察分所，而無錫縣警察之分所四：第一分所，駐光復門外漢昌路，設分所長以二等警佐充任，不另支薪、一等巡官、二等巡官、偵探長、稽查長月薪十六元各一員，轄長警百十八名。其中巡長十二名，内一等二名月餉八元，二等二名月餉七元五角，三等六名每名月餉七元；巡士百六名，内一等八名每名月餉六元，二等十一名每名月餉五元五角，三等六十①名每名月餉五元。而第一分所有分駐一，駐北門外壇頭弄；派出所一，駐東門外亭子橋。第二分所駐南門外日暉橋，設分所長月薪三十元、一等巡官各一員，轄長警三十三名長警每名薪餉視第一區，下皆同。其中巡長三名，内一等、二等、三等各一名。巡士三十名，内一等三名，二等六名，三等二十一名。其派出所駐南門外上牌樓。第三分所駐西門外棉花巷，設分所長月薪同第二區、一等巡官各一員，轄長警三十六名。

① 原文爲“六十六十”，後一“六十”爲衍文，今已删。

其中巡長三名，内一等、二等、三等各一名；巡士三十三名，内一等三名，二等六名，三等二十四名。其派出所二，一駐惠山鎮，一駐匯龍橋。第四分所駐南延市蕩口鎮，設分所長一員月薪二十元，轄長警六十六名。其中巡長五名，内一等、二等各一名，三等三名；巡士六十一名，内一等三名，二等六名，三等十二名。其派出所二，一駐甘露鎮，一駐鴻聲里，都官佐十九員，長警三百四十二名。此其大略也！後雖小有更革，大率準此，茲不贅。

水巡隊亦隸縣警察所，初本錫軍水師也。無錫既光復，軍政分府秦毓鎏以水盜多，議立舟師，然無所得貲，計莫之何。已而浙江駐錫鹽捕營管帶徐誠檀因所部中哨兵舟艘、軍械、餉糈，無不資自鹽商張恒源，值軍興，鹽驟滯銷，商困，無方任餉，有裁遣弁勇收回船械之義。已爲毓鎏所聞，謂："此輩客軍被汰，驟不能歸鄉里，留吾地，窮無所得食，恐禍地方。吾設舟師，苦無籌資地，計不如謀之誠檀，私諭商人指，俾自輸船械於我，我因其人而用之，彼輩已有所歸命，勿致爲禍吾地，吾亦不勞費而得舟師爲我用。"使請誠檀，告之故，俾曉譬張恒源，輸焉。卒如毓鎏議，遂編爲錫軍水師，擢哨弁張錦榮爲隊官，匡輔陸軍，捕逐水盜，地方頗資其力焉。既無錫以元年五月撤去軍政分府，錫軍遂改編常軍，隸江蘇都督，而錫軍水師則就近撥隸無錫縣民政長編爲水巡隊焉。水巡隊之船凡九，其中大板一艘，爲隊長坐船。隊長月薪三十元，公費二十元以下，設雇員一員月薪十八元。一等巡士月餉七元、二等巡士月餉六元各一名，三等巡士四名每名月餉六元，與二等巡士同，號士二名每名月餉六元，伙夫一名月餉五元，共十一人。槍划八艘，每艘置巡官一員月薪十二元，一等巡士、二等巡士各一名，三等巡士三名，伙夫一名，共七人，都大板一，槍划八，官佐十員，士夫五十七名云。省警備曰"江蘇水上警察第二廳第二區"。江蘇水上警察第二廳第二區民國二年八月，以舊留防太湖水師改組爲江蘇水上警察第二廳第二臨時警備隊。三年七月，奉文改爲第二專屬，以四年一月移駐無錫。七年七月，奉文改爲第二區。第二區所屬巡船共五隊，而其駐防無錫者爲第六隊。隊長由第二區區長兼任，區署設舊無錫縣署内，直轄舢板一艘，一等水巡長一員，水巡九名，駐區署左近。其第六隊共分三分隊，每分隊額設分隊長一員，一等水巡長一員，各帶舢板一艘，水巡九名。二等水巡長八員，各帶槍划一艘，水警五名。都舢板六艘，槍划二十四艘，官長三十一員，水巡百八十三名。其第一分隊，以舢板、槍划各一艘泊黄埠墩，爲分隊長駐地；而三河口泊舢板一，華大房莊泊槍划一，縣西門外洛社鎮及四河口各泊槍划二。第二分隊以舢板、槍划各一艘，泊甘露鎮，爲分隊長駐地；而安鎮之太平橋泊舢板一，縣西門外東亭、蕩口鎮各泊槍划一，梅村、馬口各泊槍划二。第三分隊，以舢板一艘泊東港，爲分隊長駐地。而北望亭泊舢板一，槍划一；后宅、大渲各泊槍划二，縣西門外泊槍划三。其舟艘之分配有如是者，此民國以來之警備也。約本舊志輯録自宋以來之警備制，補其闕失，匡其訛謬，而近百年來創設改置者加詳焉。

（刊於《新無錫》，1919年3月27日—31日，4月1日—30日，5月1日）

無錫賦役志上

田賦：古者田出賦，丁供役，其後田之外有雜税，役之外有口算，取民之網日益密，至不得已而併其數以取於田，此田賦所由重也。田賦每分三則或五則，吾縣則不分等則，然實未嘗無等則也。田有平田、高田、低田不同，高田一畝折平田七分九釐四毫零，低田一畝折平田七分四釐一零。是高田約以一畝二分五釐零①，當平田一畝；低田約以一畝三分零，當平田一畝也。賦額則歸畫一田，册則有等差，是亦田分三則之意。至山垟灘蕩，亦折平田起科。蓋所謂山灘、塘蕩、蘆埂、浬溝者，每畝折平田三分八釐八毫零，是以二畝五分七釐零當一畝也。山墩垟城塌地，則每畝折平地一分二毫零，是以九畝八分當一畝也。則亦分爲五則矣，特以平田爲衡耳。惟田以二百四十步爲一畝，全縣皆同；而高、低田較平田畝每加大，其故殆不可曉。意昔量地定畝者，憫瘠薄之土，勞倍收薄，或稍寬丈尺以酬之歟？是則不均之中，正寓均平之意。後之丈田者，慎無畫而齊之以啓增賦之端也。述田賦之世輕世重，參稽史志而著其所以，併附著歷届清賦之得失，以諗柄縣政者。

---

① 零，原誤作“另”，今改正。

宋

夏租：上供絹四千九十七匹一丈六尺，除公田邸地、官莊、天荒田地外，合催二千七百三十九匹一丈一尺九寸，衣絹一百六十七匹三丈八尺。綿三萬一千三百五十八兩六錢有零，除公田外，净合催二萬四千八十九兩七分，衣綿一千四百四十兩。折帛錢一十三萬三千四百八十五貫四百九十文，除公田外，净合催一十萬九千五百五十六貫二百五十三文，衣錢三千四百四十貫五百五十文。

秋租：上供米五萬六千二百八十石七斗八升一合，除公田外，净合催四萬九千五百六十六石九斗三升。馬料大麥一萬二千一百七十九石八斗三升五合，小麥三千七百一十九石六斗一升九合，除公田外，净合催二千七百五十七石八斗七升九合。

博按：唐德宗時楊炎爲相，以“租庸調”之法既敝，遂作“兩稅法”，隨民之有田者稅之而不復視其丁中，夏輸無過六月，秋輸無過十一月。周世宗顯德三年，宣三司指揮諸道州府，今後夏稅以六月一日，秋稅十月一日起徵。又敕舊制織絹幅闊二尺，起來年後並須及二尺五分，所納官絹每匹須及十二兩，依舊長四十二尺。而洪邁《容齋隨筆》稱：“宋之稅絹尺度、長短、闊狹、斤兩、輕重，頗本於此。”宋太祖建隆二年，令諸州受民租籍，不得稱分毫合勺銖釐絲忽，錢必成文，絹帛成尺，粟成升，絲綿成兩。是時李氏有江南，以宋齊邱言制稅悉收穀帛紬絹。其無錫額不可考，而可考見，則斷自宋始。

元

成宗貞元二年，始定徵江南秋夏稅之制，秋稅止命輸租，夏稅則輸以木、棉、布、絹、絲、綿等物。其所輸之數視糧爲差，一石或輸鈔三貫、二貫、一貫，或一貫五百文、一貫七百文。輸三貫者若江、浙省。無錫則夏稅絲一千九斤五兩八錢一分八釐五毫，綿一百四十三斤七兩一錢三釐，麻布官尺一千三百六十六疋二丈九寸四分四釐，中統鈔一十一錠三十一兩九錢九分三釐。

秋糧正米一十九萬三千八百一十六石四斗二升四合，槩管財賦、田賦哈尊錢、糧米四萬六千一百五十一石四斗七升五合，麥二千五百二石六斗九升五合一勺，麥數自《康熙志》以下漏之，據《弘治志》補入。中統鈔三十一錠六兩七錢八分六釐五毫。

仁宗元年十月，遣官經理江南田糧。十一月，詔檢覈浙西、江東、江西田税。明年，經理無錫州官民田土一萬八千二百四十頃四十六畝三分二釐。先是江淮漕臣言："江南殷富，蓋由多匿腴田，請檢覈。"吴元珪拜江浙行省左丞，入見，言"江南平幾四十年，户有定籍，田有定畝，一有摇動，其害不細"，固争不能止。至是平章張律言："經理大事，世祖嘗行之，但其間欺隱尚多，有以熟田爲荒地者，有懼差而析户者，有富民買貧民田，仍其舊名稔税者，由是歲入不增，小民告病。若行經理，俾一切從實自首，庶歲入無隱，差徭亦均。"遂遣往江浙經理，仍命行御史台分臺鎮遏，樞密院以軍防護焉。先期揭榜示民，限四十日，以其家所有田實於官，否則有罪，並許諸人首告。時期限猝迫，貪刻用事，往往迫民致死。御史台累言其害，尋詔罷，並免自實田租二年。

至泰定天歷之初，又盡革虚增之數，民始獲安。舊志此條止書官民田地頃畝，删去"經理"字樣，大謬。須知所謂一萬八千二百四十頃四十六畝三分二釐者，並非當日原額田數，不得一時苛政經理所得，且後來此數又革減也。然按《弘治志》固書"元延祐乙卯，經理本州"云云，至《康熙志》乃删去"延祐乙卯，經理本州"八字，一若當日無錫原有此數也者。此由未詳檢史志，不曉"經理"二字之意義也，後來遂仍襲其訛謬耳。

明

太祖洪武十年，統計官民田地七千二百八頃九十七畝，夏税麥二萬一千五十四石八斗二升，絲七十一兩，桑一千四百二十七株，白麻一百七十七斤；秋糧九萬七千六百五十四石。

博按：明初定天下田賦，田有二：曰官田，曰民田。賦有二：曰夏税，曰秋糧。其額數則具於黄册，其徵輸期限則責之布政司州縣。夏税曰米麥，曰錢鈔，曰絹，無過八月；秋糧曰米，曰錢鈔，曰絹，無過明年二月。

凡民田五畝至十畝，栽桑麻、木棉各半畝。十畝以上倍之麻，畝徵八兩；

木棉，畝四兩。栽桑以四年起科，每桑一株，科絲五分，每絲二十兩，折絹一匹。不種桑，出絹一匹；不種麻及木棉，出麻布、棉布各一匹。此農桑、絲、絹所由起也。無錫則有桑、絲、麻而無木棉，後俱併入秋糧、夏麥内徵收。至嘉靖後，惟存秋糧平米一項，不復有夏麥名色矣。

二十四年，實徵官居民田地、山灘、塘蕩等項，共八千六百九十頃二十三畝八分五釐八毫，夏税麥二萬九千七百四十二石五斗五升，秋糧米一十二萬五千七百石三升四合。内分糙粳米、白粳米、白糯米、荳及官牛、水車租米正統初，詔除没官牛租及前洪武間抄劄水車租，並與豁免。五項，山租鈔五百六十文，馬草一十二萬六千九包三斤一十二兩。

博按：《續通考》稱“馬草爲明正賦，與夏税秋糧並徵，《明史》不詳其制。考《會典》，弘治後始有徵收之數”云云。而無錫之徵收數可考見者始於此。正統初，以蘇常歲供馬草，泝江西上，風濤阻惡，最爲患苦，詔令責價就地采辦。

成祖永樂十年，實徵官民田地一萬二千二百四頃七十七畝零，夏税麥四萬一千五十七石六斗五升零，秋糧米一十五萬八千七百一十三石八升，山租鈔五百八十文，馬草一十四萬九千四百三十包零。

宣宗宣德五年二月，詔舊額官田租，畝四斗以下者，各減十之二；四斗以上者，減十之三。自是以後，至弘治十五年，無錫田畝日增而米麥徵收數反日減者，即以減官田租故也。九月，命周忱巡撫江南諸府總督税糧，忱言：“無錫官田賦白米太重，請改征租米。”報可。此據《續通考》補入。

十年，實徵官民田地一萬二千三百八十七頃九十六畝八釐，夏税麥三萬七千二百二十六石四斗二合，秋糧米一十三萬三千八百六十二石九斗一升，山租鈔三十六貫七百四十文。

英宗正統元年，詔再減官田租，畝四斗以上者，減作二斗七升；四斗以下者，減作二斗；二斗以下者，減作一斗。

憲宗成化十八年，實徵官民田地一萬二千五百四十七頃六十七畝六分零，夏税麥三萬四千五百五十六石五斗五升七合三勺，秋糧米一十三萬四千五百五十八石七升五合，山租鈔三十六貫七百四十文，馬草一十五萬三千一百五包九斤三兩。

孝宗弘治十五年，實徵官民田地一萬二千五百五十頃二十五畝三分零，夏税麥二萬六千七百四十五石一斗九升零，秋糧米一十三萬三千四百七十五石九斗四升零，馬草一十五萬三千九百七十包四十斤八兩。

武宗正德七年，實徵官民田地一萬二千五百九十頃四十五畝四分零，夏税麥三萬七千五百四十二石五升一合，秋糧米一十三萬四千七百七十五石四斗一升五合，馬草一十五萬三千七百一十九包三斤五兩。

世宗嘉靖十六年，實徵官民田地一萬二千六百一十二頃七畝二分八釐，增收官田蕩十四畝七分。三十三年，知縣王其勤丈量官民田地共一萬四千九百一十二頃八十七畝九分二釐二毫，又陞科民田八頃七十五畝二分二釐四毫。分爲五則：平坦官民田，每畝均科平米一斗九升五合；稍高官民田，每畝均科平米一斗六升三合八勺；極高官民田，每畝均科平米一斗三升八合；山墩垺城塌地，每畝科平米二升；灘塘蕩山坂蘆埂，每畝均科平米七升五合七勺，通共平米二十四萬五千三百八十六石七斗九升九合十勺。每平米一石，驗派本色米三斗八升，折色銀二銀二錢四分八釐。是時，無錫之鄉凡二十有二，其間中人以上之家，有田者多無糧，中人以下之家，有糧者反無田。蓋區總里書，飛詭灑派，豪强兼併，又從而虎噬蠶食，坐享無糧之利，而推其害於人。是役也，設總耆民十人，區耆民二十有五人，圖正、弓手、算手各四百十有四人。其勤先計一縣之田若干畝，下令區耆民各率圖正等刻日齊丈，總耆民籍記其數。而其勤出不意擇一二處躬自覆丈，俾不敢爲奸利，丈出無糧田一千六百餘頃，剗去無田糧八千餘石，爲德甚大。惟本縣田土平坦爲多，高田次之，低田又次之。其勤賦額，止有平坦、稍高、極高三則，而芙蓉湖五升田亦作平坦，民情未平也。

至嘉靖四十年，始增稍低、極低兩則，然非呈請不得輕減，而高田亦尚有同於平坦者。縣人黄卬曰："古制民田税糧，畝止五升，明初猶然。"按明初畝税米五升，尋以守禦宫中，山侯湯和預借武進、宜興秋糧米一年以給軍餉，每畝增至一斗，遂爲常賦，無錫猶仍舊額。外尚有桑、絲、棉、絹及夏麥，後俱併入秋糧，然畝尚未及一斗。今平田一畝，加税至一斗九升五合，由將官田攤入民田也。邑故有官田、民田二項，官田又有二：有官買之田，有籍没豪右之田。民之耕官田者，猶巨室之佃户，入租於官，有六七斗至一石者。大抵官買田至重，籍没田次之，民田極輕。官田曰租，民田曰税，本不相混，相沿日久，敝竇百出。至嘉靖二十六年，嘉興知府趙瀛創議：田不分官民，税不分等則，一概均攤。後蘇、松、常三府從而效之，自官田之六七斗以上，與民田之五升通爲一則，税額之輕重，視官田之多寡。蘇郡長洲縣官田至多，畝科至三斗七升。吾邑官田少，故以一斗九升五合爲率也。常郡之官民均攤，則自吾邑始。須知官田之始，原係民田，修志者當存民田五升舊額，而詳著官租均攤致重之故，今但混言官民田若干，税糧若干，則賦税之重，若視爲固然，而舊制永不可考矣！且并使觀者茫不解田，所以分官民之故。

莊烈帝崇禎六年，實徵田地共一萬四千二百五十六頃八十七畝五分零，本色米八萬三千一百二十九石五斗四升三合零，折色銀六萬五千一十二兩五錢八分三釐零。

清

世祖順治二年，平定江南，其土田規則悉用前朝之舊，以萬中賦額起徵，其明末無藝之征，盡永除之。四年，奉文丈量無錫田地原額，平高低田、灘塘蕩、山墩墡城塌地、蘆埂涇溝等項，共一百四十二萬五千六百八十九畝七分五絲，内除不科糧止科租錢鈔山三十一畝八分一釐另徵外，又除故明魏莊田八千三百六十畝八分五釐一毫歸入蘆課另辦。外實在科糧田地一百四十一萬七千二百九十七畝三釐八毫五絲，内平田九十萬九千八十畝三分三釐零，高田三十五萬五千一百三畝八分三釐一毫，低田七萬五千一百五十畝四釐六毫，山灘、塘蕩、蘆埂、涇溝一萬三千九百四十一畝九分四釐七毫，山墩墡城塌地六萬四千二十畝八分八釐五毫。六年，知縣李訥用蠹書陸從龍居有義之言，始編蘆課，民以爲病。是後康熙四年，知縣吴興祚於遵諭陳言事案内。二十八年，知縣徐永言於欽奉上諭事案内。

乾隆元年，知縣吴翼祖於清查陞除坍漲事案内，先後詳請題豁，未允。乾隆六年，貢生鄒乾樞獻議於巡撫徐士林曰："錫邑異時止有灘蕩而無蘆課，蓋蘆課因蘆地而設，江渚之間，蘆葦彌望，錫故無蘆地也。灘蕩原數一萬五千一百八十七畝零，屢經丈增，共一萬九千七百七十一畝零，每畝科銀二分，共科銀三百九十五兩零。順治二年，設有蘆課銀一千三百四十二兩零，連灘蕩銀共一千七百三十八兩零。此因查出前明有不起科魏莊田八千三百六十一畝零，分高、低、蕩、墡四則，奉文照蘆課科銀，於是有蘆課名色。而當時與無錫同有莊田之宜興，查出一萬七千五百二十畝零，歸入蘆課。武進無莊田，亦無蘆課。江陰、靖江雖無莊田，而江陰將沿沙新舊江田及沙灘田二萬四千九百八十八畝零爲蘆課，靖江將新漲沙田三萬一千九百四十六畝零爲蘆課。此無錫及江、宜、靖始設蘆政之大略也。而無錫蘆政之弊，獨異於三縣。順治六年，蘆政工部清查蘆地，一概丈增。錫之蘆地本莊田所改，原隰畇畇，無一葦之植，有何蘆地可以加增？乃李知縣誤聽蠹吏，竟將五則内灘蕩一萬三千九百四十一畝零編作蘆課，於原額外每畝加增二分。夫明係灘蕩，何必改作蘆課？既作蘆課，或鐫去灘蕩之銀，或即以灘蕩之銀，准作蘆課之賦。總之一地未曾生出兩地，則一賦豈能變作兩賦。今也既輸灘蕩之賦，復充蘆課之銀，則於櫛比鱗次之田，鑿空增出一萬三千九百四十一畝之地。此居何説乎？迭經知縣吴興祚、徐永言詳請，爲部議所格。惟靖邑亦以一田兩賦事申詳，部覆有云：'該縣新漲蕩田已歸蘆課，民糧相應豁除。'獨錫邑久輸額外，不能邀驥沙一視之仁，此增丈之弊，從來未經豁免者也。至民間完納之累，更有難以一言盡者。錫邑田賦，十年一歸户，二十年一丈量。田之圖册有定，而阡陌步址，間有盈縮，故丈以明之。人之授受無定，而户名甲分，時有更移，故歸以一之，其法至明善也。乃蘆課則有户名而無的號，無住居，有圖分而無甲分。且自康熙六年歸户以後，今七十年矣！從未整頓，從未清釐。問其户名，猶是七十年以前之户名也。無號址之户名，張冠李戴，誰則知之？詢其圖分，猶是七十年以前之圖分也。無甲分之統圖，西疇南畝，誰能辨之？年代久遠，傳之子姓，授之他人，茫然不知欠數之符合與否，在己之應認與否，差役里總，亦茫然不知其人之狀貌何似，其田之坐落何邪，欠者未必完，完者非真欠。胥役之嚇詐，敲扑之枉濫，含悲茹痛，莫可名言。剜肉輸納，賫串歸農，已爲萬幸。完數之爲一倍，爲兩倍，爲蘆課，爲灘蕩，民何自知？知何敢問？問之將復何如乎？每逢五年，胥役持票赫然丈量。蓋蘆課灘蕩之丈量，向獨以五年爲率，十甲之中，一六執弓，五十造册，蘆課灘蕩，履畝而稽。問其從何處履畝而稽，糧户不知也，圖正懵然也，徘徊隴上，瞠目而視，頃之閧然以散。指東畫西，回覆官府；而酒食使費，却倍於尋常。蓋鱗册坵形流水，一切皆無，何怪其捕風捉影！而什襲藏秘，至死不肯以底册示人者，則户書經承，渠胸中非不瞭然，而聽糧户在昏途鬼國之中，斯得上下其手。此蠹吏奸胥積年惡弊，從來未經釐剔者也。愚以爲如前之弊，權不在下，非執事念切民瘼，具詞入告，不能除窮簷百年以來相仍之累。如後之弊，惟有立查底册，按圖清丈，現今何人承種，何人辦糧，舊欠新徵，毫釐不混。飭令該區按田歸户，以後逐旬清結，不得廢弛，便可永絶諸弊。此目前救標之急著，而亦非有所甚難行也。倘蒙執事指示規則，飛檄下頒，則州縣之遵循，益悚然於平昔。蓋本有澄清之雅志，而復仰體憲慈也。”士林允其議，即據入奏。會以病免，未及下縣清丈。而八年，奉部咨覆，仍行照舊徵收云。

鄒乾樞，字拱北，乾隆六年辛酉拔貢生，記聞博洽，尤熟於明清鼎革時事，口講指畫，顛末不遺。學詩於顧仁垣，格律深細，士論推之。知縣李訥，大名人。吴興祚，别有傳。徐永言，山陰人。吴翼祖，湘陰人。

聖祖康熙五年，丈減平田七百四十六畝二分四釐零，增高田七百一十六畝七分四釐零，低田九百九十八畝八分一釐三毫零，山灘、塘蕩、蘆埂、涇溝一千五百二十三畝九分六釐九毫零，山墩埄城塌地九百七十六畝二分二釐四毫零。

十六年，丈增平田五畝八分七釐，高田九分九釐，低田二畝二分，蕩田二十七畝六分六釐三毫，山墩埄城塌地一畝，通共不等田一百四十二萬八百四畝二分七釐零，折實平田一百二十六萬二百八十三畝五分三釐零，該科平米二十四萬五千七百五十五石二斗八升五合三勺。

世宗雍正四年，分縣，無錫縣分存原編各則不等田地六十八萬八千八百七十七畝六分五釐零，折實平田六十一萬三千六百七十二畝九分一釐零。金匱縣分管原編各則不等田地七十三萬一千九百三十二畝六分二釐零，折實平田六十四萬六千六百畝六分一釐四毫零。

六年，奉文丁銀遵照康熙五十年丁册額數，隨田辦納。無錫縣分存七萬三千八百五十三丁，應徵銀一千九百七兩六錢五分一釐，遇閏加徵銀八十三兩九錢五分六釐；每畝攤徵銀三釐一毫三忽零，遇閏加編銀一毫三絲六忽零。金匱縣分編六萬八千六百五十六丁，應徵銀一千七百七十三兩四錢一分，遇閏加徵銀七十八兩四分九釐；每畝攤徵銀二釐七毫三絲六忽零，遇閏加徵銀一毫二絲零。

十年，奉文遵造版圖、順莊、坼領户、户領坼各册，清糧辦賦。先是六年冬，上命侍郎王璣、彭維新清察江南逋賦。至是年春，大學士鄂爾泰、張廷玉、蔣廷錫會議欽差彭維新、蘇撫尹繼善、浙督李衛版圖清賦，奏稱據彭維新原奏，催科之法，有順莊，有版圖，順莊以糧户住址完糧，認人而不認地；版圖照田畝坐落立户，認地即可認人。既已得知其人於花户散名之下，切注其坐圖姓名，從此既就人問賦，法無不可。凡此只須隨時推收，不必五年一舉。在順莊以遷移爲推收，版圖以售受爲推收等語。尹繼善原奏："江蘇均圖推收，不問糧户住址，不計出畝坐落，以圖甲爲虚幌，聽恁糧户均裝，官吏惟憑實徵户册，倚爲催科準繩。版圖、魚鱗、順號等册竟置度外，以致奸胥漸多，改掇遺失，地畝因而混淆。目今若專行順莊，不過照現在實徵户册，歸併户名。雖一莊實有其户，此户實有其人，而不知户内之糧起於何地，地在何圖，安能遂保所歸所併，概係實地。地不實則糧不實，而名與莊皆成虚幻。欲期永遠澄清，非先行版圖，斷斷不可。夫版圖非煩重難行，版圖之地，不自坐落一處，糧係何則？業係何人？同溝共井，無不悉知。止須按册挨號，注出名住址，無須另丈。間有沿江沿海等處坍荒漲墾，應須開除抵補者，亦查確時登册後，則地畝錢糧皆有根據，第是專行版圖。則坵段畸零，户名星散，不便催科，應就版圖一圖之的名，歸併一户，以各圖之的户，歸併一人名下，分晰坐落某圖甲某地糧若干，再照各人住址，連成一處順莊滚催。嗣後田地易主，人居遷移，止於版圖順號册内，改换户名住址。各圖管册，於每年底另造一册，交官稽查。雖田有買賣，圖分版定，止須將業主改换，不須再將地糧推收。其順莊滚單，由官一年另造一次。是催科則照順莊，清糧則用版圖，並行而互收其益者也。再就版圖接連之鄰圖地號，截長補短，俾地額公平畫一，寓均役於版圖、順莊之間，更與民情極宜"等語。

據李衛原奏："版圖係就地問賦，亦是一法。今彭既請立的名，併户完糧，則就人問賦，更屬清楚。況順莊立户，皆係同村共里之人，便於滚催。若版圖各户，四散而居，城市鄉村，不知住址，趙甲錢乙，莫識何人，正與滚催兩相隔碍，不惟併户難行，亦恐的名不實"等語。又據彭維新奏："江南額賦先已不清，非浙省比，惟當先行版圖。至版圖行後，田賦根底既清，其當順莊與否，應聽州縣因地制宜，各從其便"等語。查順莊乃就人問賦，係催糧之法；版圖乃就田問賦，係清糧之源，二者當審度精形，權其緩急先後，次第舉行。如江省從前胥吏舞弊，魚鱗順號等册，私行藏匿，業已闕略不全。即所存之册，多有移掇改换者，亦非確實可據。現在地畝淆混，賦額不清，若專行順莊，僅可催征錢糧。而此糧起於何地，此地在於何圖，全無考據。究之地既不清，糧亦難徵。應如彭尹所議，先行版圖，繼行順莊，田畝既清，催科自易。奉旨依議，遵飭後，復經院司詳議，頒發版圖、順莊、坵領户，户領坵、滚單各式到縣，遵經查造清糧辦賦在案。其實無錫由原定均圖查造，有版圖之名而無版圖之實，良由均圖創自康熙元年户科給事中柯聳疏陳均田均役之法。參觀《徭役志》。時巡撫韓世琦奉部檄行下縣，將通邑田畝搭配均平，救一時徭役偏重之弊。民情樂從，相沿至今，爲難變也。然均圖止便於均役，而不宜於清田清賦。

後乾隆二年，金匱縣知縣王允謙議曰："均田之設，原以均役。"故科臣柯原題疏云：'及今大造之時，必期田盡落甲，役必照田，務將本區之田，均役本區，不得憑空簽報以滋賣富差貧之弊'云云。是均田均役，尤必在本區之田，均役本區，則役從田起。田有着實，役始得平。奉行之始，救弊心切，未及詳議，空懸一里甲之名，任民均塔，東推西宕，變易無常，花分詭寄，弊端百出。而賦逋日積，是欲救徭役一時偏重之弊，而紊田賦不易之根，所謂不齊其本而末是務者也。不知賦逋固由以日積，而飛灑詭寄之弊日滋。而巧於脱役者，亦由是而起，是均役之法，亦難久而無弊。計惟將通縣田畝，按照區圖，畫定里甲，必使某圖之田，不出某圖之内，遵照部行，力行版圖。有推賦，無推由，是即所謂田盡落甲，而本末爲之一清。由是從田問賦，就賦起役，以併户順莊之法，以濟版圖之窮，庶可永遠遵守矣！惜奉行版圖之始，前賢俯順輿情仍循舊甲，及今章程久定，册費浩繁，難以驟改。然正經界以清田，由清田而清賦，由清賦而清役。"茲數語者，中心藏之，又何敢刻忘也。此其言亦可以參觀得失焉，允謙深澤人。

（原刊於《新無錫》，1919年5月10日—30日）

江蘇省立第三師範學區紀念人物志

自　　序

今歲十月十日，爲我校十周紀念之日。同學諸子，焕乎有文，以質於余。余正告之曰："學校不能自紀念也。誰則紀念之者，人也。"然學校紀念而限於學校之人，其紀念不足恃也。惟非學校之人而盡流連咏歎，矢以長毋相忘焉。斯其紀念爲真可紀念矣。是故學校之可紀念，不以同學諸子之紀念不紀念爲斷，而當程其學子之效能於社會者，何如？雖然，樹人，百年之大計，而玆之所謂十周者，纔百年之十一耳。是故吾校之可紀念，要視今日同學諸子之努力，而俟諸異日。而學區之可紀念，則就中國之學術史以觀，信未有逾於我省立第三師範學區者也。

諺曰："卑之無甚高論。"請言其近者，五六百年來，論藝術，則無錫倪瓚闢寫意畫之別徑，武進惲格開寫生畫之生面。而地理，有江陰徐霞客，窮河沙，上崑崙，辨江源之非岷山，以正中國山河兩戒之説；有無錫顧祖禹，據正史考訂地理，著《方輿紀要》百二十卷，貫串諸史，出以所獨見，寧都魏禧所謂“數千百年絶無僅有之書”也。理學則有無錫顧憲成、高攀龍之開東林學派焉。文學則有武進惲敬、張惠言之闢“陽湖派”焉。下暨晚清，則有無錫徐壽之制器尚象，華蘅芳之數學，皆能獨開風氣，尊聞行知，爲於舉世不爲之日。聲教所被，洋溢乎中國，炳焉蔚焉。我江蘇省立九師範學區人文之盛，罔有如我省立第三師範學區者也。夫以學術進化而論，則日新月盛，後來當益居上。古人之成迹，原不足道，然試一返己自省，吾黨造詣不必勝古人，而憑藉則萬萬過之。黌舍雖不華好，而以視顧憲成語高攀龍“吾曹無講習之所”者何如？膳食縱其粗糲，而以視張惠言“暮無夕饗，遲明，餓不起”者何如？儀器即不完備，而以視徐壽、華蘅芳試驗分光 x 色，求三棱鏡不得者何如？是古人之憑藉不如我今日明也。然而古人之造詣何，如吾黨今日之造詣又何如？伯爾同學，盍一思之！伯爾同學，非不讀書也，有好學深思如顧憲成讀《論》、《孟》者乎？非不講史地、理化各科也，有事必實證，不爲鑿空，如徐霞客、顧祖禹、徐壽、華蘅芳諸人者乎？非不習繪事也，有抗心不作第二丁，如惲格其人者乎？伯爾同學，盍一思之！思之思之，必有自奮於古人之後者，而吾校之永永紀念繫人思者在是矣。述學區紀念人物志。

理學：

顧憲成

明顧憲成，字叔時，無錫膠山鄉涇里人也。父學，四子，而憲成次三。幼而徇齊，年十一，讀韓文至《諱辨》，問於師曰：“父名當諱耶？”師曰：“然。”自是讀書諱父名，有不可諱者，輒鬱不樂。父聞呼招之曰：“吾名學，汝勿諱學，諱學是忘學也，忘學是忘我也，孺子識之。”憲成謹受命。稍長，師張原雒。原雒授經不拘傳注，直據所自得者爲説，憲成聽之輒有會。一日，講《論語·或問禘之説》章，憲成曰：“惜哉！或人欠却一問，天子不知禘之説，何以知？知其説者之於天下也，如示諸掌乎。夫子必自有説。”又講《孟子》至“養心莫善於寡欲”，憲成曰：“我以爲寡欲莫善於養心也。”原雒問故，憲成曰：“心者，耳目四肢之主。主人明，不受役於色矣；主人聰，不受役於聲矣。若但向聲色上驅除，是主与奴競，孔子所謂仁則我不知也。”原雒賞其語曰：“作如是觀，方可讀《論》、《孟》。”遂介以謁武進薛應旂。應旂以學使家居，講學有重名，見而大喜，持《喜亭淵源録》以授。曰：“洙泗以下，姚江以上，萃於是矣。異日無忘老夫也。”萬曆四年，舉鄉試第一；八年，成進士，累官吏部文選郎中。忤時宰，僕而起，卒削籍歸。事具《明史·本傳》。

憲成姿性絶人，自幼有志聖學，名所居曰“小心齋”。曰：“無可無不可，吾以見孔子之小心焉。”或問作何解？曰：“可者，因而可之，聖人未嘗敢自有其可也。不可者，因而不可之，聖人未嘗敢自有其不可也。這是何等樣小心。”或曰：“然則小心是個敬，程子之言敬曰‘主一無適’，謝上蔡則曰‘常惺惺法’，尹和靖則曰‘其心收斂，不容一物’，似説較精。”憲成曰：“今執逆之人而告之曰‘主一無適’，曰‘常惺惺法’，曰‘其心收斂，不容一物’，正恐茫然有如告之曰‘小心’，誰不曉。及其至，即堯舜猶病此最易知易能，又最無窮盡者也。”其答門人論學曰：“堯舜孔孟豈不大聖大賢？而兢兢業業到老，汲汲皇皇到老，人心惟危，道心惟微，毫髮放松，淵墜冰陷無已。惟有濂溪所揭‘無欲’二字極好，這個欲，自人生落地時，便一齊帶下，千病萬痛，皆从此起。我要爲善，這個却出來做對頭，不愁你不屈伏；我不肯爲惡，這個却出來做牽頭，不愁你不依順。所謂‘人心惟危’以此‘道心惟微’以此堯舜之不能不兢兢業業，孔孟之不能不汲汲皇皇亦皆以此。須辨取明白一刃斬斷，拔出自家一個身子來，然後要爲善便真能爲善，要不爲惡便真能不爲惡。若識不破，跳不過，終日營營，只要陪奉這個軀殼，其與糞壤之蠅蛆何以異?”聞者感悚。

既廢歸，益覃精研究，力闢王守仁“無善無惡心之體”之説，而不爲訕訐過當之論。澄海唐伯元語於人曰：“世之談良知者，如鬼如蜮，皆守仁階之厲。”憲成聞之曰：“《大學》言致知，守仁恐人認識爲知，便走入支離去，故就中間點出一‘良’字；《孟子》言良知，守仁恐人將這知作光景玩弄，便走入元虛去，故就上面點出一‘致’字。其意最爲精密。至於如鬼如蜮，正良知之賊也。奈何歸罪守仁！獨其揭‘無善無惡’四字爲性宗，余不能釋然耳。”告子以無善無惡之説淩跨性善，陽明先生以無善無惡之説描寫性善，兩下語意迥然不同。然總是一個空，其相去亦一間耳。或曰：“若是則陽明僅與告子班乎?”曰：“告子恐未可小覷，釋典七佛倡及二十七祖相囑付之語，大指不越‘無善無惡’四字，業已被告子道破。老子言‘失道而後德，失德而後仁，失仁而後義。’而告子亦曰‘以人性爲仁義，猶以杞柳爲桮棬。’其學正與二氏相表裏，特以曾經孟子闢過，不敢與之主張耳。從上聖賢費盡氣力，只要扶策這個善字，告子費盡氣力只要壓倒這個善字，孟子安得不闢?”曰：“荀荀子道性惡，不尤甚乎?”曰：“荀子道性惡，將惡做不好的，看告子亦將善做不好的，看荀子還是强人爲善；告子直是嫌人爲善，其爲流害孰大孰小?”曰：“陽明視告子何如?”曰：“從上聖賢道性善，都是實實地就本體上指点出來。陽明道性無善無惡，却是虛虛地就光景上形容出來，一邊作平常説，一邊作元妙説；只這些意思便會做病。若謂以善言性，猶是强名，將無視性太高。又謂善與惡对，一齊抹煞，將無視善太卑。始也本欲極意形容以張吾性，終也使人茫然人於杳冥恍惚之中，而周章四顧無所憑依；始也本欲掃盡世法，以成就第一等聖人，卒也反使人公然逸於規矩繩准之外，而縱横百出，無所底止。蓋其幾微矣！目古聖賢教人，惟曰：‘爲善去惡。’爲善，爲其所固有也；去惡，去其所本無也。本體如是，功夫如是，其致一而已矣。陽明豈不教人爲善去惡?”然既曰‘無善無惡’矣，又曰‘爲善去惡’，學者執其上一語，不得不忽下一語也。何則? 心之體無善無惡，吾亦無善無惡已耳。若擇何者而爲之，便未免有善在；若擇何者而去之，便未免有惡在。若有善有惡，便非所謂無善無惡矣，將以何者爲心之體? 陽明曰：‘四無之説，爲上根人立教，四有之説，爲中根以下人立教。’是陽明且以無善無惡掃却爲善去惡矣。既已掃之，又欲留之，縱曰：‘爲善去惡之功，自初學至聖人究竟無盡。’彼直以爲是權教非實教也。其誰肯聽，縱重重教戒，重重囑付，彼直以爲是爲衆人説，非爲我輩説也。又誰肯聽。夫何故欣上而厭下，樂易而苦難，人情大抵然也。投之以所欣而復，因之以所厭畀之，以所樂而復攖之，以所苦必不行矣。故曰：‘惟其執上一語，雖欲不忽下一語而不可得，至於忽下一語，其上一語，雖欲不可得。’生平講學，不爲依違，皆此類也。居恒以小心自處，以爲善去惡自力。謂：‘君子友天下之善士，況於一鄉，吾吴多君子，若能聯屬爲一，相牽相引，接天地之善脈於無窮，豈非一大勝事哉!’”遂以二十六年八月，會南浙諸同志，講學於惠泉之上，常謂高攀龍曰：“日月逝矣，百工居肆以成其事，吾曹可無講習之所乎?”無錫故有東林書院，宋楊時講道處也，憲成與攀龍倡修復之，大會四方之士，講學其中。歲兩大會，月一小會，各三日。悉仿朱子白鹿洞規，務在躬修實踐，而益之以飭四要(一、知本；二、立志；三、尊經；四、審幾)、破二惑(一、錫故未有講學之會，亦可以已；二、學故躬行何如耳? 將焉用講。)、崇九益(一、德義相切磨；二、與人爲善；三、耳目一新，精神自策；四、非仁義不談，非禮法不動，凡情俗態不覺蕩然盡；五、應聲氣求，隨取隨足；六、片言立契，相説以解；七、含舊立新；八、十目視，十手指；九、會以明學，學以明道。)、屏九損(一鄙；二僻；三浮；四妄；五怙；六悻；七賊；八滿；九莽)，天下學者咸以東林爲歸。一時聞風興起者，毗陵有經正堂，金沙有志矩堂，荆溪有明道書院，虞山有文學書院，皆請憲成蒞臨爲都講焉，學者稱涇陽先生。

憲成於世無所嗜好，食求果腹，衣取蔽體，居取容膝，不知其他。四壁不堊，庭草不除，帷幄不飾，一几一榻，敝硯秃筆，終日儼然。憂時如疾痛，好善如飢渴，必也友一鄉之善。然推而大之，以底於友一國之善，友天下之善，友萬世之善。其不善者曰小家相，憲成不屑矣。以四十年五月卒，年六十三。崇禎初，累贈吏部右侍郎，謚端文。

高　攀　龍

高攀龍，初字雲從，後字存之，別號景逸，無錫人。自幼端重，五六歲，母授果餌必拱手接；或命自取，一如所授。舉萬曆十七年進士，授行人。忤時宰，謫揭陽典史。再起，累官左都御史。以得罪魏忠賢，削籍歸，詔逮，赴水死。事具《明史·本傳》。

初海内學者率宗王守仁，攀龍心非之，與顧憲成同講學東林書院，以静爲主，自謂：“讀書雖多，不甚得力者，尊德性工夫少也。當分日之半讀書，半静坐，爲涵養德性之地。”每出遊，則於水邊石上，茂林修竹處静坐，夜卧至平旦氣清時，即擁衾危坐操然，履篤實，粹然一出於正，爲一時儒者之宗；海内士大夫識與不識，與憲成並稱曰“顧高”。其自序爲學之次第云：“吾年二十有五，聞令公李元沖（名復，以萬曆十一年任無錫縣知縣）與顧涇陽先生講學，始志於學。以爲聖人所以爲聖人者，必有做處，未知其方。看《大學或問》，見朱子説‘入道之要，莫如敬’，故專用力於肅恭收斂，持心方寸間，但覺氣鬱身拘，大不自在。及放下，又散漫如故，無可奈何。久之，忽思程子謂‘心要在腔子裏’，不知腔子何所指，果在方寸間否耶，覓注釋不得，忽於小學中見其解曰：‘腔子，猶言身子耳。’大喜。以爲心不專在方寸，渾身是心也，頗自輕松快活。適江右羅二庵名懋忠來講李見羅修身爲本之學，正合於余所持循者，益大喜不疑。是時，只作知本工夫，使身心相得，言動無謬。己丑第後，益覺此意津津。壬辰，謁選。平生恥心最重，妄自擔負，期於見義必爲。冬至，静至①，忽思‘閑邪存誠’句，覺得當下無邪，渾然是誠，更不須覓誠，一時快然如脱纏縛。癸巳，以言事謫宦，頗不爲意。歸嘗世態，便多動心。甲午秋，赴揭陽，自省胸中理欲交戰，殊不寧帖。在武林，將過江頭，是夜明月如洗，坐六和碑畔，江山明媚，知己勸酬，爲最適意時。然余忽忽不樂，勉自鼓興，而神不偕來。夜闌别去，余便登舟，猛省曰：‘今日風景如彼，而余之感情如此，何也？’窮自根究，乃知於道全未有見，身心總無受用。遂大發憤曰：‘此行不徹此事，此生真負此心矣。’明日於舟中厚設蓐席，嚴立規程，以半日静坐，半日讀書。静坐中不帖處，只將程朱所示‘誠敬主静’、‘觀喜怒哀樂未發’、‘默坐澄心’、‘體認天理’等法門，參求行之。立坐食息，念念不舍，夜不解衣，倦極而睡，睡覺復坐，於前諸法，反覆更互，心氣清澄時，便有塞乎天地氣象，第不能常。在路二月，幸無人事，而山水清美，寂寂静静。晚間命酒數行，停舟青山，徘徊碧澗，時坐磐石，溪聲鳥韻，茂樹修篁，種種悦心，而心不著境。過汀州，陸行至一旅舍，舍有小樓，前對山，後臨澗，登樓甚樂。偶見明道先生曰‘百官萬物②，兵革百萬之衆，飲水曲肱，樂在其中。萬變俱在人，其實無一事。’猛

① “至”當爲“坐”。

② “物”當作“務”。

省曰：‘原來如此。實無一事也。’一念纏綿，斬然遂絶，忽如百斤擔子，頓爾落地。又如電光一閃，透體通明，遂與大化融合無際，更無天人内外之隔。至此見六合皆空，腔子是其區宇，方寸亦其本位，神而明之，總無方所可言也。平日深鄙學者張皇説悟，此時只看作平常，自知從此方好下功夫耳。乙未春，自揭陽歸，取釋、老二家參之。戊戌，作水居，爲静坐讀書計。然自丙申後數年，喪本生父母，徙居婚嫁，歲無寧息，只於動中煉習，但覺氣質難變。甲辰，顧涇陽先生始作東林精舍，大得朋友講習之功，徐而驗之，終不可無端居静定之力。蓋各人受病不同，而救療之方，總以培養元氣爲主。大聖大賢，養浩然之氣，故能收攝精神，主静立極；學者神短氣浮，須得數十年静力，方可變化氣質，培養德性。而最受病處，又在自幼以干禄爲學，先文藝而後德行，俗根入髓，非頃刻可拔。必埋頭讀書，使義理浹洽，變易其俗腸俗骨，澄神默坐，使塵妄消散，堅凝其正心正氣，乃可耳。至丙午，方信得孟子‘性善’之旨。此性無古今，無聖凡，天地人只是一個。惟最上根，潔淨無蔽，便能信入。其次全在學力，稍隔一塵，頓遥萬里。孟子所以示瞑眩之藥也。丁未，方實信程子‘鳶飛魚躍，必有事焉’之旨。謂之性者，色色天然，非由人力。鳶飛魚躍，誰則使之？所以必有事者，如植穀然，根苗花實，雖其自然變化，而栽培灌溉，全非勉强學問。苟漫説自然，都無一事，即不成變化，亦無自然矣。辛亥，方實信《大學》‘知本’之旨。壬子，方實信《中庸》之旨。至此，覺得天地間道理只是停停當當一個中，平平常常一個庸，有一毫走作便不停當，有一毫造作便非平常，本體如是，工夫如是，天地聖人不能究竟，況於吾人，豈有涯際？勤物敦倫，謹言敏行，兢兢業業，死而後已云爾。”此其生平功修人凡也。

晚年涵養愈粹，工夫愈密，到頭學力，自云“心如太虚，本無生死”。山陰劉宗周曰：“先生心與道一，盡其道而生，盡其道而死，是謂無生無死。”非佛氏所謂無生死者也。攀龍之學，一本程、朱，故以格物爲要。然程、朱之格物，以心主乎一身，理散在萬物，存心窮理，相須並進。而攀龍謂“纔知反求諸身，是真能格物者也”。《大學》之格物，即《中庸》之明善，所以使學者辨志定業，剖爲己爲人之界，别義利公私之極，必使此心光明洞達，無毫髮含糊，疑似於隱微之地。然後善必爲，惡必去，意誠心正而身修善，所以純粹而精，止所以凝定而固也。不然，非不欲止欲修，而氣稟物欲，拘蔽萬端，恐不能實用其力矣。崇禎初，贈太子少保、兵部尚書，謚忠憲。

博按：此兩傳無一字襲《明史》顧憲成高攀龍本傳，以《明史》自記其居官之績，而此則詳其學問之大也。亦與《明儒學案》不同，以以黄梨洲以東林之真也。後學錢基博記。

地理：

徐　霞　客

明徐霞客，以字行，名宏祖，江陰梧塍里人也。寄情鬱然，力耕奉母，踐更徭役，蹙蹙如籠鳥之觸隅，每思颺去。年三十，母遣之出遊。東南佳山水，如東西洞庭、陽羨、京口、金陵、吴興、武林，浙西徑山、天目，浙東五泄、四明、天台、雁宕、南海、落迦，皆几案衣帶間物耳。有再三至，有數至，無僅一至者。

其行也，從一奴，或一僧、一杖，一襆被。不治裝，不裹糧。能忍飢數日，能遇食即飽，能徒步走數百里。凌絶壁，冒叢箐，攀援下上，懸度綆汲，捷如青猿，健如黄犢。以崟岩爲牀席，以溪澗爲飲沐，以山魅、木客、王孫、貜父爲伴侣。儚儚粥粥，口不能道詞，與之論山經，辨水脈，搜討形勝，則劃然心開。居平未嘗握管斆爲文，行遊約數百里，就破壁枯樹，燃松拾穗，走筆爲記，如甲乙之簿，如丹青之畫，雖才華之士，無以加也。

遊雁宕還，過陳木叔小寒山。木叔問："曾造雁山絶頂否?"霞客唯唯。質明失所在，十日而返，曰："吾取間道，捫蘿上龍湫，三十里，有宕焉，雁所家也。攀絶磴上十數里，正德間白雲、雲外兩僧團瓢尚在。復上二十餘里，其顛罡風逼人，有麋鹿數百群，圍繞而宿。三宿而始下。"其與人争奇逐勝，欲賭身命，皆此類也。

已而遊黄山、白岳、九華、匡廬。入閩，登武夷，泛九鯉湖。入楚，謁南岳。北遊齊、魯、燕、冀，陟嵩、雒，上華山，下青柯坪，心動趣歸，則其母正屬疾，嚙指相望也。

母喪服闋，益放志遠遊。訪黄石齋於閩，窮閩山之勝，皆非閩人所知。登羅浮，謁曹溪，歸而追石齋於黄山。往復萬里，如步武耳。由終南背走峨眉，從野人采藥，棲宿岩穴中，八日不火食。抵峨眉，属奢酋阻兵，乃返。隻身戴釜，訪恒山於塞外，尽歷九邊阨塞而歸。嘗謂昔人志星官輿地，多承襲附會；江河二經，山川兩戒，自紀載來，多囿於中國一隅。欲爲崑崙海外之遊，窮流沙而後返。以崇禎九年九月啓途，僧静聞願登雞足禮迦葉，請從焉。遇盜湘江，静聞創死，則函其骨，負之行。泛洞庭，上衡岳，窮七十二峰。再登峨眉，北抵岷山，極於松潘。又南過大渡河，至黎、雅，登瓦屋、曬經諸山。復尋金沙江，極於犛牛徼外。由金沙南泛瀾滄，由瀾滄北尋盤江。已而過麗江，憩點蒼、雞足，埋静聞骨於迦葉道場，從所志也。由雞足而西，出玉門關數千里，至崑崙山，窮星宿海。又數千里至西藏，参大寶法王，著爲《溯江纪源》一書。大致謂《禹貢》岷山導江，乃氾濫中國之始，非發源也。中國入河之水爲省五，入江之水爲省十一。計其吐納，江倍於河。按其發源，河自崑崙之北，江亦自崑崙之南，非江源短而河源長也。又辨三龍大勢，北龍夾河之北，南龍抱江之南，中龍中界之，特短。北龍衹南向半支入中國，惟南龍旁薄半宇内，其脈亦發於崑崙，與金沙江相並南下，環滇池以達五嶺。龍長則脈源亦長，江之所以大於河也。其書數萬言，皆訂補《桑經》《酈注》，及漢宋諸儒疏解《禹貢》所未及者。

歸而病甚，語問疾者曰："漢張騫鑿空，未睹崑崙。唐玄奘、元耶律楚才，銜人主之命，乃得西遊。吾以老布衣，孤筇雙屨，窮河沙，上崑崙，歷西域，題名絶國，與三人而爲四，死不恨矣！"以崇禎十三年卒，年五十有六。刊有《遊記》，傳於世。

顧　祖　禹

清顧祖禹，字景范。家無錫之宛溪上，號廊下顧。父柔謙，爲贅壻崑湖譚氏，生祖禹，祖禹故間自署常熟，其實世無錫人也。

少負異才，經史背誦如流，尤好遊，足迹遍天下，無所遇。康熙間，崑山徐乾學奉敕修《一統志》，延致祖禹，與太原閻若璩、常熟黄儀、德清胡渭四人於家。四人之學，尤精地理。又得傳是藏書樓，參籍窮討，各有撰著。而祖禹則撰《歷代州域形勢》九卷，《南北直隸十三省》一百十四卷，《川瀆異同》六卷，《天文分野》一卷，共一百三十卷。又用開方法繪地圖口卷，名曰《讀史方輿紀要》。凡《職方》、《廣輿》諸書，承譌襲謬，皆一一駁正，詳於山川險要及古今戰守之迹，而景物名勝，皆在所略。讀其書，可以不出户牖而知天下之形勝，爲地理之學者，莫之先焉。當世所稱三大奇書，此其一也（一、梅文鼎《曆算全書》；一、李清《南北史合抄》）。祖禹爲此書，年二十九屬稿，五十乃成，無一日中輟。自言舟車所經，必覽城郭，按山川、稽里道、問關津，以及商旅之子、征戍之夫，或與從容談論，考覈異同。新會梁啓超曰："清代地理極盛，然體大思精，至今蓋尚無出無錫顧祖禹《讀史方輿紀要》上者。"祖禹晚年隱膠山以老。

文學：

張　惠　言

清張惠言，字皋文，武進人。四歲而孤，家貧，就世父讀。一日，暮歸，無以爲夕飧，不食而寢。遲明，不能起，顧不以自廢。年十四，即爲童子師。舉嘉慶四年進士，散館授編修，卒於官，年四十二。

惠言少憙詞賦，擬司馬相如、揚雄，遇同郡錢魯思伯坰而示之。伯坰以工作書爲詩名天下，見之大喜。顧而謂："吾嘗受古文法於桐城劉海峰先生，因爲稱道其説，乃盡屏置曩時所習詩賦不爲，而爲古文。又友桐城王悔生灼，灼亦海峰弟子也，往往語以所受於其師者。爲之二三年，稍稍得規榘。已而遊杭州，一日方與客語，有�星然而來者，則伯坰也，蓋不相見者十三年矣。"

其言曰："吾見子古文，與劉先生言合，故來與子論古文。"惠言曰："何如?"曰："吾曩於古人之書見其法而已，今吾見拓乎石者，則如見其未刻時；見其書也，則如見其未書時。夫意在筆先者，非作意而臨筆也。筆之所以入，墨之所以出，魏晉唐宋諸家之所以得失，熟之於中而會之於心，當其執筆，繇乎其若存，攸攸乎其若行，冥冥乎，成成乎，忽然遇之而不知所以然，故曰意。意者非法也，而未始離乎法，法有盡而意無窮。吾於爲詩亦見其若是焉，豈惟詩與書？夫古文亦若是則已耳。"惠言聞之，意豁然而誌其言。已而思古之以文傳者，雖於聖人有合有否，要就其所得，莫不足以立身行義施天下致一切之治。荀卿、賈誼、董仲舒、揚雄以儒，老聃、莊周、管夷吾以術，司馬遷、班固以事，韓愈、李翺、歐陽修、曾鞏以學，柳宗元、蘇洵、軾、轍、王安石雖不逮，猶各有所執持，操其一以應於世而不窮。故其言必曰道，道成而所得之淺深醇雜見乎其文，無其道而有其文者，則未有也，故迺退而考之於經。求天地陰陽消息於《易》虞氏，求古先聖王禮樂制度於《禮》鄭氏，蕲窺微言奥義以究本原，而文日淵雅。既殁，刊有著《茗柯文編》。

湘鄉曾國藩爲之序曰："文章之變多矣。高才者好異不已，往往造爲瑰瑋奇麗之辭，仿傚漢人賦頌，繁聲僻字，號爲復古。曾無才力氣勢以驅使之，有若附贅懸疣，施膠漆於深衣之上，但覺其不類耳。叙述朋舊，狀其事迹，動輒卓絶。若合古今來名德至行備於一身，譬之畫師寫真，衆美必具，偉則偉矣，而於其所圖之人固不肖也。吾嘗執此以衡近世之文，能免於二者之譏實鮮。皋文先生編次七十家賦，評量殿最，不失銖黍。自爲賦亦恢閎絶麗，至其他文，則空明澄澈，不復以博奥自高。平生師友多超特不世之才，而下筆稱述，適如其量，若帝天神鬼之監臨，褒譏不敢少溢，何其慎歟！"論者以爲知言云。

博按：此傳無一字襲惲敬《張皋文墓誌》。阮元《張惠言傳》以筆誌其居官，既傳其經學，而此則傳其文學也。李元度《國朝先正事略·張皋文》一篇即次比惲《志》阮《傳》爲之。後學錢基博記。

惲　敬

惲敬，字子居，號簡堂，武進人。生負異禀，八歲學爲詩，十一學爲文，十五學六朝文，學漢魏賦頌及宋元小詞，十七學漢、魏、宋、元、明囗大家文。父輪，老儒也。始告以讀書之序，窮理之要，攝心專氣之驗，匪是不足以爲文。於是復返而治小學，治經史百家，然未有所發也。索之心，誦之口，書之手，芒乎摇乎。父詔之曰："此心與氣之故也，不可以急治，當謹而俟之。減嗜欲，暢情志，嗜欲減則不淆雜，情志暢然後能立，能立然後能久大。"敬唯受命。

舉乾隆四十八年鄉試，充官學教習。居京師，與張惠言友，治古文。五十九年，授富陽知縣，歷江山、新喻、瑞金，擢守南昌府吴城同知。其爲人負氣，矜尚名節，所至輒與上官忤，卒中吏議奪職，士論惋惜而敬一不以措意，益務爲文自壯。張惠言之殁也，敬聞之慨然曰："古文自元明以來，漸失其傳，吾向不多作者，以有皋文在也。今皋文死，吾当並力爲之。"侍郎曹振鏞問爲古文之法，敬復書曰："古文，文中之一體耳！而其體至正，不可餘，餘則支；不可盡，盡則敝；不可爲容，爲容則體下。方望溪先生曰：'古文雖小道，失其傳者七百年。'望溪之言若是。是明之尊岩、震川，本朝之雪苑、勺庭、堯峰諸君子，世俗推爲作者，一不得與乎望溪之所許矣。望溪謹厚，兼學有源本，豈妄爲此論耶？蓋尊岩、震川嘗有意爲古文者也，有意爲古文，而平生之才與學，不能沛然于所爲之文之外，則將依附其體而爲之；依附其體而爲之，則爲支、爲敝、爲體下，不招而至矣。是故尊岩之文瞻，瞻則用力必过，其失也，少支而多敝；震川之文謹，謹則置辭必近，其失也，少敝而多支；而爲容之失，二家緩急不同，同出于體下。此望溪之所以不滿也。李安溪先生曰：'古文，韓公之後，惟介甫得其法。'是説也，視望溪之言，有加甚焉。敬當即安溪之言推之，蓋雪苑、勺庭之失，毗於尊岩，而鋭过之，其疾徵於三蘇氏；堯峰之失，毗於震川，而弱过之，其疾徵於歐陽文忠公。

歐、蘇所畜有餘，其疾難形，侯、魏、汪所畜不足，其疾易見。噫，可謂難矣！然望溪之於文，則又有未至者，是故旨近端而有時歧，辭近醇而有時窳。近日朱梅崖於望溪有不足之辭，而梅崖所得，視望溪益痺隘。文人之見，日勝一日，其力則日遜焉。是亦可虞者也。蓋自厚趋薄，自堅趋瑕，自大趋小；而所謂爲支、爲敝、爲體下，皆其薄、其瑕、其小爲之；如能盡其才與學以從事焉，則支者如山之立，敝者如水之去腐，體下者如負青天之高，於是積之而爲厚焉，斂之而爲堅焉，充之而爲大焉。然所謂才與學者何哉？曾子固曰：'明必足以周萬事之理，道必足以適天下之用，智必足以通難知之意，文必足以發難顯之情。'如是而已。"

敬自言其學非漢非宋，不主故常，於陰陽名法儒墨道德之書，既無所不讀，又兼通禪理。張惠言嘗稱："其亦狂亦狷，亦隘亦不恭。"蓋惠言研精經傳，其學從源而及流；敬泛濫百家之言，其學由博而及約，二人之致力不同。而敬治古文尤得力於韓非、李斯，與蘇允明相上下，近法家言；叙事似班固、陳壽。而敬自謂："吾文皆司馬子長出，子長以下無北面者。"刊有《大雲山房文集》八卷。自序曰："昔者班孟堅因劉子政父子《七略》爲《藝文志》，序六藝爲九種，聖人之經，永世尊尚焉；其諸子則别爲十家，論可觀者九家，以爲雖有蔽短，合其要歸，亦六經之支與流裔。"至哉此言！論古之圭臬也。敬嘗通會其説，儒家體備于禮及《論語》、《孝經》，墨家變而離其宗，道家、陰陽支駢於《易》，法家、名家疏源於《春秋》，縱横家、雜家、小説家適用於《詩》、《書》。孟堅所謂"《詩》以正言，《書》以廣聽"也。惟詩之流，復引爲詩賦家，而樂寓焉。農家、兵家、術數家、方技家，聖人未嘗專語之，然其體亦六藝之所學也。是故六藝要其中，百家明其際會，六藝舉其人，百家盡其條流。其失者孟堅已次第言之。而其得者窮高極深，析事剖理，各有所屬，故曰："修六藝之文，觀九家之言，可以通萬方之略。"後世百家微而文集行，文集敝而經義起，經義散而文集益漓，學者少壯至老，貧賤至貴，漸漬於聖賢之精微，闡明於儒先之疏證；而文集反日替者何哉？蓋附會六藝，屏絶百家，耳目之用不發，事物之賾不統，故性情之德不能用也。敬觀之前世，賈生自名家、縱横家入，故其言浩汗而斷制；鼂錯自法家、兵家入，故其言峭實；董仲舒、劉子政自儒家、道家、陰陽家入，故其言和而多端；韓退之自儒家、法家、名家入，故其言峻而能達，曾子固、蘇子由自儒家、雜家入，故其言温而定；柳子厚、歐陽永叔自儒家、雜家、詞賦家入，故其言詳雅有度；杜牧之、蘇明允自兵家、縱横家入，故其言縱厲；蘇子瞻自縱横家、道家、小説家入，故其言逍遥而震動。至若黄初、甘露之間，子桓、子建氣體高朗，叔夜、嗣宗情識精微，始以輕雋爲適意，時俗爲自然。風俗相仍，漸成規，於是文集與百家判爲二途。熙寧、寶慶之會，時師破壞經説，其失也鑿；陋儒襞積經文，其失也膚。後進之士，窃聖人遺説，規而晝之，睇而斲之，於是經義與文集并爲一物。太白、樂天、夢得諸人自曹魏發情，静修、幼清、正學諸人自趙宋得理，遞趋遞下，卑冗日積，是故百家之敝当折之以六藝，文集之衰当起之以百家。'”生平持論視此。而陽湖之文，乃别出於桐城以自張一軍，蓋桐城之文恣肆，桐城之體□□，而陽湖之體閎博，其大較然也。

敬以嘉慶二十二年卒，年六十有一。

博按：此傳據惲氏《大雲山房本集》及陸繼輅《七家文鈔》，期於提要鈎元，見陽湖别家一派之所以與李元度《國朝先正事略》不同。後學錢基博記。

藝術：

倪　瓚

元倪瓚，字元鎮，署别號曰荆蠻民，曰淨名居士，曰朱陽館主，曰蕭閒卿，曰雲林子。而雲林二字，以題詩晝特著。爲無錫梅里鄉人。家故饒貲，知天下將亂，一旦，鬻田宅，得錢盡推與知交，人皆窃笑。無何，兵興，富室盡被剽剝，而瓚扁舟箬笠，往來五湖三泖間，人始服其前識也。吴張士誠招之不往，其弟士信致重幣及絹冀得一畫，瓚裂其絹而立返其幣。一日，士信偕諸文士湖遊，聞漁舟中有異香，此必有異人，急傍舟近之，乃瓚也。士信見之大怒，箠楚幾死，終不開口，一時文士在士信左右者力救得免。人問曰：“何以無一言?”曰：“開口便俗。”性好僧寺，一往必旬日，篝燈木榻，蕭然晏坐，時操紙筆作竹石小景，客求必與，亦未嘗自矜貴。有富人厚爲餽遺，徐出扇索畫，則艴然曰："吾畫不可以貨取也。"所作畫自成一家，瀟洒穎脱，若非出於人爲者，顧不求形似。與張藻仲書曰："僕之所謂畫者，不過逸筆草草，聊以自娱耳！"又自題畫竹曰："余之竹，聊以寫胸中逸氣耳！豈復較其似與非，葉之繁與疏，枝之斜與直哉？"晚年，師荆關用枯筆焦墨，作斧劈皴，極蒼古。其畫竹枝與陳惟寅者，一枝數葉，常含雨氣，尤稱殊品。詩雅淡有理致，評者謂在陶、韋、岑刘之間。而畫特工，明沈周工畫，每仿瓚作，其師趙同魯見，輒呼曰："又過矣！又過矣！"蓋瓚之妙在氣韻，不求物趣，以得天趣爲高，而周則力勝於韻，故相去猶隔一塵也。論者推爲逸品，昔人以逸品置神品之上。宋人畫工好有餘而少逸致，獨米襄陽寫意在筆墨蹊徑之外，元之能者雖多，然率承宋法，稍加蕭散耳。吴仲圭大有神氣，黄子文特妙風格，王叔明奄有前規，而三家未洗縱横習氣，獨瓚古淡天然，米癡後一人而已。然瓚本以董源爲宗，及乎晚年，畫益精詣，而一变古法，以天真幽淡爲宗，要亦所謂漸老漸熟者，若不從董北苑築基，正未易幾耳。以明洪武七年十一月十一日卒，年七十四。

惲 壽 平

清惲壽平，以字行，武進人，名格。一字正叔，號南田，又號白雲外史。既老，稱南田老人。工詩文，其於書，天性也。山水學王蒙，既與常熟王翬交，曰："君獨步矣，吾不爲第二手。"於是舍山水而畫花鳥，兼用徐熙、黄荃法，獨開生面，爲寫生正派。由是海内學者宗之。其寫生簡潔精確，賦色明麗，天機物趣，畢集毫端。遇知己，或匝月爲之點染；非其人，視百金猶土芥，不市一花片葉也。壽平雖專寫生，山水亦間爲之，如丹邱小景，趙承旨水村圖，細柳枯楊園，皆超逸名貴，深得元人冷淡幽雋之致。然終不自快意，與王翬書曰："格於山水，終難打破一字關曰窘，良由爲古人規矩法度所束縛耳。"年五十四卒。

科學：

徐　壽

清徐壽，字雪村。無錫開原鄉錢橋社埄人也。五歲喪父，事母宋，能盡子道。治經務挈綱要；治《禹貢》，條其山川物産田土，列之爲表；治《毛詩》亦然。一展卷而釐然在目。又嘗用武進李兆洛所刊輿圖，以朱筆填寫春秋兩漢水經注等圖。居恒與人譚議，所有五行生尅之説，理氣膚淺之言，絶口不道；而蘄之於實事實證。年二十，銘於座右云："毋談無稽之言！毋談不經之語！毋談星命風水！毋談巫覡讖緯。"又銘云："勿二色！勿妄語！"其志意可知也！

性好攻金之事，手製儀器甚多，若指南針、象限儀等，皆自製之。又嘗仿製墨西哥銀幣，精鏤鋼板爲模，校準銖兩，熔銀爲餅，納其中，自高樓懸石椎，一擊而成，顧面冪之紋成矣；而边花作之甚難，屢更修改軋槽而边花亦成。以入市，虽老於賈者不能辨其非也！衹見花樣嶄新，咸以新板目之。其後英人偉廉臣歸國，從易數十枚以去，置倫敦博物院中。今猶存也！能以意製古樂器，皆協律。

咸豐十一年，兩江總督曾國藩督師祁門，聞壽名，以"研精數理，博涉多通"奏請徵赴軍營。奉旨著江蘇巡撫訪求徐壽資遣國藩軍。壽至，遂專掌製造事。壽本以捐振議叙從九品，至是得保主簿，隨國藩軍抵江寧，以同治五年三月造成小火輪船一艘，國藩亟賞之，命名"黄鵠"。中國之能造輪船，蓋自壽始也！國藩北征，壽丁母憂回里。已而國藩回任兩江，委辦上海製造局。壽條陳四事：一、翻譯西書；二、開煉煤铁；三、自造火炮；四、操練輪船水師。遂在局翻譯汽機化學等書，成數百卷。日本聞之，派柳原前先赴局考訪，載壽譯本以歸。今日本所譯化學名詞，大率仍襲壽本者爲多。人以此服其精審云！

晚年不復里居，以同治十三年與西士傅蘭雅聯合建格致書院，蒐藏各國儀器，資諸生考鏡。自是風氣漸開，國人皆知制器尚象之學。其端蓋自壽實啓之！以光緒十六年八月初六日卒，年六十七。

華　蘅　芳

華蘅芳，字若汀，金匱南延鄉蕩口人也。年十四，得程大位《算法統宗》殘帙，讀而好之。中列飛歸等題，皆世俗所謂難能者，不數日而通其術。因購求《數理精蘊》及《九章算術》等書肄習，由是所學益進。嗣從同縣鄒安鬯遊，得讀秦九韶、李治、朱世傑諸家之書，豁然通天元四元之術；校補數書《九章》凡數百字，皆宋景昌《校勘記》所未詳者。

咸豐初，西人開墨海書館於上海。代數、幾何、微積、博物之書，漸有譯本。是時，西學初入中國，士大夫故見自封，率鄙不措意，獨蘅芳與徐壽能以是相砥礪，目驗手營，然無所得器械實試！偶有疑難，兩人齗齗日夜不休，必求涣然冰釋而後已。知三棱玻璃之分光七色也，求之不可得，乃用水晶印章磨成三角以驗之；知槍彈之行拋物綫，而徐壽疑仰攻與俯擊之有矛盾也，乃設立遠近多鵠射擊以測視之，蓋好學深思有如此者！

既徐壽以同治元年應兩江總督曾國藩辟召，蘅芳與俱。而壽之造黄鵠也，一切繪圖測算，推求動力，蓋蘅芳之力居多。曾國藩遂以奇才異能奏保焉！已而國藩奏設江南機器製造局於上海，遂委蘅芳佐徐壽經始其事。及國藩用徐壽議，於製造局附設翻譯館，翻譯西書。而蘅芳乃與徐壽分門認任，徐壽任化學、機器；而蘅芳則任算學、地質。其後遂各以專門名家，而蘅芳譯本尤文辭朗暢，論者謂足兼信、達、雅三者之長！居上海幾四十年，覃心譯述，成書十二種百六十卷。

嘗以其兩至天津，一至湖北。其在天津東局也，駐德使署購歸新出試彈速率電機一具，見者莫審其用，蘅芳以微分之理解之，理明而用亦明。其在天津武備學堂也，德教習購得法越戰時所用行軍瞭望氣球一，主者欲新之以授學生演習，久之而功不就，以爲奇貨可居也，蘅芳乃督工别製徑五尺小球，用强水發輕氣實之飛升。觀者贊歎！德教習内慚，廑乃竣事。

其教授上海格致書院、湖北自强學堂、兩湖書院及里中竢實學堂也，一時承學之士，聞風興起。而蘅芳誘掖獎勸，口講指畫，務以淺顯易明之語，達精奥之思。教授幼生，有時演算黑板故錯舛，或笑曰："先生誤矣！"則從容詢誤在何處，或以對。笑謂曰："我老矣！算學竟不及汝曹！"聞者忻然，彌鼓舞嚮學矣！

惟蘅芳嘗謂講學之功，不如著書之功爲尤大。蓋講學之啓發者，僅在同堂一時；而著書則可以垂之後世，傳之海内而無窮。其著作之尤精者，如《開方别術》併諸商爲一商。海寧李善蘭推爲空前絶後之作！《積較術》三卷，與後來日本推差新法軌轍相同，而積較之成書，遠在推差法十數年前；則其於算學爲先知先覺可知也！與世接務崇謙抑，每出一語，輒詼諧傾座人。同縣楊模稱其爲人謙退似老，詭奇似莊；而論物理，尚實驗似英之培根；講算術，發明新理新例似英之奈端；至著書惟恐人不解，則又似宣城之梅文鼎；與世之作者好爲艱深以蕲名高者用心殊焉！

跋

大著於病中拜讀數過，感佩交并。諸生思想不務内求，而日外鑠，弟固憂之久矣。大著所列舉諸先正，其學行卓絶爲何等，吾人今日必須有幾分諸先正踐履篤實之精神，以從事於科學、文學、藝術、哲學等等，方可以爲初學入門之徑塗。今則何如者以言研究，則梁啓超氏自懺謂："從前所有著述，均如讀《三字經》，剛到'性本善'而即發表'人之初'，不知'性相近，習相遠'兩句均未讀到，即'人之初'三字亦尚不能得其真。"若今之青年，則豪氣壯舉過梁氏殆千萬，深恐"人之初"三字絶未讀到。但聞人云"人之初"則吾亦"人之初"云耳！學業日退，而議論日高，意氣日張，人人均有"一脚踢翻鸚鵡洲，一拳打碎黄鶴樓"氣慨，其奈之何？弟學識才力，萬不敢尸居此位以貽誤青年，倘蒙天佑，賤體能復强，此後當從公等專一從事於學，以求暮年之補過。嗟乎！"少壯不努力，老大徒傷悲！"此之謂矣。諸生倘能讀此一卷書，知吾三師學區内模範人物之卓卓若是，而思想爲之稍變，不負吾公之苦心。幸矣！幸矣！非所敢望矣。

顧倬

（原作於 1921 年，油印本，今藏無錫市圖書館）

無錫人物志稿

自　序

民國七年，浙中閔黄山先生自京師詒書曰："聞聲久，未睹顔色爲恨。今有一言爲足下告者：吾在清史館，得薛福成、李金鏞諸公傳，皆不過一履歷紙而已。更數百年，何從證見其生平志事者？是諸公學業勳遒，等諸腐草耳。吾子能文章，又明著作之例，蓋急起圖之？"博誼無所諉，因撰次聞見所及，得殖邊一人，曰李金鏞；外交一人，曰薛福成附弟福保；名將一人，曰嚴金清；文學一人，曰秦湘業附兄湘武，從孫寶璣、施建烈、范鈞；格致一人，曰徐壽附子建寅；算學一人，曰華蘅芳附弟世芳；義俠一人，曰孫元楷附子鼎烈；禁烟一人，曰許鈺；辨學一人，曰楊模附鄧濂、秦堅。都九人，附傳十人。而吾邑六七十年來之歷史人物，略盡是矣。錢基博記。

一、李金鏞

李金鏞，號秋亭，無錫人也。少學賈，又事同縣余治爲弟子。咸豐十年，以軍功保舉官運同，已而歸。光緒二年，淮徐海沭大饑，官賑弗給，而民氣剛勁，飢則掠人食。旅行者失蹤，相戒裹足。金鏞獨慨然往撫視，至則圖飢民流離狀，馳書江浙閩粤，募義賑，全活無算。三年、四年，山東、直隸、河南、山西水旱薦祲，金鏞即由贛、榆出江南境，歷山東之武定、青州兩府屬十餘州縣，直隸之天津、河間、冀州兩府一州屬二十餘州縣，先後經放賑銀七八十萬，自鏞賑銀十餘萬，論者謂“東南義賑”。出境遍各行省，實以金鏞淮海一役爲嚆矢。旋以辦賑功擢知府，需次直隸。六年，吉林有意於治，疏設州縣，將軍銘安咨調道員以下官於直隸，以吉林窮邊地瘠，又苦寒，無肯往，而金鏞請行。明年，受檄往琿春度荒地四十餘區，招徠墾種。蘇城溝者，在琿春東，咸豐時以歸俄羅斯，所在數千户，皆華民也，以彼征斂苛税與迕，俄威以兵，金鏞召邊界内，撥田與之，民賴以全。是時吴大澂以三品卿奉詔來定界。金鏞獻計謂：“昔年分界，初未照約劃綫，而罕奇毛闊威等鹽場海口，我所必不可讓者，皆列綫外，中俄條約，故以海中之嶺爲界，東屬俄，西屬中國，宜據與争。”大澂度俄不從，則姑索黑頂子。黑頂子者，背海面山，去琿春六十里，周以俄境，中一綫達琿春，不足索也。金鏞以大澂意難違，姑佐索之，俄亦以非要地歸焉。顧俄頗敬服金鏞，與書，特署曰李知府。自外姓名而已。八年，署吉林府，攤丁於地，民田病潦，出俸溝洫之。明年，移署長春府，金鏞故坦易，不事威儀。所至視民如家人，與言孝弟力田，如余治教，顧操南音，恐民不喻，反覆不自休，民以是益親愛之。出俸倡建養正書院，購書數千卷，度資學者，且厚其廩餼。又建同養堂。一時有李高兩青天之目。高，謂奉天昌圖府知府高同善，而金鏞請免。丈量夾荒事，民尤悲思至今。初長春故蒙古地，流民墾荒者，具押租錢，納蒙古王公領地，歲仍納租錢。久之，墾踰所領，故曰夾荒，於是丈量議起。民復醵錢賄。相與立永不丈量碑矣。既而理藩院請丈量，詔如所請。金鏞争之將軍，且拓碑以獻，曰：“丈量，公有得，某有得，他亦各有得。不丈量，則皆無所得也。”

將軍笑曰："得幾何?"金鏞以手作勢曰："若而數。"將軍又笑曰："君休矣。"時銘安已罷，將軍蓋希元也。未幾，希元去，金鏞亦去。詔理前議。將軍遣官往，民逐焉。數年，乃令加租免丈量。民或如令，或則否。將軍尤嗛前事，遣兵往，而將士利民有，肆誅掠，死者不可殫計。時光緒二十年矣。自是孑遺者悲所遇之酷而重思金鏞，曰："李知府在，何至此。"遂祀爲社公焉。先是金鏞以十三年擢道員，直隸總督李鴻章，黑龍江將軍恭鏜，奏保開金礦於漠河。漠河者，在黑龍江省北邊，界俄。而俄人嘗盜金沙於此。以十一年秋，中國派兵驅逐，而俄商蔭比揚遂呈於使俄大臣劉瑞芬，請領租采金，蓋意中國不能開采，而覬覦之心未已也。金鏞既奉命，遂勘道入。其地名元寶山，金脈自額爾古納河西山發源，經奇乾河、阿勒罕河抵此，直至阿木爾河下流，計長五百餘里。而元寶山在漠河東數十里，兩邊帶坡，高山中間溪河寬丈餘，昔年俄人即在此溪盜挖，迹長十四五里，而金鏞得金沙於此，歸以示美國化學師樂百時，樂百時謂："此沙千分中，得淨金八百七十一分，銀七十五分，鉛硫磺鐵五十四分，可與美國舊金山之金比埒云。"遂仿西國公司之法，訂黑龍江礦務招商章程，向南中招足股銀二十萬，而條議便宜十六事，厥尤爲李鴻章稱許"開邊至計"者有四，曰"自備輪船"，黑龍江本中國地，今則爲俄所獨占，以我無船也。自愛琿溯江抵漠河千五百里，冬猶可踏冰行車，夏則我無舟濟，兵糧往來，不得不借俄輪。然漠河金廠久爲覬，今我一旦自開，彼不必違好興戎，只須輪不我借，即糧無可運，金廠中人便束手斃矣。曰"招回流民"。漠河地屬遐荒，民無土著，而前爲官兵驅逐流離俄境之華民，即俄人盜挖招集之華民也。今擬招回爲我用以資熟手焉。曰"開通陸路"。齊齊哈爾省城至愛琿八百五十里，愛琿附俄輪抵漠河千五百里，是水陸兼程須二千三百五十里也。若省城逕抵漠河本有陸路可通，因山深林密，人迹不到，金鏞冒險自入，勘得兩道：一由省城直達，僅止一千四五百里；而一由墨爾根取道，千九百五十里。亦視向來水陸兼程爲近矣。曰"保護募勇"，今漠河口駐兵五百，防邊尚慮不足，勢難調撥保廠，須另募一營，由金廠籌給口分，而總辦統領訓練，内資礦工之彈壓，外與邊兵爲聲援，礦務邊務，兩有裨益。李鴻章據以入奏，詔如其請。惟漠河極邊苦寒，夏天積雪，而掘地四五尺，冰凝如鐵，垂深鑿堅，溶冰淘沙。其初礦工多逃亡，而金鏞殫心撫綏，兩年之間，得金三萬七千餘兩，財用有資；然後撥兵開道，以寬一丈爲率，分哨定隊，披榛伐木，皆自古行迹所未經，既而道路通辟。人皆趨利，遂以亘古之絶域窮荒，一旦商賈駢集，屯牧並興，隱然與黑龍江北岸之俄設軍府相搘撑，而自行輪船，則江面不令獨占。招撫流亡，而生衆即以實邊，外以折强鄰窺伺之漸，内以植百年根本之謀，李鴻章尤褒大其功以爲得未曾有。旋勞瘁怔忡發病，以十六年九月卒於漠河。事聞，詔贈内閣學士，國史館立傳，於無錫原籍建祠，蔭一子知縣，以爲絶域宣勞者勸。

二、薛福成

薛福成，字叔耘，一字庸庵，無錫人也。父湘，字曉飄，於學無所不窺，其制舉文孤出一體，傾動當世，號曰薛調，中道光二十五年進士。適湘鄉曾國藩爲試官，湘謁謝，執弟子禮。國藩瞿然曰："先生，我師也，而師我乎。"湘恐懼無所措。國藩爲述少時規模薛調所以得名顛末，士論稱之。累官潯州府知府。生子六人：長福辰，咸豐五年順天鄉試南元，累官都察院左副都御史；次福同，同治六年舉人；福成，其三也；福保後有傳；福祁，由恩貢生官至湖北沔陽州知州；福庚，光緒元年恩科順天鄉試舉人。福成少負經世之略，中同治六年江南鄉試副榜。先是四年曾國藩以兩江總督奉詔剿捻，張榜郡縣，招賢才。福成上書言事，略謂："節下勳名軒天地，天子倚之。天下信之。必將策富强，定經制，消反側，防外侮，正風俗，則舉世視爲轉移。而值變亂之後，百事興革，民心望治，則尤更張不見其迹，設施易蒙其澤。"所以相規勉者殊於人人，而不爲頌諛之言。國藩得書歎賞，謂劍州李榕曰："吾此行得一學人。"延入幕府，由是聲譽隆起，以壹書生負天下望。會太監安得海干政，八年秋，奉孝欽顯皇后懿旨采辦廣東。福成先以事如保定，道出山東，巡撫丁寶楨邀與語天下事，頗引爲言。福成即力贊寶楨執殺之境上。而以其罪奏聞，祗曰："布置欲豫，審幾欲密欲斷，否則不惟賈禍，亦恐轉益其燄而貽天下患。"寶楨計決，至是斬安得海而籍其貲。曾國藩聞之，語福成曰："吾病目久，聞是事，積翳爲之開矣。"光緒元年，下詔求言，福成上

《治平六策》、《海防十議》、《下所司議》，一時傳誦，以爲馬周、陳亮復出。自是始定遣使駐外國之製，有停止捐例之令，有津貼京員之議，有稽核州縣交代之新章，而四川之裁撤。夫馬同，各省之免米商釐税，及裁汰绿營，添設練軍，吉林黑龍江相繼遣大臣練兵，十年之間，其大興革皆以福成此疏發之。已而直隸總督李鴻章延爲上佐，於時局多所斡旋。二年夏四月，英使威妥瑪以旅滇英人被戕，多所要索，與總署王大臣議不洽，遂怒出京，詔李鴻章俟其到津，挽留與互商，而威使則告絶逕去，至烟臺，國人恟懼。福成則以爲“英自俄德交合，方惴惴顧慮，必不輕用兵中國。設威使因此相持，致兵連禍結，彼將内爲國主尤，外見怨商人，非所深願。彼之本計，不過見可進而知難退。我之應之，不妨以拒爲迎，一面備戰，一面將滇案本末布告各國使臣，宜將威使自辦滇案以來，始則多方禁阻，不許詳告各國；繼則百端要挾，不使及時議結兩層，反覆詳述，咨明各國駐使，請其評論，仍密飭海關税務司，設法刊布外國新聞紙，彼都人士，非無公論。久必有據理以譏威使者”。已而威使果遷延烟臺，不即南下，示轉圜意。六月，詔鴻章就與議，而攜福成偕行焉。既德俄美法各國公使咸會，均不直威所爲。威爲氣沮，而事遂定。五年，總署王大臣將以統税務司赫德總司南北洋海防，下鴻章議。鴻章復書頗瞻徇，福成則以爲“公自任以天下之重，天下安危所繫，何得不言。夫赫德爲人陰騺，雖食厚禄，受高職，其意仍内西人而外中國。彼既總司各關税務，利柄在其掌握，已有尾大不掉之勢。若復授爲總海防司，則中國兵權餉權，皆入赫德一人之手。若總署已與定議，不能中止，宜告赫德以兵事非可遥制，須親赴海濱，專司練兵。其總税務司一職，則别舉人代。赫德貪戀利權，必不以彼易此也”鴻章聞之聳然。即據以告總署。總署遂以專司練兵開去總税務司一缺之説告赫德。赫德果不欲行，遂罷此議。八年夏六月，朝鮮内亂，毁日本使館。日使花房義質奔還。朝鮮故我屬藩，李鴻章新丁憂，而張樹聲代督，聞之，與幕僚議，函請總署奏發兵。福成則以爲“發兵是也。然輾轉籌商，往返之間，若日兵先至，彼且虜其王而據其都。事機得失，間不容髮。請即遣超勇、揚威、威遠三兵輪東駛，扼朝鮮之仁川海口，然後函商總署發陸軍東渡，直指朝鮮都城。其餘泰安、湄雲登、瀛洲、澄慶等船陸續進發，一則迅赴事機，取疾雷不及掩耳之勢。一則使日本、朝鮮見我軍絡繹不絶，莫測多寡之數，兵法所謂‘虚者實之，實者虚之’也。我宜乘日兵之未至，爲朝鮮速定内變。内變定而日無能爲矣”。樹聲用其計。我兵先一日至，馳入王京，平亂，而日無所逞其志。是時，福成所建白甚衆，無與國家大計，故不著。

先以直隸州知州需次，署宣化府知府，累保至道員。十年，授浙江寧紹臺道。會中法失和，海疆戒嚴，福成至，而巡撫劉秉璋檄令總理營務，籌辦海防事宜。福成曰：“從前洋人構釁，中國籌防無法，堅瑕虚實，一望了然。彼以千里鏡注視吾兵民所居，軍實所萃，以開花炮攻之，一彈所炸，鮮不糜爛。故當者無完壘，攖者無堅城。今不可不變計。”遂沿海築長牆，亘二三十里，其要口埋地雷，而於山崗高敞地，則立疑營，壁壘森羅，旗旛高豎。凡炮臺皆换石，爲沙土，换明爲暗，務使虚實相間。既而法水師大將孤拔帥兵船毁我福建馬尾炮臺船廠，乘勝追敗南洋援臺兵輪至此，但見長牆緜亘，卒不知炮臺所在，姑向高敞地疑營開炮擊，廑有一二中炮臺者，尤以沙土性柔，彈入不炸，徒耗彈藥而已。孤拔則無所爲計，既見防軍無還炮，遂駛入口門，防軍伺敵艦近，即發炮連擊，壞其兩舟。自是不敢駛近口門，退泊十餘里外，夜用舢板渡陸軍撲岸，屢被擊沈，相持四十餘日。福成又以定海懸絶海外，恐爲孤拔乘，則聳英領事聲明道光二十一年不得割讓舊約以杜窺伺。是役也，孤拔乘中國無海軍，以鐵甲舟十餘，蠶我海疆，直蘇閩粤臺灣督防皆特派大臣會辦絡繹，宿將綦置，撥部帑巨萬萬，然要皆幸無事。而臺灣告急，福州喪師，我武未揚！惟浙防無督辦之大臣，亦未請撥帑項，僅福成以一分巡道拄撑。位望既輕，而兵不過數千，兵輪祇元凱、超武兩艘，然屹不爲敵軍乘，而防守之固，稱一時最。論者以爲難焉。

十五年，擢湖南按察使，旋授三品京堂，充出使英、法、義、比四國大臣。故事，中國禁通海，凡出洋久留者，行文外國，解回正法。至是僑民致富者，多以官吏訛索，不敢回而僑屬國，又以中國不保護僑民，因事陵削告訴無門。福成以爲：“保富之法，肇於《周官》。懷遠之謨，陳於管子。中國有人滿之患，遂不得不導傭工以擴生計，開商路以阜財用，順民志以聯聲氣。且中國貿易每歲與各國出入相準，虧短甚钜，然尚有可周轉者，以華民出洋所獲之利，足資補苴也。倘此禁不開，此源再塞，則内地財匱民窮，事變叢生，不可不蚤計，不可不熟慮。”自是議添設南洋各島領事以保護僑民之在外者，奏除通海舊禁以安僑民之返國者，僑民便之。先是十一年，英人滅我藩屬緬甸。湘鄉曾紀澤方使英，争立君存祀，英人不可，願以滇普洱邊外之南掌撣人諸土司地屬中國，而大金沙江爲公用之江，於八莫允中國立埠設關。未及定議而紀澤歸，僅與英外部互書節略存卷。十二年，英使歐格訥與中國總署項緬約，置前議不理。至是福成檢前卷向英外相葛雷申議。葛雷不可，曰：“萬國公法，議在立約後，不可不遵，而議在立約以前無效。既以有約爲憑，而不敘入，必作罷論也。”福成則以野人山地雖爲英據，然不在緬甸轄境，照公法當與中國均分。遂照會葛雷，請以大金沙江爲界，江東屬中國。或尼之曰：“英人勞師糜餉，豈易讓我？”福成曰：“不然，天下事不進則退，彼所與而我不欲有者，不妨明指之以爲另索之符。我所欲而彼萬難允者，不妨故求之以爲交換之地。明知英不與我野人山地，然必借此一著，方可力争上流。”已而葛雷果堅拒不應，兩次停商而福成不顧，再三翻議，而福成力持。葛雷謂：“此議非出總署，廑使臣意。”福成即電請總署向英使歐格訥，力伸畫江爲界之議。惟英人終重視野人山地，不願分割，於是有就滇境東南讓展邊界之設，卒争回漢龍、天馬、鐵壁、虎踞四關，分得野人山内之昔馬，及潞江以東之科干地方。於滇西南邊外亦有展拓，收回車里孟連兩土司管理，隱杜英法窺伺滇邊之萌，其有裨邊防，視曾紀澤原議得南掌撣人諸土司地者尤大。蓋南掌諸部，時已盡歸暹羅，匪英屬，而撣人各種，惟康東土司最大，然離我邊境遠，控轄不易，固不若福成之所展皆在近邊也。旋晉大理寺卿，都察院左副都御史，受代以二十年夏四月歸。臨行，英外部招致歡宴，備極誠敬，謂：“使者長才，至可佩。足與曾襲侯紀澤並稱。”既抵上海，感疾卒。李鴻章聞之痛惜。奏稱：“曾紀澤、洪鈞、劉瑞芬三人並經出使外洋，著有勤勞，惟薛福成奉使績效，亞於曾紀澤，過於洪鈞、劉瑞芬。”論者以其言爲允。數十年來，稱使才者並推薛曾云。

弟福保，字季懷，附貢生。方福成上書曾國藩言事，立被延見，語次，問：“交遊中有佳士乎？”福成對：“有弟福保，學識嶢特，殆無儔匹。”國藩曰：“可與俱來。”福成遂挈以見。會朝邑閻敬銘巡撫山東，從國藩求參佐。國藩曰：“無逾薛福保。”已而平遠丁寶楨代敬銘爲巡撫，仍延福保掌箋奏。時捻竄山東，諸路客將駢集，而寶楨新授事，爲所輕，福保則爲籌所以駕馭調和之方甚具，遂滅任柱、賴汶光、張總愚。寶楨奏薦：“福保器略冠時，可屬大事。”詔徵赴吏部引見，以同知直隸州分發陝西補用。適丁寶楨移督四川，鋭意裁郡縣夫馬費，改鹽法爲官運商銷。奸商墨吏不便，嗾言官摭款劾之，遂革職留任。貽書敦請福保入蜀。福保至，爲揣勢揆情，得不逞者誣謗之萌而逆折之，浮言遽息。蓋寶楨性卡①急，孤行己意，屬僚罔敢儳一言，言不得要領，則怒。獨福保談言微中，每爲引一端而聽自開悟，以故寶楨敬禮之。常曰："吾數月不見季懷，遂不聞讜論。"光緒六年，應詔薦賢，仍以福保居首。詔擢知府，留四川補用。將應吏部檄入都，途中觸暑卒，士論惜之。生平工爲文章，福成每歎其高敻幽澹沉寥之境，非可强幾也。刊有《青萍軒詩文集》。

三、嚴金清

嚴金清，字紫卿，無錫懷仁區寨門人也。幼就塾，見師案頭有《劍南詩鈔》，輒把玩諷吟。年十六，秋夜得句，云："秋風匹馬天涯路，夜雨孤舟夢裏身。"師過印川奇之，曰："此語有關將來出處，前有從軍邊塞之兆，後則歸隱江湖之思也。"其言果驗。父揚標，浙江衢州府同知。咸豐八年，太平天國翼王石達開已將兵徇下江西饒州、廣信等府，遂圍衢城。而金清年二十二，卒佐父完城，叙功，得州判銜。既隨父歸里，而無錫爲太平軍陷，遂號召里少年，起鄉團，與戰祝塘芙蓉山，久不支，間道走浙江，援軍需例以通判留浙試用。已而省城陷，左宗棠奉命巡撫浙江，督師衢州。金清赴謁，以其年少幹辦，委開辦温州鹽釐助餉。尋以同治二年署温州通判，兼開辦温屬百貨釐金。時廣盜没齒春踞海島羅隱山，閩盜林阿燕踞山盤海島，皆有衆千人，出没爲商船患。温台寧水師提鎮不能制，因條議辦温屬海防，兼顧台寧洋面。牘上。左宗棠批："即着創議者承辦。"蓋意金清少年易言事而有以試之也。遂募廣艇五，編海防軍，出洋，泊赤溪港。而没齒春逕以巨艦九，圍港，杜金清軍不得出。會大霧，潮至，金清即順潮駛乘霧出，掩賊不意，槍炮齊發，賊駭退，厪乃得出，泊楊府島，伺東北風，揚帆趨羅隱山。賊舟衆甚，然處下風。金清據上風薄之，盡覆，縶没齒春以歸。訊之，名林固，亦閩人也。

① "卡"當爲"卞"之訛字。

閩盜林阿燕聞悩懼，率其衆降。自是洋面肅清，而左宗棠乃器其才焉。叙功，以同知留閩補用。五年，委赴臺灣查辦事件，遂署淡水同知。以能捕盜靖民，淡水人愛之。叙績。加知府銜。既，受代還。是時左宗棠移督陝甘，方征甘回，檄調辦理甘南行營營務處。旋丁承重憂回籍，而栽桑三千株於南灣，闢一方蠶桑之利，民到於今賴焉。時十年也。

光緒元年，左宗棠奉命督辦新疆軍務，檄起充大營文案。明年，委辦湘軍行營營務，旋隨總統諸軍三品京堂劉錦棠統軍出關，轉戰天山南北。叙功，擢知府，署迪化州。提督金運昌軍譁餉，運昌惶急仰藥。而金清即馳往撫，貸商貲散放，廑得無事。已而忤上官，歸。旋中吏議，褫職。七年，劉錦棠代左宗棠督辦軍務，檄起辦邊防營務處。遂辦南八城釐金，設局抽征以饒軍食，而開辦天山南路蠶桑、礦務以裕民生，公私足給，民人樂利。九年，欽差分界大臣都護長順委辦中俄分界事宜。十一年，以邊防出力開復原官，旋告歸。二十一年春，以日本敗盟，檄起隨丁憂新疆藩司魏光燾率軍援關東。時日本已分兵據金州、復州、海城、蓋平等縣。而海城北蔽遼陽，西瞰牛莊，形勢最重。正月，金清以馬隊先進牛莊，驅日本伏兵，走馬。二月，魏光燾兵繼至，方謀襲海城以圖遼陽。不意日本兵兩萬餘以夜半自大連灣猝至，意欲掩我不備。炮碎金清之冠片，片裂。而金清督所部人人殊死戰，自辰至午，四時之久。是役也，中日兩軍各傷亡九百餘人，惟我軍多死二十三人，而被敵俘六十餘人耳。卒以衆寡不敵，退守錦州。旋媾和而甘回叛變，魏光燾奉命巡撫陝西，移師征剿。而金清率步炮隊十五營，馬隊兩營，偕焉。一剿於西寧，再剿於蘇家堡，先後數十戰，斬首逾萬級，生禽回酋韓文秀、韓成基、包良、馬大頭、馬三三，而降邢萬倉、馬驷騄等，惟大通劉四福挾衆二萬人竄青海。二十二年二月，青海辦事大臣奎順告急，魏光燾與諸將謀援焉。然青海沙漠千里，步隊非宜，而馬隊則草未放青，無車道，無馱騾，餉運路絶。諸將皆以孤軍深入，恐不死戰，死飢。而無願往者。光燾怒，促之，幾嘩變。而金清發憤請行，以降回邢萬倉、馬福全等向導，約每騎裹二十日糧，不給則就地購蒙番牛羊以充飢。九日，行一千三百餘里，追及賊於阿力格斯河，力戰，敗之。賊狂奔走益西，追不及。而金清跟蹤搜剿，見荒谷中屍疊積逾萬，察焉，皆男女老幼也。問之蒙番，云："竄賊急不得掠食，飢死者。"青海肅清。然此一役也，金清輕軍窮追，所至黄沙白草，而中途糧盡，無所得牛羊，至以草根料豆爲食。及師回，皆飢疲無人色焉。叙功，擢道員，賞戴花翎，二品頂戴。

二十三年，回陝西，總理全省營務，隨率隊赴華州、華陰，開濬河渠。明年，復濬涇陽之龍洞渠，涸復良田五十三萬畝。巡撫魏光燾奏保送部引見。二十五年，入都，召對，以金清從軍久，詢將才。金清言："將才總以能戰爲第一。而能戰不能戰，臨陣方見。然將必能戰方是才。有平日辦事勤能，心地明白，而臨陣無所措手足者；有平時語言拙鈍，辦事尋常，及臨大敵而奮勇敢戰者。此即本人亦不自知所以。故未戰之將，臣不知其才不才也。"孝欽后、德宗稱善者再。奉旨以道員發新疆補用。陝西巡撫端方仍奏留總理全陝營務。明年，聯軍入京，孝欽后以德宗走陝西。而金清偕藩司升允率陝軍勤王，與追軍力戰於紫荆關，我軍幾殲。然聯軍死傷亦相當。明年三月，回陝。召對，詢戰狀。對曰："戰不利，有辜聖恩。"孝欽后曰："能戰即好。我能戰，彼亦懼，故不敢追也。"温諭久，乃出。旋署鳳邠鹽法道。明年，簡放延榆綏兵備道，兩署陝西按察使，尋中吏議，降官，乞歸。金清生平刻苦自厲，聲色貨利無所好，而一生與兵事相終始。遇戰，身先士卒，而既捷，則口不言功，亟亟以厚民生裕國用爲己任。左宗棠與曾國藩、張曜書，論金清，至云："爲國儲才，信爲一時之選"焉。里居時，族鄙戚友，壹接以禮，而布衣徒步，足迹不入官府之庭，見者不知其嘗掌兵，爲監司大吏也！人尤以爲難云。

四、秦湘業附兄湘武，從孫寶璣、施建烈、范鈞

（暫缺）

五、徐壽子建寅

徐壽，字雪村，無錫開原鄉錢橋社埄人也。五歲喪父，事母宋，能盡子道。已而母喪十餘年，而壽髮且莖莖白矣。冠衣不純采，因欲爲母建旌節坊而未克逮志也。幼應童子試，習舉業，既以爲無裨實用，棄去。治經務挈綱要。治《禹貢》，條其山川物産田土，列之爲表，治《毛詩》亦然，一展卷而犂然在目。又嘗用武進李氏所刊輿圖，以朱筆塡寫春秋兩漢《水經注》等圖。居恒與人談議，所有五行生克之説，理氣膚淺之言，絶口不道，而蘄之於實事實證。年二十，銘於座右，云："毋談無稽之言。毋談不經之語。毋談星命風水。毋談巫覡讖緯。"又銘云："勿二色。勿妄語。"其志意可知也。性好攻金之事，手製儀器甚多，若指南針、象限儀等，皆自製之。又嘗仿製墨西哥銀幣，精鏤鋼板爲模，校準銖兩，熔銀爲餅，納其中，自高樓懸石椎一擊而成，顧面冪之紋成矣；而邊花作之甚難，屢更修改軋槽而邊花亦成，以入市。雖老於賈者不能辨其非也，祗見花樣嶄新，咸以新板目之。其後英人偉廉臣歸國，從易數十枚以去，置倫敦博物院中，今猶存也。能以意製古樂器，皆協律。咸豐十一年，兩江總督曾國藩督師祁門，聞壽名，以"研精數理，博涉多通"奏請徵赴軍營。奉旨著江蘇巡撫訪求徐壽資遣赴國藩軍。壽至，遂專掌製造事。壽本以捐振議叙從九品，至是得保主簿，隨國藩軍抵江寧。以同治五年三月造成小火輪船一艘，國藩亟賞之。命名"黃鵠"。中國之能造輪船，蓋自壽始也。國藩北征，壽丁母憂，回里。已而國藩回任兩江，委辦上海製造局。壽條陳四事：一、翻譯西書，二、開煉煤鐵，三、自造火炮，四、操練輪船水師。遂在局翻譯汽機化學等書，成數百卷。日本聞之，派柳原前光等赴局考訪，購載壽譯本以歸。今日本所譯化學名詞，大率仍襲壽本者爲多。人以此服其精審云。晚年不復里居，曾一歸建母旌節坊，已而仍至上海，以同治十三年與西士傅蘭雅創建格致書院，蒐藏各國儀器，資諸生考鏡。自是風氣漸開，國人皆知制器尚象之學，其端蓋自壽實啓之。

次子建寅，年十八，隨父壽赴曾國藩軍。時父壽方謀造黄鵠輪船，苦無師程。建寅佐之，廑乃集事。創從前之所未有，得建寅之助爲不少也。建寅在上海製造局，又助父壽成惠吉、操江、測海、澄慶、馭遠等船。時父壽方與西士傅蘭雅等譯西書，建寅亦昕夕從事。成《器象顯真附圖》三册，《輪船布陳》兩册，《汽機必以》一册，闡發器數之理，爲天下倡。辟西學門户，皆壽父子力也。已而建寅以同治十三年奉調天津製造局，創造强水，所費視外國購者值三分之一耳。厥爲中國能製强水之權輿。是年，總理衙門下書徵人才。江蘇巡撫丁日昌命建寅籌論時局，建寅遂上萬言書，總署稱善。時建寅已官郎中，因奏保堪充使才，奉旨以出使大臣記名建放。光緒元年，山東巡撫丁寶楨稔建寅才，調總辦山東機器局。建寅躬自營度，未嘗延用西人。三年，丁寶楨以“心思縝密，條理精詳”入告。奉總署傳諭速往西洋考求一切，旋授德國參贊，遂周遊英法諸國，著所見聞成《歐遊雜録》二册，《德國議院章程》一册，《德國合盟紀事本末》一册。十年，回國，覲見。奉特旨以知府發往直隸。無何，丁父艱，十二年，服闋，以兩江總督曾國荃檄調會辦金陵機器局。遂因局中機器，煉成鑄鋼及西式後膛抬槍，擢道員，奉旨發往直隸。二十一年冬，特旨召對，稱旨。尋派查驗天津威海船械。反命，留充督辦軍務章京。明年，派充福建船政提調，成《兵法新書》八册，《議院章程》一册，《測地捷法》一册。進呈，奉旨留覽。旋派充農工商務大臣，專摺奏事。已，去職。湖廣總督張之洞奉調湖北，總辦全省營務並課吏館武備學堂總教習，成《造船全書》十册，《繪畫船綫》二册。旋復督辦保安火藥局。是時外洋火藥不入口，謀國者心憂而無所爲計。建寅則慨然引爲己任，指授衆工，自造機器，仿西製，三月而藥成，其燃放比驗與外洋船來者等。而漢陽故有鋼藥廠，製棉花火藥，方以洋工罷職不能成。復奉檄兼辦，蓋建寅殫心製藥者久，期於取材自製，免仰給外人，至是日手杵臼，視自研煉，以二十七年春造成棉花無烟火藥，意甚喜。方蒞廠視工人配藥，卒然炸發，而建寅死。同死者凡十六人，而其製法秘無傳者。蓋建寅生平心思開悟，出入慮表，所學本之西人，而時能神明出新意。西人以製器稱，然法恒繁重，建寅每以簡勝之。至其以身殉所學，舍命不渝，此尤可以厲世磨鈍而立天下懦夫之志焉。事聞，奉旨贈内閣學士，國史館列傳，入祀京師昭忠祠及立功地方無錫原籍昭忠祠，蔭一子雲騎尉世職。

六、華蘅芳弟世芳

華蘅芳，字若汀，無錫南延鄉蕩口人也。父翼綸，號篴秋，道光二十三年，中順天鄉試副榜，次年，恩科，中正榜舉人，選江西永新縣知縣。精察吏事，宿獄一掃刮絶。永新西南境有巨猾王姓者，虎狼行，人呼之曰“石角牛”，群吏莫敢何問。其鄙至湖南茶陵州大掠，多殺人，踞峽自守，官兵捕之，不得。入翼綸聞，單騎馳往峽口呼牛出。牛故懾翼綸名，即出謁甚謹。翼綸直斥數其罪。牛曰：“我非殺人者，而能捕殺人之人。”詰其期，曰：“明日。”姑縱之。至期，牛果擒殺人者八人至。訊之咸服。已而太平天國翼王以兵徇下江西列城五十餘，永新亦陷。翼綸坐落職，歸而倡團練抗太平天國，語詳《兵事志》。叙功開復原官，旋保以同知分發補用，加知府銜，賞戴花翎。自以老不出，然爲人伉直敢任事，里鄙有事無鉅細，輒以白而翼綸爲處分，人人各得其意去。性劬學，爲文及詩畫，皆磊落有奇氣，刊有《荔雨軒文集》。子二，長即蘅芳也，年十四，得程大位《算法統宗》殘帙，讀而好之，中列飛歸等題，皆世俗所謂難能者，不數日而通其術。父翼綸憙其早慧，因購求《數理精蘊》及《九章算術》等書相授。由是所學益進，嗣從同縣歲貢生鄒安鬯遊，得讀秦九韶、李治、朱世傑諸家之書，豁然通天元四元之術，校補數書九章凡數百字，皆宋景昌校勘記所未詳者。咸豐初，西人開墨海書館於上海，代數、幾何、微積、重學、博物之書漸有譯本。是時，西學初入中國，士大夫故見自封，率鄙不措意，獨蘅芳與徐壽能以是相砥厲，目驗手營，然無所得器械實試。偶有疑難，兩人齗齗日夜不休，必求涣然冰釋而後已。知三棱玻璃之分光七色也，求之不可得，乃用水晶印章磨成三角以驗之。知槍彈之行抛物綫，而徐壽疑仰攻與俯擊之有矛盾也，乃設立遠近多鵠射擊以測視之。蓋好學深思有如此者。既徐壽以同治元年應兩江總督曾國藩辟召，蘅芳則偕往。而壽之造黄鵠輪船也，一切繪圖測算，推求動力，蓋蘅芳之力居多，曾國藩遂以奇才異能奏保焉。已而，國藩奏設江南機器製造局於上海，遂委蘅芳佐徐壽經始其事。及國藩用徐壽議，於製造局附設翻譯館，翻譯西書，而蘅芳乃與徐壽分門認任，徐壽任化學、汽機，而蘅芳則任算學、地質，其後遂各以專門名家。而蘅芳譯本尤文辭朗暢，論者謂足兼信、達、雅三者之長。居上海幾四十年，覃心譯述，成書十二種，百六十卷。嘗以其間兩至天津，一至湖北。其在天津東局也，駐德使署購歸新出試彈速率電機一具，見者莫知其用，蘅芳以微分之理解之，理明而用亦明。其在天津武備學堂也，德教習購得法越戰時所用行軍瞭望輕氣廢球一，主者欲新之以授學生演放，而教習居奇，久之而功不就。蘅芳乃督工別製徑五尺小球，用强水發輕氣，以實其中，演放飛升，觀者贊歎。德教習内慚，廑乃竣事。其教授上海格致書院、湖北自强學堂、兩湖書院及無錫竢實學堂也。一時承學之士，聞風興起。而蘅芳誘掖獎勸，口講指畫，務以淺顯易明之語，達精奥之思，教授幼生。有時演算黑板故錯舛，幼生或笑曰："先生誤矣。"則從容詢誤在何處?或以對。笑謂曰："我今老矣。算學竟不及汝曹。"諸生忻然，彌鼓舞嚮學矣。惟蘅芳嘗謂講學之功，不如著書之爲功尤大。蓋講學之啓發者，僅在一時一堂，而著書則可以垂之後世，傳之海内而無窮。其著作之尤精者，如《開方別術》，併諸商爲一商，海寧李善蘭推爲空前絶後之作。《積較術》三卷，與後來日本推差新法軌轍相同，而積較之成書，遠在推差法十數年前，則其於算學爲先知先覺可知也。與世接務崇謙抑，而每出一語，輒詼諧傾座人。同縣楊模稱其爲人斂退似老，詭奇似莊，而論物理尚實驗似英之培根，講算術發明新理新例似英之奈端，至著書惟恐人不解，則又似宣城之梅文鼎，與世之作者好爲艱深以蘄名高者用心殊焉。

弟世芳，字若溪，拔貢生。得乃兄家學，歷任湖北自强學堂、常州龍城書院、江陰南菁書院、靖江馬洲書院講席。光緒二十九年，詔開經濟特科，尚書瞿鴻機、江督周馥、楚督張之洞，先後以世芳算學專家，精通時務，文行兼修，遠近奉爲師範，奏保於朝。召試，報罷。又充上海南洋公學總教習，京師商部高等實業學堂算學教習。生平無習言遽色，力學四十年，迨老彌篤。嘗苦史志於歷多舛誤，參證爲難，後見史伯平遺書，補闕正譌，有圖有解，昭若發矇。遂條舉其要旨而序之曰："先生嘗因其友莊縯樹言：'太初以前無四分法，至劉歆三統改爲八十一分。班固不知算法，誤合爲一，《續漢志》因之致滋疑議。'"於是著《古曆考》、《太初曆辨》。武王伐紂之歲，《尚書大傳》、《史記》與劉歆所紀各異，於是推本於春秋曆、《乾鑿度》，著《武王伐紂及召誥日月考》、春秋經傳，日月互異。以春秋曆考之爲合於《左氏傳》，以殷曆考之，爲合於春秋經，於是著《春秋傳日月考》。劉洪乾象之月行三道術，爲後來論疾遲陰陽者所本，於是著《乾象月行三道術詳解》。《續漢志》所載賈逵論曆及張衡渾天，爲言黄赤道差之始，於是著《賈逵論曆校録》、《張衡渾天校録》。梅氏曆學道駢枝，未及白道交周之理。至於平立定三差之通乎垛積，割圓求矢之馭以天元，半弧背矢之證以句股，月蝕時差之生於地心地面之别，皆梅氏所未詳，於是著《授時術增解》。隋劉焯之皇極術，當時未見行用，而後來麟德大衍諸名家悉遵用之。隋志所載，訛舛特甚，於是著《皇極術校注》。唐麟德術，世稱精密，大要本於皇極，而五星諸條，又建中正元術之所本，於是參考新舊唐志，著《德麟校注》。唐之僧一行，元之郭守敬，皆集曆學大成，新書録之加詳，於是釋之亦加詳，著《大衍術校注》。徐昂宣明術，宗大衍而變通之，所易諸法皆密合術理，於是著《宣明術校注》。邊岡崇元術史稱其用算巧，馳騁反覆於乘除間以興簡捷超徑等接之術，使人昧於本原，顧便於籌策，人亦不能廢，於是依術演算，著《崇元術校注》。周王樸欽天術好自立異日月五星，皆有逐日逐度盈縮疾徐細歷，歐史以其繁重，不載造曆之法，其數遂不可得。

七、孫元楷子鼎烈

孫元楷，字用修，一字竹筠，無錫縣萬安區孟里人也。少壯時，喜乘怒馬，挽五石弓。一日，驟馬絶石梁過，馬逸墮水，浮沈一炊頃，轡勒盡失，卒躍而上，觀者駭愕。而好騎如故。暇則究心經史，旁及諸子百家，嘗手鈔數十萬言類纂資考核，兼資文武，旋以諸生入貲爲訓導。道光二十九年，議叙以教諭遇缺即選。邑故有楊家圩，爲明周文襄公撫蘇時因湖築隄以圍民田者也。隄形如覆釜，遇水輒潰，蓋自道光三年，至是不三十載而圩三潰焉。元楷嘗引爲已任。一日，隄潰，則冒雨馳往，督衆遏，而土輕水急被沖去，萬衆呼號無爲計。適有三舟從隄外過，元楷即令衆輓就隄缺遏水，舟人號泣。元楷言："汝舟值幾何？貨值幾何？必一一償汝。"舟人固求免，而元楷已實土舟中沈缺口。舟重，水不能沖，用土四圍填之，缺口立平。圩賴以全。而舟人之泣未已。蓋其遇事敢爲，不恤嫌怨，大率類是。而人之業詬者亦卒以是。然自元楷重修而隄無潰決之患，圩民得安耕鑿者六十年。咸豐三年春，河決於豐，廬舍漂没，而柄邑政者不之恤也。元楷適北上道此，惻然憫之，悉罄所攜以爲倡。聞者感動。謂："元楷過客，猶不惜傾囊賑。"輸財恐後。元楷則爲條畫賑濟之法，全活無算。自是義聲動淮徐間。其地後有水旱災，凡屬救荒之政，元楷必與聞。當事亦倚以辦。是年，部銓溧水教諭。會太平軍興，連下江寧、鎮江，蘇常戒嚴。因留辦本籍團練，先後擒治通太平軍者二人，土匪之抗糧剽劫者四人，縣以無事。元楷善爲鈎距，於縣中人善惡及貲産，一一若燭照數計。六年大旱飢，知縣屬勸捐募賑。元楷隱占所欲捐者力能任，然後言，言則如探囊取。一日，偕縣紳三四人至北門外丁氏，入其肆，祇一杌爲主人據。主人見客起讓座，然僅一杌不能容衆坐。杌旁有一磨床，遂群坐焉。意其節嗇如此，必無力應。元楷謂不然。乃與主人言，主人謙若朝不繼夕者然。元楷即屈指歷數其房屋田産若干，肆本若干，某處存銀若幹。言未竟而得捐兩千串，人尤以此服之。其尚氣任事，不避豪强，敢爲鷹鷙擊，一時有孫無敵之稱。後卒府衆怨，爲縣有力者齮齕亦以此。獨華翼綸心服以爲勇於任事者流也。秦緗業亦推稱同人中足以當大受濟大艱者無逾元楷云。太平軍敗，元楷以襄辦防剿善後功，加光禄寺署正銜，以知縣分發浙江補用，加同知銜，並賞戴藍翎，未及仕而卒。

丁鼎烈，字叔和，光緒十五年進士，選庶吉士，明年，散館，改授浙江新昌縣知縣。嘗權會稽縣事。至則雇一土著童子侍，日與語，詢地方風土，習其鄉音。一舉人以訟地請謁，鼎烈答俟勘定。會修城乏貲用，鼎烈以捐册屬募。既舉人歸，即遣僕持函檄捐册，中夾二千兩銀券一紙，既不注册，而函亦不言所以。鼎烈怒，即笞逐其僕，揭原券示於衢，凡數百言。略謂："爾縣人士決不願知縣之爲墨吏，知縣亦耻爲墨吏。而舉人某乃敢故爲嘗試，導知縣爲墨吏。着照券倍輸罰充修城經費。其訟地之曲直，俟知縣秉公勘，不設成見也。"縣人誦示文大駭謂："官不愛錢，不徇情，數十年來未有也。"會稽差役多而狡，雖鬻獄而無如何。鼎烈既察知甲乙爲魁，即僉往陶家堰捕人，程其限一日。而縣署故有溪河通外，鼎烈則棹小艇，侍童子，先赴陶家堰泊以待。久之而二人從六七人，乘巨舫，懸會稽縣正堂銜燈？至則聲勢赫弈，傳呼地保。保則爲設供張，饗晏甚盛。既，爲被捕者居間，賄二人錢八十千，屬報外出。而鼎烈則伏匿小舟，語歷歷聞，伺二人已返棹，遂登岸呼童導赴地保家，呼出責數，保怖伏。既，又曰："爲誘某至我艇，則貰汝罪。"某至而棹以歸，係密室。明日，坐堂皇判事。甲乙伏謁，報某赴省矣。鼎烈呼二人前，注視久曰："知縣善相，今相汝二人面有財氣，昨得錢八十千，信乎？且食運甚佳。"則屈指爲數地保所以相饗食者甚具。二人大駭，伏地，則呼左右牽某出，罵曰："爾言某上省，信乎？今初犯，姑恕汝；後有犯，必死汝，不止革汝役也。"或謂："二人惡稔，何不去之？"鼎烈曰："二人才，去之，則事不辦。"然自是無敢爲欺者。鼎烈尤善爲鉤距，有父風，於里巷事無不知。會冬征設櫃，鼎烈微服雜衆人中，視一鄉人納賦錢三百，司計者必責納銀幣而還其餘，鄉人哀籲不得出，鼎烈追語曰："吾爲若納。"即取錢返置櫃，呼曰："完錢糧。"司計者驟見鼎烈踧踖給完票，鼎烈徐曰："零星小户，若無取盈也。"民以故畏而愛之。會計①陶大均、山陰王念祖説。

八、許鈺

許鈺，字静山，晚號復庵，世居邑城。少卓犖有志操。平遠丁寶楨方撫山東，求士用薛福保言，辟置幕府，旋隨督蜀。光緒八年，舉於鄉，入都應禮部試。尚書閻敬銘方以清德立朝，顧器之甚！誦其鄉試詩"襟懷千里月，衣被萬家春"句，以爲有雅量。嘗因宴坐，論國勢不競，割地媾和，喟歎久之。問今正士亦有通洋務其人者乎？敬銘曰："焉有正士而屑爲此。"鈺曰："不然。惟無正士故至此。"敬銘瞿然首肯者再。越二年，薦隨張蔭恒奉使美、日、秘國，曰："今副子言以成子之志。"差旋，保同知，以知府用。入都，

① 會計，一般作"會稽"。

謁敬銘。問所見？曰：“竊觀彼都政治，民生以外無國計。民生國計以外無吏事。”敬銘曰：“他人言船堅炮利者，皆皮相之談耳。子得其髓矣！”已而薛福成使英、法、義、比，調充參贊。至則英議院請政府禁印度種烟，毋害中國，且以所議告鈺謂：“此機不可失。”勸福成建議於朝，時不能用也。聞母憂，即日行。或勸三年未滿，少留，可與保。鈺不顧。福成欽其孝。不以喪歸減資敘，由同知保充知府，加鹽運使銜。旋參贊楊儒使美。中日釁起，以論事切直見忌，引疾歸。山西巡撫胡聘之奏保使才，有旨召見，交總署存記。因上疏言外交内治之要，並請修改海關税則，又上疏言禁烟不可緩，且請仿西洋法借公債以抵洋土藥，税釐皆不報。而鈺鋭意持禁烟之議尤力，既不得請，歸，設戒烟局無錫，欲以一縣爲海内倡。會拳禍作，兩宫西狩，馳詣行在。詔以道員發廣東，尋賞四品卿銜，充出使義國大臣，陛見，加二品頂戴。三年受代，歸復命。

值立憲議起，諸奉使臣皆言立憲便。鈺獨謂中西根本異，宜慎所擇，上疏切論，略曰：“今日中國士大夫衹知以富貴爲心，不復有功名道德之念，如不洗心滌慮，雖欲仿行外國憲政，亦無所施。苟未貫澈始終，而紛然改作，恐成效未彰，弊端已見。甲午庚子以來，歲出驟增四五千萬，雖云未嘗加賦，而各省搜括罄盡無遺。若再以多欲之吏，馭無告之民，又值財殫力匱之時，習聞革命自由之説，爲患何堪設想。竊意此後凡辦新政，如不必藉資民財者，自宜及時振作。若瑣屑擾民，似可暫緩，庶法制徐更而人心不失。”疏入，議者洶洶，謂撓憲政。鈺又疏陳學務宜正本原，防末流之失。詆訾盈道，至目爲風狂，或謂：“盍少默乎？”鈺曰：“他人不言，故言之。若心知其非而漫和之，吾不爲也。”

當是時，朝旨方嚴行烟禁，而督撫大吏或以苟且爲事。鈺奏請飭下各省將軍督撫實力遵行，毋因循玩愒，並請回籍隨同地方官籌辦，得旨允行。江蘇雖稱禁烟，而膏捐歲收猶設定額。鈺言：“吸烟者日少，則銷膏之數自減，宜儘所征報解，毋求足額，使州縣藉口。”又言：“膏捐終不可留，宜籌公債抵補，指的款付息，而以度支部銀行經理其事。”言於大吏，不省。先後詣都察院上書論膏捐貽誤及地方官欺飾狀，有旨行查。主者雖心恨，而以其言直，無如何也。已而外務部與英使議遞減洋藥入口約，試行三年。鈺復上書請嚴申期限，因地制宜以堅鄰信。旋奉詔以本班發往廣東。廣東烟禁之弛尤甚！

鈺議辦烟膏加價，使膏價昂，則吸者不得不減。英領事以爲違約，抗議甚力。鈺據《烟臺條約》以折之，領事語塞，則聳英使向外部詰責。鈺持之堅。大府虞不能行。鈺請改爲牌照捐，無加價之名，而收禁吸之實。行之半年，廣州一口，洋土藥進口減六千四百餘擔，厥效大著。然英使終以爲言，於是宣統三年訂中英禁烟條件，停捐加税。蓋洋土藥之得以寓禁於征，而吸食鋭減者，鈺之力也。鈺生平奮欲有所樹立，既積與俗忤，不能行所志，則并心一力以從事禁烟，嘵音瘏口，先後二十年，廑乃得施。國變後，杜門不出，聞崇陵奉安，率里父老於是日北望行禮。民國五年卒，年七十四。

九、楊模附鄧濂、秦堅

楊模，字範甫，晚號蟄盦，世居邑城。少小性魯。母顧，督課嚴。壯而劬學，治《蕭選》，旁及莊、騷，遂工駢散文。嘗客兩廣總督張樹聲所，以《石鼓賦》爲番禺陳澧所稱。已而里居，與同縣鄧濂、秦堅、秦寶瑨、華世芳、裘廷梁及弟楷皆以文章有聲，同縣秦緗業稱爲“梁溪七子”者也。以諸生應光緒十一年乙酉科拔貢試，題爲“七洲洋賦”，是時，瀛海初通，與試者莫知何云。獨模援筆抒寫，盡一日夜，得一千五百一十一言，歷歷指陳形勢。而辭氣噴湧，慨然有古人乘風破浪意。時中法之戰甫罷也，江蘇學政黄體芳得卷嗟歎。遂取爲無錫縣拔貢生，一時稱上選焉。二十年，中江南舉人。性沖和，淡榮利而敢任事，不屑意庸衆人鬧怒。嘗應直隸總督李鴻章、湖廣總督張之洞、山西巡撫胡聘之徵辟，充天津武備學堂漢文教習、湖北自强學堂國文教習、山西武備學堂監督。已而歸，與同縣單毓德、秦謙培、高汝琳、王鏡藻等創辦竢實學堂於連元街，以二十四年春正月開學，二十七年秋八月，詔各省府州縣設大中小學堂。明年夏五月，兩江總督劉坤一以無錫倡辦竢實學堂，開風氣之先，奏請傳旨嘉獎，并製給“樂育英才”匾額。遂改爲竢實高等小學堂，厥爲中國之第一高等小學堂。是年秋八月，模遂與縣人士議就東林書院，設東林高等小學堂，以冬十月開學。初竢實學堂之創始也，匪資地方帑項，僅由楊模等勸捐集款而成。至是將東林書院原有房產租息，併竢實所有捐款，歸兩學堂各半分用。然是時，城厢增設三等務實兩小學及理化研究會，由竢實、東林兩學堂撥款津貼。學款於是大絀。初已援照常昭米捐撥給辦學成案，禀准江蘇巡撫恩壽，飭縣諭米商每石糶糴各捐四文，充竢實經費。既模慮商力之不給也，遂邀同學董孫贊堯等呈於無錫、金匱知縣曰："培植人才，以辦學爲要，而辦學尤以籌款爲先。從前邑中商務以米業爲大宗。是以各善舉籌費，亦維米行最踴躍。近來米業遠不如前，而捐有加無已，殊非體恤商情之道。再四思維，與其竭澤而漁，不可終日，何如移緩就急，化冗爲要。邑中諸廟，錫金兩邑城隍，就轄境米行各收一釐一釐約收銀幣千枚，張中丞廟統收一釐，其餘南水仙、西水仙，府廟延壽司，祠山殿、延聖殿等，均就其坐落地段，各收四釐。旋經普濟堂經費支絀，撥出一釐，髮逆肅清，迄今四十年。從前尚以興復殿宇爲辭，今則各廟興復，無需巨款。即使未盡興復，酌盈劑虛，以此項米釐撥入學堂，亦先成民而後致力於神之意。況今廟貌既極崇宏，其餘樓臺池榭，徒事侈靡，賽會演劇，尤多耗費。巫風日熾，理宜嚴禁。現議援普濟成案，將各廟米釐撥出辦學。揆諸情理，毫無關礙。其有出而阻撓者，必係至庸極陋之流，惑於禍福鬼神之説，不知聰明正直之謂神，節各廟糜費之財，爲興學培材之用，神其有靈，且以爲福，不以爲禍也。請批准施行，於學堂有益，而米業無需另捐，商力亦紓，學堂得此挹注，而生徒脩金可酌減，一舉而數善備焉。"既知縣得呈以諭米商，而米商亦急公無大異議，惟模議全撥而商人乞減而已。知縣陳詒、汪鳴鳳皆庸懦無一言處分。事久不決而謡諑紛起。奸人構煽衆怒，罷市，縱火燬楊模之室。此三十年秋七月初二日事也。明日，遂拆毁竢實、東林、三等學堂。隨經江蘇巡撫端方委員彈壓勸諭，以初四日開市。旋委知府許星璧、知縣王念祖查辦，於是楊模備舉學堂辦理艱難情形以呈於許、王兩委員之前。曰："竊錫金舊有東林書院，僅課舉業，議就設學，絀於衆論，始改圖創辦竢實學堂。開校之日，所存銀錢不及三百元。然猶爲之者，妄意綿蕝既立，然後可望官紳之襄助，較勝空言之不足取信也。時風氣未開，無從籌辦商捐，於是函告京外同鄉官，婉導本邑紳富，各請量力輸助，復孑身至閩至浙至滬，盡力勸募，廑乃集事。此竢實之原始也。伏念某以不學無才之身，復以竢實不能多容，卒偕同志改設東林，其餘城鄉各小學，皆竭力贊助，冀學章統歸畫一。數年以來，晝作夜思，官骸俱瘁，宜若可告無罪於鄉里。至寒家衣食，粗足自給。昔年遨遊公卿，頻邀幣聘，今爲家鄉子弟，通籌學務，自以公義所在，未嘗支取薪金。而忌者既震其高名，復詫爲異己，積久而怨謗愈繁，坐使家口流離，書物蕩盡，數年心血，盡付東流。此堪爲痛哭流涕者也。竊念某當舉世不爲之時，不自揣度，力任其難。因忌生怨，因怨成謗。搢紳之林，尚未能曲加原諒，何論無識之商民。某返躬自省，亦知委蛇可以徇世好，詭隨可以博衆懽，誠以興學事重，必從真實處立脚，不敢稍存諉卸之心。兼素守無辨止謗之箴。遂不屑向人致辨，以不自覺爲衆矢之的，遭此非常可慘之奇禍。且慮後來鑑爲前車，致礙進步，此尤區區隱衷，無窮歉疚者也。”自是模之心事大白，而米商亦悔持之過當，致爲奸人所乘。遂允撥出廟捐二釐辦學，橋工捐一釐，作學堂開辦之用，而以銀幣二萬償模家産，二千建錫金學務處房屋，即今之無錫市學務處，是也。事定，而模亦無志爲里鄗效能矣。旋出應湖廣總督張之洞招，任湖北學務處專門科科長。尋又兼漢黄德道師範學堂監督。既入京，以學部總務司科員任圖書編譯局事，尋又兼大學堂教員。無何，歸卒。光緒三十年毁學，不惟無錫一大事，實亦中國辦學史上一大事。而楊模身任勞怨之可爲國人矜式者也。每誦《上許、王二委員呈》，未嘗不爲撫心感喟。然是非迄無定論，故援班書録書疏入本傳之例，録《請撥廟捐》一呈以見縣人之多誤會，節録《上許、王二委員呈》，以見楊模之心事犖犖，此中頗費周章也。

鄧濂，字似周，廩貢生。秦堅，字叔固，光緒十四年舉人。皆城人，工詞賦，與楊模齊名，而濂沉博絶麗，論者尤稱其爲楊芳燦之倫云。

（刊於《無錫新報·文學月刊》，依次連載於1922年9月1日、10月1日、11月1日，1923年1月1日、2月1日、3月1日、4月1日、6月1日）

江蘇省立第三師範學校
癸亥春季修學旅行指導書

今歲春，諸生請願旅行。本三、本二，杭州。本一，南京。豫科，蘇州。將戒途，博召諸生，正告之曰：諸生知旅行矣！雖然，尚諦聽余言：諸生，學生也；舍學何以爲生？學生之旅行，名之曰修學旅行；此可以證尋常遊山玩水，固非所以語於學生也。舍修學何所用旅行？蓋學生者，以學爲生之謂。而博之職責，則在教諸生學。願諸生勿以汗漫遊爲旅行，而忘“修學”二字也。古之大儒爲修學旅行者，有崑山顧亭林先生焉。先生每山遊，載書以行，隨所至阨塞，即呼老兵退卒詢曲折；或與平日所聞不合，則即旅舍中發書勘，事見全謝山著《墓表》。有吾縣顧景范先生焉，自序稱：“所著《方輿紀要》一書，集百代之成言，考諸家之緒論，窮年累月，矻矻不休。至於舟車所經，亦必覽城郭，按山川，稽里道，問關津，以及商旅之子、征戍之夫，或與從容譚論，考核異同。”皆可以爲修學旅行者法，因述《杭州小志》、《金陵小志》、《蘇州小志》。若夫周咨博訪，考核異同，此諸生事也。癸亥舊寒食節前三日，錢基博。

本三、本二春季修學旅行指導

杭州小志

杭州，舊屬會稽郡、吴郡，隋始置州，如今名。繁衍之漸，基於此矣！唐末置鎮海，鎮海節度使於此以寵錢鏐。鏐於是盡有浙東西之地，帶甲十萬，鑄山煮海，三世四王，稱吴越國。宋建炎三年，高宗至鎮江，召從臣，問去留，吕頤浩乞駐蹕，王淵獨言：“鎮江止可捍一面，不如錢唐有重江之險。”於是遂如杭州，升爲臨安府，而定行都焉。陳亮言：“吴會者，晉人以爲不可都；而錢鏐據之以抗四鄰，蓋自毗陵而外，不能有也。其地南有浙江，西有崇山峻嶺，東北則有崇湖沮洳，而淞江、震澤横亘其前；雖有戎馬百萬，安所用之？此錢鏐所恃以爲安，國家都之六十年而無外憂者也。”此言臨安之可都者也。然辛幼安有言：“斷皋亭之山，天下無援兵！決西湖之水，滿城皆魚鱉。”陳同甫亦嘗環視錢塘，喟然歎曰：“城可灌也！”蓋以地下於西湖云。而西山真氏則曰：“國家南渡，駐蹕海隅，何異越棲會稽之日？而士大夫豢於錢塘湖山歌舞之娱，無復故都黍離麥秀之歎！”可謂有慨乎其言之也！宋之亡也！元曰杭州路，明以後改杭州府，今府廢而曰杭縣云。

今杭州城，宋行都城也。元至元十九年，張士誠開十三門；明省爲十：東五門，曰候潮、望江、清泰、慶春、艮山；西三門，今毁之矣，曰湧金、清波、錢塘；南一門，曰鳳山；北一門，曰武林。内包吴山，西臨西湖，周三十五里，有一千尺。其形勢則南北展而東西縮。唐建寧中，吴楊行密謀攻錢氏杭州，携僧袒肩密來瞰。袒肩曰：“此腰鼓城也。”可以覘杭州城之形勢焉。西湖在城西湧金門、清波門外，周三十里。漢時，金牛見湖中，以爲明聖之瑞，曰“明聖湖”。然以其地負郭而西，故西湖之名特著。唐大曆中，刺史李泌于湖北爲石函橋，置水閘，以洩湖水，溉田無算。長慶初，刺史白居易復築堤捍湖，蓄洩其水，溉田千頃。宋元祐五年，蘇軾知杭州，以爲唐李泌引湖水作六井，然後民足取給，而生聚日繁；又放水溉田，瀕湖千頃，可無凶歲。今雖不及千頃，而下湖數十里間，茭菱穀米，所獲不貲。因取葑泥積湖中，横跨南北兩山，徑十餘里，爲長堤以通人行，今稱“蘇公堤”。西曰“裏湖”，東曰“外湖”。自孤山至斷橋，謂之“白公堤”，以白居易所築也。然則杭之水利，莫切於西湖。而譚者徒以景物之娱稱之，隘矣！吴山在城南，春秋時爲吴南界，故名；或曰“以子胥名，譌伍爲吴”也，亦名胥山。宋建炎三年，金兀术陷臨安；將還，斂兵于吴山、七寶山焚掠而去。七寶山者，即吴山西南支峰也。寶石山在城西北，負郭挺立，上有寶俶塔。自寶石山而西，其相接者曰寶雲山。稍西，即葛嶺也。宋建炎二年，金人犯臨安；城陷，尉曹將金勝等保葛嶺，編竹覆泥爲塗。北騎至，踐之而踣。勝等乘勢擊之，金人大敗。咸淳二年，賜賈似道第于西湖葛嶺，即此。又西爲棲霞嶺，岳武穆墓在焉。靈隱山在棲霞嶺之西南，本名武林山，晉咸和中始改今名。宋建炎三年，金人寇臨安，遊騎入靈隱。西北一峰直上，曰北高峰，爲靈隱最高處。蓋湖上群山，此爲雄長矣。南屏山在靈隱之東南，峰巒聳秀，環立若屏。北有淨慈寺，寺前一峰曰雷鋒，或以爲廻峰之譌也。南为烟霞嶺；入南爲南高峰，盤紆聳峻，東抱西湖，南頫浙江，蓋奇勝與北高峰相埒云。

本一春季修學旅行指導

金陵小志

金陵，三國吴、東晉、劉宋、南齊、梁、陳先後都此，謂之“六朝”。南唐李氏及明太祖、建文二帝又都之。有金陵、秣陵、建業、江寧、建康、集慶、應天之名。讓清沿南唐舊名爲江寧府，今仍之而降爲縣。然因明永樂後置爲南京，故至今通俗猶沿南京之稱；而金陵之名最古。相傳楚威王滅越，始置邑於城西之石頭山，因地有王氣，埋金鎮之，故名。此志題曰“金陵”，從其朔也。諸葛武侯曰：“金陵，鍾山龍蟠，石頭虎踞，帝王之宅。”唐杜祐曰："自孫吴以金陵立國，其後晉、宋踵其成轍，猶能問鼎中原。下逮梁、陳，雖疆土漸蹙，而聲教所通，尚爲四方繫望。"而指畫形勢言之尤凱切者，莫如南宋諸儒之論建康。胡安國曰："建康以三吴爲東門，閩蜀爲西户，七閩、二廣爲南府。"李綱曰："建康控引二浙，襟帶江淮，漕運貯穀，無不便利。然必淮南有藩籬之固，然後建康爲可都。後唐李氏有淮南，則可以都金陵。其後淮南爲周世宗所取，遂以削弱。"又言："萬乘所居，必擇形勢以爲駐蹕之所。舉天下形勢而言，關中①爲上。以東南形勢而言，則當以建康爲便。"胡三省曰："建康控制長江，呼吸之間，上下千里，足以虎視吴、楚，應接梁、宋。"蓋宋人不能忘情中原，故規畫建康爲最詳也。讓清之兩江總督駐焉，民國肇造，集蘇、浙、贛、粤諸軍殫鋭力攻，厪乃克之！遂合東南諸省組織臨時政府。事定北移，黄興建留守府鎮此。其後程德全、張勛、馮國璋、李純、齊燮元相繼以都督、將軍、督軍建節，控制形勝，主盟東南。南北政府屬耳目焉！

江寧縣城瀕揚子江西岸，東盡鍾山之麓，西阻石頭之固，北控湖山，南臨長干，周七十六里有奇，爲中國城邑之最大者。北京城周四十里。凡十三門：南曰正陽門。正陽之西曰通濟。又西曰聚寶。西南隅則曰三山俗稱水西門，曰石城。而石城即周顯王三十六年，楚威王所築金陵邑城之地也；史稱孫權緣淮立栅，又於江岸必争之地築城，名曰"石頭"，常以腹心大臣鎮守，在今石頭城之北。今石城故基，乃楊行密時稍遷近南，夾淮帶江以盡地利，其形勢與長干山連接。北曰太平門。太平之西曰神策。又西曰金川；明永樂靖難之師，李景隆獻門處也。又西曰鍾阜。東曰朝陽門。西曰清涼門。清涼之北曰定淮。曰儀鳳。皆明太祖所規制。而金川、鍾山、清涼、定淮四門，久不開。秦淮横貫城中，水如碧玉。而前明皇城編城東南隅，南京古物保存所在焉，今所謂明故宫是也。正門曰決武門，蓋直正陽門之北云。

歷代古迹甚多，其尤著者，則鍾山有吴大帝陵；而明太祖之孝陵衛在鍾山之南，群山環遶，拱衛鬱葱，諸葛武侯所謂"鍾山龍蟠"，是也。雨花台在城南聚寶山東崗最高處，以梁時僧雲光講經雨花而名。金兀朮嘗登雨花台望城中，蓋其地勢獨高也。山麓爲梅岡，或謂之梅陵，相傳漢梅鋗屯兵處。孫

① 關中，原作"關東"，今據顧祖禹《讀史方輿紀要》改正。

策破劉繇别將於梅鍔，即此。城北曰元武湖，三國吴謂之後湖。至宋元嘉二十二年，大閲水軍，始改今名。莫愁湖在三山門外，爲明中山王别墅，有勝棋樓，都人士之遊金陵者，往往藉寄思古之幽情焉。

預科春季修學旅行指導

蘇州小志

蘇州，在無錫之東，春秋時故吴都也。秦置會稽郡，後爲吴郡。漢荆王劉賈都此。南朝陳置吴州。隋平陳，始因姑蘇山爲名曰蘇州。姑蘇山在蘇州西三十里，一名姑胥山，一名姑餘山，姑蘇臺在其上。吴王夫差嘗於臺爲長夜之飲，子胥諫不聽，曰："吾見麋鹿遊於姑蘇之臺。"是也。宋爲平江府，元爲路，明改蘇州府，讓清因之，治吴、長洲、元和三縣。今府廢而仍吴縣，然蘇州之名特著。

蘇州枕江而倚湖，食海王之饒，擁土膏之利，民殷物阜，田賦所出，常书上上。顧祖禹曰："吴郡之於天下，如家之有府庫，人之有胸腹也。門户多虞，而府庫無恙，不可謂之窮；四肢多病，而胸腹猶充，未可謂之困。蓋五代①以後，東南之財力，西北之甲兵，並能争雄於天下。謂江淮以南，必無與於天下之形勢勝者，非通論也。"春秋之末，吴自無錫徙都於此；以齊、楚、晉三國之强，而吴足以入楚，禍齊，脅晉。秦之衰也，項羽斬會稽守，舉吴中兵，渡江而西，一戰而斬李由，再戰而降章邯，卒以亡虎狼秦？誰謂吴人柔脆，不足以當秦之鋭士乎？自東晉都建康，而吴郡尤爲京畿重地。蘇峻入建康，郗鑑謂温嶠宜先防東道，斷賊糧運。梁末，齊兵入石頭。韋載謂陳霸先："齊若分兵先據三吴之路，掠地東境，則時事去矣！宜急通東道，轉

① 五代，原作"三代"，今據顧祖禹《讀史方輿紀要》改正。

輸；分兵截彼之糧道。蓋建[①]康立國，實以吴郡爲東南供輸之咽喉也。隋之取陳，分遣諸道兵東西並進，而特命一軍出東海，指三吴以斷陳之糧援。於是陳亡，不旋衝[②]矣。唐末，吴越錢氏國於杭州，與吴楊[③]行密争蘇州，累戰而後定。蓋得蘇州，則三江五湖可以爲限。不然，錢塘其能一日安乎！宋建炎中，金人入平江，而兩浙皆爲摧陷。是則蘇州者，臨安之北門也。明唐順之、王士祺等輯《防險説》，謂："吴郡，越江而北，可以并有淮南；涉海而南，可以兼取閩越；泝江而上，可以包舉昇潤；渡湖而前，可以捷出苕溪。"亦四戰之地矣。

蘇州城周四十五里，爲中國城邑之次大者。周敬王六年，吴王闔閭所築，開陸門八，以象天之八風；水門八，以象地三八卦。其名皆子胥所制。東曰婁，曰匠。西曰閶，曰胥。南曰盤，曰蛇。北曰齊，曰平。《吴都賦》："通門二八，水道六衢。"是也。今存葑、婁、齊、閶、胥、盤六門，而閶門之商業最盛云！

蘇州之勝，虎邱最著，在閶門西北七里。《吴越春秋》言："闔閭葬於國西北，積壤爲邱，挺土臨湖以葬。三日，金精上揚爲白虎據墳，故名虎邱。"高一百三十尺，周二百十丈；遥望，平田中一大阜耳！明初，常遇春攻蘇州；清末，李秀成據蘇州，皆嘗駐軍於此。

天平山在虎邱西北十里許，視諸山最爲岧崒，群峰環峙，林巒泉石，競秀争奇。山頂正平，曰"望湖臺"。志以爲郡之鎮山也。山之南爲靈岩山，一名硯石山，有石可琢硯。又山椒有石鼓，一名石鼓山，相傳山即吴王館娃宫故地。下瞰湖濱，稱爲絶勝！自靈岩而西南，群山錯立，互相掩映者，所謂太湖七十二峰也。

---

① 建，原作"逮"，今改正。
② "衝"疑爲"踵"之訛字。
③ 楊，原爲"揚"，今改正。

癸亥春季修學旅行歸後講稿

金陵、蘇州、杭州三①地之比較

諸生之旅行也，有杭州者，有金陵者，有蘇州者。余既述《杭州小志》、《金陵小志》、《蘇州小志》以示之周行矣。然余之所欲爲諸生言者：（一）各地在歷史上之位置；（二）史迹之可考見者。至山水之麗，景物之娱，有遊覽指南諸書在，非余所欲言也。諸生倦遊歸矣！而余猶不能已於言者，將以壹其視聽，教之籀繹也。諸生尚諦聽余言。

論歷史之久長，蘇州爲最，金陵次之，杭州爲短。論勢力之統馭，金陵爲雄，杭州次之，蘇州爲弱。而論山水之綺麗，則又以杭州爲勝，蘇州次之，金陵似雄偉而不足於秀。斯其大較然也。雖然，昔鄒衍深觀陰陽消息而作《終始》、《大聖》之篇十餘萬言，其語宏大不經，必先驗小物，推而之大。而余儻以此法述金陵、蘇州、杭州三旅行地之比較：首先欲知者，則金陵、蘇州、杭州與本校之位置距離也。

（一）位置距離

以本校所在地之無錫爲衡：

金陵，在無錫西北四百七十里。

蘇州，在無錫東南九十里。

杭州，在無錫南四百四十里。

或有問於余曰：自無錫乘汽車駛六百四十五里，而抵杭州。而云四百四十里。何也？曰：此以航行之道里計也。自無錫浮運河九十里，至蘇州又五十里，至吴江只一百里，至嘉興又二百里，至杭州共計四百四十里。此本二諸生旅行杭州之所由也。若乘火車，東南繞道至上海，又西折經松江，而後

① 此處脱一“三”字，今已補。

抵嘉興，故宜較遠矣！

（二）城之大小

金陵，城周七十六里有奇。顧祖禹《讀史方輿紀要》云："周九十六里。"

蘇州，城周四十五里。顧祖禹《讀史方輿紀要》引《城邑考》云："周敬王六年，闔閭所築大城周四十二里三十步……明平吴，更加修築東西九里，南北十二里，周三十四里五十三步。"

杭州，城周三十五里一千尺。

（三）形勢

金陵，東盡鍾山之麓，西阻石頭之固，北控揚子江，南臨長干山。其名山，則有鍾山、在城東北朝陽門外，一名蔣山，亦曰紫金山。山周六十里，高百五十餘丈，負北面南。六朝時，爲險要必争之地。朱子曰："天下山皆發源於岷山，鍾山實其脉之盡者。"石頭、在城西。漢建安十六年，孫權徙治秣陵。明年，城石頭，貯寶貨、軍器於此。其地控扼江險，爲金陵必争之處。獅子山；在城西北二十里，亦曰盧龍山。晉元帝初，渡江，見此山綿延，因以擬北地盧龍。明初，陳友諒趣建康，明太祖親總大軍駐獅子山，尋建閲江樓於此。其大川，則有揚子江、在城北二十二里。宋嘉定五年，守臣王度言："府境北據大江，是爲天險。"胡安國曰："江水東流，自武昌以下，漸漸嚮北，蓋南紀諸山所迫，陂阤之勢，漸使之然也。至於江寧，江流愈北。建康當下流都會，望潯陽、武昌，皆直南；望歷陽、壽陽，皆直西。故建康謂歷陽、皖城以西皆曰江西，而江西亦謂建康爲江東，建康謂采石爲南①州，京口爲北府，皆地勢然也。"秦淮河；在城東南。孫吴及六朝都城，皆去秦淮五里。吴時夾淮立栅十餘里，史所稱"栅塘"是也。自楊吴時，改築金陵城，乃貫秦淮於城中。其巨澤，有光武湖。在城北太平門外，周四十里，東西有溝，流入秦淮。

蘇州，在太湖之東，地勢平坦，水多山少。其名山，則有虎丘、天平、靈巌、光福光福山在城西南五十五里。唐乾寧二年，錢鏐遣顧全武破楊行密之兵於烏墩，光福因置砦於此。諸山。其大澤，則有太湖。

杭州，南臨錢塘江，西負重山峻嶺，而東北則有重湖沮洳。其名山，則有南屏、靈隱諸山。其大川，則有錢塘江。在城東三里。三國時，功曹華信以江濤爲患，議立塘以捍之。募有能致土石一斛，與千錢。旬月之間，應者雲集，因曰"錢塘"。歲久塘壞，江挾海潮大爲杭患。梁開平四年，錢鏐建候潮、通江二門，潮水衝激，版築不就，因命强弩數百，以射潮頭。既而潮水漸向西陵，乃積石植木爲塘，而城基始定。今之平陸者，皆江也。相傳吴越王箭所射止處，嘗立鐵幢，因名鐵幢浦。其大澤，則有西湖。

---

① 南，原作"蘇"，今據顧祖禹《讀史方輿紀要》改正。

（四）地利衡論

就歷史已然之迹言之：

（甲）論金陵與蘇州之關係

顧祖禹曰：“東晉以後，吴郡尤爲京畿重鎮。苏峻入建康，郗鑒謂温嶠：‘宜先防東道，斷賊糧運。’梁末，齊兵入石頭，韋載謂陳霸先：‘齊若分兵先據三吴之路，略地東境，則時事去矣！’……蓋建康立國，實以東南供億爲之咽喉也。隋之取陳，分遣諸道兵東西並進，而特命一軍出東海以斷陳之糧援。陳亡不旋踵矣！”梁啓超曰：“洪秀全以一匹夫揭竿西粵……既據南京。……江浙兩省，中國財賦之中堅也。……洪秀全……乃遣其將李秀成、李世賢等分路擾江浙。……軍鋒極鋭……皆連陷。……屢詔敦促國藩……規復蘇常杭。時曾國藩爲兩江總督，督辦江南軍務。……於是以李鴻章圖蘇……曾國荃圖金陵。金陵，洪氏之根據地也；而金陵與江浙兩省，實相須以成其雄。……當知湘軍之能克金陵，殲巨敵，非曾國荃一人之功，實由李鴻章斷其枝葉，使其餉源兵力，成孤立之勢；而根幹不得不坐凋。……讀史者不可不於此着眼焉。”

（乙）論金陵與杭州之關係

朱子曰：“建康形勢雄壯，然淮破，則止隔一水。欲進取，則都建康；欲自守，則都臨安。”顧祖禹曰：“昔人咎宋都臨安，遂成偏安之局。不知臨安雖偏，前有襟障，左右臂可伸縮；是以晏然者百餘年。六朝都建康，雖云‘控引江淮’；而過于淺露。荆雍江鄂，上遊跋扈，未有二十年無事者也。”

（丙）論杭州與蘇州之關係

顧祖禹曰：“按唐光啓三年，六合鎮將徐約陷蘇州。龍紀初，錢鏐遣弟銶破走之。大順初，楊行密將李友取蘇州。二年，錢鏐復取蘇州。乾寧三年，又爲淮南將臺濛所克。五年，鏐復攻克之。梁開平二年，淮南復圍蘇州，不下。自是爲吴越重地。蓋得蘇州，則三江五湖可以爲限。不然，錢塘其能一日安乎？宋建炎中，金人入平江，而兩浙皆爲摧陷。及濱江置守許浦一軍，藉爲防衛。”

（五）歷史之久暫

金陵，自周顯王三十六年，楚威王滅越，始置金陵邑，至民國十二年，計二千一百十一年。

蘇州，自周敬王六年，吴王闔閭築城，至民國十二年，計二千二百九十三年。

杭州，自隋文帝開皇十年，滅陳，始置杭州，至民國十二年，計一千二百三十八年。

（六）歷史上之政治地位

（甲）中央政府所在地

金陵，孫吴都建業七十年；自漢獻帝建安十六年，孫權徙治秣陵，改名建業。至晉武帝太康元年，吴亡。東晉都建康一百零四年；宋、齊、梁、陳因之，共一百七十年；南唐南都江寧府三十九年；明太祖、建文二帝都應天府三十五年；永樂徙都北京，以爲陪都者，二百四十年。合計孫吴、東晉、宋、齊、梁、陳、南唐南都偏安之局，凡三百八十三年；明太祖、建文一統天下之局，凡三十五年。

蘇州，周敬王六年，吴王闔閭遷都姑蘇，四十二年而亡。

杭州，吴越國錢氏定都於此，凡八十五年。納土於宋，及宋高宗南渡，都臨安，一百四十九年而亡。

（乙）最高級地方政府所在地

金陵，晉武帝太康元年，平吴，改建業曰建鄴；置揚州治焉；統丹陽、宣城、淮南、廬江、毗陵、吴、吴興、會稽、東陽、新安、臨海、建安、晉安、豫章、臨川、鄱陽、廬陵、南康十八郡。約今江蘇、安徽、江西、浙江四省之地。三十八年而爲元帝建武元年，徙都焉。唐高祖武德八年，置揚州大都督府。九年，移治。唐末，楊行密於昇州見下建大都督府，詔以爲淮南節度使。梁貞明三年，徐温徙鎮海畢，治昇州；六年改。元爲建康路。至元二十三年，自杭州移江南諸道行御史臺治此；迄於元亡。清置兩江總督，治江寧府；統江蘇、安徽、江西三省。計爲最高級地方政府所在地者，晉揚州三十八年，唐揚州大都督府一年，淮南節度二十四年，梁鎮海軍三年，元江南諸道行御史臺六十年，清兩江總督二百六十七年，合計三百九十三年。

蘇州，清置江蘇省，此爲江蘇巡撫及布政、按察兩司治；統蘇州、江寧、淮安、揚州、徐州、松江、常州、鎮江八府，海、通、太倉三直隸州。迄於清亡，凡二百六十七年。

杭州，《唐書》乾元二年，杭州置餘杭軍。景福二年，镇海军自潤州徙屯此，迄於唐亡。明置浙江布政司使於此，統杭州、嘉興、湖州、嚴州、紹興、寧波、台州、温州、金華、衢州、處州十一府。清置浙江省，此爲浙江巡撫及布政、按察兩司治，統杭州、嘉興、湖州、寧波、紹興、台州、金華、衢州、嚴州、温州、處州十一府。計爲最高級地方政府所在地者，唐餘杭軍一百三十五年，鎮海軍十四年，明浙江布政司使二百七十五年，清浙江省二百六十七年，合計六百九十一年。

（丙）次級地方政府所在地

金陵，隋平陳，於石頭城置蔣州。大業三年，改丹陽郡。唐武德三年，置揚州；七年，改爲蔣州。至德二載，置江寧郡，領上元等四縣。乾元元年，改爲昇州。上元二年，廢。大順元年，復置。宋爲昇州，領上元五縣。天禧二年，升爲江寧府。建炎三年，改爲建康府，元爲建康路。天歷二年，改爲集慶路，領二州三縣。計爲次級地方政府所在地者，隋蔣州十七年，丹陽郡十三年；唐揚州四年，蔣州一年，江寧郡一年，昇州二年，又二年；宋昇州三十二年，江寧府一百十一年，建康府一百五十年；元建康路五十年，集慶路十六年。合計三百九十九年。

蘇州，漢順帝永建四年，分會稽郡浙江以西地，置吴郡；治吴。晉、宋、梁、陳因之。隋平陳，廢吴郡，改州曰蘇州。大業三年，復爲吴郡。唐武德四年，復曰蘇州，領吴縣四縣。天寶初，曰吴郡。乾元初，復曰蘇州。五代時，吴越表建中吴軍。太平興國三年，改軍名曰平江。政和三年，升爲平江府，領吴縣六縣。元爲平江路，領四州二縣。明初，改爲蘇州，直隸京師，領太倉一州，吴、長洲、吴江、崑山、常熟、嘉定六縣。計爲次级地方政府所在地者，漢、晉、宋、梁、陳爲吴郡四百五十一年；隋蘇州十七年，吴郡十四年；唐蘇州一百三十一年；吴郡十六年；又蘇州一百四十九年；吴越中吴軍七十年；宋平江軍一百三十六年，平江府一百六十三年；元平江路八十一年；明蘇州府二百七十五年。合計一千五百零三年。

杭州，隋開皇十年，置杭州，治錢唐。煬帝大業三年，改曰餘杭郡。乾元初，復曰杭州。宋仍曰杭州，領錢唐九縣。元曰杭州路，領一州八縣。計爲次級地方政府所在地者，隋杭州十七年，餘杭郡十一年；唐杭州一百二十四年，餘杭郡十六年，又杭州一百三十五年；宋杭州一百六十三年；元杭州路八十一年。合計五百四十七年。

（丁）低級地方

金陵，周顯王三十六年，楚置金陵邑。秦滅楚，改秣陵，屬鄣郡。漢初，屬列國，後屬丹陽郡。唐初，江寧縣本揚州治地。武德九年，揚州徙治江都；又降爲縣。上元初，改縣名曰上元。計爲低級地方者，六百五十四年。

蘇州。

杭州，秦置錢唐縣，屬會稽郡。漢因之。順帝以後，屬吴郡。三國吴屬東安郡。晉屬吴興及吴郡。宋、齊、梁因之。陳屬錢唐郡。錢唐郡治餘杭。自隋以後，皆爲州郡治地。計爲下級地方者，七百九十六年。

要之由中央政府及各級地方歷年之久暫，可以覘政治勢力藴釀之厚薄。由各級政府統地之大小，可以覘政治勢力所被之廣狹。藴釀愈久，則勢力愈厚；領地愈廣，則勢力愈大。《左氏》曰："取精多，用物宏。"於人物有然，於地理亦有然！

（七）現在之政治地位

金陵，江蘇省長所駐，統金陵、滬海、蘇常、淮陽、徐海五道六十縣。

蘇州，蘇常道尹所駐，統吴縣、常熟、崑山、吴江、武進、無錫、宜興、江陰、靖江、南通、如皋、泰興十二縣，隸屬江陰省長。

杭州，浙江省長所駐，統錢唐、會稽、金華、甌海四道七十五縣。

（八）前清駐防

凡各省及邊要，清廷皆遣八旗兵駐防，有將軍、都統、副都統分領之，所以防人民反側也。如：

金陵，明皇城在城東南正陽門内；清置江寧將軍及副都統轄駐防，旗人居焉。

蘇州，無。

杭州，内城在城南錢唐門内；清置杭州將軍、副都統及乍浦副都統轄駐防，旗人居焉。

（九）現在駐兵

金陵，江蘇督軍齊燮元，率江寧鎮守使兼第六師師長宫邦鐸，統第六師十成兵駐焉。

蘇州，蘇州鎮守使兼蘇州第二師師長朱熙率所部實僅一旅駐守，而受江蘇督軍之節制焉。

杭州，浙江軍務善後督辦兼第十師師長盧永祥，兼統第四師師長陳樂山，浙江第二師師長張載楊之兵第十師、第四師皆十成兵，惟第四師一部分駐松江駐焉。

按：金陵、蘇州之兵，皆隸直系；而杭州則皖系之兵也。五六年來，常取對抗之勢焉。

（十）交通

金陵，東駛上海，北達京津，扼滬寧鐵路、津浦鐵路之交點，而控制長江之中權，可以東浮滬海，西駛武漢。

蘇州，扼滬寧鐵路之中權，而運河環城一周。石湖、澹臺湖、陳湖在其南，陽城湖在其東北，而以新陽江即蘇州河交絡其間。

杭州，扼滬杭甬鐵路之中權，有運河以北接蘇常，有錢塘江，以西湖嚴衢。

（十一）外國通商

金陵，清咸豐八年，《中法條約》載江南之江寧，准令通商。嗣因太平軍未平，遂寢。至光緒二十三年，開放城北下關地爲商埠。金陵關與英、法、德領事駐焉。

蘇州，盤門外青陽地，以光緒二十一年中日《馬關條約》，開放爲通商口岸。蘇州稅關與英、日領事駐焉。

杭州，武林門外拱宸橋，亦以《馬關條約》，開放爲通商口岸。杭州稅關與英、日領事駐焉。

（十二）人口

據民國元年調查：

金陵，二十七萬人。

蘇州，五十萬人。

杭州，六十萬人。

（十三）紡織品

金陵，建絨、天鵝絨、金銀絲絨、漳緞、元青緞、紗、絹、寧綢最著名。

蘇州，紡織綢緞，顏色鮮麗，惟堅韌不如杭製，而價較廉。前清有織造衙門，內務府派員監製御用服物。

杭州，紡織綢緞紗羅，爲各省之冠。前清亦有織造衙門。

（十四）其他手工藝

金陵，手工雕刻亦佳。

蘇州，手工以善斲玉稱，而女工之五采絲綉最著名，所謂“蘇綉”是也。

杭州，五采絲綉與蘇州齊名，而所製絲綫摺扇亦佳。

斯十四者，雖或卑之無甚高論，然余有一言可爲諸生告者：天下事物，非即異見同，同中較異，而相互爲衡較，不足以得明瞭正確之觀念也。金陵、蘇州、杭州之三旅行地，地大物博，可衡較者何限？諸生既親歷其境，見聞所及，儻或有以起予！孔子曰：“起予者商!”“起予者賜!”博在今日，誠不能無望於後賢也！舊清明節後三日。

（刊於《無錫新報·文學月刊》，1923年5月1日；1923年6月1日又續載）

校訂後記

最初知道錢基博先生是在兩年前，當時正貪看錢穆的《八十憶雙親　師友雜憶》，書中數處提及作者與錢鍾書父子兩人在江蘇省立第三師範的交往，知道錢鍾書的父親乃是錢基博先生。早已駕鶴西行的錢鍾書先生，依然被學術界仰爲泰山北斗，想必其父也不能用“一般”這兩個字來評定。

2011 年正月開學後，有幸與學校新來的傅宏星老師談了接近一個小時。傅老師不僅給我講了他這些年來的學術之路，臨結束還送給我一句“困心衡慮，動心忍性”的話當座右銘。後來，我又在傅老師的指導下阅读湘学名著《近百年湖南學風》，第一天就發現小序中有這么一句話：“困心衡慮，裕以學問，以憂患動心忍性，而不以憂患喪氣墮志。”不禁莞爾！傅老師能從國企轉向高校任教，這在我們看來，已經是一段奇異的經歷了，顯得那么不可思議。我就揣測，其中很大一部分原因，恐怕是他癡迷於對錢基博學問的研究吧。記得那次談話之後，傅老師留給我一個作業：點校錢基博的《孟子約纂》，藉以錘煉古文獻整理能力。完成後，傅老師又給了我一些資料，整理點校錢氏及門弟子張振鏞的《中國文學史分論》。從永州來到洛陽，每天都必須閱讀大量的古籍，這才逐漸明白，把點校當精讀，是多麼高明的入學門徑啊！

有一次，我去傅老師辦公室請教。他當時鑽研《近百年湖南學風》有得，就和我興致勃勃地聊起來。傅老師認爲：就書體而言，自《近百年湖南學風》問世以來，就存在着諸多争議。有人認爲是方志，而錢先生則斷然否定了這種説法："以言方志，吾漏正多。"① 今人亦有以學案體目之者，可是傅老師不以爲然：該書包含的十七位人物，無疑都是經世致用之材，其中既有思想家如湯鵬、魏源者，也有名將如羅澤南、李續賓、王鑫者；既有大儒如閻鎮珩、王闓運者，也有名臣如胡林翼、曾國藩、左宗棠者；既有外交家如劉蓉、郭嵩燾者，也有文章經國如譚嗣同、章士釗者。所取人物，不僅僅限於學問中人，而廣涉湖南近百年來的名儒、良将、贤臣，不一其人；其事則有關於教育、政治、軍事、外交、歐化等，不一其術；正如錢基博自己所説："吾則取精用宏，通子之意於傳記。"他扣定"學風"而自明一家之學，既不同於方志，又有别於學案，乃志傳體史籍之創格，或可稱之爲"學風體"。聽了傅老師的講解，纔知道錢基博對湖湘文化有如此精妙的觀點，油然而生高山仰止的感慨，讀其書，想見其爲人！

錢基博乃無錫名門望族之後，祖、父、兄三代皆爲無錫知名私塾先生，盡心於學，熱心公益，廉潔自奉，卓有清望。他謹承家風，教書育人，永不懈怠，終於成爲一代國學宗師，桃李遍於天下；唯務治學，被錢仲聯先生譽爲中國現代學術史上真正全面精通經史的碩學通儒、文章巨擘。其最大的學術成就當在集部，所謂"集部之學，海内罕對"也。這并不是錢先生自詡之詞，而是實至名歸。其集部之學，熔鑄文學史、文學理論、國文教學法、文学創作、國文教材等幾部分，包羅甚富；又對教學之旨趣、治學之要旨、文章之流變等都有精深的見解，廣受讚譽。在經部方面，經學論文十篇，專著六部，博涉群經。其中《經學通志》通《易》、《書》、《詩》、《禮》、《春秋》、《小學》諸學，考古今學術之流變，明其得失，義理精深，實爲經部扛鼎之作。史學方面，錢先生有通觀性的史識，頗有史才，而且對中國的傳統的史傳體運用得極爲精妙，有史著、碑傳、方志等留存於世，其中《韓愈志》是他的得意之作。錢先生幾乎一生都没離開過對韓愈的研究，對"文起八代之衰"的韓愈推崇備至。他以史體著論，不僅發展了傳統史傳的寫作方式，而

① 錢基博：《近百年湖南學風》，岳麓書社，2010年，第94頁。

且試圖從人物本身之外來展示人物的人格精神。錢先生的研究範圍十分廣博，對子學的研究也十分突出。自謂："子部鈎稽，亦多匡發。"首先，他充分肯定古書古説的真實可信，以無可辯駁的論證痛斥那充溢學界的疑古蔑古，用《讀莊子天下篇疏記》中的話來説，其治先秦諸子學的目的是："將以徵古説之不刊，去時論之妄惑。"其次，以儒、道爲軸心，對先秦子學中的墨家、法家、名家和兵家，均有精深的研究。同時，提出了治諸子學的四大方法論，極富創獲。最後，錢先生不回避對佛學的研究。由此可見，其恢閎的學術氣象，絶非泛泛淺嚐之輩所能企及。

我真正鑽研錢基博的學問，是從整理點校錢基博的地方志著述開始的。方志是以地區爲中心，記載一個地方的歷史地理、社會風俗、政治經濟、人物事迹等。方志起源很早，據《周禮·春官》記載，早在西周初年已有掌管"邦國之志"的"小史"，又有負责"四方之志"的"外史"。到了唐代，已經形成了比較完善的方志體例；宋元時期，方志的編撰進入了活跃的階段；而清乾嘉樸學過後，方志達到鼎盛。民國時期，對歷代方志的總結與承接進入了一個新的階段，各地方志著述成風。無錫自泰伯來奔，已有三千多年的歷史，人文深厚，人才輩出，詩書傳家，著述繁富，成爲江南地區的一朵文化奇葩。其方志著述頗爲可觀，歷元、明、清三代以迄民國而不衰。錢先生作爲一代民國國學大師，精通四部之學，学術氣象宏大，他又往往能够獨辟蹊徑，開風氣之先，对中國近現代學術産生了重大影響。在史學方面卓有成就，其方志更是自成一大系統。方志是錢基博史學成就不可分割的一部分，更是其學术體系的一个重要支點。

一　錢基博的方志學理論

自漢以來，無錫多次設縣，治金匱。清雍正四年（1726），始析金匱成縣，金匱、無錫兩地異民分治。清宣統三年（1911），辛亥革命爆發，各省紛紛獨立，無錫秦毓鎏也舉兵應事，無錫没經過多少兵事，和平光復。民國肇創，百廢俱興。鼎革修史，以史資政。故無錫地方私家撰述的各類小志、专志層出不窮。民國二年（1913）至民國七年（1918）之間，錢基博曾私著兵事志兩部、補志一部。民國七年（1918），由無錫縣政府領導重修縣志，敦請錢基博擔任無錫修志委員會的總纂。此後，錢先生又於民國十八年（1929）和民國三十六年（1947）先後兩次擔任無錫縣修志委員會總纂。其前后三次任总纂，寫下了大量關於無錫縣修志的建議和方案，並有一批著述留存世間。錢基博有方志專稿十一部[①]，分别爲《無錫光復志》、《無錫識小録補》、《吴江兵事志》、《無錫風俗志》、《無錫户口志》、《無錫歷代兵事志》、《無錫警備志上》、《無錫賦役志上》、《江蘇省立第三師範學區紀念人物志》、《無錫人物志稿》、《癸亥春季修學旅行指導書》，以及討論修志體例、志目等事項的論文和修志委員之間的來往信函。故錢基博方志理論與實踐都很豐富，其理論足以支撐方志的寫作，其成果足以證明方志理論的可操作性。而第二次任總纂，前後歷時四個月，錢先生就自動辭職，目前尚未找到與錢先生方志著述有關的文獻材料，僅發現《縣政府重要會議》、《召纂修志會議》、《縣志局委員會議記》、《纂修縣志局成立》、《無錫縣志總纂修辭職》等關於無錫第二次修志的會議紀要與大事記。另一方面的重要佐證，就是錢先生在民國三十六年(1947) 刊行的《錢子潛函徐縣長研討修志體例》一文中，提及二十年前任修志總纂一事。

兩次修志，錢先生都有理論做依據，即使很多修志設想未能實踐，但這也不能低估其方志學理論在編纂實踐中的作用。因此，首先簡单介紹一下錢先生的方志学理論。

第一，方志的性質。

自古寫史，必有章可循，有體可因。正如錢先生所説："事必稽史以求傳信，體必師古以務擇善。"[②] 兩次修志，若認爲古之體例可以沿襲，錢先生就繼承以往修志之體，但不是一味的承襲，而是與社會各界人士研討商榷，廣泛听取意見，再根據内容以確定合適的體例，自有高見與創新，有自己獨特的史識、史法與理論建樹。

清朝時，方志理論有兩大派系：一派是以洪亮吉爲代表的地理派，認爲方志是地理書，只重地理沿革而不重文獻。如戴東原所説："夫志以考地理，但悉心於地理沿革，則志事已盡。侈言文獻，豈所謂急務哉?"而另一派是以章學誠爲代表的史志派，注重人物和文獻。對於地理派的一偏之見，章學誠嘗作詩予以諷刺："《乘杌》、《春秋》各擅名，侯国改制非西京。志爲國史舉

① 《無錫藝文志》已散佚。

② 錢基博:《堠山錢氏丹桂堂家譜》，鉛印本，1947 年。

全體，陋儒誤認爲圖經。司書版圖有專職，如何方志混白黑。”方志不單單是地理書，乃一地之全史。所謂“志乃史載”，即方志是記載一個地方全部歷史的史書。錢基博指出：“志，史體也。”又云：“縣之有志，猶國之有史。史之志地理，何也?”① 錢先生兼采兩家之説，認爲方志爲記叙一地域地理及史事之書；即“修志不可不志地理，而志地理非即可以概史”，而應該是志史兩性，相容並蓄。錢先生在編寫志書時，旁羅博采，取精用宏，對徵采的材料進行分析和概括。内容涉及政治制度、兵事、經濟賦役、地理等各方面，明其沿革流變，考其真僞，把方志編成了一部史地結合的地方百科全書。黎錦熙説方志既是“地志之歷史化”，又是“歷史之地志化”，恰可以移來概括錢先生對方志性質的認識。

第二，方志的功用。

章學誠認爲方志有兩大作用：其一是教化。他在《答甄秀才論修志第一書》中説：“史志之書，有裨風教者，原因傳述忠孝節義，凜凜烈烈，有聲有色，使百世而下，怯者勇生，貪者立廉。”其二是存史。他在《方志立三議書》中説：“方州雖小，其所承奉而布施者，吏、户、禮、兵、刑、工，無所不備，是則所謂具體而微矣。國史於是取裁，方將如《春秋》之借資於百國寶書也。”錢先生發揮了章氏方志能教化鄉民、存史爲國史取裁的説法，又將教化作用擴大化：一爲資政，一爲教化。在《無錫賦役志》中説“述田賦之世輕世重，參稽史志而著其所以，並附著歷届清賦之得失，以諗柄縣政者”；在《無錫户口志》中説“此其言亦可以參觀得失焉”，認爲“修志一事，本以揚榷風教爲職志”。在錢先生看來，方志不僅可以覘一地域之地理以及一地方之史事，一地方之人物來教化一地方之人，也能爲地方治理提供借鑑，居今知古，鑑往察來。他還認爲方志有指導旅行的作用，他編寫的《癸亥春季修學旅行指導書》就是最好的明證。

第三，方志的編纂。

關於方志的志目。錢先生重沿革、地利、交通、農工商等，他按照重要性、實用性、對人民生活的影響程度的原則將志目定爲十八門：修志沿革、地理、水利、風俗、食貨、賦役、地方自治、善舉、教育、宗教、選舉、警

① 錢基博：《無錫縣新志目説明書》，《新無錫》，1918年7月2日—9日。

備、歷代兵防、人物、藝文、金石、物産、説苑。無錫修志自元以後，逐漸繁盛；以迄民國，重修不衰，恰如錢基博所説："吾邑縣志，始成於元之王仁輔，明朝景泰、宏治、萬曆凡三修，遜清康熙、乾隆、嘉慶、道光、光緒凡五修，歷叙其沿革，以明志之源委，故列諸卷前。"修志沿革是錢先生謹承章學誠《答甄秀才論修志第一書》之旨，以表彰先賢著述之功，尊重鄉輩徵文考獻之用心；不毁前人之舊志，不掩前人之成果。而對於其他志目的編排，可從《無錫風俗志》中窺見一斑，"風俗者，所以表現縣之人之特性，而政教之所因也，言治者莫先焉。志邑故者宜亦莫先焉，而以其本之山川，次於地理水利之後，凡婚喪、習慣、歲時、景物、方言、里諺、邑謳之屬悉入之。班固序《食貨志》曰：'厥初生民，食貨惟先。'故以次於風俗之後，凡農工商業屬之。"而其每部志稿的題目，該續則續，該統則統，或另創新目。此方法是修纂委員會經過綜合討論舊志志目的前提下商定下來的，具有充分的合理性。民國第一次修志，乃繼承清秦緗業主纂之後的第一次修志，不僅是無錫光復後的第一次，而且也是金匱自清雍正四年（1726）被析出無錫後，金匱歸治無錫後的第一次合修縣志。事世變遷，社會新增加了許多事項，也有很多事項已經消失，不復存在；或有很多社會事項也已經流變，近代化了。這就需要對舊志的内容進行整理，如可以與舊志内容相接的，變化不大的，則續修，仍襲舊目，只把新增加的社會事項添進去；若前面有，但内容變動較大的，則統修，重新撰寫此志，但應仍舊目；如社會新出現的事物，且對地方民生有較大影響的，則根據事項内容另創新目，以明社會之變。

關於方志的體例。"著述非難，明體爲難。"修志不可不先裁定體例。志，史體也。方志作爲史籍，也自有其體例。自古寫史，必出於一人之手，對於史的體例也自有一定的原則。錢先生認爲：方志所采録的内容各有不同，有經濟、政治等事項，所以要因事制宜的制定方志的體例。如地理一門，應遵循章學誠體例；藝文志仿班固《藝文志》；金石仿《訪碑録》、《金石萃編》等例，分上下兩編，載入縣志，但又與舊志不同，金石應收載法帖。下面就分别從體裁、結構、章法三個方面論述錢基博方志編纂體例：

體裁，又稱文體，多指文章的表達方式。方志作爲一地方之史書，一地方之信史，其體裁與史書體裁無異。而體裁各有各的側重點，各有各的優勢與短處。錢先生提倡縣志的體裁應揚其所長，避其所短，各類體裁應充分在一部方志中融合，用所餘補其所損。比如人物傳，不僅可以傳表相結合，也可以附於典章制度之下。

其方志編纂結構是：“每門首揭小序，而後分目叙述，庶乎眉目清朗，條枝共貫云。”第一，以序言統攝全篇。每部志稿前都有總序，每篇（類）之下又有小序。序言對志稿作了概括性的介紹，有説明作此志稿以及每篇（類）的始末，有扼要介紹志稿的内容，使人一讀便可掌握全志之大綱，洞悉全文的内容，明白編寫此文的原委、目的。第二，門下析目，目下屬篇。以篇統類，互有統屬，條目明晰。錢先生編寫專志，有目、有篇、有章、有節，層層相屬，層次分明。如遇可分目析類的，則根據内容編排結構，如《無錫光復志》分六篇（匡復、軍政、財政、民政、司法、自叙），六篇之中又根據内容分有多個小類。如《軍政篇》統屬軍制一、軍制二、軍律、軍械、軍事、偵探隊、水師、軍醫、民團等九個小類。第三，按語的使用。十一篇方志專志中，幾乎每篇都有按語。按語或對文中内容加以解釋説明，或説明引文出處，或對文獻匡訛補正，或發表議論，或説明此稿編寫的始末等等。錢先生認爲志傳有爲國史取材的功用，故應略國史之所詳、詳國史之所略，而且融合其他傳記而有所異，儘量涉及人物的各個方面，讓人物豐滿，如《江蘇省立第三師範學區紀念人物志》就是如此。

在方志編纂的章法上，錢先生比較看重叙述，强調對資料的收集和考訂，不厭繁複；再取精用宏，因事制宜，因人而異，各篇各有其章法。

關於方志材料的徵采。在徵文考獻上，博采群籍，事出有據，提倡“有據則書，有疑則闕，有訛則辨”。錢先生旁徵博采，運用多種手段收集材料與文獻，并對徵訪的材料進行考證分析，而不是一味地做資料長編與羅列。事出有據的，則予以采録；有疑問的對照正史或其他通行本進行考證；對舊志中有錯誤的則予以糾正。錢先生編寫的這十一部志稿，引書有正史、方志、野史、詩文集、公文奏章、人物傳記等，并查閲多種字書韻書，以經解字，參考的文獻計有《續文獻通考》、《續資治通鑑》、《宋史》、《明史》、《讀史方輿紀要》、《清會典》、《康熙志》、《東華録》、《李文忠公全書》、《張翼傳》、《黄子澄、張義士墓誌》、《隆平記事》、《倭寇紀事》、《説文解字》、《方言》、《禮記》、《爾雅》等。錢先生徵文考獻之心可謂深矣！

錢先生是一位謙遜的學者，不以總纂自居而攬功，懷著對先輩的敬仰而采用前人之成果；不以個人聲望而尊大，善於聽取鄉人意見。其方志有以下特色：

其一，關於修志署名。當朝宰相或是皇帝任命的監修成爲前朝國史的署名者，這在唐朝以後成爲定制。而寫史編撰的幕後人員，或是真正的編纂者往往被忽略。錢先生認爲，修志乃全縣之大計，應通力合作，而後撰成署名，應該效仿歐陽修、宋祁撰《新唐書》之例，“每門纂修何人，即於卷端署何人姓名”，不掠人成書之勞。

其二，不毁前人之成果。錢先生嘗言：“誠竊以爲修志者當續前人之記載，不當毁前人之成書。無錫《光緒志》，出自鄉老秦澹如都轉之手，而其從孫潛叔先生實佐成之。斟酌前志，義例加密，記載加富，後有作者，豈易駕而上之!”且先生專門將歷代修志沿革位於卷首，讓後輩、鄉人銘記前人爲地方修志事業所做的貢獻。錢先生認爲新志應詳前人之所略，略前人之所詳，與舊志相承接。他這樣做，不僅是贊同地志派厚今薄古，認爲志書編寫應詳今略古之説，這也是對信今以傳後之説的承接，肯定前人的成果。又因方志編纂要集衆人之力，徵文考獻，無不繁複，而志書編寫則是取精用宏，不免很多材料都不能用到實處。爲了不廢縣人徵集材料之艱苦用心，錢先生甚至認爲：“其志中所不能采納者，可自成一書。”

其三，登報發表，以資勘證。“纂修每類脱稿，於地方報先行公布，招人更正，以昭詳慎。”① 邑志雖有徵訪人員、協纂、總纂，但是無論何人纂修，恐不免有失實、漏誤之處，需要社會各界人士通力合作。將已成之作先登報發表，不僅可以讓縣人看到修志成果，也可以讓社會各界見仁見智，補闕糾偏，以期完善。

其四，修志隊伍的專業性與大衆參與的結合。方志是一地方之百科全書，務必囊括地方的各個方面。地方史是爲國史取材，應叙述詳盡。而縣志門目繁多，雖有專家，有總纂，無不學有專長；委員會諸公各有認纂，但也不是各門皆通。錢先生認爲方志編纂乃全縣之大事，應該設協修、名譽徵訪員、特别徵訪員，用應用之人，充分利用地方資源；故方志編纂隊伍不僅有專家，還應有地方名士、政界商界人士、學校師生、農民等社會各個階層的人。全

① 錢基博：《復楊畦韭縣長規劃修志辦法書》，油印本，1918 年 6 月。

縣應通力合作，共舉修志盛業。

其五，寫志需誌地方。“蘇湖熟，天下足。”江蘇自古以來經濟發達，水陸交通、地理位置優越。而錢先生在編寫方志時，就特意抓住了無錫地理位置的特殊性，挖掘出在無錫這一寶地上所孕育的一地之人，這種優越的地利所衍生出的地域文化，一地域對一地方的政治、經濟、文化、軍事、社會、人物等各個方面的深刻影響，特别是地域對軍事的影響，以及在這種地域文化所熏陶下的，地方人對文化的傳承與延續。比如《無錫光復志》、《吴江縣兵事志》、《無錫歷代兵事志》、《無錫警備志》等，就特别注重地理對其地方的軍事的影響。而如《無錫風俗志》、《無錫人物志稿》、《江蘇省立第三師範學區紀念人物志》等，錢先生則着重一地方之風教、文化淵源的挖掘。

二、錢基博的方志編纂實踐。

無錫縣志，最早成書於元之王仁輔，明朝景泰、弘治、萬曆凡三修，遜清康熙、乾隆、嘉慶、道光、光緒凡五修。其中，比較重要的是清徐永言修，嚴繩孫、秦松齡纂的《康熙志》；清王允謙修，華熙閔纂的《乾隆志》；清裴大中、倪咸生修，秦緗業纂的《光緒志》。清朝無疑是地方修志的全盛時期。到了民國肇造，學者們又對前人的修志理論與編纂實踐進行一番評判性的繼承，官唱民和，方志著述遂如雨後之春笋，蓬勃开展起來。

作爲一代江南名賢，錢基博不僅三次出任無錫縣修志總纂，留下了諸如《無錫風俗志》、《無錫户口志》、《無錫歷代兵事志》、《無錫警備志上》、《無錫賦役志上》等專稿；而且，他還秉承私家修志的史志傳統，先後完成了《無錫光復志》、《吴江縣兵事志》、《無錫識小録補》、《江蘇省立第三師範學區紀念人物志》、《無錫人物志稿》、《癸亥春季修學旅行指導書》等專志。歲月淘人，原非可料！這些早已被今人遺忘的方志著述，體例謹嚴，文筆典雅，妙在真實地反映了那個特殊歷史階段中無錫一地（不限於無錫）的時代風貌，無疑也是有必要重新整理出版的。故而，本文把錢先生所遺十一部方志著作分作六組，逐一介紹，或總叙内容，或就每篇的寫作背景、文字特點和社會影響等等予以簡要的評論。

其一，舊志補遺的編纂。《無錫識小録補》連載於民國三年（1914）九月九日至十二月三日《新無錫》報，是錢先生仿照黄印《錫金識小録》而撰成的，不分卷，全志分紀異、補傳、稽逸、綜考、前鑑、舊迹、語雋七門，其中紀異五篇，補傳八篇，稽逸十五篇，綜考一篇，前鑑二篇，舊迹六篇，語雋七篇，共計四十四篇。

其二，兵事志的編纂。錢先生撰有兵事志四部：《無錫光復志》、《吴江縣兵事志》、《無錫歷代兵事志》、《無錫警備志》。其中《無錫光復志》、《吴江縣兵事志》是錢先生自撰的兩篇專志；《無錫歷代兵事志》、《無錫警備志》則爲其第一次任總纂時撰寫的，算是兩部官修的無錫兵事志。雖然此四部兵事志有私著與官修之别，但所叙的時間跨度都很大，古今貫通，詳今略古，重在叙述近世當代兵事的，充分彰顯了地方特色和一地域所産生的軍事地域文化；且都是以地域開篇，無疑是他“地域文化研究”的重要奠基之作。而《吴江縣兵事志》則詳述吴江作爲江南兵事要衝歷來是兵家所争的戰略軍事地位以及所歷之兵事。

其三，風俗志的編纂。風俗志有《無錫風俗志》一部。此志是錢先生第一次任總纂時成書的，可以稱得上是民國時期無錫的第一部官修志書，是江蘇省立第三師範師生及無錫地方名士共同徵訪收集而成的，是對《師範學校修地方志議》中所提設想的充分實踐。此書内容涉及廣泛，語言雅俗共賞，接近民間生活，具有濃厚的鄉土氣息。志書在結構上是目下分篇，篇下析類，層層分叙，統屬關係明確。共分爲五個部分，前有總序，每個部分又有一個簡明扼要的小序點明篇下統屬的小類以及寫此篇的目的、原因、始末等。且在一些地方用按語的形式作出合理的解釋，使讀者明白此條習俗的由來、意義等，以達到揚榷風教、資政、育人的目的。特别是在《歲時景物》這一篇，錢先生在最後寫的按語，是本着體民生艱難之心，説明賽會作爲鄉民的娱樂，不應禁止而應該提倡，以期“娱精神、舒體肢”於一鄉一民。雖然如此，但是也應該有張有弛。這一點既體現了錢先生鮮明的人文思想，又展示了其理性的維度。而全書最具地方特色的，就是方言、里諺與歌謡。一地方有一地方之風俗，而風俗中最别具一格的莫過於這三個方面。方言部分囊括了無錫各地方言，還對方言的語音語義的源流進行了考釋，這對瞭解吴地方言有着重要意義，里諺部分分占侯、農桑（農事、蠶事）、習慣法、格言（訓誥類、箴戒類、諷刺類）三類。里諺顧名思義就是里巷之間的通俗語，只要是該地之人，必定能懂。衹不過時過境遷，許多里諺已爲陳迹，那麼難免生疏。錢先生常言：“愛國始於鄉土。”他新創此目，實能唤起人們已經逝去的記憶，增加對家鄉的熱愛。而且，錢先生對各條里諺都用按語加以説明，使得里諺由俗變雅，由艱澀變爲明白曉暢。歌謡一目，歷來不入方志，故此目實爲錢先生新創。該目采摘内容本着“覘其俗，匡捄時習，繩愆糾謬，辭不狎褻，自然成趣，不假琢飾，神韻天籟”的原則，分敘了觀風、貶俗、表情、童謡四部分，内容輕鬆活潑，生活氣息濃厚。

其四，賦役志的編纂。賦役志有《無錫賦役志》、《無錫户口志》兩部。錢先生秉筆直書，以正史、舊志爲據，以歷史文獻爲準繩，采用編年體體例。志書不僅有據則書，匡訛補闕，正史與地方志相對照，而且志書之間亦作對照，查漏補闕。故兩書編纂作風嚴謹，實事求是。

《無錫賦役志》分上下兩卷，上卷爲賦役志，下卷爲徭役志，現僅存上卷。此志全面詳盡記述了無錫自宋至清四代的賦税狀況，深論歷代賦役的得失，諷諫時政。《無錫户口志》的記敘年限是從無錫户口有年代可考的宋代起，訖至民國。錢基博對歷代户口增減的原因都有論述，而關於戰争與賦役制度對人口增減的影響，分析極爲詳盡，不可忽視。

其五，人物志的編纂。人物志有《江蘇省立第三師範學區紀念人物志》、《無錫人物志稿》。《江蘇省立第三師範學區紀念人物志》是爲第三學區①成立十周年而作，也是錢先生以先賢激勵師範學生而作，而其編纂理論却是承接無錫縣署修志體例和志目而來。“錫山科第，名盛東南，一榜九進士，六科三解元。”由此可見，無錫人傑地靈，名人輩出。而人物志以人物爲中心，以人繫事，是史傳的流變，是將一國之大人物縮小到一省、一縣、一家之有突出貢獻的人；是爲史傳取材，但與史傳可以互補、相容。在正史中，如入傳之人物都是出入朝堂的名臣將相，是對國家有大貢獻的人，而對於一縣一鄉的“小人物”就難免遺漏。且歷來舊志人物志冗濫陋略，皆不過一紙履歷而已。那麼，後人瞭解其人格、其功績都是隔了一層，不能深切感觸其人其事。錢基博有志於改變以往空言人物以長浮僞的習氣，認爲人物應以事見人，應以地方興廢、民生有關之事記載人物。也認爲“入志人物，一縣之模範人物也。取人不可不嚴，敘事不可不詳。而標目則不可不渾括，不厭求詳以備國史之采擇”。所以，略國史之所詳，詳國史之所略，而且融合其他傳記文體的優長

① 第三師範學區轄無錫、宜興、武進、江陰、靖江五縣。

之處，儘量涉及人物的各個方面，讓人物更加形象豐滿。在方志的人物志寫作中，他淋漓盡致地實踐了這些理論，寫下了這兩部人物志；並用按語的形式清楚地點明其寫人物志的特點。《江蘇省立第三師範學區紀念人物志》是按照學科分類，爲人物作傳，有理學（顧憲成、高攀龍），地理（徐霞客、顧祖禹），文學（張惠言、惲進），藝術（倪瓚、惲壽平），科學（徐壽、華蘅芳）。此人物傳都是先生搜羅文獻，旁徵博引，别出心裁，與以往傳記的着重点不同。如顧憲成、高攀龍兩傳，無一字是襲用《明史》顧憲成、高攀龍本傳，《明史》是記其居官之績，但此是詳其學問之大；同時，也與《明儒學案》不同，不是記述學派的承傳關係。如《張惠言傳》："無一字襲惲敬《張皋文墓誌》。阮元《張惠言傳》以筆志其居官，既傳其經學，而此則傳其文學也。"如《惲敬小傳》："據惲氏《大雲山房本集》及陸繼輅《七家文鈔》，期於提要鈎元，見陽湖别家一派之所以，與李元度《國朝先正事略》不同。"《無錫人物志稿》是錢先生采用紀傳體例爲無錫近六七十年人物做傳，雖都略寫家世背景，但對其於家於鄉於國於民族而作出的卓越事迹，都加以詳細介紹。按人物貢獻標目，有殖邊李金鏞，外交薛福成（附弟福保），名將嚴金清，文學秦湘業（附兄湘武，從孫寶璣、施建烈、范鈞），格致徐壽（附子建寅），算學華蘅芳（附弟世芳），義俠孫元楷（附子鼎烈），禁煙許鈺，辦學楊模（附鄧濂、秦堅），都九人，附傳十人。兩部人物志可以互相補充，且可與《無錫識小録補》相互參證。在《無錫新志目徵訪事項》中，錢先生將人物類分爲鄉賢、流寓、列女三項，而其却没有按此事項分標名目，故鄉賢、流寓則散見在《無錫兵事志》中，列女之屬等則散見在《無錫識小録補》中。

其六，旅行指導書的編纂。方志有指導旅行的作用，而錢先生亦有旅行指導書一部，名曰《癸亥春季旅行指導書》，分《杭州小志》、《金陵小志》、《蘇州小志》、《金陵、蘇州、杭州地之比較》（又名《金陵、蘇州、杭州三旅行地之比較》）四篇。此志書是錢基博本着"寓教於樂"的精神寫成的。民國十二年（1923）春季，省三師諸生請願修學旅行，故錢先生寫了《杭州小志》、《金陵小志》、《蘇州小志》作爲學生做修學旅行的指導書，讓其明白何謂"修學旅行"。此三部分重地理、歷史沿革，詳細介紹了杭州、金陵、蘇州三城的建置、歷史地理、戰略位置、規制。而《金陵、蘇州、杭州地之比較》作爲學生修學旅行歸後講稿，錢先生則將三地的位置距離、城之大小、形勢、地利論衡（一、論金陵與蘇州之關係；二、論金陵與杭州之關係；三、論杭州與蘇州之關係）、歷史之久暫、歷史上之政治地位（一、中央政府所在地；二、最高級地方政府所在地；三、次級地方政府所在地；四、低級地方）、現在之政治地位、前清駐防、現在駐兵、交通、外國通商、人口、紡織品、其他工藝等十四個方面作了細緻的比較，但其著重闡明三地在歷史上的位置與可考見的歷史文化遺迹，力圖讓學生知道怎樣通過遊玩而去瞭解一地的歷史文化。故此部志書不僅有指導旅行的作用，而且可從中窺見錢先生在教學領域多方探索的實績。

本書的文獻資料的來源有報刊、稿本、正式出版物等，除《無錫光復志》在全國各大圖書館偶有收藏之外，大部分稿本和報刊資料則保存於無錫市圖書館或私人手中，異常罕見。筆者即以傅宏星老師提供的照片和復印件爲依據開始整理工作，期間也曾前往無錫核實相關資料，校對照片中模糊不清之處，並且增補遺漏，希望能完整地呈現錢基博方志著述的全貌。在整理點校過程中，自始至終都得到了傅老師的悉心指導和無私幫助，在此謹向恩師致謝！筆者學無根柢，疏漏謬誤之處在所難免，還望專家學者批評指正。

鄭娉

二〇一三年三月湖南科技學院國學研究所初稿

九月河南科技大學人文學院定稿